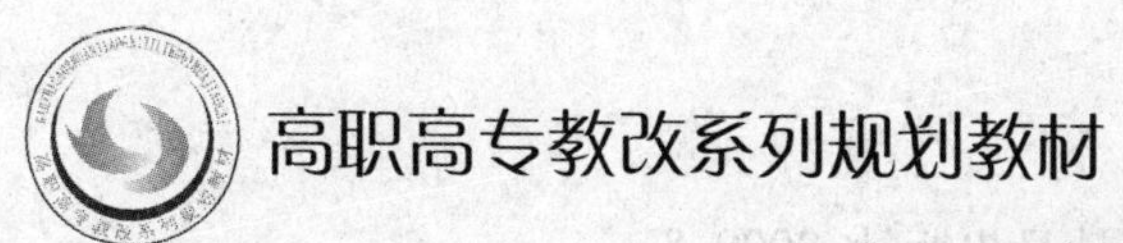

GONGGONG GUANXI GUANLI SHIWU

公共关系管理实务

任焕琴　主编

中国计量出版社

图书在版编目(CIP)数据

公共关系管理实务/任焕琴主编.—北京:中国计量出版社,2009.8
(高职高专教改系列规划教材)
ISBN 978-7-5026-3056-0

Ⅰ.公…　Ⅱ.任…　Ⅲ.公共关系学-高等学校:技术学校-教材　Ⅳ.C912.3

中国版本图书馆CIP数据核字(2009)第096245号

内容提要

本书结合我国公关管理的理论与实践,系统介绍了公关管理的基本概念、理论、方法和最新研究成果。本书共分三大部分:第一部分为基本理论,主要阐述公关管理产生的历史条件、研究对象、研究方法,并对公共关系管理的“四步工作法”及企业文化进行了深入的探讨;第二部分为公关管理实务操作,主要探讨公共关系中的实践活动;第三部分为公共关系管理礼仪,针对公关管理的实用礼仪进行了论述。

本书从章节的选取、分篇,到具体内容写作和案例选用,始终注重应用性和可操作性。并在每章前提出了重点难点,结尾附有案例分析与点评、填空题、选择题和思考题,以便于读者进一步理解教材的内容。

本书可作为普通高等院校、高职高专、成人教育的教材,也可供企业经营管理人员和对公关管理感兴趣的各类人员参阅。

中国计量出版社 出版

地　址　北京和平里西街甲2号(邮编100013)
电　话　(010)64275360
网　址　http://www.zgjl.com.cn
发　行　新华书店北京发行所发行
印　刷　北京市密东印刷有限公司
开　本　787mm×1092mm　1/16
印　张　16.75
字　数　418千字
版　次　2009年8月第1版　2009年8月第1次印刷
印　数　1—3 200
定　价　30.00元

编　委　会

主　编　任焕琴

副主编　李留法　刘学文

参　编　郑　郁　张学连　刘莉芳

王丽杰　侯召军　韩　楠

前 言

当今时代，我国已有越来越多的经济组织开始注重并自觉地进行公共关系管理活动组织建设。公共关系管理是指各类组织为塑造良好的自身形象，创造和谐的社会环境，谋求与公众共同受益和发展，而运用传播手段与公众进行双向沟通和协调的一种独特的管理活动。20世纪80年代初，自我国由沿海经济特区引入西方的公共关系学以来，随着社会主义市场经济的深入发展，随着我国加入世贸组织，随着党和国家“全面建设小康社会”宏伟目标的提出和“构建和谐社会”治国理念的深入人心，公共关系在神州大地越来越有用武之地，越来越受到广大公众的关注和青睐。为了适应形势发展的需要，为了使高等学校的公共关系学更有针对性和时代感，我们在总结多年来“公共关系学”的教学经验的基础上编写了这本《公共关系管理实务》。

本书结合我国企业公共关系环境与实践，系统介绍了公共关系的基本概念、理论方法和最新研究成果。全书共分三个部分(基本理论、实务操作、公关管理礼仪)十二章。第一、二、三、四、五、六、七章为公共关系管理基本原理，主要研究和论述公共关系学产生的历史条件、研究对象、研究方法，并对公共关系管理程序的四个步骤进行了深入的分析；第八、九、十章为公共关系管理实务操作，主要研究开展公共关系工作中各种具体的实务操作程序和注意事项；第十一、十二章为公共关系管理礼仪，主要研究现代公共关系管理的实用礼仪。

本教材内容完整、观点鲜明、内容丰富、深入浅出、通俗易懂，融理论性、知识性、技能性和实用性于一体。

本教材特色有三点。第一,每章结尾附有国内外成功案例,并对案例进行了分析点评。案例选择上力求经典和新颖,易于读者理论联系实际。第二,每章结尾附有案例讨论题、填空题、选择题和思考题,便于读者进一步理解教材内容。第三,增加了公共关系管理实务礼仪的内容,使《公共关系管理实务》作为教材内容更为完整。

本书既可作为普通高等院校、高职高专、成人教育的教材,也可供企业经营管理人员自学和在职培训参考。

本书由主编任焕琴拟定编写纲目,并与副主编李留法、刘学文共同对全书各篇章进行修改,最后对本书统编定稿。参加本书编写的有:郑郁(第一、二章);张学连(第三、四章);李留法(第五、六章);任焕琴(第七章)、王丽杰(第八章);刘莉芳(第九、十章);刘学文(第十一、十二章)。

本书在编写过程中参考了国内外学者和专家的大量文献，在此谨向诸位原作者深表谢意！限于水平和时间，书中难免有疏漏和不足之处,诚望各方专家、读者给予批评和指正。

编　者

2009 年 6 月

目 录

第一部分 基本理论

第二部分　实务操作

第三部分　公关管理礼仪

第一部分 基本理论

第一章 总 论

重点难点

1. 公共关系管理的涵义和特征
2. 公共关系管理的原则
3. 公共关系管理的职能

关键词

公共关系管理　塑造形象　微机处理

公共关系学是20世纪初在西方形成的一门比较年轻和正在发展完善的边缘性、交叉性的社会科学。在西方,有的学者把以电脑为代表的科学技术水平,以旅游业为代表的富裕生活程度,以公共关系为代表的经营管理效能并列为衡量一个国家发达程度的三大标志。公共关系学在发达国家早已受到人们的高度重视。20世纪80年代初,这门新学科从我国南方沿海经济特区引入进来,并伴随着改革的进程,在华夏大地由南向北迅速传播开来。它已在我国社会的各个领域中发挥着越来越重要的作用。本章将分四节分别阐释公共关系的历史演进、定义和特征、原则和职能等问题。

第一节 公共关系的历史演进

公共关系是伴随着人类交往活动的出现而出现的一种客观存在的社会状态。它有着与人类发展史一样久远的历史。但作为一种职业,一门专门职能,尤其作为一门科学,却起源于近现代,只有一百多年的历史。

一、西方近现代公共关系的起源与发展

(一)西方现代公共关系的起源

公共关系作为一种全新的概念和一种新兴的思想,它始于19世纪;它作为一种新型的职业和一门专门的职能始于20世纪初。

1807年,美国出版的《韦氏新出版大学词典》中首次出现了“公共关系”一词。从那时算起,公共关系已有200年的历史。1860年,美国实业界中出现了新闻代理人。这些新闻代理人为实业撰写和散发新闻稿件,以吸引报纸和公众的注意。1882年,美国律师多尔曼·

伊顿在耶鲁法学院发表了题为《公共关系与法律职业的责任》的演讲。这样一来，多尔曼·伊顿为“公共关系”的概念在现代意义上的运用开创了先例。当时，商品经济的发展，不断推动公共关系的发展。1889年乔治·威斯汀毫斯雇用了一名叫海恩里奇的人为他发明的交流电作宣传，以取代直流电。此事按美国公共关系权威学者卡特利普的说法是成为企业从事现代公共关系的首例。

西方现代公共关系的起源，一般被认为是19世纪中叶风行于美国的“报刊宣传活动”。在美国报业史上，曾由美国《纽约太阳报》领头掀起了一场“便士报运动”。一份报纸，只需要一个便士即可买到，由于价格低廉，更多的人买得起，因而报纸的发行量猛增。许多组织看中了这一传播面较广的媒体，纷纷花钱雇用报刊宣传员、新闻代理人在报刊上发表文章，宣传本组织的形象。以此来争取社会公众的注意，扩大自己的影响。

当时，有个马戏团的老板菲尔斯·巴纳姆是这一时期最有代表性的报刊宣传员。巴纳姆为了达到赚钱的目的，无中生有地制造一些奇闻来吸引公众。他曾制造了这样一个“神话”：说当时他的马戏团里住着一个名叫海斯的黑人女奴，这个海斯已经160岁了。在一百多年前，她曾养育过美国第一任总统乔治·华盛顿。这一消息一经发出，立即引起轰动。人们抱着好奇心纷纷到马戏团一探究竟，结果马戏团票房收入猛增，由此赚了一大笔钱。巴纳姆还就势以不同的笔名向报刊寄去“读者来信”，人为地引起一场争论。有的信说巴纳姆的故事是个骗局；有的信夸赞巴纳姆发现了海斯是一大功劳。而结果是，海斯死后的尸体解剖表明，年龄仅80岁左右。事情暴露之后，巴纳姆竟表示“深感震惊”，并说明本人也受了骗。作为这场骗局的策划者巴纳姆是最大的获利者，当时，他每周获得1500美元的收入，而公众却成了这场骗局被愚弄的对象。巴纳姆所恪守的信条是：“凡宣传皆是好事”，只要实现自身利益，他可以手段翻新、怪招迭出地进行宣传，不论别人是恨他还是爱他都无所谓。这种不顾公众利益、不顾事实、不负责任、不择手段、不讲道德地追求宣传效果的做法，使当时的报刊宣传活动成为一种很不光彩的活动。虽然巴纳姆时期的报刊宣传活动同公共关系实务相差甚远，但作为一个滥用现代传播手段的典型，却对以后公共关系实务的产生起了反面的促进影响，为以后公共关系奉行实事求是、诚实公正和维护公众利益的原则和精神提供了借鉴。

19世纪末，美国已进入垄断资本主义时期，大财团不仅掌握经济命脉，而且还控制了政府。他们采取欺骗、甚至暴力手段巧取豪夺，与广大民众产生了极为深刻的矛盾，也引起正直人士的愤慨和谴责。于是美国新闻界又掀起了一场声势浩大的“揭丑运动”。一些具有远见卓识的企业家开始意识到能否得到社会公众的支持是一个企业生存的关键。他们纷纷向新闻界请教，希望新闻界帮助他们树立企业的良好形象，与公众建立良好的关系。在这种情况下，一个叫艾维·李的编辑记者在1903年建立了第一个公共关系事务所，成为美国第一个向顾客提供公共关系服务并收取费用的从业机构。这个公关事务所的成立，是现代公共关系诞生的重要标志。

艾维·李是美国佐治亚州一个牧师的儿子，早年先后就读于普林斯顿大学与哈佛大学。他曾担任过《纽约日报》、《纽约时报》及《纽约世界报》的记者和编辑。1906年，他向报界发表了阐述其活动宗旨的《原则宣言》。他指出：“这不是一个秘密的新闻机构，我们所做的一切都是公开的，我们的责任，是代表企业单位及公众组织，就公众关心并与公众利益相关的问题，向新闻界和公众提供迅速而真实的消息。”他在《原则宣言》中还郑重提出了“凡是有益于公众的事务必有益于企业和组织”的信条。他认为，企业与员工和社会关系的紧张和摩擦,主要是由于企业主管人员采取保守秘密的做法,妨碍了意见和消息的充分沟通,所以,他主张:"公众必须被告知",应该向公众"说真话"。只有将事实真相告诉公众、公司或组织,才能获得信誉。艾维·李的"凡是有益于公众的事务必有益于企业和组织"、"公众必须被告知"向公众"说真话"的认识和主张,我们今天对此可能认为不算什么,但在当时,却是耸人听闻的说法。艾维·李不仅用他的思想信条的智慧去影响大公司的经营者,而且在公关实务中更能体现他的信条和思想。例如在同一年,他成功地处理了宾夕法尼亚州的铁路事故。在处理这一事故的公关实务中,他采取了一系列正确决策和科学的求实行动,如,公开事实真相、及时检查事故原因、制定预防措施,宣布赔偿决定,治疗安排受伤者等。他的决策和行动驱散了笼罩在大公司与其公众关系上的神秘和冷漠的气氛。铁路公司的老板惊奇地发现,公开的报道不仅没有给这家公司带来不利,而且使该公司获得了前所未有的最佳形象。此后,艾维·李向洛克菲勒财团提供咨询又获得了巨大成功。久而久之,他在公众和报界中树立了自己的良好信誉。

在艾维·李的推动下,工商界纷纷改变了他们以往对待公众的态度。企业家们开始意识到,与公众关系的好坏,直接影响到企业的兴衰,于是纷纷采用开明的经营态度,开始注重对员工和社会作不掩盖事实真实的宣传,使他们的经营管理走出"象牙塔",进入"玻璃屋"。

第一个开办公共关系事务所的艾维·李被后人称之为开创公共关系行业的先驱;他为改善企业的公共关系和人事管理而付出的持久努力被后人称之为现代公共关系的里程碑;他将公共利益与诚实的精神在公关活动中的有效结合的原则、方法和其他技巧为现代公共关系的原理和实务奠定了基础。艾维·李被后来的学术界誉为"现代公共关系之父"。

(二)西方现代公共关系的发展

艾维·李的公共关系事业开创成功的背后还有一定的局限性,如凭经验、忽视理论;凭直感、忽视调查;有艺术、少科学等。但他的公共关系事业的开创和发展却推动了公共关系学科的发展,促使公共关系的理论开始形成。美国福特公司公共关系部经理爱德华·伯尼斯为公共关系理论的形成做出了重要的贡献。

伯尼斯原是奥地利人,1891 年生于维也纳。在他刚满周岁时,父母移居美国。他一生致力于将社科理论应用于公共关系研究。1923 年,他出版了《舆论之凝结》(又译为《舆论明鉴》)一书。这是全世界第一本关于公共关系的理论著作。在这本书中,他第一次提出了公共关系咨询的概念,进一步提出了公共关系的原则、实务方法和职业道德,并提出了从计划到反馈,最后再重新评估的八大公共关系活动的基本程序。同年,伯尼斯又第一次以教授身份登上纽约大学的讲台,主讲了公共关系课程。1952 年,他又完成了《公共关系学》教科书的写作,这标志着公共关系已开始成为一门独立的学科。伯尼斯关于公共关系思想的一个重要组成部分是"投公众所好"。他认为,应该首先了解公众喜欢什么,对组织有什么期待或要求,在确定公众的价值观和态度的基础上,再进行组织的宣传工作。这种有的放矢的、投公众所好的公共关系工作也才有巨大的威力。伯尼斯通过对公共关系理论和方法的研究创立了公共关系理论体系,终于使公共关系走向了正规化、科学化的阶段。

第二次世界大战以后,随着市场经济的高度发展,社会分工和专业化的推进,人们越来越认识到公共关系的重要性。自从 1924 年,美国《芝加哥论坛报》发表社论,评论公共关系已成为一项专门职业、一种管理艺术和一门科学,号召企业主管及社会各界重视公共关系以来,"公共关系"这一概念不仅广为流行,而且"公共关系"得到了空前的发展和成熟。

1927 年,"希尔·诺顿"公司于美国克利夫兰开张,现今为世界最大的公共关系公司之一。1930 年,卡尔·博雅(曾任美国公众咨询委员会副主席)与人合办公共关系公司——博雅公司,现发展为世界上最大的跨国公共关系公司。

1935 年,美国公立学校公共关系协会成立。1939 年,由著名的公共关系学者哈罗博士主持成立了美国公共关系理事会。这一期间,《公共关系季刊》出版,《公共关系新闻》出版,《公共关系学》杂志出版。由于市场的扩大和大众传播媒介的发展,公共关系活动在美国发展很快。1947 年,美国波士顿大学开办公共关系学院,颁发公共关系硕士和博士学位。1948 年,美国公共关系学会在美国公共关系理事会和全国公共关系理事协会合并的基础上成立于纽约,由哈罗博士任第一任主席。后来,该学会与美国公共关系协会和人类服务国家传播理事会合并,成为全国最大的,也是世界最大的职业公共关系组织。目前,美国的公共关系从业人员约 20 万人。各种类型的公共关系公司在 2000 家以上。85% 以上的企业设有正规的公共关系部门,每年的公共关系费用多达几十亿美元。连美国联邦政府也雇用了 12 万人处理公共关系业务,每年经费支出达 10 亿美元。日本一位金融界巨子曾指出:"公共关系的学问发源于美国,回顾当初的美国,所谓公共关系还只是企业家手中的小玩具。后来才发展成为企业家所必须采取的政策乃至变成企业家的重要哲学了。"

在美国的影响下,英国、法国、原联邦德国、意大利等西欧国家,以及加拿大、日本、墨西哥、秘鲁以至整个拉丁美洲,都开始开展多方面的公关工作。1955 年,国际公共关系联合会在伦敦正式成立。第一批会员包括美、欧、非、亚几大洲的二十几个国家。1958 年,国际公共关系协会第一届世界大会在比利时首都布鲁塞尔举行。1959 年,欧洲公共关系联盟成立于比利时。同年,日本公共关系研究所在东京主持召开大规模的亚、非、拉公共关系大会。法国公共关系协会在奥尔良主持召开欧美公共关系会议。墨西哥公共关系协会在墨西哥城主持召开泛美公共关系大会,美国和大多数拉美国家出席。公共关系在第二次世界大战后走向国际舞台,是战后国际社会生活中的新鲜事物。美国公关专家罗伯特·巴伯曾写道:"国际公共关系就像十几岁的小孩一样,突然以活泼的脚步前进。"

就世界范围讲,20 世纪 50 年代以后,公共关系的实践和理论的研究都进入了一个全新的现代发展时期。从业人员开始与从事研究和教育的专家结合起来,从而又诞生了很多的公共关系著作,又出现了一些新的公共关系理论。下面介绍一下这些新的公关著作、公关理论及其代表人物。

美国著名公共专家斯科特·卡特利普和阿伦·森特在 1952 年出版的著作《有效的公共关系》一书中,第一次明确提出了双向交流的公共关系原则,从而创造了公共关系"双向对称"模式。

斯科特·卡特利普在《有效公共关系》一书中阐述的"双向对称"模式的含义是,为了组织公众的共同利益,一方面要把组织想法和信息向公众进行传播和解释,另一方面又要把公众的想法和信息向组织进行传播和解释,使组织和公众在双向沟通和传播活动中形成和谐关系。"双向对称"公共关系模式的提出,是现代公共关系成熟的重要标志。

美国现代公共关系史上的先驱,"美国公共关系协会"教育部的创始人瓦尔特·塞弗特在教学和科研中还发明了职业公共关系程序的四个步骤:即研究(计划)、行动(做)、传播(说)、评价(证明)。这为公共关系活动的规范化点明了正确途径。

这一时期还出现了一名公共关系教育家而被世人瞩目。这就是英国公共关系协会顾问,英国公共关系学院教授弗兰克·杰夫金斯。他早年主攻经济学,曾在伦托基尔公司从事公共关系工作，主要处理科技公共关系。1968年后，他自己在英国开办了公共关系学校，讲授公关广告、市场等方面课程，是一位出色的公共关系教育家。他先后到过比利时、埃及、肯尼亚、马来西亚、尼日利亚、加纳、荷兰、印度尼西亚、新加坡、南非、瑞士、赞比亚、津巴布韦等18个国家讲学，对发展中国家的公共关系状况有较为全面的了解。他是第一位获得英国传播学、广告学和市场学教育基金会公共关系学证书的人。他曾被许多大学授予荣誉学位。由于他所从事的出色的“公共关系教育，尤其是为海外公共关系教育服务”，被英国公共关系协会接纳为会员和理事，负责公共关系教育实践方面的工作。

卡特利普所提出的著名的制定公关计划的六点模式被称为“公关计划六部曲”。它包括：(1)估计形势；(2)确定目标；(3)辨认公众；(4)选择媒介；(5)编制预算；(6)估计效果。他的主要著作有：《广告学》、《广告学概论》、《今日广告学》、《市场学、广告学和公共关系学词典》、《有效的市场战略》、《有效的公共关系设计》、《公共关系　广告　市场营销》、《市场学和公共关系媒介设计》、《公共关系学》、《公共关系与市场管理》、《公共关系与成功企业管理》等。他是当今英、美两国撰写公共关系方面的著作最多的作者之一。他的著作丰富和发展了公共关系学的理论，有力地促进了现代公共关系事业的发展。

现代公共关系是随着社会民主、市场经济和大众传播事业的发展而发展的。它起源于美国，又迅速波及世界各发达国家和地区。今日世界，公共关系正全方位、多层次、高境界地发展。与此同时，高级公关人员已成为方兴未艾的时髦职业。公关称号，被称为“四大职位”之一。(这四个大职位是：人才、技术、资金、公关)。公共关系事业已成为一个国家或民族地区民主政治、商品经济和大众传播事业发展水平的一个客观标志。

二、当代中国的公共关系

中国当代的公共关系起步比较晚。它是在国际公共关系热风靡全球的20世纪80年代初开始出现在中国的地平线上的。它的出现是借助改革开放的条件而引入的。而后，随着改革开放的深入和社会主义市场经济的发展，它作为一种现代管理职能与策略，现代交往观念与方式，迅速被人们所认识和接受，并得到了广泛的传播和蓬勃的发展。

(一)公关实践和实务状况

1979年，在改革开放的政策下，中国正式设置了深圳、珠海、汕头三个经济特区。在这些特区里，最先出现了一批合资企业。1981年，这些特区的一些合资宾馆、酒店出于工作的需要，率先依照海外现代企业的模式设立了公共关系部，开展公共关系业务。如，广州中外合资的白天鹅宾馆，首先建立了公共关系部。随之，中国大酒店、花园饭店、东方游乐园等，均相继建立公共关系部门。当时，由于国内无公共关系人员，便从香港和海外聘请。这些宾馆酒店的公共关系工作在经营管理中大显身手，引起了人们对公共关系的极大注意和兴趣。

1984年之后，公共关系开始从旅游业扩展到工业企业和商业部门。同年11月，广州白云山制药厂率先在国有企业中成立公共关系部，并且每年以产值的1%的比例拨出资金作为开展公共关系活动的信誉投资，以提高企业的知名度。在不太长的时间里，该厂便收到明显的效果。同年12月20日，《经济日报》在第二版发表了《如虎添翼——记白云山制药厂的公共关系工作》，又配发了社论，题为《认真研究社会主义公共关系》。这是我国国家级报刊首次发表关于公共关系的专题通讯和社论。接着，《中国青年报》、《北京日报》、《文汇报》、《广州日报》等报刊先后载文介绍国外公共关系发展情况，宣传我国开展公共关系的必要性。这些新闻媒介的宣传,有力地推动了我国公共关系事业的发展。仅仅几年时间,公共关系在中国的大地上,由南向北,由东向西逐渐地传播开来。到1998年,国家劳动和社会保障部已批准公共关系职业载入"国家职业分类大典"。至此,公共关系职业已开始纳入国家正式行列。1999年国家职业资格工作委员会专门设立公共关系专业委员会。这标志着我国公共关系职业化迈出了关键的一步。

(二)公关机构和组织状况

1984年10月,世界上最大的公共关系公司——希尔·诺顿公司在北京设立了办事处。1985年1月,世界上最大的跨国公共关系公司——博雅公司与中国新闻发展公司签订协议,共同为在中国从事贸易的外国机构提供公共关系服务,中国新闻发展公司为此成立了环球公共关系公司独家代理博雅公司及其客户在中国国内的公共关系事务。它成为我国首家专业公共关系公司。据不完全统计,目前,全国已登记注册的公共关系公司和事务所有1500多个。

随着公共关系在我国的迅速传播和普及,各种类型的公共关系研究协作组织纷纷成立。1986年1月,中山大学公共关系研究会、广州青年经济研究会、广州财贸管理干部学院共同发起成立了我国第一个公共关系俱乐部。同年11月6日,我国第一家公关协会——上海公共关系协会成立。1987年6月,中国公共关系协会在北京成立。到目前,我国大多省、市已先后成立了公共关系协会、学会或类似组织。

(三)公关教育和科研状况

在社会需要的推动下,公共关系的教育培训也在我国开始进行。1985年1月,深圳市总工会举办了我国内地第一期公共关系培训班。同年5—8月,《深圳工人报》刊登"公共关系系列讲座"。1985年6月,北京大学研究生院举办公共关系讲座。同年9月,深圳大学公共关系专业开始招生。后来,国家教育委员会下达文件规定在行政管理、工业经济、企业经济、旅游经济、市场营销、广告学等专业都要开设《公共关系学》课程。此后,公共关系教育逐渐普及、专业化教育迅速发展。至今,所有的本科院校都开设了公共关系课程。

在公共关系教育培训工作逐步展开的同时,各种公共关系学教材、著作陆续问世。中国社会科学院新闻研究所在1984年底成立了公共关系课题组。他们总结了我国前期公共关系工作,吸收了西方发达国家的经验,经过研究,写成出版了一本专著——《公共关系概论》。而后,各种公关教材、理论论著相继问世。1993年8月,我国最大的一部公关巨著,550万字的《中国公共关系大辞典》问世。该辞书由吴学谦、邵华泽作序,全国24个高校和科研院所的390名专家参加了编著。从传媒方面看,自1988年1月,我国第一家公共关系专业报纸《公共关系报》在杭州创立后,1989年1月中国第一份国内外公开发行的公共关系杂志——《公共关系》也在西安创刊。1994年3月,全国哲学社会科学规划办公室发布的《国家社会科学基金资助项目申报数据代码表》中,将公共关系学归为社会学类,其代码为SHP,这标志着公共关系学已正式登上全国学术论坛。

从以上简介的当代中国的公关实践、实务、公关机构组织和公关教育科研等状况,我们可以了解到,当代中国公共关系虽然起步较晚,但却发展很快。在1991年5月5日首都人民大会堂举行的"中国十年杰出企业公关评优颁奖大会"上,中央有关领导同志在给大会的贺词中指出:中国公共关系事业的发展,是中国改革开放的必然趋势。它以新型的管理科学协调社会各方面联系，密切党和广大人民群众的联系，调动多种因素，维护安定团结，促进社会主义建设。在未来的奋斗中，中国公关事业一定会有一个更好的发展前景。

第二节　公共关系管理的涵义和特征

一、公共关系管理的涵义

如前所述，公共关系一词最先出自于美国。它是从英语 Public Relations（缩写 PR）翻译过来的。什么是公共关系？自公共关系产生至今，国际国内对公共关系下了上千条表述不同，无法统一的定义。真可谓众说纷纭，各抒己见。

下面，我们分几种不同情况，有选择地介绍一些关于公共关系的定义。

（一）国际、国内专家学者和行家的定义

（1）现代公共关系学先驱之一爱德华·伯尼斯关于公共关系的定义是："公共关系是一种处理一个团体与公众或者是决定该团体活力的公众之间的关系的职业。"

（2）英国著名的公共关系专家弗兰克·杰弗金斯提出的公共关系定义是："公共关系就是一个组织为了达到与他的公众之间相互了解的确定目标，而有计划地采用一切向内和向外的传播方式的总和。"

（3）国内王乐夫等编著的《公共关系学》的定义是："公共关系是一种内求团结、外求发展的经营管理艺术。它运用合理的原则和方法，通过有计划而持久的努力，协调和改善组织机构对内对外关系，使本组织机构的各项政策和活力符合广大公众的需求，在公众中树立起良好形象、以谋求公众对本组织机构的了解、信任、好感和合作，并获得共同利益。"

（4）国内居延安所著《公共关系学导论》中的定义是："公共关系是一个社会组织运用传播手段使自己与公众相互了解和相互适应的一种活动或职能。"

（二）国际公共关系辞书、刊物和权威性机构的定义

（1）1980 年出版的《美利坚百科全书》的定义是："公共关系是关于建立一个组织同其既定公众之间相互了解的活动。"

（2）1981 年出版的《大不列颠百科全书》的公共关系定义是："公共关系是旨在传播有关个人、公司、政府机构或其他组织的信息，并改善公众对于其态度的种种政策或行动。"

（3）美国《公共关系新闻》的定义是："公共关系是一种管理当局的职能，这种职能是估量公众的态度，使一个机构的政策与程序和公众利益一致，并执行一连串有计划的行动以赢得公众的了解和接受。"

（4）国际公共关系协会关于公共关系的定义是："公共关系是一种管理职能，它具有连续性和计划性，通过公共关系，公立的和私立的组织或机构试图赢得与它们有关人们的理解、同情和支持……。"

不用更多的举例，仅从以上列举的这些定义，就可了解到公共关系研究的困难和复杂程度了。然而，我们从中又可以看到，以上这些定义的阐述又可谓仁者见仁，智者见智，均以其不同表述的形式和角度揭示了公共关系这一复杂事物多层次、多侧面的丰富内涵，很令人眼界大开。

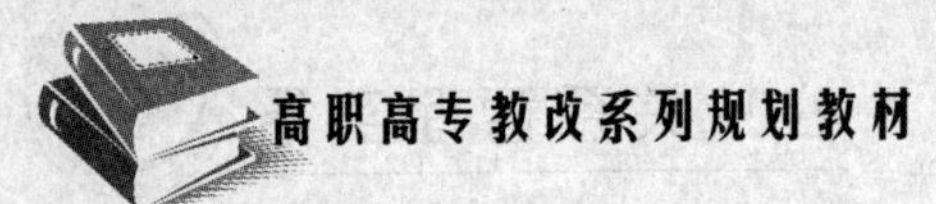

通过以上介绍的公共关系的若干种定义，并对其加以分析和联系现实进行综合，我们认为所谓公共关系管理是指社会组织为塑造良好的自身形象，创造和谐的社会环境，谋求与公众共同受益和发展，而运用传播手段与公众进行双向沟通和协调的一种独特的管理活动。

二、公共关系管理的基本特征

（一）公共关系管理是状态与活动的统一

公共关系管理首先表现为一种客观存在的状态。一个社会组织在社会生活中，无论是否认识到公共关系的存在，无论是否理解公共关系这个词的词义，也无论是否进行和开展公共关系工作和活动，这个组织都始终存在于公共关系的状态之中，即它总是于其他组织和个人存在着一定性质的广泛的联系，或是与其他组织和个人处于良好的、平衡的、亲密的交往之中，或是与其他组织和个人处于紧张的、疏远的气氛之中。这是一种客观存在的现象。

在现代社会，不论你承认与否，这种自然公共关系状态是普遍存在的。但应该看到的是，这种自然的公共关系状态对于一个组织及其成员来说，是一种盲目的公共关系状态。然而，任何有理性的社会组织成员，都不会对组织面临的公共关系状态视而不见，听而不闻，坐等其变，一味盲从。而相反的却是，当一个社会组织及其成员意识到公共关系的客观存在，并认识到与其有关联的其他组织和个人对自身生存和发展具有重要的关系时，便会为创造良好的社会环境而能动地采取适应、改造、调解与之关系的行动，也就是自觉地在公关理论和意识的指导下，进行和开展一些有计划、有组织的公共关系管理活动，即进行日常性和专门性的公共关系活动，从中运用传播手段对其他社会组织或个人进行信息交流、情感输送，促其对本组织增进感情或改变态度，引发其支持、合作等行为，以便创造最佳的发展环境，确保本组织预定目标的实现，促进本组织与公众共同受益和发展，进而塑造出良好的组织形象。由此可见，公共关系管理具有状态与活动的统一的特征。

（二）公共关系管理是实务与观念的统一

公共关系管理体现为公共关系实务。公共关系实务是指作为社会组织管理职能的公共关系业务工作的总和。它包括公关调查、公关咨询、公关策划、公关宣传、公关交际、公关服务及各种公关专题活动。

公共关系也体现为公共关系观念。公共关系观念是指公共关系的理论、思想、文化等意识形态。它是公共关系现象在人们头脑中的反映，即人们对公共关系实践认识、反思后形成的意识。它包括声誉观念、公众观念、传播沟通观念、协调均衡观念、整体效益观念、互利合作观念、社会责任观念等观念意识。

这些公共关系观念意识又反作用于公共关系实践，即指在公共关系的理论、思想、文化等意识形态的指导或影响下，进行和开展各项公共关系实务。所以说，公共关系管理具有实务和观念的统一的特征。

（三）公共关系管理是技术与艺术的统一

公共关系管理是一种技术。“它运用健全的、正当的传播技能和研究方法作为主要的工具”（美国学者哈罗博士语）。“通过传播大量具有说服力的材料，促进社会上人与人之间、或人与公司之间、或公司与公司之间亲密友好的关系”（《韦伯斯特新国际辞典》）。传播技术的不断发展,促进了公共关系水平的不断发展,可以说,公共关系是科学技术高度发达的产物。

公共关系管理还是一门艺术。公共关系管理是一门帮助社会组织建立良好信誉、塑造美好形象的艺术。它之所以称之为艺术,是因为它要涉及人的富有创造性的活动。如,无论是日常的公共关系工作的进行,还是公共关系专题活动的策划和举办,都蕴含和展现出不同程度的艺术性。仅从公共关系经常采用的传播形式——广告的设计和宣传看,其艺术性就很强。公共关系艺术性的不断创新,使其具有越来越强的吸引力。

然而,公共关系管理的艺术展现,又直接与公共关系管理的技术相关联。公共关系管理技术和艺术的结合和统一是公共关系管理的生命力所在。所以,公共关系管理又具有技术与艺术相统一的特征。

三、公共关系管理辨析

(一)公共关系管理与庸俗关系

庸俗关系是一种借拉关系牟取私利的不健康的、庸俗化的社会人际关系。公共关系管理与庸俗关系有着本质的区别。

1. 产生基础不同

公共关系管理是市场经济高度发达的产物,也是民主社会、法制社会的产物;而庸俗关系是生产力低下、封闭、落后的自然经济和封建政治文化背景下的产物,二者产生的基础截然不同。

2. 根本目的不同

公共关系管理的根本目的是树立组织的良好信誉和形象,追求组织与公众共同受益和发展;而庸俗关系的根本目的是为了捞取私利,为此,而不惜违法乱纪,损害国家、集体和公众利益。

3. 活动方式不同

公共关系管理主要是利用各种传播媒介,尤其是大众传播媒介,光明正大、实事求是地开展工作;而庸俗关系由于是不正当关系,所以,往往利用职权、人情、物质利益等不正当手段,采取偷偷摸摸、躲躲闪闪的方式进行暗中交易。

4. 社会效果不同

公共关系管理有助于形成真诚合作的社会风气,有利于形成和谐、友善、正常、健康的人际关系和团体关系,有助于提高社会的文明程度,能促进社会的发展;而庸俗关系,则会给社会带来各种矛盾,严重污染社会风气,破坏正常的人际关系,既妨碍了社会文明进步,又不利于社会生产力的发展。

(二)公共关系管理与交际

公共关系管理与交际的关系是交际只是公共关系管理的一种活动方式和手段,是公共关系管理活动的一方面内容。具体地看二者有如下区别。

1. 目标不完全一致

公共关系管理的目标是树立组织的良好形象;而交际的目标只是为公共关系总体目标的实现通过交际活动,建立起良好的人际关系。

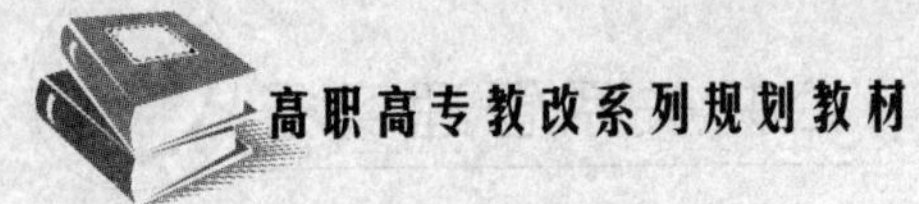

2. 采用的方式不同

公共关系管理主要是运用大众传播媒介和群体传播的技术和方法;而交际主要是依赖个人间的直接的或间接的口头和文字语言进行交谈以协调人际关系。

(三)公共关系管理与宣传

1. 公共关系管理与宣传的相似相关之处

(1)性质上两者都是一种传播过程。

(2)两者内容上有一些交叉。

(3)公关主体经常借助宣传手法来进行公共关系工作。

2. 公共关系管理与宣传的区别

(1)二者的范畴不同,前者为管理范畴,后者为思想政治工作范畴。

(2)二者的传播方式不同,前者是一种双向传播过程,特别注意信息反馈,而后者是单向传播灌输的过程。

(四)公共关系管理与广告

1. 二者的联系

(1)公共关系管理常常要借助广告的形式去实现其传播信息、建树组织形象的职能;广告也常常借助公共关系去增强它的说服力。

(2)公共关系管理与广告都具有传播信息的功能。

2. 二者的区别

(1)目标不同。前者的目标是树立企业形象,后者的目的是推销某种产品或服务。

(2)地位不同。前者处于全局性地位,后者处于局部性地位。

(3)效果不同。前者的效果一般多间接地体现在组织的社会效益上,后者一般多体现在经济效益上。

(五)公共关系管理与市场营销

1. 二者的关系

公共关系管理与市场营销的关系是,市场营销离不开公共关系管理,公共关系管理的发展又促进市场营销。

2. 二者的区别

(1)两者的目的不同。市场营销的目的是实现企业的经营目标,而公共关系管理是塑造良好的组织形象。

(2)两者的主体不同。市场营销的主体是从事营销活动的工商企业,而公共关系管理的主体除工商企业外,还包括事业、行政单位和其他社会团体。

(3)两者的对象不同。市场营销所面临的公众,是消费者,而公共关系管理的公众对象除消费者外,还包括组织内部的员工、股东,外部的政府部门、新闻单位、社会团体等。

第三节　公共关系管理的基本原则

公共关系管理活动的开展,必须把握好正确的方向,为此,必须遵循一定的公共关系管理原则。公共关系管理原则是根据对公共关系活动的客观规律的认识引申而来的，是人们规定的公共关系活动中的行动准则，它带有一定的指令性和法定性，是要求所有参入公共关系管理活动的人员共同遵循的行为规范。具体地看，公共关系管理应遵循以下基本原则。

一、真实性原则

公共关系管理的真实性原则是指社会组织的公共关系工作要从事实出发，实事求是、客观公正、全面地传递信息、反映情况。真实性原则是社会组织公关工作应遵循的重要原则。现代公共关系之父艾维·李在他的《原则宣言》中指出："我们的责任是代表企业单位及公众组织就公众关心并与公众利益相关的问题向公众提供迅速而真实的消息。"他还提出"公众必须被告知"，应对公众"讲真话"的主张。这些，均是关于公共关系真实性原则的最初表述。它表明，真实性是公共关系活动的基本出发点。

开展公共关系管理活动，必须对总体的或个别的事实，或事实本身各阶段、各方面的情况有全面的认识，以便使公共关系管理目标的确定和具体工作的开展建立在各种相关的社会事实之上。应准确地认识和掌握事实的本质，认识事实的原因、现状和后果，不能仅仅凭对某一侧面或某一阶段的事实情况就决定公关方针。这样，才能增强公关管理的针对性与科学性。

另外，公共关系管理过程中传播的信息更要注重其真实性。传播中，公关人员应避免有主观色彩，应尽量从组织和公众的双重立场出发，冷静、客观地看待事实，客观、公正、全面地进行传播。这样，就能杜绝与真实性原则相违背的虚假性广告的宣传的出现。

在组织出现危机状况时更应遵循真实性原则，对事件的宣传应做到实事求是，不掩饰、不夸大、不缩小、不袒护、不推诿，客观地告之公众。这样，才能求得公众的理解、谅解和接受，使组织与公众间的关系得到缓和或更加融洽。

二、平等互惠原则

公共关系管理的平等互惠原则是指组织与公众平等相处，既考虑自身利益，也考虑公众利益，互利互惠，共同发展。

人类社会具有不同的阶层，众多的群体，互异的个体。一个社会组织也拥有其不同的公众网络系统和各个公关阶段的各类公众。组织内部和外部公众的背景，如身份、地位、素质、势力、实力等虽各不相同，但他们的地位是平等的。在现代社会，平等成为人们之间关系的基本特征。在这种平等的关系的基础上，各方的互利互惠就成了客观的需求。所以，平等互惠成为公共关系管理原则也就理所当然了。

社会组织能否遵循平等互惠的原则进行公关管理活动，会关系到组织的发展与否。如果组织只顾己方获利而忽视另一方的利益，双方关系势必难以维系，甚至己方所拥有的公众群的数量会越来越少，其组织便会越来越难以生存，更谈不上发展了。所以，在公共关系管理活动中，坚持平等互惠原则是非常重要的。

三、整体一致原则

公共关系管理的整体一致原则是指社会组织开展公共关系管理活动要着眼于社会大系统这一整体，公关方案的制定与实施，要与社会整体利益相一致，应以全局的观点明确自身的责任和义务，评价其经济效益和社会根本利益。要遵循整体一致的公共关系管理原则，社会组织的公共关系工作必须努力做到以下几点。

首先，公共关系管理必须以整体利益为目标。所谓整体利益，是社会利益、国家利益和社会公众利益的总和。它包括与社会、国家、公众相关的政治利益、经济利益、生态利益、思想文化利益等。以社会整体利益为目标，这应是各社会组织开展公共关系活动的重要的出发点。基于这一出发点来制定、实施公关方案，来审视公关工作，来评价其经济效益，来明确自身的责任和义务，就有了一个客观的前提，就能使公共关系管理工作纳入正确的轨道。

其次，公共关系管理必须与社会整体相一致，明确其自身对社会的责任和义务。组织在社会大系统中是一个系统中的子系统或子子系统，甚至是更小的系统。社会大系统中的各系统中的子系统、子子系统与更大的系统是既相互区别，又相互联系的。更大的系统，更广阔的内外系统，乃至整个社会大系统为其组织的生存和发展提供了各方面的有利条件，而组织也必须与其具有一致的伦理，也应对社会大系统承担一定的责任和义务。这是对组织公共关系管理活动的一项较高要求，也是组织注重社会整体利益的突出表现。向社会负责，向社会尽义务可具体体现为各种捐赠，如向慈善机构，向希望工程，向贫困地区，向受灾地区的捐献活动等；知识技术方面的无偿传授；其他各方面的义务服务；道义上的支持、声援等。

再次，公共关系管理必须与社会发展相一致，符合公众的长远利益。这就要求组织的公共关系管理活动必须把握时代的发展方向，着眼于未来，为社会组织、公众的长远利益着想，不搞权宜之计，避免急功近利的短期行为。

四、全员公关原则

公共关系管理的全员公关原则是指社会组织的公共关系管理工作，不仅要依靠公关专门机构和专职公关人员的努力，还需要领导高度重视 ，还有赖于组织各部门的密切配合和全体员工的共同关心与参与。

首先，领导层高度重视是搞好公共关系管理的关键。实践表明，公共关系管理的动力来自上层。卓有成效的公共关系管理不仅要靠专业机构和人员去努力争取，更重要的是最高领导层确立正确的公共关系管理观念，使组织的方针、政策与公共关系管理观念相一致。为此，坚持全员公关的原则，社会组织的领导层必须具有科学的公关管理思想，采取有力的措施和行动支持公共关系管理工作。

其次，全体员工的参与是开展好公共关系管理的重要基础。组织公共关系管理工作的开展，不仅需要领导层的高度重视和公共机构中的公关人员的努力，还尤其需要全体员工都懂得公共关系管理工作的重要性，树立全员大公关的主人翁意识。应通过各种形式的教育引导，再配合相应的措施，员工的大公关意识，就会体现在每个人的日常工作事务中，就能产生不同凡响的好效果。

第四节　公共关系管理的基本职能

公共关系管理在现代社会组织的管理中正发挥着独特的职能。所谓职能是指人、事物和机构应有的作用或功能。公共关系管理的职能的内容很多，本节只阐释几个基本的职能。

一、采集信息

(一)信息的涵义

信息是指事物通过物质载体所发生的消息、情报、指令、数据、信号。它常以数据、图表、凭证、指令、时间、地点、印刷品、音像制品等形式表现出来。

信息具有以下特征：

(1)可分享性，即指全社会都可共同享用。提供者可享用，接受者也可享用；

(2)可扩散性，即指信息可在短时间内在较大范围内扩散开来；

(3)可压缩性，即指经过加工整理，使其更浓缩、精炼；

(4)可扩充性，即指随着时间的延长，认识的加强，新事物的出现，理论的发展，使其不断丰富扩充；

(5)可替代性，即指它的利用可代替其他资源。

(二)信息对现代组织的意义

信息技术的迅速变革，以及信息产业的发展，使人类社会进入了"信息时代"或"信息社会"。所谓"信息时代"，其特征是，起决定作用的不是资本，而是信息知识，进而，有了"信息即财富"的提法。另有人又进一步提出了"知识就是金钱，信息就是资源"的口号。

公共关系管理部门是组织内外信息交流的总站，而采集信息又是公共关系管理工作的基础，所以，采集信息可视为公共关系管理的第一职能。

现在世界范围内正经历着新的技术革命，这场革命即是以信息为中心而开展的。因此，许多发达国家均将信息当作社会和经济发展的主要支柱和先锋产业。组织和公共关系管理工作人员应不断地提高采集信息的速度、数量和质量。

(三)信息的分类

根据不同角度划分，可将信息划分为各种类型。

1. 口头信息和书面信息

这是根据信息的传递方式划分的类型。

(1)口头信息。这是指人们在交谈时候交流的信息。

(2)书面信息。这是指记录在各种物质载体上的信息。

2. 固定信息和流动信息

这是根据信息的内容性质划分的类型。

(1)固定信息。这是指在一定时间内稳定不变的信息，如人事档案、科技档案、指标、定额等。

(2)流动信息。这是指随时间推移不断变化的信息，如生产进度、作业统计、计划完成情况等。

3. 内部信息和外部信息

这是根据信息采集的范围划分的类型。

(1)内部信息是指一个组织自身活动过程中的信息，如企业组织经营方面的信息，即生产量、销量、利润、成本、人员构成、设备能力等。

(2)外部信息是指来源于组织外部的信息，即所处社会环境中的信息，如国内、外市场行情、竞争对手情况、金融市场行情、国家的方针、政策、各种税收法规、国际贸易法则等。

4. 以物质为载体的信息和以能量为载体的信息

这是根据信息载体的形式划分的类型。

(1)以物质为载体的信息是指用文字、符号、图表、密码等传递的信息。

(2)以能量为载体的信息是指通过无线电波传递的信息。

(四)公共关系管理注重的三类信息

1. 产品(商品)形象的信息

产品(商品)形象信息是指产品(商品)在消费者公众全体或大多数人中的印象和评价情况。它包括产品(商品)的质量、品种、花色、规格、款式、价格等。许多成功的企业、商业首先注意的是顾客消费者公众对于本企业产品(商品)的反应,千方百计地搜集这方面的信息。

2. 服务的信息

服务的信息是指社会公众对生产性的企业组织产品销售的服务、经销性组织的服务和服务性组织的服务情况的印象和评价的情况。

生产性组织和经销性组织的服务一般包括现场服务、提供产品(商品)的零配件和备用件服务、"三包服务"(包退、包换、包修)、建立维修服务网等。服务性组织的服务体现在整个经营管理中。

3. 组织整体形象的信息

组织整体形象的信息是指社会公众与组织内部公众对组织整体的印象和评价的情况。组织整体形象除包含企业的产品形象、服务形象之外,还包括以下一些内容:

第一,公众对本组织机构的评价;

第二,公众对本组织管理水平的评价;

第三,公众对组织人员质量的评价;

第四,公众对组织履行社会职责的评价。

此外,公共关系管理人员还应该搜集政府决策信息、立法信息、新闻媒介信息、市场信息、消费者信息、竞争对手信息等。

(五)信息采集的渠道

组织的公关管理人员可以通过不同渠道不同方式去获得所需的信息。

1. 组织内部信息渠道

公共关系管理人员能够从组织内部收集到职工的各种反映和意见书,各职能部门的工作报告,企业的年度工作报告、企业历年销售记录、财会记录、生产报表、成本核算资料,广告费用开支、开展公关管理活动报告等。

2. 组织外部信息渠道

即从社会中收集有关信息。它又分为直接信息渠道和间接信息渠道。

(1)直接信息,即公共关系管理人员亲临现场直接获取的信息。

(2)间接信息,即通过各种传播媒介获得的信息。它通常包括:政府各部门的工作报告;统计资料;高等院校与科研机关的调查报告(如市场调查、消费者调查、读者调查、人口调查等)和预测报告;各种报刊、杂志、文献上的论文,科技报告;专利说明书;标准化资料和产品样本以及广播、电视、互联网方面的信息等。

采集信息一般经过以下三个阶段:

一是获取信息阶段——搜集、记录、汇总、整理;

二是处理信息阶段——筛选、分类、辨析、加工、评价、综合提炼;

三是贮存信息阶段——将各种信息资料整理为档案或输入电子计算机。

二、参谋咨询

公共关系管理的参谋咨询职能是公共关系管理人员在采集信息的基础上为决策者提供有利于组织发展的公共关系管理方面的建议、意见或方案。

(一)公共关系管理参谋咨询的意义和作用

首先,公共关系管理参谋咨询是现代管理的客观要求。由于现代组织活动的规模较大,社会联系较广,运用的科学技术涉及面宽,以及信息量膨胀,单凭领导者个人的决断来进行管理已经不太可能,靠个别谋士出谋划策也无法适应现代组织经营管理的需要,因此需要包括公共关系管理人员在内的各方面的专业人员来为组织领导的决策提供情况咨询和决策建议。在领导决策时提供公众需要、心理和舆论方面的信息,提出自己的见解和意见,督促领导从公众利益角度予以考虑,是公关管理人员的重要职能之一。

其次,公共关系管理参谋咨询能起到决策的重要辅助作用。公共关系管理参谋咨询以答疑、建议等形式为决策者、领导机构提供意见、建议和备选方案。参谋咨询的作用如果发挥得好,领导决策成功的系数就会大一些。

(二)公共关系管理参谋咨询的内容

1. 组织知名度和美誉度的咨询

知名度是指社会公众对一个组织知道了解的程度。美誉度是指社会公众对一个组织信任和赞许的程度。作为一个公共关系管理人员需要在广泛收集信息的基础上,对组织在公众心目中的知名度和美誉度,做出客观的评价,做出定性的结论和定量的说明,找出组织的自我期望形象和实际社会形象之间的差距。对这种差距的具体表现,以及属于哪个部门,哪个环节的问题都应有分析介绍,并在完整掌握组织内部的基本资料的基础上,向领导层提供改善、提高组织形象方面的咨询建议。

2. 社会公众心理咨询

在我国市场经济发展的今天,消费者公众往往"持币待购,货比三家。"了解、研究消费者在购买活动中的不同心理需要更显得非常重要。公共关系人员对各种类型、层次的消费者进行分析咨询,能够帮助决策者针对不同的消费者制定出适宜的销售策略。

3. 经营决策的咨询

经营决策是一个从思维到做出决定的过程。整个过程包括:探察经营环境、设计方案、选择最优方案、执行与反馈。公共关系管理人员的经营决策咨询则体现在经营决策过程的探察经营环境阶段和执行与反馈阶段。

三、传播沟通

公共关系管理工作实际上就是一个传播和沟通的过程。发挥了采集信息的职能,还不能形成良好的公共关系管理状态,还必须既把外部公众的信息向组织内部输入,又把组织信息向外部传播,形成组织与公众之间的双向传播和沟通,才能形成组织与公众之间的了解、信任、支持和合作的良好的状态。

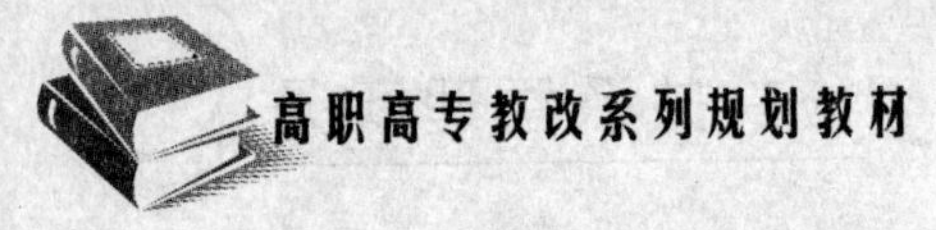

(一)传播沟通的作用

(1)组织通过传播沟通来采集各种信息,如市场、竞争、技术、金融、房地产、政策、劳动力以及国际政治、经济、军事等信息,从中寻找可供利用的机会和应该避免的威胁。同时,组织也要通过传播沟通把自身的信息,如经营、产品、服务等信息传给广大社会公众,以促进公众对组织的了解、信任和支持,进而改善组织的经营环境,树立组织的良好形象。

(2)传播沟通是消除组织与公众之间产生的误解,解决所发生的矛盾冲突,摆脱公共关系管理危机的有效手段。

(3)组织需要用传播沟通手段联络内外公众的感情,以创造和谐的社会关系环境。

(二)传播沟通的层次

公共关系管理的传播沟通主要在四个层次上进行。

第一层次是纯粹的信息交流。这是指公共关系管理人员向组织领导人报告有关公众的最新信息或者向公众报告有关组织的领导人的最新情况。

第二层次是情感传播。这是现代公共关系管理活动中一项极其重要的内容。一个组织重视了与内外部公众的情感交流,就能与他们建立牢固而深厚的联系。

第三层次是态度层次。公共关系管理人员进行的传播活动是围绕公众对本组织友好的态度和改变对本组织不良的态度展开的。

第四层次是行为层次。这是最高的层次,也是传播的最终目的,如向公众传播商品和服务优良的信息,与公众沟通情感,其目的就在于引起公众对其商品的消费行为。

(三)不同时期的传播沟通特点

在组织发展的不同阶段,传播与沟通有其不同的特点。

1. 组织初创时期的传播沟通

这一阶段传播沟通的重点是争取社会公众对本组织产生一个良好的最初印象。为此,这一阶段的传播沟通,应大造声势,先声夺人,一鸣惊人。

2. 组织顺利发展时期的传播沟通

这一时期,企业公关管理工作的传播沟通应致力于保持和维护企业产品信誉和组织信誉,并继续扩大企业的影响。企业顺利发展时期的沟通传播应注意预防与公众发生纠纷,避免企业形象受损。

3. 组织在推出新商品和新服务项目时的传播沟通

这一时期的某项新商品或某些服务刚刚引进市场,消费者对其还不熟悉,未被人们广泛的认识,此时的公共关系管理传播重点应宣传商品或服务的特点、特色。

4. 组织逆境时期的传播沟通

逆境是任何组织不愿接受的现实,有时又是意想不到、无法避免的现实。当逆境面临时,公共关系管理人员应在尊重事实的前提下,沉着、冷静地去加强传播沟通,以争取公众的理解,或促使公众解除误会,帮助企业摆脱危机。

四、教育引导

公共关系管理的教育引导职能是指对组织内部员工进行公关意识、公关素质、公关能力方面的教育引导,以提高组织的全员公关管理水平。

在教育引导过程中,除了千方百计地培养员工的公关意识之外,还应通过教育培训来培养员工的公关素质和技能。这方面培养是通过以下教育引导来体现的。

(一)加强组织内部普及性公共关系管理知识的传播和教育

其内容上侧重于公共关系概念、思想、目的、原则、职能、构成要素以及全员公共关系的重大意义和作用等。其形式可利用内部报刊、快报、墙报、广播等作教育引导。

(二)进行组织内部有针对性的公共关系管理理论和技能的培训

培训内容可针对准备培训的某类人员的重点要求有所侧重的选定。如营销组织的销售部门、供应部门、对外协作部门、办公室、服务部门、情报部门、售后服务部门以及服务性组织的接待员、客房服务员、营业员等等,这些人员的公共关系管理素养和技能的培训内容应各有侧重,有所不同。其形式可采用举办学习班、讲习会、研讨会、报告会等。

(三)引导员工参与公共关系管理活动

引导员工参与公关管理活动,首先体现在鼓励引导员工对组织管理决策和公关管理措施多提意见和建议。其次,体现在参与组织的一些公关管理活动之中,如各种大型专题活动:联谊活动、展览会;社会调查;商品推销公关宣传等。通过亲自参加这些公关管理活动,使其充分发挥潜能,在参与中增强责任感,开拓眼界,锻炼能力。

五、协调关系

协调关系分为狭义协调和广义协调。狭义协调主要是指组织内部的协调,如组织内部上下级之间的协调,组织内部同一层次中的各部门、各单位之间的关系协调。广义协调不仅包括组织内部环境的协调,而且包括组织对外部环境的协调,如组织与政府、社区、消费者等的协调活动。我们这里所说的协调关系是指广义的协调关系。

协调关系是重要的公共关系管理职能。前面所阐释的其他几个公共关系管理职能都是为了更好地协调关系而形成的,后面即将阐释的塑造形象的职能,也主要是在协调关系中建立和发展起来的。

(一)协调内部关系

组织的目标任务在赢得社会的支持之前,首先要赢得内部成员的配合与支持。否则,组织的一切"高超"的决策将会落空,组织将无法以一个整体面对外部公众。因此,协调内部公众是组织公关协调的首要工作。

1. 协调好内部的上下级关系

组织内部的上下级关系包括上级部门与下级部门的关系,领导者与普通员工的关系。协调好这些上下级关系,是组织生存发展的基础。这就需要公关管理人员通过协调来起到承上启下,以下启上的沟通与连接上下级的纽带作用。

2. 协调好内部的各部门的关系

组织内部的各职能部门,如计划部门、销售部门、供应部门、财务部门、技术部门等,都是为实现组织总体经营目标而相对独立工作的基层组织,各个部门有各自工作的特殊性和部门的工作目标。公共关系管理部门应主动配合领导层做好协调工作,以造成团结和谐的气氛,出现步调一致,密切合作的局面。

3. 协调好内部的公务关系

在日常公关工作中,经常会遇到有些会议、社会活动、接待活动和外事活动要邀请单位有关领导参加的情况。对于哪些该参加,哪些不该参加,哪些领导参加哪些活动或因某种原因不能参加的,公关管理人员一定要心中有数,并做好各方面的协调工作和解释工作。

4. 协调好内部职工间的关系

组织中良好的职工关系应建立在为完成企业目标而共同努力的基础上。只有这样,才能把性格各异、情趣不同的众多职工团结为一个战斗的整体。在团结、协作的企业气氛中激发每个人的潜在能力,更需公关管理部门及其人员从中协调好员工间的关系。

(二)协调外部关系

协调组织外部关系这是公共关系管理协调关系职能中最重要一点。因为组织的常见的公共关系冲突的纠纷多发生于外部。对这些冲突和纠纷如不及时、正确妥善的处理,就会危害社会、损害公众的利益、损害组织的声誉和形象。因此,公关管理人员必须帮助领导层做好协调工作,使协调的路线尽可能的畅达。

1. 建立信访制度

建立信访制度要求重视社会公众的来信来访。

2. 建立自查制度

按制度进行自查工作,企业组织可以自觉地发现违章、违纪、违背政策法令或损害消费者利益的行为,并及时加以纠正,消除公共关系管理危机的"隐患",防止与外部公众的矛盾与冲突的发生。

3. 建立调研制度

公共关系管理人员通过调查研究可以找出组织行为和公众利益的不一致之处,从而明确今后的努力方向。

4. 建立预测制度

建立预测制度具有防范的功能。公共关系管理专职人员应有强烈的防范意识,应及早分析估计出组织与外部公众之间有可能出现的分歧、意见或矛盾,及时将其向决策者汇报,使其尽快采取防范措施。

六、塑造形象

塑造形象是组织公共关系管理的核心职能。前面所阐释的其他职能都是为实现这一职能而展开的。

(一)组织形象的涵义

组织形象是指社会公众对一个组织内在精神素质和外在事物的认识和评价,简单而形象地说,就是该组织在公众脑海中的印象。组织形象是一个完整的有机特征系列,分为内在精神和外在事物两大方面。

例如,一个企业的形象:所体现的内在精神是企业的宗旨、经营方针、政策、方法以及服务精神等;所体现的外在事物是企业名称、商标、广告、徽标、代表色、建筑式样和门面装饰、包装等。甚至还包括一些细小方面,如名片、签封、制服、商品或服务项目说明书等。总之,组织的形象,最终是由大大小小的方面相配相映,左右呼应,逐步积累而成的。

(二)塑造组织形象的意义

组织形象对任何组织都很重要。它对于企业组织的经营管理工作和组织的发展更具有举足轻重的地位,有难以估量的价值,而塑造企业组织良好的形象就更具有极其重要的意义。

1. 组织形象是组织发展的无形资产

有人说过,如果可口可乐遍及世界各地的工厂都在一夜之间被大火烧光,那么,第二天的头条新闻将是:各国银行巨头争先恐后向它贷款。因为,可口可乐通过公共关系在公众中建立了良好的信誉和形象——世界"第一饮料"。可口可乐公司公布资产总值,首先是公共关系状态为39亿美元。这是最重要的无形资产,大火是烧不掉的。

《美国周刊》的一篇文章写道:"在一个富足的社会里,人们已不太斤斤计较价格,产品的相似之处又多于不同之处。因此,商标和公司形象变得比产品的价格更重要。"这句话可谓是西方发达国家的真实写照,但是,无论是在西方还是东方,树立企业在公众中的良好形象都具有重要意义。

2. 良好的组织形象能促进企业组织在商战中取胜

在现代社会,一个组织良好的社会形象不仅向上面所提到的能吸引投资者,争取到各种资金,还能吸收到更多的顾客,招聘到优势的人才,能增强自己职工的向心力和归属感,能得到可靠的、优质的原料供应,能获得销售系统的优势,还可以成为所在社区的中坚分子,受到居民的爱戴和拥护。由此可见,组织的良好形象能使组织具有越来越强的优势。具有良好形象的社会组织便会在商战中连连取胜。

基于上述塑造组织形象的重要意义,社会组织的领导者、公关管理人员,乃至全体员工都应自觉地履行好公共关系管理塑造组织形象这一核心职能,在各自的岗位、不同的层面,多角度、全方位地为塑造组织的良好形象尽心尽力,使人人都成为组织良好形象的塑造者和维护者。

(塑造形象既是公关的核心职能,也是公关的四大基本要素之一,第二章第五节再详述)

为实现塑造组织形象的公共关系管理的核心职能,公共关系管理还必须履行监测环境、危机处理、专题策划等职能。

七、监测环境

现代控制论和系统论关于社会组织的理论指出,人类的社会组织并非处于真空之中,而是生存于由物质环境和文化环境构成的社会环境之中,每个组织都是一定历史阶段社会环境的产物,来自社会环境的物质、人力和信息资源在相当程度上约束和限制了社会组织的活动及活动范围。一个社会组织为了适应环境,求得生存发展,就必须设法谋求与环境之间的相对平衡。怎样谋求组织与环境之间的相对平衡呢?这就需要具有协调功能的公共关系,运行其调节机制,来对组织所处的环境进行监测,以减少其与环境的矛盾的发生,或使其从与环境的矛盾状态中走出来,从不平衡走向平衡。这样,就能为组织的发展营造出和谐有利的环境。

环境是指组织周围和一切事物。组织所处社会环境大致为:政府有关工商企业的法律法规和政策;财政、金融和税收政策;“老、大、难”和新生的社会问题;新闻宣传导向和舆论;外商所属国的政治经济状况和动向;外汇汇率的涨跌;产业结构和新兴行业的走势;公众心态与崇尚;产品结构与消费市场和变化;同行或竞争者动向;社会公众的反响;社会重大或重要活动等。

对这些环境问题的监测,即监视和预测是公共关系管理的一项重要职能。这就需要公共关系管理人员掌握和运用一定的调查研究方法,多进行调查研究。通过充分占有资料,取得组织社会环境的准确信息,找出组织与环境的差距、矛盾,并分析出原因所在,以提供给本组织的决策者作为决策的参考。同时,公共关系管理人员还应掌握一定的预测技术和方法,对本组织所处的环境的未来状况做出预测。使组织在适应未来环境的变化中准备充分、主动自如,进而与环境之间能保持动态中的平衡,使组织的发展再上新台阶。

八、危机处理

如前所述,在现代社会里,任何社会组织都面临着极其复杂的环境。其中,也会因不可抗拒的天灾或难以预测的人祸而使组织陷入危机之中。危机更是市场经营活动的影子,也是公共关系管理过程的伴随物。随着危机的出现较之以往更加频繁,危机处理已成为组织公共关系管理工作中的日常性业务。很自然地,危机处理便成为公共关系管理的一个重要职能。

危机,即危机事件具有潜伏性、突发性、危害性、连带性等特征,对其必须及时处理才能控制其势态的发展,稳定社会秩序、安抚人心。而对组织产生的危机更应及时处理。因为如不及时进行处理,势必会危及组织的生存和发展。

具有危机处理职能的公共关系管理机构中的公关管理人员,为胜任危机处理的重任,必须树立较强的公关意识和培养好应对危机的良好的心理素质,随时预测危机的苗头,尽力避免危机的发生,一旦危机不可避免,就应及早做好应对准备,并及时做好对危机的确认、控制、解决等工作。在整个危机处理过程,要注意以人为本、公益为先、方法科学、行动迅速。人人都应倾心竭力地进行危机处理,尽快地使危机得以及时地控制和消除,使正常的状态得以恢复,甚至还可以为组织从危机中寻找新的机遇。可以说,每一次危机处理,都是对公共关系管理活动和公共关系管理人员能力的严峻的考验。

九、专题策划

公共关系管理专题活动是公共关系管理实务的重点,被许多社会组织广泛运用。公共关系管理对其的运用频率又是最高的。为此,公共关系管理的另一个重要职能就是专题策划,即对公关专题的策划。

公共关系管理的专题活动分新闻性的新闻发布会、新闻专访会等活动;促销性的展览会、展销会、博览会、新技术新产品介绍会、表演会等活动;信息交流性的研讨会、座谈会、交流会等活动;庆典纪念性的开业典礼、落成典礼、纪念会、庆功会、交流会、表彰会、签字仪式、就职仪式等活动;沟通性的公众参观活动;社会福利性的赞助、捐款、设立福利基金仪式、技术、咨询、服务等活动;联谊娱乐性的联欢会、文艺演出、聚餐会、宴会、舞会、体育竞赛等活动。

公共关系管理机构及其人员必须认真履行其专题策划职能,遵循公共关系管理专题策划的公众性、客观性、规范性、创新性、灵活性等原则。按策划的程序,首先做好策划的准备,即组织形象现状及原因分析、确定活动目标要求、明确活动目标需注意的问题等,而后做好策划的实质性工作,即设计主题、分析确定公众、选择媒介、预算经费、拟定策划书等。在策划中还需注意避免简单的模仿和重复,应有鲜明的个性和特色,即有新鲜、明确、独特的创意。因为,好的创意是专题活动策划成功的重要前提,也是策划的点睛之笔。

本章小结

本章第一节阐释了公共关系的历史与现状。首先介绍了西方近现代公共关系的起源与发展。其中重点介绍了公共关系在美国的起源与发展过程,还简介了它在西欧和世界各国的逐渐推广与发展概况。在介绍近现代公共关系的起源发展过程中,还着重介绍了一些为公共关系事业做出突出贡献的历史人物。而后,阐释了当代中国的公共关系。其中分别介绍了中国公共关系实践和实务状况、公共关系机构和组织状况、公共关系教育和科研状况。第二节阐释了公共关系管理的涵义和特征;辨析了公共关系管理与庸俗关系、交际、宣传、广告、市场营销的联系与区别。第三节论述了公共关系管理的基本原则。第四节阐释了公共关系管理的基本职能。

学习本章应注意了解公共关系产生发展的过程,认识为公共关系产生和发展做出贡献的历史人物,了解我国公共关系的现状;应注意探讨公共关系管理的涵义和特征,把握其鲜明的个性;应明确公共关系管理的基本原则,把握公共关系活动的方向;应详细了解公共关系管理的基本职能,并注意其在公共关系管理实践中的作用和功能的发挥。通过学习本章,可为公共关系管理全学科的学习打下坚实的理论知识基础。

案例分析

香港回归祖国倒计时活动

——《中国名牌》杂志社的公关创意

《中国名牌》杂志社会组织策划了高扬爱国主义旗帜的中国政府对香港恢复行使主权倒计时活动,产生了深刻的政治意义与深远的历史意义,其创意如下

一、项目调查

1. 历史:香港问题是英帝国主义入侵中国后强迫清政府签订的不平等条约。

2. 立场:香港是中国领土,不属于"殖民地"范畴。邓小平同志明确地表示 1997 年要收回香港。

3. 结论:1997 年 7 月 1 日这一天回归,使一个世纪的悲欢离合、一个民族的沧桑荣辱将在这时刻凝聚升华。

二、项目策划

1. 目的:高扬爱国主义旗帜。

2. 切入点:倒计时(让它分分秒秒叩动每一位炎黄子孙的心弦)。

3. 规模:每字高度不小于 1 米,总面积 150 平方米,可视距离 1000 米以上。

4. 焦点:倒计时牌建在祖国心脏——首都北京。具体建在市中心——天安门广场的中国革命历史博物馆正中。

5. 层次:报呈新华社领导、北京市政府、国务院港澳办,直到中央领导。

6. 时间:启动在 1994 年 12 月 19 日(中英联合声明 10 周年)至 1997 年 7 月 1 日,运行 925 天。

三、项目实施

1. 高层公关:中央支持;

2. 政府各职能部门公关:热情赞许;

3. 横向公关:全国人民振奋。

四、项目评估

1. 中央领导高度评价;

2. 925 天中,参观率最高,也是爱国主义教育基地;

3. 世界之最:面积、时间、目睹、参与人数、新闻报道。

案例讨论题

公关主体应遵循怎样的思路来实现公共关系目标?

案例点评

此案例主要体现了公共关系状态、公共关系活动、公共关系观念三个知识点。三者之间的关系是:公共关系活动的结果形成特定的公共关系状态,而自觉、科学的公共关系活动又必须在现代公共关系观念的指导下进行。

1. 公共关系活动,是指运用传播沟通的方法去协调组织的社会关系,影响组织的公众舆论,塑造组织的良好形象,优化组织的动作环境的一系列公共关系工作。"香港回归祖国倒计时"这一公关活动就通过项目调查、项目策划和项目实施等公共关系操作实务,紧紧围绕香港回归这一重大历史事件、高扬爱国主义旗帜这一主题策划并实施了这次公共关系活动,具有深刻的政治意义和深远的历史意义。

2. 公共关系状态,是指一个组织与其公众环境之间客观上存在的关系状况和舆论状况。《中国名牌》杂志社的这一公关活动得到了中央领导的高度评价,从 1994 年 12 月 19 日至 1997 年 7 月 1 日这 925 天中,倒计时牌成为爱国主义教育基地,并创造了数项世界之最。公众从中受到爱国主义教育,组织与公众间的关系状况和舆论状况得到极大的改善。

3. 公共关系观念,是一种引导、规范组织行为不端的价值观念和行为准则。此次活动的策划人员正是通过形象观念、公众观念、传播观念、协调观念、互惠观念和服务观念,策划并实施了此次爱国主义教育活动。

一、填空题

1. 19 世纪中叶,在美国报业史上曾由美国________领头掀起了一场________。一份报纸,只需要________即可买到,由于价格________,更多人买得起,因而,报纸的发行量________。

2. 艾维·李在________中郑重提出了"凡是有益________必有益于________"的信条。他主张"公众必须被________",应该向公众"________"。

3. 公共关系管理是指________为塑造良好的________,创造和谐的________,谋求与公众共同________,而运用________与公众进行双向沟通和协调的一种独特的管理活动。

4. 组织形象是指________对一个________内在精神素质和________事物的认识和________,简单而形象地说,就是组织在公众________中的印象。

二、选择题

1. (　　)被后来的学术界誉为"现代公共关系之父"。
A. 多尔曼·伊顿　　B. 乔治·威斯汀豪斯
C. 菲尔斯·巴纳姆　　D. 艾维·李
E. 弗兰克·杰夫斯金

2. (　　)创立了公共关系理论体系。
A. 艾维·李　　B. 爱德华·伯尼斯
C. 瓦里特·塞弗特　　D. 弗兰克·杰夫斯金
E. 斯科特·卡特利普和阿伦·森特

3. 现代公共关系是20世纪(　　)年代初传入我国的。
A. 50　　B. 60
C. 70　　D. 80
E. 90

4. 公共关系管理工作应遵循(　　)原则。
A. 真实性　　B. 平等互惠
C. 整体一致　　D. 全员公关
E. 环境监测

三、思考题

1. 试述公共关系管理的基本特征。
2. 辨析一下公共关系管理与庸俗关系的根本区别。
3. 公共关系管理应履行哪些职能?其核心职能是什么?
4. 联系实际谈谈公共关系管理参谋咨询职能的意义。
5. 谈谈组织不同时期怎样进行传播沟通。
6. 需要建立哪些制度来保证组织外部关系的协调。
7. 谈谈塑造组织形象的意义。

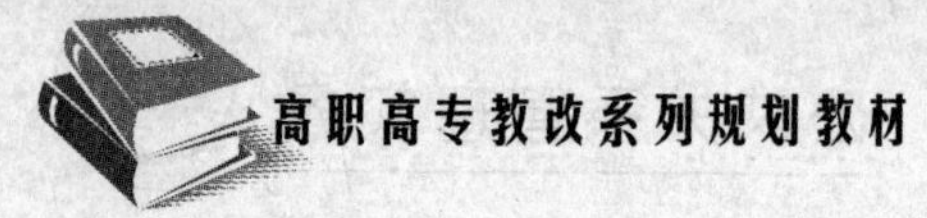

第二章　公共关系管理构成要素

重点难点

1. 公共关系管理主体
2. 公共关系管理目标
3. 公共关系管理传播

关键词

社会组织　公众　传播

公共关系作为一种关系，它的构成有四大基本要素，即主体——社会组织、客体——公众、中介——传播、目标——塑造形象。公共关系的主体广义上是指社会组织，狭义上是指组织中的公关机构和公关人员。该主体在公共关系活动中发挥主导作用。公共关系的客体是指除组织之外的其他社会组织，即公众。该客体在公共关系活动中发挥能动作用。中介是指传播媒介。公共关系目标是指社会组织开展公共关系活动所要达到的最终目的，即塑造本组织的良好形象。本章将分四小节，分别阐释公共关系管理构成的四大基本要素。

第一节　广义的公共关系管理主体

公共关系活动的发动机是公共关系管理主体。因公共关系管理主体的性质不同，需要不同，公共关系管理活动的基本模式也不尽相同。理解公共关系管理主体的涵义与类型，对于提高公共关系管理活动的策划水平具有重要的意义。公共关系管理主体分为广义的公共关系管理主体和狭义的公共关系管理主体。广义的公共关系管理主体是指社会组织，狭义的公共关系管理主体是指社会组织中的公关管理机构及其人员。本节先阐释广义的公共关系管理主体——社会组织。

一、社会组织的涵义和特征

（一）社会组织的涵义

社会组织就是两人或者两人以上为履行一定的社会职能，完成特定的社会目标而组建起来的，具有健全的组织活动和权力责任制度，经过分工与合作，所构成的一个独立单位的社会群体。

（二）社会组织的特征

由于不同的社会组织在目标任务、结构类型等方面的差异，各个社会组织都具有各自的特殊特征，但作为一个符合要求的标准社会组织，又必然具有一些共同的基本特征。这些共

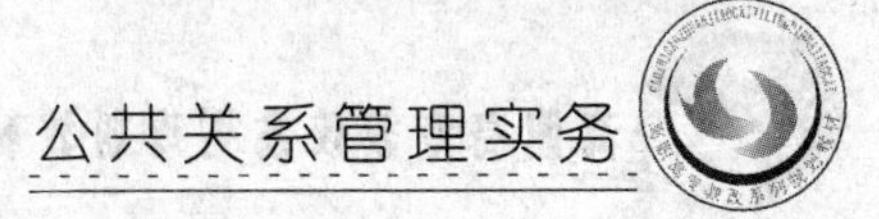

同特征主要如下

1. 目标性特征

社会组织是人们为了达到特定目标而建立的系统，明确的目标是社会组织的显著特征之一。组织目标指的是组织争取达到的一种未来状态。目标是组织的灵魂，正因为有了组织目标，才决定了组织及其成员所应承担的工作任务及其所选择的实现任务的途径。目标是组织最基本的构成要素，达标是组织最基本的功能，所以组织的首要特征是目标性特征。

2. 形象性特征

组织形象是公众对一个社会组织的整体看法和总体评价，是社会组织的特征与表现在公众心目中的反映。树立良好的形象是社会组织追求的目标之一，也是一个社会组织得以存在和发展的必要条件。在市场经济逐步发展，竞争机制逐步健全的现代社会，社会组织的形象问题尤其重要。

3. 环境适应性特征

社会组织与社会环境有着不可分割的关系，社会组织总是处在一定的社会环境之中的。环境的适应性是指组织在外界环境因素的影响下，积极调整自身结构或功能来维持生存和发展的能力。

二、社会组织的类型

从不同的角度进行分类，社会组织的类型是不相同的。

（一）政治组织、军事组织、文化组织、群众组织

从性质上划分，社会组织分为政治组织、经济组织、军事组织、文化组织、群众组织。

（1）政治组织。政治组织是指人们在政治领域中的组合形式。包括政党和各种国家政权组织。

（2）经济组织。经济组织是指人们在经济关系的基础上建立并以经济活动为内容的社会组织。如工业企业、交通运输企业、商业企业、银行、保险公司等。

（3）军事组织。军事组织是指为维护国家领土完整和人民生命财产安全及打击外敌入侵，而依据类别或功能，将武装力量组织起来。使其成为一个阶层化结构分明、可灵活运用、利于作战的团队。或者一个组织带有军事性质，拥有武装力量，并以此力量推动其目的组织。如陆军、海军、空军、武警部队等。

（4）文化组织。文化组织是指以满足人们的各种文化需要为目标，以文化活动为基本内容的社会组织。如学校、科研机构、艺术团体等。

（5）群众组织。群众组织是指综合了不同类型的社会关系和社会功能而形成的社会性组织。如工会、街道居委会、村民委员会和其他各社会团体等。

（二）正式组织和非正式组织

从形式上划分，社会组织分为正式组织和非正式组织。

（1）正式组织。这种组织比较严密，组织成员之间关系比较固定，组织活动有比较严格的规定和要求。如国家机关、企业、学校等。

（2）非正式组织。这种组织机构比较松散，组织成员之间的关系比较随便和自由，组织活动缺乏严格的规定和要求。如同乡会、学术团体以及正式组织内部的非正式小团

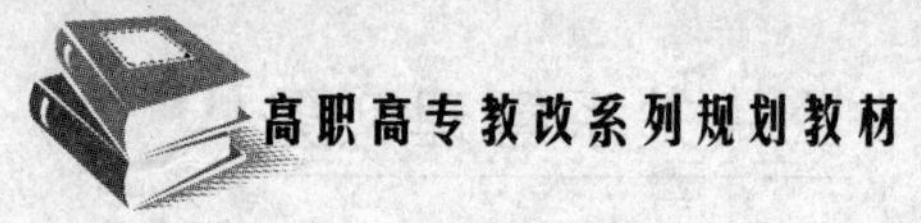

体等。

(三)公益性组织、服务性组织、盈利性组织和公益性组织

从获益上划分,社会组织分为公益性组织、服务性组织、盈利性组织和互益性组织。

(1)公益性组织是为社会各界公众服务的组织。如军队、警察机关、政府等。这类社会组织的公共关系活动应该立足于塑造勤政廉洁为民的良好形象。

(2)服务性组织是为社会大众服务,让大众获益的组织。如福利机构、学校、医院等。这类社会组织的公共关系活动应该立足于精通业务、热情周到的服务形象。

(3)盈利性组织是通过提供物质产品、精神产品或者服务项目,谋求赢利的组织,一般指企业组织。如生产性企业、酒店、广告公司、公共关系公司等。这类社会组织的公共关系活动应该侧重塑造质优价廉、诚实守信、反应敏感、富有宽容精神的商业形象,以便获得持续的发展。

(4)互益性组织是保障成员利益与权益的组织。如互助团体、政党组织、宗教组织等。这类社会组织的公共关系活动应该立足于塑造遵纪守法、关注社会的形象。

三、社会组织与环境

任何社会组织都不是孤立地存在于社会之中,其存在与发展将时时受到与之相联系的环境变化的极大影响。从世界范围上来看,石油价格上涨、周期性的经济危机、国家之间的贸易战争等等,都给许多国家的企业组织带来了史无前例的影响。在一定意义上讲,社会组织是它的环境的产物,但这并不意味着社会组织在环境面前是消极的、无能为力的。任何社会组织作为一个开放的系统,一方面受到环境的影响和制约,一方面反过来对环境也有所影响、超越,即适应环境,求得生存和发展。

(一)社会组织所处的环境的分类

(1)社会组织所处的环境,可以分为具体环境和抽象环境。具体环境是指直接影响组织生存、发展的现实环境,包括组织内部成员的相互关系,他们对组织的感情、态度以及对社会组织存在和发展发生利害关系的社会公众舆论等等。具体的公关环境较容易被组织成员感受到。抽象环境是对组织有着间接的影响,对一个具体的组织并不发生直接的联系,诸如整个社会的政治、经济、文化氛围等。抽象环境对组织的影响却有着长期性和复杂性。

(2)社会组织所处的环境,还可以分为内部环境与外部环境。外部环境是指组织以外的影响因素,由一般环境和工作环境构成。组织的一般环境主要是指所有的组织都要面临的总的外部社会客观环境,其组成因素一般为政治、经济、教育、文化和自然资源等环境。社会组织的工作环境是指组织在开展公共关系管理活动中,对组织直接发生作用和影响的有关外部环境和一些具有潜在直接关系的外部环境,包括组织的资源供应者、顾客、竞争者、政府管理机构等等。一个组织的内部结构、管理方式以及内部公众的价值观、对组织的感情、态度和信念等等,都属于内部环境。

(二)社会组织应怎样适应和利用环境

环境在很大程度上规定了社会组织活动的范围和内容。同时,社会组织也能动地作用于环境。这种作用就是在把握发展变化规律的基础上,对环境加以改造和影响,使其朝着有利于组织生存发展的方向转变。

1. 正确认识环境的特征

(1)环境具有不确定性的特征。即组织的决策者对于环境信息的感知的不确定性。一个决策者对环境感知的方式和能力将会影响他决策的成功与否。因此,消除环境的不确定性,是社会组织应运用公关管理把握环境的重要方面。

(2)环境具有可变性的特征。即一个组织所面临的环境始终处于不断地变化之中,社会组织就要运用公关管理掌握环境变化的速度和预测变化的能力,以便采取策略,适应环境的变化。

(3)环境具有复杂性的特征。这主要是指与组织有关环境因素的多少和它们的差异程度。社会组织如果能够考虑到环境中的所有因素和每个因素的特殊性,就能做出适应环境的正确决策。

2. 优化所处的公关环境

对于公共关系环境的优化,可以从公关面临的外部环境和内部环境这两个侧面进行。

(1)公关外部环境的改善。外部环境的诸多因素,无论是一般环境,还是工作环境,并不是孤立地起作用。它们相互影响、相互交叉,形成一种复杂而又多变的整体,作用于组织。

(2)公关内部环境的改善。从某种意义上说,需要是驱动人的行为的原动力。在各式各样的需要中,最基本的就是“物质需求”。组织管理者在调动职工的积极性时,对他们正当的物质利益要求必须予以重视,创造一个安全、文明、有序的工作环境,形成组织内聚力。组织内部存在着无数相互交错的力量,各种力量只有聚合一处,形成强大的群体合力,组织才能得以协调发展。组织内聚力主要表现在组织与其成员的相互作用上,既指组织对成员的吸引力,又指成员对组织的向心力。组织内聚力是进行有效管理的巨大推动力量,也是良好组织内部环境的保证。

四、社会组织目标与公共关系管理目标

(一)社会组织目标

1. 社会组织目标的涵义

社会组织目标是指一个社会组织在一定的时间、空间活动范围内努力争取达到的预期的一种未来状态。社会组织目标是一个社会组织存在和发展的基础,它为组织的发展指出了方向,是判断组织活动合法性的依据,起着团结和激励组织成员努力奋斗的作用,是衡量组织效果与效率的准则。

2. 社会组织目标的分类

社会组织目标的类型从不同角度有不同划分。

(1)从组织目标的形式上可划分为总目标、分目标和个人目标。

①总目标。一个组织的目标,它不仅体现了组织自身的利益还必须体现社会利益和个人利益;

②分目标。组织内各职能部门的目标或组织在一定阶段的目标;

③个人目标。组织成员的个人利益要求。

任何组织都要以总目标统帅分目标,分目标、个人目标都要服从总目标。

(2)从组织目标的时间上可划分为长期目标、中期目标和短期目标。

①长期目标。组织在一个相当长的时间内,如10年、20年甚至更长时间内所要完成的战略任务和要采取的重大措施。

②中期目标。组织的5年或3年目标,它反映和体现了组织的长期目标。

③短期目标。组织短期或年度目标,它是中期目标的具体化,是组织目标的具体行动计划。

长期目标能给组织提供一个战略范围,鼓励组织成员为实现这一目标而努力,但它必须通过中期目标和短期目标,做出具体安排,才能得到实现。只有把长期目标、中期目标和短期目标结合起来,并重点抓好中期目标,合理安排短期目标,才能有效地达到组织的长期目标。

(二)公共关系管理目标

社会组织目标往往需要通过公共关系管理来实现,而公共关系管理,又必须制定公共关系管理目标。为此,还必须阐释一下公共关系管理目标问题。

1. 公共关系管理目标的涵义

公共关系管理目标是指组织通过策划和实施公关传播活动所追求和渴望达到的一种状态或目的,是公共关系全部活动的核心和公关管理工作努力的方向。整个公关实务工作的过程就可以理解为制定公关目标和实现目标的过程。

公共关系管理总是为达到一定的目标的。任何公共关系管理工作和活动最终都是为实现塑造形象这一基本目标的,它包括组织的精神形象、领导者形象、员工形象、产品形象等等。这些形象将成为组织追求与公众及社会关系稳定、平衡、和谐、同步发展的重要资产。当然,实现公共关系塑造形象这一最终目标,离不开具体的阶段性目标,这一总目标又离不开分目标。

2. 公共关系管理目标的确立原则

任何组织在确立公共关系管理目标时,要使确立的目标科学、可行,而又不至于偏离方向,就必须遵守一定的原则。

(1)协调统一的原则。公共关系管理目标必须符合组织整体发展的要求,与组织的其他活动目标协调统一。任何组织都是由很多要素构成的具有明确目标的有机系统。组织成员必须通过合理分工和密切协作才能实现组织的整体目标。公关管理目标作为组织总目标下的一个子目标,必须服从和服务于总目标。公关管理人员在制定目标时,要考虑到组织的整体社会形象和社会公众的整体利益。也就是说,公关管理目标的制定必须符合组织整体发展目标的要求,必须能起到从认识社会效益和组织长远利益的角度,促进组织的整体发展。同时公关目标还必须和其他活动目标协调统一,并为其他目标的实现创造有利条件和环境,以确保组织整体目标的顺利实现。

(2)明确具体的原则。首先,其目标应具有明确性。目标的明确性是指目标的含义必须十分清楚、单一,可直接操作,有明确的内容与要求,不能有歧义,不使人产生多种理解。其次,其目标应是结果式的。结果是相对于过程而言的。就是说目标应该是可予以明确评估的结果,否则将不具备约束力。再次,其目标应是可以确定执行者责任范围的。为了使制定出来的目标能够落实,每个部门、每个执行者都必须有明确的责任范围,以防止相互推诿、扯皮、不愿承担责任的事情发生。第四,其目标应明确实现目标的约束条件。为了确保目标在执行过程中不会因为执行者的主观意愿而出现严重的偏差,在进行策划时要明确一些必要的约束条件,使执行者的行为受到合理的限制,不能任意行事,以保证目标的顺利实现。

第二节 狭义的公共关系管理主体

狭义的公共关系管理主体是公共关系管理机构与公共关系管理人员,具体就是执行公共关系管理职能的部门和工作人员。

一、公共关系机构

公共关系机构主要有三种,即公共关系部、公共关系公司和公共关系协会。

(一)公共关系部

公共关系部是社会组织内部设置专门策划、组织公共关系活动的传播性、沟通性职能部门。

1. 公共关系部的模式

按公共关系部的结构类型和组织方式,公共关系部的模式有以下几种类型。

(1)职能型:这种按照公共关系职能分类所建立起来的公共关系部,称为职能型公共关系部。这种机构的特点是各职能部门都配有通晓专门业务人员运用专门知识处理公共关系活动中所遇到的各类问题,为领导的决策提供咨询,从而适应复杂的环境和大型组织管理的需要。

(2)过程型:这种类型的公共关系部是按照公共关系工作的过程分类所建立起来的。其特点是,各职能部门的工作内容专业性强,工作范围集中,易于积累经验,提高公关活动的效果。但这种类型的公关部设置整体性较差,如协调配合不好,容易造成相互扯皮、相互推诿,从而影响公关工作的绩效。

(3)公众型:这种类型的公共关系部是以不同公众为对象,而分别设立以相应的工作对象作为机构的名称。其优点是能熟悉自己的工作对象,了解公众的需要和反映,便于有针对性地开展公关活动。

2. 公共关系部的职责

公共关系部门的职责和权力,因其所在企业的性质不同会有所差异,但作为公共关系部门担负的基本的职责是相同的。

(1)顾问和咨询:就企业中有关公共关系的政策和行动提出建设性的意见,为领导层和生产部门提供公共关系方面的服务。

(2)编辑与写作:针对不同的公众和不同的目的,编写各种内部或外部发行的刊物。

(3)新闻与宣传:组织有新闻价值的专门活动,举行各种新闻发布会,通过各种媒介宣传企业的产品和服务。

(4)调研与预测:通过各种手段,如报纸剪辑、市场调查、民意测验,未来趋势预测等等,做出科学的公共关系建议和计划。

(5)组织与协调:如组织接待参观、专题讨论、座谈会及各种赞助活动等等。还要协调各部门的工作,统筹兼顾,为企业创造最佳的社会关系环境。

3. 公共关系部的优势

与公共关系公司比较起来,单位内部的公共关系部有以下几点优势。

(1)对单位情况比较熟悉:如领导班子情况、职工情况、关系单位等。因此在开展公共关系工作时一般能抓住本企业的重要问题。由于对单位情况比较了解,可以及时提供业务咨询和建议,特别是在突发性事件出现时,单位的公共关系部可以及时提出对策,这是公共关系公司所不及的。情况熟悉,当然也利于开展企业内部的公共关系工作。

(2)比较省钱:组织的公共关系部作为单位的一个组成部分,在开展公共关系工作时,显然要比公共关系公司节省经费了。

(3)能使工作保持连续性和稳定性:由于公共关系部是单位的一个组成部分,所以,能够保证公共关系工作的连续性和稳定性。

(二)公共关系公司

公共关系公司又称公共关系顾问公司。它是由具有一定专业特长的专家组成,专门为各种社会组织提供公共关系咨询或受理委托为客户开展公共关系活动的有偿性的社会服务机构。

1. 公共关系公司的职能

公共关系公司的基本职能就是帮助委托人沟通与社会公众之间的双向信息交流,为委托人建立良好的声誉和形象提供各种服务。

2. 公共关系公司的工作内容

首先公共关系公司要和委托人一道,根据企业组织的经营状况确定近期和长期的公共关系目标。然后,通过市场调查研究、民意测验等多种调查研究检查委托人为实现这些目标所依靠的社会因素中有什么失策,并找出补救的办法。其次根据调查研究的结果,有针对性地和委托人一道制定出切实可行的公共关系计划,并协助委托人实施这些计划。再次为各企业和其他组织培训公共关系人员。第四协助委托人开展内部公共关系的全部工作。

3. 公共关系公司的优势

不论是哪一类经营方式的公共关系公司,都有着一般单位的公共关系部门难以竞争的优势。

(1)信息广泛灵通:公共关系公司是一种信息公司,它的第一项任务就是收集和提供信息。人们检验专业公共关系公司质量的一个标准就是看它信息掌握多少,因为所有的咨询工作都是在对信息分析的基础上进行的。占有大量的范围广泛的信息,灵活运用信息是公共关系公司的一大优势。

(2)分析问题主观色彩少:就公共关系公司解答企业的咨询或给企业当顾问而言,它较少带主观色彩,看问题较客观公正。因为公共关系公司或顾问毕竟是企业的局外人,一般不会纠缠在企业年深日久的积弊之中。

(3)经验丰富,判断准确:不论是综合的咨询公司,还是单项的咨询公司,均以公共关系工作为职业,在公共关系公司有各个方面的专家。因此,在应付复杂局面,解决难题方面,其经验要比单位的公共关系部门丰富得多。

公共关系公司还有许多优势,比如,社会联系广泛、机动性强、建议容易受到人们重视,职业水准比较高等等。

4. 公共关系公司的类型

公共关系公司的类型依据不同方式可作不同的划分,从公共关系业务内容划分主要有以下几种。

(1)专项业务服务公司。这类公司是专门为用户提供某种公共关系技术服务的公司。它们以各种专业人才、技术和设备为客户提供单项的公关业务服务。如为客户专门设计广告,或专门制作音像资料,专为客户作形象调查。

(2)专门业务服务公司。这类公关公司是为特定行业提供公关服务的公司。例如,专门为工商企业服务,维护企业合法地位和良好形象的公共关系公司;专门为工商业提供金融方面服务,保护企业正当权利的金融方面服务,保护企业正当权利的金融方面服务,保护企业正当权利的金融公共关系公司等。

(3)综合服务咨询公司。这类公司是以分类公司专家和公关技术专家为主体,来保证和适应多行业、多职能、全过程的外部公关需要。例如,美国博雅国际公关公司,其服务项目是收集信息、广告设计、制作电视新闻和咨询、与政界新闻界代理人建立联系等,其提供的服务是多方面的综合性的。

5. 公共关系公司的机构设置

公共关系公司,其内部结构一般主要分为以下四个部分。

(1)行政部门。该部门包括公司的总经理、副总经理和一定数量的业务经理人员。企业经理人员的主要工作是具体组织、制定和实施为委托客户服务的公共关系项目。

(2)审计部门。这个部门一般由业务经理人员、业务人员负责人和高级公共关系专家组成。它的任务是在公司承办的各项业务开始时或实施过程中,审查项目的可行性、效益高低和监督实施情况,并负责统筹安排人力、财力,及时为各个项目提供指导和咨询,避免事故,保证质量。

(3)专业部门。各类公共关系公司都根据公司的业务范围和专业特色设置专门的业务部门。每个专业部门可在同一时间内为许多委托客户提供公共关系服务。一般公共关系公司的专业部门的设置包括这样一些机构:财政关系部;形象服务部;调研预测部;公共事务部;政府关系部;产品宣传部;项目研究部;美工影像部;顾客服务部;外事联络部;教育培训部等。

(4)其他部门。一些公共关系公司由于特殊的需要,还可能设置有关机构,如一些大型国际公关公司就设有地区部门和国际部门,以提供地区性和国际性服务。

(三)公共关系协会

公共关系协会是从事公共关系研究与实践的工作机构,是社会上一种松散型的非盈利的公共关系组织。参加这一组织的团体会员,也可以有个人会员。而且名目繁多,诸如学会、研究会、俱乐部、联谊会等等,但就其性质、任务和活动而言,却大同小异,所以我们这里统称协会。

二、公共关系管理人员

公共关系管理人员是从事公共关系职业的专业人员,是公共关生系活动的策划者、组织者和执行者,俗称公关先生、公关小姐。

由于公共关系职业的特点,公共关系人员必须具备相应的素质和技能。

(一)公共关系人员的基本素质

1. 科学的观念意识

公共关系是一门新兴的职业,公共关系人员必须以科学的观念意识去从事这一职业。

这就要求公关人员应树立科学的信息意识、形象意识、公众意识、双赢意识、传播意识、协调意识、服务意识、创新意识、情感意识、文化意识等。

2. 高尚的思想品德

公共关系人员的形象是组织形象的代表，其良好形象的重要体现就是具有高尚的思想品德。

思想品德是在一定的社会条件下形成的，它是社会现象的反映。社会主义条件下，社会组织的公共关系人员在思想品德方面的基本要求有以下几条。

(1)坚定的社会主义方向，坚定地执行党和国家的路线、方针、政策。

(2)要有全局观念，能正确处理国家、集体、员工三者之间的利益关系。

(3)要有较强的事业心、责任感，具有开拓精神，勇于创新，不断开创公关工作的新局面。

(4)谦虚谨慎，公道正派，团结他人，热爱公关事业。

(5)要克己奉公，不谋私利，自觉抵制不正之风和错误思想的腐蚀与影响。

(6)严格遵守职业道德，实事求是，以诚待人，讲求信用。

3. 良好的气质性格

公共关系人员应具备良好的气质性格，主要包括：豁达、开朗、热情、冷静、理智、诚挚、自尊、谦和、耐心、机智、幽默、自信、有毅力、现实、具有同情心和自制力等。

4. 广博的知识修养

对于公共关系人员所具备的知识方面的要求是除专业知识要精通之外，还应广博地猎取与工作相关的多学科的知识。如，经营管理学、市场学、广告学、经济学、法律学、社会学、社会心理学、传播学、新闻学、逻辑学、外语、文学、写作、编辑、演讲、摄影、美术等方面的知识。

5. 丰富的社会经验

公关人员还必须具有丰富的社会经验，特别是应具备人际交往、沟通协调、新闻传播、经营管理、策划设计、市场推销、宣传广告以及应付突发事件、处理棘手问题的经验。

6. 熟练的业务能力

公共关系人员在处理日常的公关事务和进行专门的公关活动中，应具有熟练的业务能力。如信息处理能力、组织协调能力、社会交往能力、宣传表达能力，自控应变能力等。

7. 规范的仪表仪态

仪表仪态是公关工作中的重要因素，是社会礼仪中的基本要素。相貌丑陋的人一般不宜当公共关系人员，但“奶油小生”、“妖艳女郎”做公关工作也不适合。公关人员应该仪表端正、衣冠整洁、举止大方、精神饱满，表现出生气勃勃的精神面貌。

(二)公共关系管理人员的基本技能

具体地看，公共关系人员的业务能力体现为各种基本技能。

1. 信息处理能力

在传播手段快速发展的当今社会，公关人员应该运用现代科学技术所提供的各种传播工具的操作方法，利用好各种传播工具，及时准确地向公众传递组织信息和从公众那里采集各类信息，并将其筛选、整理、加工、储存和传输，以便为组织决策者提供有效的依据。

2. 组织协调能力

公共关系大量的日常工作和各种专题活动均需要公关人员去组织和协调,这就需要公关人员具有较强的组织协调能力。它包括分析判断能力、综合问题能力、决策能力、指挥能力、控制能力、协调人际冲突能力、随机应变能力等。

3. 社会交往能力

公共关系人员作为社会组织的外交家应该善于建立亲密的人际关系。因其所接触的人很复杂、很广泛,他们的籍贯、性别、地域、年龄、宗教、职业、思想、阶级、生活背景、知识程度等都各不相同,所以,公关人员有必要了解不同国家和地区的风俗习惯,懂得各种社交礼仪和礼节。

4. 宣传表达能力

公共关系人员的宣传表达能力大体分为写作能力、谈话能力和演讲能力等。从写作能力看,公共关系人员应该具有基本的写作常识和熟练的文字技巧。从谈话能力和演讲能力看,作为公共关系人员起码的要求是必须能讲话,即在人际交往中善于和各类公众交谈,在大庭广众之下善于向公众们作生动的演讲。

因此,公共关系人员必须善于把握交谈和演讲的艺术,尽最大可能使其谈话和演讲的感染力能打动公众。

5. 自控应变能力

公共关系人员在公关工作中经常会遇到起伏跌宕的变化和意想不到的尴尬场面,甚至会遇到突如其来的危机事件。这就需要公共关系人员能适时地调整自己的情绪和思绪,以较强的自我控制能力和应变能力,比较适宜适度、沉着冷静、机智果断地坦然处之,以适应场合和稳定局面。

6. 探索创新能力

公共关系工作的很大一部分需要体现出预见性和新奇性,这就需要公共关系人员具有探索创新能力。在公共关系工作中,一个公关方案的制定,一项大型活动的组织和平时日常公关工作的进行,均体现出公共关系策划者和组织者的探索创新能力。所以,公共关系人员应注意强化自己的创新能力,保持和增强自己的好奇心和想像力,敢于标新立异和"超越常规",努力开拓通向成功的新途径。

7. 专业技术能力

公共关系已日益发展为一种成熟的社会职业,因此,公共关系人员应具有许多专门的技术。如编辑、绘图、设计、印刷、摄影、美工、广告、市场调查、民意调查等知识和技能。

(三)公共关系管理人员的类型

一般来说,任何公关活动,都离不开这样几类基本人员:

1. 编辑、拟稿人员

这类人员的经常任务是采写新闻稿,为有关领导及决策层撰写发言稿、演讲词,为公司或组织写各种总结、调查、报告等。

2. 调查分析人员

任何公关活动成功的基础都在于:准确的调查分析,准确把握公众的态度。公关调查分析人员需担此重任。

3. 公关活动的策划人员

精心的策划是公关成功的内在要素。出色的公关活动均出于富有公关意识和创造力的绝妙设想。可见,公关策划人员极为重要。

4. 公关活动的组织人员

公关活动事无巨细,这就要求公关人员具有一定的组织能力,以便成功地筹备、组织,管理公共关系活动。

5. 公关活动中的专业技术人员

公共关系机构中需要大量既懂公关理论,又懂公关技术的专业人员,如摄影师、印刷设计师、美术师、编辑、法律顾问、心理咨询专家等。

第三节　公共关系管理的客体

公共关系管理的客体是公众。公共关系管理只有充分发挥公众的能动作用,才能取得良好的效果。

一、公众的涵义和特征

(一)公众的涵义

如前所述,公共关系首先在西方国家兴起,公共关系的英文名词是 Public Relations。英文里,Public 这个词既可作形容词解释为"公共",又可作名词解释为"公众",有泛指公众、民众的涵义。在《现代汉语词典中》中,"公众"的涵义是:"社会大多数的人。"这是我国传统理解中的"公众"概念。但是,公共关系学中所讨论的"公众"概念却不同于广泛意义上的公众、民众或社会上大多数的人,而是指对一个组织的生存和发展具有直接或间接的利益关系和影响的所有个人与群体。这个定义向我们点明了以下几点:

(1)组织的公众必须是与组织有利益或影响等关系的,不论这些关系是直接的还是间接的;

(2)公众可以是若干的独立的个人;

(3)公众可以是若干的由人所组成的社会团体(即本组织以外的其他组织)。

(二)公众的特征

公共关系公众一般具有下列特征:

1. 同质性特征

公共关系公众的形成一般是因为公众成员遇到了同一问题,有其同样的利害冲突,涉及共同的利益,产生相似的对问题处理意见。这些共同和相似性构成了公众的同质性特征。

2. 限定性特征

公共关系公众是有一定范围的,每一个组织都有它自己的特定公众。不同的组织有不同的公众。这些各不相同的公众,是由组织和公众的特定关系所决定的。如,商业部门主要作用于流通和消费领域。因而,顾客、用户、消费者、商品生产供应单位、金融单位、竞争对手、商业管理机构等,是他们的特定公众。所以,组织的公共关系公众既有共性,又有个性。其限定是公众的又一个特征。

3. 双向性特征

公众与一定组织发生的利益关系是双向的,二者总是处于双向互动状态之中,不断寻找或谋求实现新的平衡。他们互相影响,又互相依赖,互相矛盾,又互相统一。所以公众与组织还具有双向性特征。

4. 多重性特征

从组织的角度看,它有较为具体的多种类型的公众,这些公众尽管有其同质性,但他们之间无论在观念上,还是在利益上都不可避免地存在一定的客观差异。从公众角度看,他在不同的情况下属于不同范畴的公众。例如,就个人而言,在商店,他是这家商店顾客公众的一员;在影剧院,他是这家影剧院的观众公众一员;在火车上,他是铁路客运乘客公众一员。所以说,公众具有多重性特征。

5. 可变性特征

组织与公众之间经常是处于一种动态组合之中的。某一组织特定的公众是由组织的运行和作为所决定的,当组织解决了一些公众所面临的共同问题,这些公众与该组织的联系便会消失,便不是该组织的现在公众了。从另一方面看,随着组织目标的变更和工作环境的改变,又经常会联系一些新的公众。所以,公众具有可变性特征。

二、公众网络系统

如前面所言,每个组织都有自己广泛的、特定的公众,而用系统的观点观察,每个组织的特定公众互相之间是直接或间接地联系在一起的,是一个由各种规模和类型的公众所组成的集合体,是一个复杂的公众网络系统。

美国公共关系研究专家格罗尼格和亨特认为,在一个组织与环境的交往平面上,一般存在着五类不同的公众系统:支撑性公众系统、功能性公众系统、横向同业公众系统、扩散性公众系统(亦称为非组织型公众系统)。我们在上述公共关系系统中再给增加一个系统,即中介性公众系统。现分述如下:

(一)支撑性公众系统

支撑性公众系统是一个能使组织得以合法生存、顺利运行的公众系统。如果这一公众系统内的公共关系不能协调,组织的生命就有消亡的危险。支撑性公众系统中的公众就其企业组织而言,包括国家立法机关、政府管理部门、股份公司的董事会和股票持有人、社区领导人。这些公众涉及一个组织机构存在的法律依据、资金来源、地区环境、管理决策等。

(二)功能性公众系统

功能性公众系统是使一个组织的功能得以发挥的公众系统。这个系统的公众就其企业组织而言,他包括该组织机构的内部员工,组织生产所需原材料的供应商、能源供应商,以及使用该组织机构的产品或服务的消费者或顾客。

(三)横向同业公众系统

横向同业公众系统是指与组织作同类服务,面临同类问题,具有同类价值观的其他组织,其中最常见的就是各行各业成立的各种协会或联合会组织。在改革开放,发展社会主义市场经济的今天,开展横向联系已越来越受到重视,那种“同行是冤家”的旧观念应该抛弃。

作为组织的公关部门，不应忽视了对横向同业系统公众的公关工作。

(四)扩散性公众系统

扩散性公众系统又称为非组织型公众系统。它是把那些在某种时空条件下不属于某个正式组织或社会群体的公众都归入这一系统。如，内部员工的家属、社区居民、突发事件中当事者的家属等。

(五)中介性公众系统

中介性公众系统亦称为特殊性公众系统，是指传播者(即组织)与受传者(即公众)之间的传播媒介的集合体。它具体指报社、杂志社、电台、电视台、网站等大众传播媒介和出版部门的记者、编辑人员。中介性系统的公众是组织和公众的“喉舌和耳目”，组织的公关部门与其的协调和联系切不可忽视，应达到经常性、持久性。

三、公众的分类

前面所述公众范围和公众网络系统，对组织面临的公众已按单位和系统给以笼统的介绍。然而，随着组织公关计划的实施，在不同的特定的时空里，各类公众与组织的联系及与组织的关系程度和对组织的重要程度可能有很大的差异。为了更好地开展公关工作，组织必须准确地把握公关工作各个阶段的公众，所以，需要对组织的公众进行一下具体的分类。

公众的分类可根据不同的标准和需要来进行。

(一)首要公众、次要公众和边缘公众

这是根据对组织的重要程度来划分公众的一种分类，也是公共关系工作人员在划分公众类别时第一步就应当采用的方法。

(1)首要公众是指决定组织的某一计划能否实施，某一目标能否实现的重要公众。

(2)次要公众是指对组织的某一计划能否实施和某一目标能否实现，虽有一定影响，但从根本上说还起不到决定性作用的公众。

(3)边缘性公众是指对组织某一计划能否实施、某一目标能否实现起间接的影响作用的公众。

(二)被追求公众、受欢迎公众和须回避公众

这是按组织对公众的态度标准划分公众的一种分类。

(1)被追求公众是组织为实施某一计划、实现某一目标而努力争取接触，并想方设法与之建立联系的公众。

(2)受欢迎公众是指组织在实施某一计划的过程中，主动接近支持组织，而组织对他们也十分重视和欢迎的公众。

(3)须回避公众是指对组织某一计划的实施和某一目标的实现没有益处，甚至造成危害的单位和个人，组织对其应采取回避态度的公众。

(三)顺意公众、逆意公众和中立公众

这是按照公众对组织的态度来划分公众的一种分类。

(1)顺意公众是指对组织的政策和行动持同意、支持或合作态度的公众。

(2)逆意公众是指对组织的政策和行动持否定和反对态度的公众。

(3)中立公众是指对组织的政策和行动持中立态度或尚未表态,态度还不明确的公众。

扩大顺意公众,转变逆意公众,争取中立公众是公关工作的重要目标。这其中,转变逆意公众是公关工作的难点,争取中立公众是公关工作的重点。

(四)非公众、潜在公众、知晓公众和行动公众

这是根据公众对组织的影响标准来划分公众的一种分类。

(1)非公众。从社会学的角度讲,公众始终存在,而从公共关系的角度讲,却存在非公众。非公众是指在一定的时空条件下,既不受组织行为的影响,又不对组织产生任何后果的团体和个人。

(2)潜在公众。所谓潜在是指在尚未显现,但将来会显现,或很可能显现。这很可能现在虽未显现,但已经隐含存在。潜在公众是指组织对他们已经产生影响,但其本身还未意识到的团体或个人。

(3)知晓公众。这是由潜在公众发展而来的公众。知晓公众是指组织对他们已经产生影响的一段时间以后,他们才意识到这种影响的团体或个人。

(4)行动公众。这是由知晓公众发展而来的公众。行动公众是指对组织的影响开始做出反应,准备或已经对组织采取行动的公众。

从以上释义可以看出,从潜在公众到行动公众是一个连续的发展过程。

(五)过去公众、现在公众和未来公众

这是按照公众的一般的发展顺序为标准来划分公众的一种分类。

(1)过去公众是指以前已经与组织发生过交往的团体或个人。

(2)现在公众是指现在正与组织发生交往的团体和个人。现在公众对某一特定组织机构可能延续的时间很长、也可能很短、公众规模可能较大、也可能较小。

(3)未来公众是指组织准备和将要与其交往的团体或个人。

在公关工作中对待过去公众要避免“人走茶凉”,对待现在公众更须真诚热情,也须着眼于长远,妥善处理好与将来公众的关系。

(六)有组织公众和非组织公众

这是按照公众的组织状况标准划分的一种分类。

(1)有组织公众是指某一组织公共关系对象的其他组织。他又分为管理性公众,如上级主管部门或政府机构;环境性公众,如协作部门、新闻单位等;社区性公众,如附近的居民、消费者、企业、机关团体等。

(2)非组织公众是指组织公共关系对象中的分散于社会的个人。他又分为流散性公众,如流动商贩、旅游者、探亲访友者、外地出差者等;临时性公众,如运动会、旅游节、展销会或其他活动召集来的公众;稳定性公众,如较固定的用户和消费者等。

(七)集中影响的公众和扩散影响的公众

这是按组织的公关任务标准划分的一种分类。

(1)集中影响的公众是指需要集中力量加以影响的公众。因为这类公众对本组织的意见、态度和行动十分重要,而他们此时对本组织的了解又十分缺乏或持怀疑态度,这就必须通过公共关系工作对这些公众进行集中影响。

(2)扩散影响的公众是指组织广泛扩展和加深影响的目标和个人。这些公众是指那些对组织来讲是比较重要或不十分重要的团体或个人。如果不对这些公众进行公关工作,就不能创造一种良好的氛围,不可能获得广泛的理解和支持。

(八)内部公众和外部公众

这是按组织的环境标准划分公众的一种分类。

(1)内部公众是指与组织有着归属关系的自身组织内的成员。内部公众主要是指内部员工。如一家工厂的工人、管理者、技术人员、股东、董事都是其内部公众。

(2)外部公众是指组织外部与组织存在关系的团体或个人。具体包括媒体、社区、消费者、竞争对手等。外部公众构成了组织的外部社会环境,对于组织的生存和发展起着重要的作用。所以一般的组织都将对外部公众的研究、分析和工作作为公关工作的重点。

第四节 公共关系管理的中介

公共关系管理活动成败与否,关键在于其中介,即传播。因为公共关系管理的主体——社会组织与公共关系管理的客体——公众之间的相互作用是通过传播的媒介来沟通的,传播是公共关系管理不可或缺的第三大要素。

一、传播的涵义和类型

(一)传播的涵义

传播一词源于拉丁文 Comunicazione,意即“与他人建立共同意识”。英文牛津大词典对传播的解释是:“借助语言、文字形象来传送或交换观念和知识。”大英百科全书对其的解释是:“若干或者一群人相互交换信息的行为。”美国传播权威施拉姆的界定是:“传播乃是对一系列传递消息的记号所含取的分享。”……关于传播的定义还有很多。各家的定义虽表示各异,角度、深度和广度各有不同,但却有一个共同点,即认为,传播是信息的传递和交换过程,是人与人之间信息的传递和分享。

(二)传播的模式

美国传播学者提出的有关传播的模式种类繁多。但是总的来说,可分为两大类。

(1)传统的线性传播模式(也称“五个 W”模式)。传统的线性传播模式是指将传播过程确定为以传播者为起点,经过媒介,以受传者为终点的单线、直线运动。传统的线性传播模式是政治学家哈罗德·拉斯韦尔在 1932 年提出来的,1948 年,他吸收了史密斯的观点对这个模式又做出了补充。这就形成了典型的线性传播模式,即著名的“五个 W 模式”:Who(“谁”);Say What(“说了什么”);Through in Which Channel(“通过什么渠道”);To Whom(“对谁说的”);With What Effects(“产生什么效果”)。

(2)新型控制论传播模式。新型控制论传播模式的核心是在传播过程中建立“反馈系统”,即不仅要求传播者把信息单向传递给受传者,而且要把受传者的反应通过种种途径接收回来。

新型的控制理论传播模式是美国著名传播学家韦尔·施拉姆提出的。这一模式引进了反馈机构,将反馈过程与传受双方的互动过程联系了起来,使传播成为一种互动循环往复过程,弥补了拉斯韦尔的缺陷,为公共关系的运作提高了科学的手段与机制。

(三)传播的构成要素

根据以上的传播过程,使我们得知传播有如下要素。

(1)传播主体。它也称为传播者。通俗地说来,是指信息是由谁来制作、发出和控制的一方。如报社、广播电台、电视台、杂志社及其内部的编辑、记者或其他实施传播的组织和个人。

(2)传播内容。是指传播什么样的信息。传播内容反映传播者的意图和受传者同信息的相互关系。它按性质可分为新闻、教育、说服、商业、娱乐等。

(3)传播媒介。这是指传播信息的载体与工具。媒介包括人体媒介、实物媒介和符号媒介。符号媒介又可分为有声语言媒介、无声语言媒介、有声非语言媒介、无声非语言媒介。

(4)传播客体。它也称为传播对象、受传者或受众。这是指传播内容的接受者。具体包括观众、听众、读者等个人、组织和群体。

(5)传播效果。这是指传播者对受传者的影响及受传者对传播的信息刺激的反应程度。

(6)传播反馈。这是指传播体对传播主体所发信息的反应,即指经过传播后,将客体对传播的反应,反馈给传播主体。传播反馈是传播的一个重要要素。有无反馈要素是检验传播是否“双向模式”的最重要标准。能否搞好传播的“双向沟通”,关键也在于有没有健全的反馈系统和全面、准确、及时的信息反馈。

二、传播的类型

(一)个体自身传播

个体自身传播的传播主体和接受传播的客体是同一个人。人的这种主我同客我之间的信息交流活动就称之为个体自身传播。任何正常人,在任何时候都在进行自我交流、进行两个“我”之间的沟通。

(二)人际传播

人际传播是指个体与个体之间直接的信息沟通与交流。

首先,人际传播是指面对面的传播。这种传播是指在同一时空里,双方面对面地进行交流。传播中,对话的体态语言经常是交替使用,补充配合的。

其次,人际传播是指非面对面的传播。这种传播是指受传双方不在同一时间,或不在同一空间,而通过某种媒介来进行的个人间的交流。如,通过信函、电报、电话、电传等媒介进行的交流。

(三)组织传播

组织传播是指组织系统内部按一定程序和网络所进行的信息沟通与交流。

组织传播有纵向和横向的传播网络,也有正式和非正式的传播网络,还有轴心化和非轴心化的传播网络。这种传播速度快、普及率高,多种各类组织经常采用。如组织内部的各种会议均属此种传播。

(四)公众传播

公众传播是指传播的主体向相对集中的公众进行的宣传活动。如演讲、演出、报告等均属公众传播。

(五)大众传播

大众传播是指由职业传播者利用传播媒介对广大的无法预知的大众进行信息传播的活动。

大众传播的传播者和组织者一般是团体,受传者则是千差万别而又混杂的人群。大众传播媒介一般为报刊、杂志、电视、广播和各种文字印刷品、音像制品等。大众传播的过程是由职业传播者通过以上所列的某种媒介,将传播者欲传的信息大量复制后,传播给受众。由于大众传播手段高度技术化,因而它具有传播速度快、覆盖面大、影响广泛的优势。同时,由于大众是分散的、无定形的,所以,大众传播又存在着反馈缓慢和有限的弱势。

三、大众传播媒介

如前所述,大众传播是指由职业传播者利用传播媒介对广大的无法预知的大众进行信息传播的活动。这其中的职业传播者利用的传播媒介即是大众传播媒介。根据大众传播媒介的职业化、专业化程度,我们可把大众传播媒介具体划分为新闻性传播媒介和宣传性传播媒介两类。

(一)新闻性传播媒介

新闻性传播媒介是以传播新闻信息为主特征的传播媒介。新闻传播媒介主要包括报纸、杂志、广播、电视、互联网等。

(1)报纸。报纸是以国内外社会的经济、政治、文化等新闻为主要内容的散页的定期出版物。它是一种印刷信息载体。是大众传播的基本媒介之一。在电子媒介迅速发展的今天,它的地位和权威性在社会及大众的心目中仍然是举足轻重的,它在新闻媒介中始终是占据首位的。

报纸具有信息量大、新闻性强、选择自由、便于储存、价格便宜等优点。

(2)杂志。杂志是以国内外社会的经济、政治、文化、艺术等为主要内容的装订本定期出版物。

杂志和报纸有许多共同点,但还有一些独到之处:如,种类繁多、内容丰富、感染力强、时效性长等。

(3)广播。广播是通过无线电将信息传播给公众的一种新闻媒介。广播射程远,与人造地球卫星结合,其电波几乎可以覆盖全球。从世界角度看,广播的普及程度和涉及范围已远远超过报纸和杂志。在我国广阔农村的大多时间和城市的部分时间(如早晨)是极为重要的媒体。

广播具有传播迅速、公众广泛、费用低廉等优点。

(4)电视。电视是用电子技术将文字、声音和活动图像传送给公众的一种新闻传播媒介。它是人类交换信息方式变化过程中的最新成果,是一种最受欢迎的、最实用的、优良的、先进的新闻传播媒介。

电视传播拥有博采众长、生动形象、喜闻乐见、迅速及时、艺术性强等许多优点。

(5)网络。网络,即互联网,是由千万台电脑通过调制解调器和电话线,ISDN 专线、DDN 专线、ADSL 专线、有限电视专线等联结组织的全球信息网络。

相对于电视、广播,互联网在传播信息方面具有传播速度更快、时效性更强、信息容量更大、有效覆盖面更大、形象更加生动、费用更加低廉、互动性更强,灵活性、逼真性、持续时间长和易统计等优点。

(二)宣传性传播媒介

宣传性传播媒介是组织出于自身利益的需要,为了扩大自我影响和塑造组织形象而自行采用的公共关系宣传手段和活动方式。它不同于新闻性传播媒介是各新闻单位利用其新闻载体进行的传播。

宣传性传播媒介有如下几种。

(1)各类文字印刷品。组织用于公共关系宣传的各类文字印刷品包括:年报、单位介绍、内部通讯、新产品介绍、行业信息、部门动态、工作小结、参考资料等。这些印刷品传播方式有一个共同点,即向广大公众赠送和分发。

各类印刷品有如下优点:一是成本低,可因陋就简地制作;二是自主权大,内容可自由选择;三是针对性强,传播效果明显;四是内容实际,形式正规,能给人以信任感。

(2)图片资料。图片资料是照片和各类图表资料的总称。在以上文字印刷品不容表达或表达不清楚无法予以证实的情况下,可用图片资料配合。它的使用,可以向公众提供具体、真实的形象资料,提高宣传可信度。

图片资料可分为以下几种。

①历史性图片资料。如记录某企业创业历史的珍贵图片和照片资料。

②记录性图片资料。它是反映某组织或企业在一定时期内,如产品质量翻身仗、产品更新换代等重大事件的全过程的照片和图片及文字说明。

③总结性图片资料。它是真实形象地反映一个组织在一定时期(如一年)中所取得的显著成绩、所做的主要工作、所取得的主要经验的图片报道及照片资料。

④新闻性图片资料。它是及时、准确、真实地反映组织和企业最近发生的重大事件的图片资料。

⑤介绍性图片资料。这是指详尽介绍和说明本组织的机构设置、厂房或设备情况的图片资料。

利用图片资料作为公共关系宣传媒介必须注意以下几点:一是图片必须与内容密切联系;二是文字对图片的说明要精练;三是要注意装饰性图片和资料类图片的不同用途。

(3)录音、录像。录音、录像都是用电子技术手段将声音、画面记录下来,再向有限公众传播的一种宣传性媒介。

录音、录像主要有以下用途:

①可用于会议记录和准确地传达会议精神;

②可用于公众意见的收集和意见信息的分析整理;

③可用于重大事件的采访和纪实性录音、录像；

④可用于交换、转录和赠送资料；

⑤可用于培训教学。

录音、录像有如下优点：一是录音、录像作为情报和历史资料有较大的保存和交换价值；二是生动、真实，常常使公众感到亲切，有较强吸引力。

第五节 公共关系管理目标

公共关系管理的第四大要素是公共关系管理目标，其目标就是塑造社会组织的良好形象。公共关系的前三个要素的公共关系管理主体——社会组织、客体——公众的二者之间由中介——传播来加以沟通，形成互动。这一过程都是为了实现公共关系管理目标——塑造形象而进行的。（注：塑造形象既是公共关系管理的核心职能，也是公共关系管理的基本要素）

一、组织形象的类型

（一）组织的理想形象

理想形象是指一个组织自身（亦包括外部公众）对组织想象和期望的形象。理想形象与组织的“自我期望值”有密切关系，一般说来，自我期望值的大小往往与组织的领导及成员的自信心、追求的目标、社会价值观念等“软环境”和组织的物质设备、经济实力、市场等“硬环境”大小优劣成正比。自我期望值愈高，组织发展的内驱力也就越大，组织付出的劳动与艰辛也就越多。当然，若自我期望值严重脱离现实时，组织所遭受损失和挫折也就愈大。反之，组织各方面的付出也就越小。

（二）组织的真实形象

组织的真实形象是具有公众及社会舆论对组织的持有的真切而确实的印象和评价。组织的历史、创始人、现任领导、员工素质、机构制度、组织文化、管理水平、经济实力、经营水平等均是影响组织真实形象的要素。真实形象是组织的知名度和美誉度的准确写照。

（三）组织的有效形象

有效形象是指组织在其主要公众心目中的实际社会形象。有效形象是组织实际社会形象的核心形象。公众利益与组织利益统一是有效形象确定的指导思想，对任何一方利益的偏废都不会是有效的。

有效形象是组织公关人员权衡区别的结果。若组织对自己的公众不分主次，不分轻重缓急，面面俱到，那么，组织只能享有一个“平均形象”，这样就容易失掉自己的目标公众，也不会取得卓越的工作成效。由此可见，“有效形象”实际是“整体形象”中的一个“特殊形象”。

（四）组织的特殊形象

特殊形象有两层含义：一是指特殊公众对组织的看法评价；二是指一般公众对组织特殊

方面或要素的看法或评价。每个组织都有某些特殊的公众,这些特殊的公众与组织有着一些特殊的联系和要求,有些特殊公众对组织的发展关系极大,是不可忽视的公众因素,一定要认真处理好与他们的关系。

(五)组织的整体形象

组织的整体形象是公众及社会各个层面对组织的一般看法。是通过组织形象各要素形成的组织的整体印象。组织要想获得良好的生存与发展,也必须获取社会各方对组织有一个整体的好印象。

二、塑造形象的原则

(一)整体性原则

一个组织或企业的经营活动是全方位的,它同外界的交往也是全方位的,故组织的公共关系活动必须是全方位的,塑造形象建立信誉的工作应由全体员工上下一致共同努力来完成。塑造组织形象坚持整体性原则,一是要在公关中树立整体性观点,不能顾此失彼;二是要统一制定公关政策,不得各行其是;三是要努力协调各部门的公关活动。

(二)竞争性原则

组织塑造形象的过程,实际上是一个竞争过程,随时比较本组织的整体形象,不断学习和吸收新的和有效的发展自己的经验和方法,力争在组织形象上赶超竞争对手,这就是塑造组织形象应坚持的竞争性原则。

(三)形象性原则

为了塑造组织形象、建立组织信誉,公共关系要善于塑造出易于传播、便于记忆的形象,这是组织公共关系工作的形象性原则。要贯彻这一原则,首先,要重视象征性标记,如组织名称、商标等;其次要突出组织特色,使公众对其留下深刻的印象;最后,要多开展专题活动,因专题活动往往是能构成塑造组织形象与信誉的重大战略。

(四)长期性原则

塑造形象、建立信誉是一项战略目标,是公共关系工作的长期任务,不是一朝一夕所能实现和完成的,而必须经过长期不懈的努力。所以塑造组织形象必须坚持长期性原则。

三、组织形象的塑造

(一)组织精神形象的塑造

人应该有点精神,否则,其理想、愿望难以实现,事业难以成功。而作为一个组织也应该有它特有的精神,否则,它难以在激烈的市场竞争中取胜。组织形象的内在素质精神对组织职工的行为有极大的激励作用,它能鼓励平凡的职工做出不平凡的业绩,鼓舞职工齐心协力为企业的发展而奋斗,所以,塑造组织形象,内在精神的塑造很重要,应引起组织的重视。

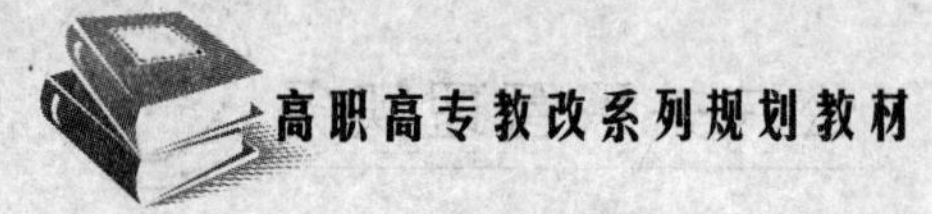

（二）领导者形象的塑造

组织领导者是组织的带头人，他们经常以一个组织的重要代表的身份出现在社会公众面前。他们内在的思想水平、文化素质和外在的言行举止所构成的形象对内外公众有很大的影响，所以，现代领导者应自觉塑造自己的良好形象。

（三）员工形象的塑造

员工形象是组织形象的重要构成成分，塑造组织形象决不可忽视员工形象的塑造。塑造员工形象应该从员工的精神风貌、业务素质、技术能力、文化水平、道德修养、服务态度、价值观念等诸方面去塑造，这样能使其为组织形象增添光彩。

（四）组织服务形象塑造。

社会组织的服务形象体现为服务水平，也称为服务质量，一般包括服务态度、服务技能、服务及时性等所体现的服务效果。社会组织的优质服务会使公众体会到组织的整体优秀性，因而成为社会组织重要的内在形象。

传统经营的核心观念就是赚钱、盈利。虽然有时也采取一些手段取悦顾客，但多是一种暂时性和应付性的措施。现代社会的经营思想已有了重大变化，以转变为"以人为本"的经营理念，所以，社会组织就更是以人为中心、以服务为主导了。可以认为，现代组织服务质量的好坏，已直接关系到组织的形象优劣，关系到组织的生存与否、发展与否。为此，社会组织必须努力塑造好组织的服务形象。

社会组织服务形象的塑造，首先应注重实在服务，给公众以实惠和方便；其次应注重服务技巧，针对公众的需求心理和困难，以新颖的服务方式来吸引公众，强化服务性公关活动的效果。日本的商业组织在这方面就比较注重，如他们把出售企业与文化娱乐活动结合起来，与饮食服务结合起来，把现场出售商品与送货上门结合起来等等。另外是应注重持之以恒，不搞一阵风。因为塑造组织形象不是一朝一夕能完成的任务，特别是企业组织的主要业务就是服务，一定要树立较强的服务理念，只要在经营，就要注重服务。

（五）经营的商品形象的塑造

企业组织的商品形象也是重要的物化现象，企业组织商品形象包括内在质量和外在事物，它也是组织形象的重要展示方面。它的设计、外形、功能、质量、色彩和包装等也会影响人们对组织的看法。所以，企业组织应该多经营那些优质、美观、适用的商品，以加强人们对组织美好的印象。而且必须禁止经营假冒伪劣商品。

（六）组织符号形象的塑造

对于一个组织来说，其外显符号是很多的，这些符号也直接关系到组织的形象。组织的外显符号有：组织名称、商标、广告、徽标、代表色、建筑风格和门面装饰、包装、制服、笺封等等。

从组织名称看，它应有鲜明个性、应寓意美好和符合企业特色。组织名称一旦叫响，多人叫好，它便是无形的财富。如北京百货大楼张秉贵柜台经全国劳模张秉贵等几代员工打造的名称就是一笔无形的财富。

从商品商标看，一旦形成了商标信誉，其价值就不可估量了。特别是为了顺应商品信誉向企业信誉的发展，公共关系更加重视应用象征企业整体形象的标记，因为这与组织信誉是密切联系在一起的。

对这些外显的符号需要精心的设计和制作，否则，不仅会丧失塑造组织形象的良好时机，而且马马虎虎、粗制滥造的外显符号还会破坏组织的良好形象。

本章小结

公共关系的构成有四大基本要素，即公共关系的主体——社会组织、客体——公众、中介——传播和目标——塑造形象。本章第一节阐释了广义公共关系主体——社会组织的概念、特征、类型、与环境的关系，社会组织目标与公共关系目标等问题；第二节阐释了狭义公共关系主体——公关机构和公关人员的相关问题。首先分别介绍了公共关系部、公共关系公司、公共关系协会的模式、职责、优势、工作内容、机构设置、工作准则等问题，而后介绍了公共关系人员的基本素质、技能和类型。第三节阐释了公共关系客体——公众的涵义、特征、网络系统、分类等问题。第四节阐释了公共关系的中介——传播的涵义、模式、构成要素、类型，并介绍了大众传播媒介中新闻性传播媒介和宣传性传播媒介的相关问题。第五节阐释了公共关系管理目标——塑造形象。这一节先阐释了组织形象的类型，而后又论述了塑造组织形象应遵循的原则，最后阐释了组织形象塑造的内容。

学习本章，应明确公共关系管理的四大基本要素，应弄清社会组织的特征、类型、与环境的关系，各公关机构的性质、功能和公关人员应具备的基本条件，应认清公众的特征、网络系统、分类等问题，应深入了解传播及其媒介的相关知识，应深刻认识塑造形象的重要意义及相关知识，以使将来个人及其所在单位的成员能在公共关系管理的社会大环境中体现出较高的公共关系素养，更好地开展公共关系管理活动。

案例分析

盛大的集体婚礼

作为一家经常接待外国元首的豪华饭店，长城饭店的客人98%是外宾，这在许多中国人心目中形成"'长城'是洋人出入的地方，中国人进不去"的误解。

为了消除这种误解，公关部想出一个好主意，举办一次集体婚礼，每个普通的北京市民都可以报名参加，还可以带上15名亲友。这条消息在北京日报以广告形式登出后，没几天，名额爆满，来电话者、登门询问者应接不暇，公关人员忙得不亦乐乎。

当95对新婚夫妇和他们的1500名亲友步入长城饭店大厅时，通过中央电视台和北京电视台，亿万中国人收看到了这一盛况，受到人们的热情赞扬，新婚夫妇们为能在这里举行婚礼而备感荣幸。

自此以后，许多中国企业、政府机构、社会团体也在这里举办各种活动。长城饭店在中国人心目中变得更亲近了。

案例讨论题

长城饭店的做法给了你哪些启示？

思考与练习

一、填空题

1. 公共关系管理的主体广义上是指________;狭义上是指社会组织中的________和________。该主体在________活动中发挥________作用。

2. 公众是指对________组织的________具有________的利益关系和________的所有________与群体。

3. 相对于电视、广播,互联网在传播信息方面具有________更快、时效性________、信息容量________、有效覆盖面更大、________更加生动、费用更加低廉、互动性________等优点。

4. 企业组织的服务形象体现为服务水平,也称为服务质量,一般包括服务________、服务________、服务________等所体现的服务效果。企业组织的优质服务会使公众体会到组织的________,因而成为组织的重要的________。

二、选择题

1. 公共关系管理人员应具备的基本素质有(   )。

A. 科学的观念意识　　B. 高尚的思想品德
C. 良好的气质性格　　D. 广博的知识修养
E. 丰富的社会经验　　F. 熟练的业务能力

2. 根据对组织的重要程度划分可分为(   )公众。

A. 首先公众、次要公众和边缘公众
B. 被追求公众、受欢迎公众和需回避公众
C. 顺意公众、逆意公众和中立公众
D. 过去公众、现在公众和未来公众
E. 内部公众和外部公众
F. 有组织公众和无组织公众

3. 公共关系管理的外部关系包括(   )。

A. 媒介关系　　B. 社区关系
C. 顾客关系　　D. 竞争对手关系
E. 员工关系　　F. 股东关系

4. 公共关系管理传播的类型大致包括(   )。

A. 个体自身传播　　B. 人际传播
C. 组织传播　　D. 公众传播
E. 大众传播　　F. 双向传播

三、思考题

1. 简述公共关系部的结构类型。
2. 公共关系公司大致有哪些工作内容?
3. 公共关系公司有哪些类型?
4. 公共关系管理工作人员应具备哪些技能?
5. 公共关系人员可划分为哪些类型?
6. 组织形象应从哪几方面进行塑造?

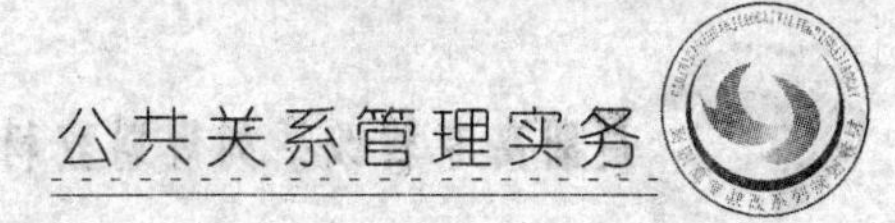

第三章　公共关系管理调查

重点难点

1. 公共关系管理调查的概念、作用及原则
2. 公共关系管理调查的内容
3. 公共关系管理调查的程序
4. 公共关系管理调查报告的撰写

关键词

四步工作法　组织形象　公关管理调查

我们知道,组织的任何一项行为要取得成功,事先都必须经过一个充分而又周密的准备过程。公共关系作为社会组织一种重要的管理行为,在其开展过程中,同样需要做好各种准备工作。任何公共关系管理活动都是一个包含调查、策划、实施、评估的系统工程。其中调查作为公共关系管理活动的起点,对整个活动的顺利实施及预期效果的取得起着巨大的影响作用。

英国克兰菲尔德管理学院的乔恩·怀特曾说:"通常评估公共关系活动和公关人员所提供服务的价值可通过审视组织与主要公众的关系状态来实现……经过调查研究,我们可以对上述这些问题做出回答,并从中反观组织在涉及社区、政府、媒介或投资者等关系上的具体公共关系活动的效果。"①

国际公共关系协会前主席萨姆·布莱克也指出:"任何一次公关活动都必须经历四个阶段,第一阶段是调研和分析,这是公关的第一步工作。其工作成败直接影响第二阶段的工作——策划。"②由此可见,调查研究不仅对公共关系管理活动本身有着重要的作用,而且在整个工作程序过程中也占据着十分重要的地位,是整个公共关系管理活动的起点。

斯科特·卡特里普、艾伦·森特、格伦·布鲁姆所著的《公共关系教程》一书中,将公共关系的四步工作法进一步明确为一个循环交互影响的过程,充分显示了调研(界定问题)对整个公关活动效果的影响作用。

一个相对完整且富有成效的公共关系管理活动的运作程序,通常包括调查研究、制定计划、策划传播和效果评估这四个紧密联系的步骤,它们构成了公共关系管理活动程序的一般模式,如图 3—1 所示。

---

① [英]乔恩·怀特. 当代国际公共关系. 中文1版. 上海:复旦大学出版社. 1995. 转引自张百章、何伟祥. 公共关系原理与实务. 1版. 大连:东北财经大学出版社. 2002:72.

② [英]萨姆·布莱克. 当代国际公共关系. 中文1版. 上海:复旦大学出版社. 1992. 转引自张百章、何伟祥. 公共关系原理与实务. 1版. 大连:东北财经大学出版社. 2002:72.

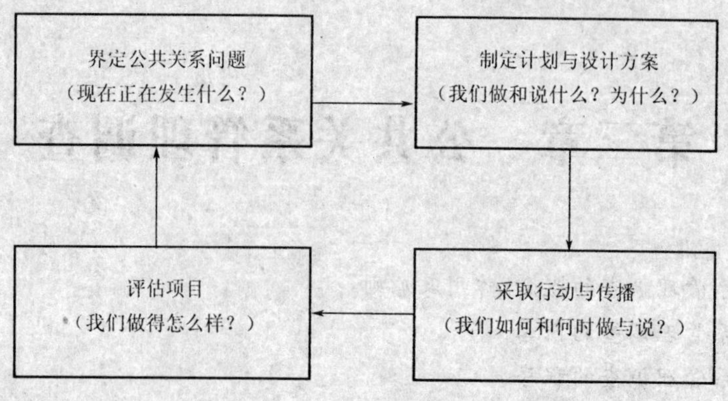

图3—1 公共关系四步工作法

调查研究是整个公共关系管理活动运作的前期准备阶段，主要任务是明确了解组织形象的现状，找出组织自我期望形象与社会实际形象的差距，以界定组织现阶段面临的问题。

制定计划是在调查分析的基础上进行的，结合组织所处的主客观环境及组织目标，通过谋划一系列独具特色的方案来缩小组织自我期望形象与社会实际形象的差距，达到树立组织美好形象的目的。

策划传播阶段是根据前一阶段策划的方案，选择恰当的沟通方式和传播媒介来开展活动，与公众形成有效的双向沟通与交流。

效果评估阶段是对公共关系策划方案及活动实施效果的评估，对照预定目标与实际效果，找出此次公共关系管理活动的优缺点，总结经验，吸取教训，以便组织对自身的公关管理活动进行适度的调整和设计。

由于上述的四步工作法大体反映了公共关系管理活动的基本规律，且具有简洁清晰、易于操作的优点，因而得到国内外公关界的认同。西方的公关专家分别取这四个阶段英文单词的第一个字母，即R（Research，调查研究）、P（Planning，制定计划）、C（Communication，传播沟通）、E（Evaluation，效果评估），将其命名为RPCE公式。

需要指出的是，公共关系管理工作的根本目的是要在公众心目中树立良好的组织形象，从而获得更好的生存和发展空间。为达到这一目的，组织需要与公众建立一种良性的双向传播与沟通关系，这种关系的产生和形成需要有一个周密的计划，并要遵循一定的工作程序。对于组织来说，公共关系管理活动是一项需要常抓不懈的工作，需要一个接一个的公关管理活动过程，任何一次成功的公关管理活动都只能看做是通向长远公关管理目标的一个阶梯。这四个步骤是紧密联系、不可分割的，每一次成功的公关管理活动过程的终结，都是下一个更高层次公关管理活动的开始。

第一节 公共关系管理调查概述

有一家宾馆新设了一个公共关系部，开办伊始，该部就配备了豪华的办公室，漂亮迷人的公关小姐，现代化的通讯设备……，但该部部长却发现无事可做。后来，这个部长请来了一位公共关系顾问，向他请教“怎么办”，于是这位顾问一连问了以下几个问题：

“本地共有多少宾馆？总铺位有多少？”

"旅游旺季时,本地的外国游客每月有多少,港澳游客有多少?国内的外地游客有多少?"

"贵宾馆的'知名度'如何?在过去三年中,花在宣传上的经费共多少?"

"贵宾馆最大的竞争对手是谁?贵宾馆潜在的竞争对手将是谁?"

"去年一年中因服务不周引起房客不满的事件有多少起,服务不周的症结何在?"

对这样一些极其普通而又极为重要的问题,这位公共关系部部长竟张口结舌,无以对答。于是,那位被请来的公共关系顾问这样说道:"先搞清这些问题,然后开始你们的公共关系工作。"

这个小故事告诉我们,任何工作的开展都需要有个前提,那就是对该工作相关信息的获取,如果忽视了这一点,那么工作是无法进行下去的。而获取相关信息的一个最重要的手段就是进行调查。

在公共关系管理实施和具体操作过程中,调查研究是公共关系管理程序的起始阶段,是公共关系管理运作的第一个阶段。古人云:"知己知彼,百战不殆",正说明调查研究的重要性。

"只有在对形势进行全面的分析之后,从业人员才能确定现实的规划目标。没有全面准确的信息,从业人员就会犯过分许诺和传播不够的错误。没有对问题形势的全面理解,从业人员就会冒制定出的活动项目不能针对问题的主要原因的风险。再多的公共关系传播也不能把表现恶劣变成良好表现,或者把对社会的不负责任行为变成负责任的行为。它也不能对于缺乏真诚进行弥补,或劝服公众把不公正的或为自己服务的政策说成是公正无私的。对这一功能的过度宣传经常源于对问题形势的片面理解,并且会导致活动项目的失败"①。

公共关系管理调查是社会调查的一种表现形式。是指社会组织在其运行过程中,通过科学方法的运用,来搜集公众对组织主体的评价资料,进而对组织主体公共关系状态进行客观分析的一种公共关系实务活动。

通过公共关系管理调查,组织才能正确了解自己在公众心目中的形象现状,进而了解到树立怎样的形象才能获得公众的理解和支持,从而最终达到组织追求的最佳生存环境。

一、公共关系管理调查的作用

在公共关系管理工作实践中,要想达到预期效果,就必须做好前期准备工作,获取充分、全面的资料,因此调查研究对组织来说有着重要意义。

(一)通过公共关系管理调查能够使组织防患于未然,为组织主体的正确决策提供依据

公共关系管理调查,一方面能使组织了解当前真实的信息和情况,只有了解真实的信息和情况,才能做出符合公众要求、解决实际问题的对策。盲目和危险的主观臆测将会使决策的实施与预期效果相背离。另一方面还能使组织了解组织环境的前沿信息,公共关系的功能之一就是监测环境和预测趋势,这个职能只有通过公关管理调查才能实现。在当今风云变幻的世界,组织对社会环境中与本组织相关的动态信息应该宏观把握,做到趋利避害,

① [美]斯各特·卡特里普、艾伦·森特、格伦·布鲁姆.公共关系教程.中文1版.北京:华夏出版社,2001:285.

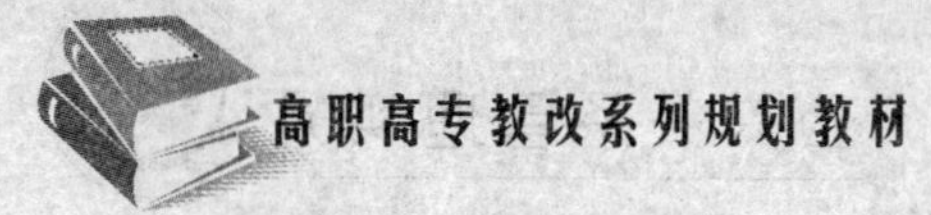

同时进行发展趋势预测和组织预警管理。

（二）通过公共关系管理调查有利于组织更好的协调内外各种关系

公共关系管理调查，一方面能够使组织管理者通过命令、指示、计划等形式，将自己的公关思想和政策贯彻到组织的各部门中去，同时借此了解组织主体内部员工对组织主体的期望和信任，以及对组织管理者的要求和意见等，了解他们的思想和行为，做到信息畅通，保持和协调组织内部上下左右的和谐关系；另一方面能够使组织主体通过对外发布信息，了解和掌握社会公众对组织主体的支持程度，并借此增进公众对自己的了解，唤起公众对组织的进一步关注，密切组织与社会公众的联系。

（三）通过公共关系管理调查能够使组织了解自身的形象地位，从而进一步明确公关管理工作的目标与重点

通过科学调查和对所获信息的合理分析，组织能够测量出自身在公众心目中的形象地位以及实际形象地位与自己预期的形象地位之间的差距，从而发现影响组织运营活动顺利进行的问题，这就为确定下一步工作目标和工作对象提供了第一手资料。

（四）通过公共关系管理调查有利于塑造组织良好形象

公共关系管理调查本身就是组织公关人员与公众接近、了解和熟悉的过程。从组织的主观目的上看，是为了搜集有关信息资料；从客观效果来看，成功的调查活动本身就具有宣传社会组织、提高组织知名度的作用。

二、公共关系管理调查的原则

公共关系管理调查的重要作用决定了公关调查人员必须以科学、严谨的态度，通过运用科学方法，依靠准确、明晰的数据来说明调查的内容。这就要求公关调查人员在进行公关管理调查工作时应遵循以下原则：

（一）客观性

公关管理调查活动进行的主要目的是为组织决策提供借鉴，这就要求调查工作必须做到客观公正。客观性主要表现在两个方面。

(1)调查结果不能受到调查人员的主观影响，要求所收集的资料必须是未经加工的第一手资料，即使是第二手资料，也要做到去粗取精，去伪存真，保证资料的真实性。公关调查人员在调查问卷设计、提问的设置等环节避免出现误导公众的现象。如“您认为该公司是个极具发展潜力的公司，对吗？”

(2)在调查过程中注意区分公众的客观态度和主观臆想。公众的客观态度是指调查对象对组织形象的直接感受和评价；而主观臆想则是调查对象对组织形象的一种想象和愿望。如“我认为该公司做到了从顾客利益出发”与“该公司可以做得更好，来保证真正从顾客利益出发”，体现的就是客观态度与主观臆想的区别。只有把握了调查对象的客观态度，才能对公众的有关评价做出科学准确的结论。

（二）全面性

为了使调查结果更充分地反映事实真相，要求在调查过程中必须做到全面。首先是被调查对象应该具有代表性、普遍性，能代表所有类型的公众，反映绝大多数公众的意愿，不能以个别意见代替全部。其次，调查资料必须全面，对于任何一个组织形象或市场形象，公众都会有感觉及评估上的差异，作为公关管理调查就应详细反映公众这种不同的评估状况，而不能偏听偏信。

（三）时效性

任何公关管理调查工作都是针对一定的公关管理任务而进行的，这就决定了公关管理调查活动必须讲求时效。另外，从调查的内容看，无论是宏观环境还是微观环境，都是处于不断发展变化中的，调查所取得的信息价值，与提供信息的时间成正比，这就需要调查人员不仅要注意信息的全面、客观、真实，还要把握住信息的时效性。辩证唯物主义理论指出，任何事物都是处于不断运动、发展、变化之中的，与此相对应的是，任何一次调查都是对某个时间段内事物相关信息的反应，随着时间的变迁，事物也在不断变化中，需要随时进行信息的调查与反馈，才能保证调查内容反映变化了的客观形势，为组织的决策提供准确的依据。

三、公共关系管理调查的内容

作为组织的公关人员，如果你不了解公众现在知道什么，其观点如何，他们如何行动，那么你怎么可能给每一类公众确定目标呢？如果你对目标公众缺乏详细的理解和感情，你怎么可能制定出行动和传播战略呢？通过研究至少必须回答四个另外的问题：

（1）在问题形势中人们究竟运用多少信息？只有在信息接受者认识到有必要接受信息的时候，传播才会有效果。形势分析研究必须确定不同的人在多大程度上真正感觉到需要并且使用跟既定问题形势有关的信息。

（2）人们使用哪种信息？鉴于“为何”型的问题约占人们在各种情况下所提问题总量的20%到35%，这些都是在传播活动项目中不大可能得到满意答复的问题。那些应受众需求而不是根据信息来源的利益制定的活动项目，是根据不同的人需要不同的信息来制定的。

（3）人们怎样使用信息？信息本身很少成为目的，因为人们以各种不同的方式使用信息。如果信息接受者认为信息与他们认为很重要的特定行动、主题和计划有关，他们就认为这些信息有用。由于他们只接受到一般的信息，所以他们很少受益。

（4）什么能够预示信息的使用情况？人口统计学和交叉形势的特征指标往往不能预测人们是怎样使用信息的。相反，在与问题相关的决策过程中信息接受者所处的位置，或者在这种形势中他们是怎样看待自己的，决定着他们是否使用信息。换言之，你必须知道不同的人是怎样看待自己受到形势的牵扯或影响的。①

公共关系管理调查的内容主要包含以下几个方面：社会组织的基本情况调查、社会组织的形象调查、社会组织的社会环境调查、社会组织的传播媒介调查及社会组织的公众调查等。

① [美]斯各特·卡特里普、艾伦·森特、格伦·布鲁姆．公共关系教程．中文1版．北京：华夏出版社，2001：284.

（一）社会组织的基本情况调查

1. 组织的经营、发展情况

包括社会组织创立的时间、在历史上有影响的重大事件、社会组织的经营发展目标、社会组织为社会提供服务的项目、社会组织的管理状况等。尤其是组织管理现状的调查，重点要做好人力资源及财务情况调查。人力资源调查能够帮助组织决定要使公关管理活动达到预期的目的，应选派哪些人去参与这一活动，所选择的人员有何专长，工作能力、经验和业绩如何，能否胜任工作等。财务状况分析从某种意义上来说也是一种投入产出分析。包括组织当前的资金周转情况、组织所能投入的资金有多少、可能取得的效益有多大、资金的使用是否合理等。

2. 组织成员的基本情况

包括社会组织内部成员人数的构成及变化、成员的精神面貌、一般成员的基本状况，以及对社会组织发展做出过巨大贡献的领导者的情况、社会组织领导者的总体情况。

关于组织内部环境分析的基本内容和材料，属于组织的档案资料或组织年鉴，较全面地反映了组织的发展历程。这种资料不仅是组织在处理与解决某些特定问题时的基本依据，而且它还是组织进行演讲、策划宣传手册和展览及回答新闻媒体提问时必需的素材，因此这部分资料要求具有一定的体系结构，内容做到尽量完整、全面。

3. 组织内部员工关系

这部分调查的重点是了解组织内部现存的人际关系状态，分析影响组织人际关系的主要因素，探讨如何利用这些因素的积极作用来规避消极作用，处理好内部员工关系，为组织的发展创造一个良好的和谐的人文环境。其内容主要包括以下三个方面。

（1）组织结构：如组织的机构设置、各部门的权责划分及目标分割，各部门组织关系、隶属关系及结构设置的合理性。

（2）人际结构：包括组织成员的年龄结构、知识结构、心理结构等。合理的人际结构能促使人们互相协作、互为补充，在组织内部形成一种和谐的工作氛围。

（3）人际交往：如员工间人际交往状况、上下层级间交往程度与密度以及同层级管理者之间人际交往的深度等。了解组织内部人际交往状况有助于组织了解员工的工作状态，从而寻找到提高士气、增强组织凝聚力的最佳途径。

（二）社会组织的社会形象调查

社会组织的社会形象是一个整体概念，是指公众对社会组织的总体认识和评价。这种认识和评价又突出表现为社会组织在公众心目中的知名度和美誉度，即社会组织形象。社会组织形象调查的目的就是通过确立组织自我期望形象，从而明确组织的公共关系目标；然后通过组织的实际社会形象调查，分析组织公共关系的具体现状；最后通过比较目标和现状之间的差距，研究修正这种形象差距的方法，确定公关管理工作的方向和重点。

组织的形象调查一般包括以下四个方面。

1. 社会组织成员形象调查

（1）组织领导者形象调查。欧洲最伟大的管理思想大师查尔斯·汉迪曾说过："领导者塑造并传播一种前景，这种前景为其他人的工作指明了方向。"作为社会组织的当然代表，一个优秀的组织领导者可以凭借自身的良好形象带动员工队伍,促进组织内部公共关系的发展,进而在社会中树立起组织的整体形象,赢得公众对组织的好感和支持。另外组织领导者的形象对组织的形象也会产生一定的影响,公众在某些情况下会将领导者的形象与组织形象等同起来,组织领导者的良好形象也有利于组织良好形象的树立和维护。

对于领导者形象的调查可通过多种方法来进行,既可以通过社会组织的现状、管理水平以及成员的整体面貌表现出来,也可以运用科学的调查方法,广泛征求内外公众对于本组织领导的评估意见。调查的内容主要包括领导者的资历、政治思想品德、领导才能、工作作风、管理水平,以及制定政策的水平等。

(2)公共关系人员形象调查。公共关系人员是社会组织主体形象的主要代表,对于社会组织开展公关管理活动有较大的影响。

进行公共关系人员调查是社会组织为进一步搞好公关管理活动所必需的行为。通过调查及细心分析、研究,能够使社会组织了解到自身公关队伍的现状,并能帮助公关人员及时了解自身的优势与不足,明确今后的发展目标,提高自身素质,改善服务质量,在与公众沟通交流过程中,更好地展现个人素养,进而为社会组织的形象建设增光添彩。

对公关人员的调查主要是了解其是否具有较高的组织能力、观察能力、思维能力、开拓能力、交际能力及良好的心理素质。总之,作为公关人员,是否具备相应的公关基本素质与能力,直接影响到公共关系作用的充分发挥,也会影响到组织预期公关目标的实现。

(3)员工形象调查。员工是企业形象的具体代表,在其本职工作岗位上,员工的一举一动都会给公众留下一种印象,公众也往往以此形象来推论组织的形象并做出评估,这点在商业企业、餐饮服务业及服务性机构中表现尤为明显。

海尔集团的服务理念是提供"海尔国际星级服务",从顾客角度出发,提供最为贴心细致的服务。在海尔集团客户服务部有这样一条不成文的规定:维修人员进入顾客家中维修,必备两件东西:抹布和塑料鞋套,上门服务的海尔人,会换上一副干净的鞋套才走进顾客家中,维修完成后,用抹布将脏处擦干净,再退出房间。此举给顾客留下了极为深刻的印象,顾客不仅仅认为海尔员工是高素质的,而且也会自然而然地因此对海尔做出良好的评价。

对员工形象的调查主要包括员工素质、礼仪风貌、员工遵纪守法状况及组织规章制度遵守状况、对组织的敬业精神与集体团队意识等方面。

2. 社会组织管理形象调查

社会组织的管理形象调查主要是通过对组织管理对象的精神状态、组织内部系统的运行状况进行的调查。主要包括:

(1)调查组织内部成员岗位职责的履行情况、工作态度是否端正、有无工作责任心和积极性;

(2)组织内部工作调查。包括时间、空间的合理分配;人、财、物的合理配置;

(3)组织内部管理制度。包括组织纪律、生产规章制度、职业道德调查等。

3. 社会组织的实力形象调查

社会组织的实力形象指的是组织自身所具有的物质基础和技术力量,是组织生存和发展的基础。对社会组织的实力形象调查,主要包括以下几个方面。

(1)组织物质基础的调查。对于组织来说,物质条件是基础,如果有先进的现代化的设备设施,则在一定程度上表明组织实力雄厚强大。

(2)组织成员的工资状况和福利待遇的调查。如果组织成员的工资收入有保障,福利待遇好,表明组织管理科学效益高,能够吸引更多的人才,也有能力不断吸纳各种人才。

(3)组织所拥有的技术力量的调查。如果组织拥有一大批懂技术、专业知识丰富,又有实干经验的科技人才,表明组织人力资源丰富,科研能力和竞争能力较强,也有能力显示组织的实力形象,扩大组织的影响。

4. 社会组织产品形象调查

社会组织的产品形象是与组织的管理和技术水平等因素密切相关的,而产品作为一种实物,又有自身特定的形象。从公共关系的角度讲,组织的产品包括物质产品和精神产品。对于组织产品形象调查,主要包括以下两个方面。

(1)对物质产品的直观观察,了解组织物质产品的外观,收集公众对于组织所生产的产品的意见,以及对物质产品的性能、风格和使用价值等方面加以评估。

(2)对于精神产品,主要调查其在公众中产生的影响、社会效益、道德意义等。社会组织成员形象、管理形象、实力形象和产品形象是构成组织整体形象的主要因素,并且这些因素在组织的内外公共关系管理活动中互相影响、互相作用。

组织形象根据角度不同又可分为组织自我期望形象和组织实际形象,具体来说,组织形象更多的侧重于组织的知名度与美誉度。组织形象地位的测定则可通过对知名度和美誉度的测评获得。

知名度是指一个组织被公众知道、了解的程度,以及该组织在社会影响的广度和深度。其计算公式如下:

$$知名度 = 知晓人数/调查人数 \times 100\%$$

美誉度是指一个组织获得公众信任、赞美的程度。其计算公式如下:

$$美誉度 = 赞赏人数/知晓人数 \times 100\%$$

一个组织的形象好坏,主要是由知名度和美誉度两个基本指数来说明的。两者纵横交错,组成一个组织形象四象限图,又被称为组织形象地位图。它是公关专家们测定组织形象的工具之一,如图 3—2 所示。

图 3—2 是对 A、B、C、D 四家公司形象调查结果所做的分析。其中位于象限Ⅰ的 A 公司,形象良好,美誉度和知名度都非常高。说明该公司在组织形象方面做了许多成功的尝试,今后公关管理工作的重点就是怎样通过持之以恒的公关努力来维持现状,并不断优化组织自身形象。

位于象限Ⅱ的 B 公司,美誉度极高,知名度却很低,也就是处于“养在深闺人不识”的状态。急需通过有效活动的开展来打开局面,进入更好的发展态势。因此,该公司公关管理工作的重点就是在维持好高美誉度的基础上,利用较好的声誉,通过公关活动的成功开展来提高组织的知名度,从而进入象限Ⅰ。

位于象限Ⅲ的 C 公司,知名度较低,美誉度也较低。C 公司的公关策略应是:暂时保持低姿态,努力提高工作质量,逐步改变组织形象。在此基础上,首先争取较高的美誉度,进入象限Ⅱ,然后再通过一系列公关管理活动的开展来扩大知名度,由象限Ⅱ进入象限Ⅰ,达到美誉度、知名度都高的状态。

位于象限Ⅳ的 D 公司,美誉度极低,知名度却很高。组织提供的各种服务得不到公众的认可,而且坏名声在外,属于“臭名远扬”。D 公司的公关策略是:先降低其知名度,一段时间里低调行事,改善产品和服务形象,首先先由象限Ⅳ移至象限Ⅲ,然后通过一系列公关

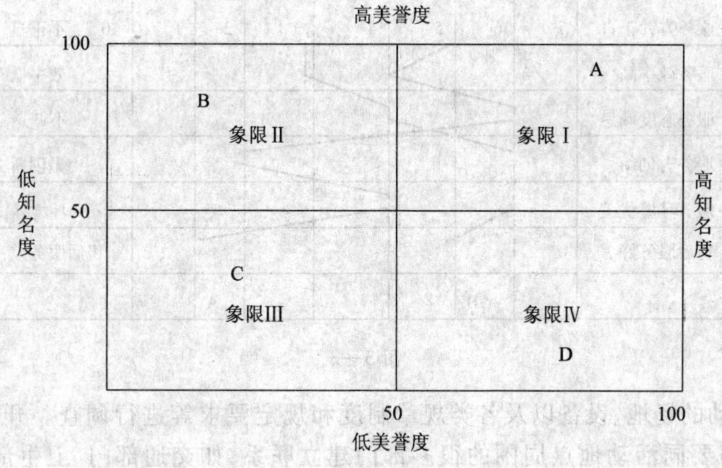

图 3—2 组织形象地位图

活动,进入象限Ⅱ,并恢复较高的知名度。

如果要进一步分析组织形象差异的主要原因,则可用形象要素调查表来显示,即将组织形象的主要因素,通过调查问卷形式向有关公众提问,并获取调查信息,之后将数据进行汇总,列成表 3—1。

表 3—1

正评价 / 调查项目	非常	相当	稍微	中	稍微	相当	非常	负评价 / 调查项目
服务方针正直	70	25	5					服务方针不正直
办事效率高		10	20	65	5			办事效率不高
服务态度诚恳				15	20	65		服务态度不诚恳
公司业务时有创新					20	70	10	公司业务缺乏创新
管理颇有名气						10	90	管理没有名气
公司规模大					25	55	20	公司规模小

注:此表是对 100 个被访问者意见的汇总表。①

如果要了解组织与主要竞争者的形象差异,则还可运用组织形象内容间隔图来表示,即将组织与竞争者之间的主要评价指标上的差距通过图示表现出来(图 3—3)。②

由图 3—3 和表 3—1 可知,组织 A 自身服务形象与竞争者 B 相比在服务创新、服务环境及售后服务上存在较大差距,须采取措施尽快解决。

(三)社会组织的社会环境调查

社会环境调查是指对影响社会组织生存发展的外部因素调查,可分为宏观调查和微观调查两部分。宏观调查是对社会政治、经济形势、市场发展状况和人们社会心理的调查。作为公关活动开展的背景,宏观调查要求组织有一套完善的信息监测系统。微观调查是对开

① 张百章、何伟祥. 公共关系原理与实务. 1 版. 大连:东北财经大学出版社,2002:81.

② 张百章、何伟祥. 公共关系原理与实务. 1 版. 大连:东北财经大学出版社,2002:82.

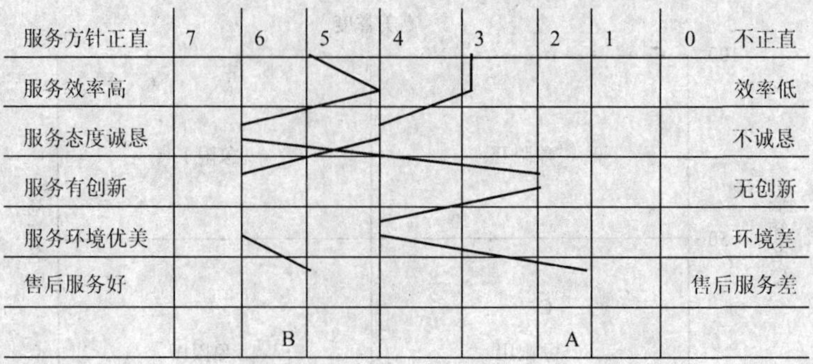

服务方针正直	7	6	5	4	3	2	1	0	不正直
服务效率高									效率低
服务态度诚恳									不诚恳
服务有创新									无创新
服务环境优美									环境差
售后服务好									售后服务差
		B				A			

图 3—3

展公共关系活动的场地、设备以及各类规章制度和规定要求等进行调查。开展一项公共关系管理活动，需要同活动地点周围的很多部门建立联系，如交通部门、卫生部门、治安部门等，应事先了解这些部门的要求和规定并争取得到支持。

(四)社会组织的传播媒介调查

公共关系管理工作的本质是社会组织与相关公众之间的双向信息交流活动，它需要有效地利用传播媒介来开展公共关系管理工作，必须以对传播媒介状况信息的把握为基础。传播媒介调查的主要范围如下。

1. 大众传播媒介情况调查

主要包括大众传播媒介的分布情况、功能作用情况、所需信息的情况以及大众传播媒介的运作情况等。

2. 专题活动媒介情况调查

主要包括专题活动筹办情况、专题活动效果评价情况（如某次专题活动的经验教训与利弊得失、经济效益与社会效益、主办单位的自我评价、参与活动者的印象、权威人士的看法、局外人士的见解、新闻媒介的报道情况等）。

(五)社会组织的公众情况调查

有人说，公共关系是影响和获得公众的活动。公众是社会组织开展公共关系管理工作的对象，它对组织的态度和行为做出的评价，直接决定着组织形象的好坏程度。如果没有公众，公共关系管理工作就成了无的放矢。因此，公共关系调查必须将相关公众状况调查作为其工作重点。

1. 调查活动所涉及的公众数量

即要确定所要调查的公众范围。公共关系所指的公众有着极为广泛的含义。因此，确定调查对象必须严格把握一个“度”的范围。即调查对象的数量要适中，且调查对象要有一定的代表性。从公共关系角度来讲，公众是由某一特定组织机构的行为引起的、因面临共同问题而形成的群体，因一定的“问题”而聚集。调查要注意问题本身所要求的范围，否则会造成无谓的浪费，同时所掌握的资料也会缺乏代表性和真实性。

2. 调查活动所涉及的公众的相关信息

调查对象的信息一般包括以下几方面。

(1)调查对象的背景资料。包括被调查者的姓名、年龄、性别、籍贯、住地、文化程度、职业、收入水平、家庭情况等。

(2)调查对象的知晓度资料。主要指的是被调查对象对某一个问题、某一个计划、某一环境在某一段时期的知晓程度。

(3)调查对象的态度资料。主要指的是被调查者对各种问题、事件等所持的态度。公众态度有不同的划分方式。按其持续的时间来划分,可分为延缓性和即时性两种。延缓性态度指的是一个人在相当长时期内起作用的价值观念;即时性态度是对某事、某人、某物的态度。按表现形式来划分,可分为赞成、不赞成、反对和敌意等四种态度。组织可以借助设计合理的问卷,将被调查者的不同态度直观地表现出来。

(4)调查对象的行为资料。主要指的是被调查者就某个问题是否正在或已经采取了行动。这种行动一般是受态度支配的。公共关系人员借助以上资料可以确定调查对象的构成、大小、类型和活动程度,进而可以确定是潜在公众、知晓公众还是行动公众。

3. 调查活动所涉及的公众的需求情况调查

主要包括公众物质需求情况、公众的精神需求情况、影响公众需求的因素(如经济因素、社会因素、心理因素等)、特殊公众对组织的特殊需求和公众消费模式变化周期等。通过掌握上述资料,能够更好地了解公众意愿,从而有助于公共关系管理活动的有效开展。

4. 调查活动所涉及的公众的评价情况调查

主要包括公众对组织产品、服务质量、管理水平、人员素质和组织外向活动的评价。

【小思考】

如何认识“高知名度+低美誉度=臭名昭著”?

答:这句话是有一定道理的。从严格意义上讲,知名度与美誉度是紧密相连、不可分割的。任何组织公关管理活动的长远目标都是树立组织的美好形象,即达到高知名度、高美誉度的状态。因此,社会组织在开展公关管理活动过程中,既要重视美誉度,又要重视知名度,防止陷入“臭名昭著”或“酒香不怕巷子深”的怪圈。

第二节　公共关系管理调查的程序

调查研究是公共关系管理工作的第一个阶段,也是非常重要的阶段。调查内容要做到正确、全面,对调查资料要进行恰当的分析,并最终得出反映真实情况的结论。这对于后一个阶段——策划传播来说,有着极其重要的意义。俗话说:“万事开头难”,搞好调查研究工作必须遵循客观规律,按照一定的程序步骤有序开展。

一、确定调查目的和问题

要正确地确定目的及问题,公共关系人员首先应该明确下面四个问题:

促成问题出现的诸多因素;以后可能出现的对组织产生影响的环境变化;在今后5~10年中可能出现的影响组织的社会政治、经济、文化、技术生态等发展变化及趋势;组织应该采取哪些行动来影响公众,以趋利避害。

一个优秀的公关管理人员,能够透过现有公共关系的现象,看到问题的实质,从而有效地开展公关管理的调查。正如斯各特·卡特里普所讲的“抱怨发现得越早,它就越容易处理,持续不断的事实调查可以提示出许多的问题,这样就可以在它们变成重大的公众问题之前,仍然小得足够便于采取纠正与传播行动”。

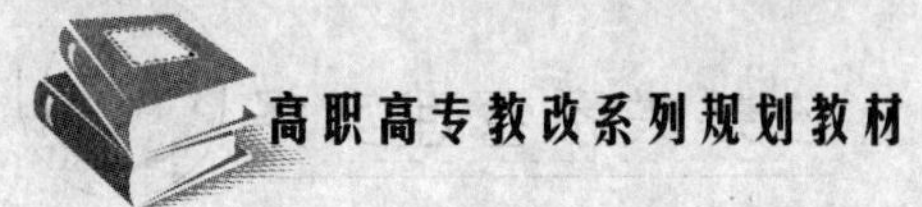

一个有用的问题陈述能够概括从问题形势中了解到了什么：

(1)它要用现在时来写，描述现在的情况。

(2)它要用具体的可测量的词汇来描述形势，要详述下列问题的多数或全部：什么是担心的来源？何处出了问题？何时成为问题的？何人被卷入或受到影响的？为何它成为该组织及其公众关心的问题？

(3)一个问题的陈述并不暗示解决办法或提出指责。[①]

二、制定公关管理的调查方案

首先，根据调查任务的需要，设计一个详细的调查提纲。调查提纲是调查任务的具体化、指标化。

其次，组织调查人员。要正确地实施调查方案，必须组织一支精干的公共关系调查队伍，其中调查人员的素质是关键，调查队伍的结构也是影响调查质量的重要因素，应对调查人员进行培训，使他们具备必要的调查知识及各种应变能力，能够胜任调查工作的要求。当然对调查人员的科学管理、知人善任、合理使用，也是调查成功与否的保证。

再次，确定调查时间。任何一种信息都具有时效性，这也是公关管理调查的基本原则。一旦调查任务明确，就应计划详细、全面的调查进度表，明确时间要求以保证调查数据在规定时间内获取。

最后，选择调查方法。一般而言，选择调查方法应考虑以下几个因素：组织的性质与规模；调查任务的艰巨程度；调查对象的数量与素质；调查人员自身的数量与素质。

公关管理调查的方法主要有问卷调查法、访谈法、文献分析法、抽样调查法、信息网络分析法、观察法等。

(一)问卷调查法

问卷调查法是目前国内外社会调查中较为广泛使用的一种方法。它是以书面调查的形式，通过调查者围绕调查目的，拟定一个问卷，让被调查者选择答案或填写答案，然后将卷子收集回来，对答案进行统计和分析，以了解被调查者的情况、态度和意见，从而搜集到可靠的资料的一种方法。[②] 这种调查方法的步骤较多、操作复杂、但实际应用价值很大，因而是目前国内外社会调查中广泛使用的一种方法。

1. 问卷法的优缺点

问卷法的优点是成本低、答案标准化、结果数量化、便于统计分析、容易控制、获得的信息详细可靠。“不足之处包括缺少对填表环境的控制，不能保证是预期的回答者完成了问卷，如果回答者不理解所问的内容，那么提问的方式就缺乏灵活性”。[③] 另外，问卷法受被调查者的教育程度、问卷的灵敏度、回答率的高低及客观程度的影响较大。

2. 问卷的类型与内容

问卷可以分成两种类型：开放式问卷和封闭式问卷。所谓开放式问卷是一种可以自由

---

① [美]斯各特·卡特里普、艾伦·森特、格伦·布鲁姆．公共关系教程．中文1版．北京：华夏出版社，2001：282－283.

② 张百章、何伟祥．公共关系原理与实务．1版．大连：东北财经大学出版社，2002：90－91.

③ [美]斯各特·卡特里普、艾伦·森特、格伦·布鲁姆．公共关系教程．中文1版．北京，华夏出版社，2001：294.

回答问题的调查问卷。回答者有较多自我表达的机会，收集资料较为广泛真实，但答案不准确，不利于统计分析，常用于探索性研究。所谓封闭式问卷是一种事先确定了可供选择答案的问卷。比较有利于被调查者回答，也有利于调查者进行统计分析，所收集材料可信度较高，但给被调查者发挥空间小，可能会出现勉强凑数的情况，不利于调查者发现新问题。这种方法比较适用于大面积的调查。

问卷由题目、导语（也称说明信或指导语）、问题和备选答案组成。其中问题和答案的设计最为关键。

在每份问卷中，问题的内容、性质可能千差万别，但归纳起来大致包含以下四个方面：

一是事实方面的，如质量、花色、品种、价格等，这是比较容易回答的低层次问题。二是态度、观念、兴趣方面的，如对某商品的喜好或厌恶、建议和意见等。三是行为方面的，包括已经做出和将要做出的行为。如已购买某商品，下一步是继续使用还是考虑使用其他品牌产品等。四是理由方面的，即要求被调查人员对自己的态度、观点和行为作出解释，说明为什么这样做。

备选答案是问卷的另一项核心内容。它的设置好坏、科学与否，直接影响调查的效果。答案的设置一般有以下几种形式：一是单项选择，即是与非的选择。二是多项选择，即在问题后面列出许多（多于两项）的备选答案，而且备选答案之间必须互相排斥而彼此不包容。三是对比选择，即在问题后面列有两项备选答案，而这两种答案彼此是相抵触的，或彼此之间对比较强烈。四是排序选择，即在问题的后面列有多种备选答案，而备选答案是有程度或次序等方面差异的，调查对象在选择时依据自身的情况对备选答案排出顺序给出回答。五是开放式提问，即答案由调查对象根据自己的理解、领会等情况自由填写。

3. 问卷的发放及回收整理

问卷法大多采用邮寄、个别分送、集体分发等方式发放。

公关调查人员应在被调查者填完问卷后及时回收问卷。为了提高回收率，可采用行政组织渠道或有奖调查等方式。受诸多条件限制，回收率在65%以上为较好，如果需要较高的回收率，比如80%以上，最好采用和访谈法相结合的方法。

问卷回收后，整理过程也是非常关键的，包括对不合标准的文件处理和对调查所得数字的整理，具有一定的专业技术含量。在整理问卷时，对常规项目填写明显失误、较多空白和回答明显草率的问卷，应列为无效问卷。

（二）访谈法

访谈法是调查者依据调查提纲与调查对象直接交谈、收集信息的方法，是一种口头交流式的调查方法，也是社会调查中最古老、最常用的方法之一。

1. 访谈法的优缺点

访谈法的信息收集是通过访谈员与被调查对象进行面对面交谈的方式实现的，因此，它具有直接性、灵活性和适应性、回答率高的优点。通过访谈法，访谈人员对于提问的环境能有更多的控制，能对提问的先后次序和完整性增加控制，有机会观察和记录调查问卷没有涉及的反应等。缺点是费时费力、标准化程度低、成本较高、调查对象不能过多、对调查者本身素质也有较高要求等。因此访谈法一般应用于对那些准确性要求较高的问题的研究上，或者应用于探索性研究。与问卷法结合使用，可以避免访谈法标准化程度低和问卷法回收率有限的弊端，并可以对一些问卷法所不能深入的问题进行调查。

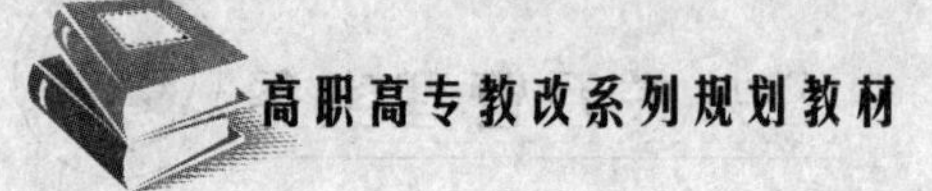

2. 访谈法的类型

访谈法可按访谈提纲的方式分为结构性访谈与非结构性访谈；按访谈的场所分为机关访谈、街头访谈、家庭访谈和公共场所访谈；按受访谈的人数分为集体性访谈和个别访谈；按访谈的时间分为一次性访谈和跟踪访谈；按访谈的层次分为常规性访谈和深度访谈。

我们还可根据调查目的、内容和对象的需要选择个人访谈、小型座谈、提纲访谈、电话访谈、网络访谈等不同方式。

3. 访谈的步骤

访谈一般分为选择被访者、准备、开始、高潮、结束和记录整理几个阶段。

4. 访谈的技巧

访谈，实质上是一种人际互动过程。这个过程是通过双方面对面交谈来实现的。访谈员按事先拟定的表格或提纲向被调查者提出问题，被调查者则根据自己的理解和判断进行答复。

在调查工作中，访谈员必须从陌生人那里获取所需的各种资料，而这些资料又往往不是那些陌生人主动乐意提供的。这些陌生人有着各自不同的气质、性格、受教育水平、道德观念；不同地域的人们风俗习惯不同，语言文化不同；每个人在不同时期，会有不同的情绪状态和不同的兴趣，等等。这些都影响着访谈工作的顺利进行。访谈员必须克服这些障碍，才能圆满完成访谈工作。调查工作本身的复杂性，也向访谈员提出了高标准的要求。

(1)访谈员应具备多方面的知识和能力。

①业务知识：访谈员必须对访谈调查所涉及的业务知识有所了解。只有这样，才能在与被调查者的相互交谈中，取得对方的信任，并对被调查者提出的疑问给予合理正确的解释。

②语言表达能力：访谈员应具有较好的语言表达能力，善于把调查的目的、要求等向被调查者陈述清楚，解释明白。

③人际交往能力：访谈工作是访谈员向陌生人索取一定信息的行为，这就要求访谈员应善于同这些陌生人迅速地建立相互信任、理解的关系，迅速取得对方的配合。只有这样，才能保证访谈工作的顺利进行。

④分析判断能力：对受访人回答问题过程中的表现及回答的内容，能迅速准确地做出分析判断，区分哪些是明确的，哪些是含糊不清的，哪些是可靠的，哪些是不可靠的，果断确定取舍。

(2)访谈过程中的注意事项。

①第一印象。这是指访谈员与被调查者接触时给被调查者留下的最初印象。形成第一印象的因素有衣着、服饰、相貌、举止、风度、语言、态度等。第一印象的好坏直接影响双方的交谈。良好的第一印象有利于取得被调查者的配合。因此，访谈员应力求给被调查者留下良好的第一印象，以保证访谈调查工作的顺利进行。如衣着大方整洁，举止文雅，态度诚恳等。

②实现认同。影响访谈的一个重要因素是访谈员与被调查者互不相识，更谈不上熟悉和了解。访谈员面对着各种年龄、各种职业的陌生人，他与他们可能情趣相投，也可能格格不入，因此，访谈员应掌握认同的技巧。认同的技巧是寻找双方的共同点，因为共同点较多的人容易相互熟悉。共同点可以是相同的生活经历、相同的观点，也可以是相同的职业、相同的爱好等。有经验的访谈员常常或多或少地了解受访人的情况，并善于利用这些已知的情况与对方接触获得认同。随着谈话的深入，就会发现双方更多的共同点，而共同的东西越

多,双方也就越熟悉。熟悉可以消除疑虑和戒心,可使双方交流得更广泛、更深入。这样,访谈员所获得的信息就越多,越有价值。

③相互配合。在访谈工作中,访谈员与被调查者的关系,并不仅仅是公事公办的关系,访谈是一种带有明确目的的人际交往形式,是双方互相影响的互动过程,这就要求访谈员以真诚、亲切、礼貌的态度去对待被调查者,并在说明目的和要求的前提下,尊重对方的发言,不轻易打断对方话题,对被调查者所谈的话题,应认真倾听,应允许被调查者的谈话内容短时间地偏离主题,并能选择恰当时机,巧妙地将话题拉回到调查主题上。当对方说话含糊不清时,应用婉转的口气,请求对方解释或重复;当访谈结束时,应诚恳地向被调查者表示谢意。

④以诚相待。我们的访谈员面对的是陌生的人群,有时可能碰到不合作的受访人。当你去访谈时,受访人可能对此不感兴趣,甚至厌烦;有时会巧妙地对你下逐客令。访谈工作的这种特殊性,要求访谈员要有足够的耐心和诚意,要有不达目的誓不罢休的精神,处处表现你的诚意。当你的诚意使对方感到内疚时,他就会体验到一种责任,这就是:他必须帮你,使你获得所需要的材料。

(三)抽样调查法

抽样调查法是按照一定的方式,从调查总体中抽取部分样本进行调查,从而说明总体情况的一种科学调查方法。这种方法的实质,在于通过部分样本的性质来推断整体(总体)性质,是社会调查中应用最广泛的方法之一,也是公共关系管理调查最基本的方法之一。

在公共关系管理调查中常见的抽样调查法有以下几种。

1. 简单随机抽样

简单随机抽样是指从总体中不加分类、分组而随机抽取样本,是一种最基本的随机抽样方法。在这种抽样方法中,总体的每个单位被抽中的机会都是均等的,比如,常见的抽签和摇奖都属于这种方法。适用于规模不大、调查对象不是很多、相互之间差异程度比较小的情况。

2. 分组抽样

分组抽样也叫分层抽样或分类抽样,是研究者根据需要按照一定标准把被调查对象划分成若干组,然后在各组中按照相同比例或不同比例进行抽样。例如,对某企业的员工进行抽样调查,就可按照部门分为管理人员、技术人员、业务人员、一线工人等几组,每组中随机抽取10%的个体,合成一个样本,这样样本的组成就能够代表总体的组成情况。适用于调查对象构成复杂、内部各单位差别较大、单位数目较多的情况。但这种抽样方法工作量大,分层合理与否会对样本的代表性产生一定的影响。

3. 分群抽样

分群抽样也叫聚类抽样或多段抽样,是把抽取样本的过程分为几个阶段来进行。例如,调查我国城市公众住房情况时,就分三个步骤进行:

(1)先在全国范围内抽取需调查的城市;

(2)在抽样的城市中根据不同行政区域抽取基层社区单位;

(3)在抽样的基层社区内随机抽取若干公众进行调查。

这种抽样适用于范围比较大、调查人员对总体组成不很了解的情况。优点是方便经济。

但如果分群不当,可能会使样本缺乏代表性。

4. 标准抽样

标准抽样是指用一定的标准去抽取样本。在公共关系管理调查中,依据一定的标准,多数情况下标准为中等水平。例如,为了调查某产品在全国的需求量,可以选择一至两个在全国处于中等人数、中等经济状况的城市为标准样本,由此获得调查资料。在公共关系管理调查中,抽样标准的确立要慎重、客观,在选定样本时,应审查样本是否具有代表性。

5. 等距抽样

把总体的所有调查对象按照一定的顺序排列起来,然后按相等的距离或间隔抽取样本。比如有 50 个学号分别代表某班级 50 名同学,对他们的某种抽样调查就可抽取 2 号、12 号、22 号、32 号、42 号来进行。适用于数量较少、调查对象分布比较均匀的情况。

(四)文献分析法

文献分析法亦称引证分析法,是指调查人员从有关的各种文献资料中为组织及其公共关系管理工作收集信息的调查方法。

1. 文献分析法的优缺点

文献分析法的优点是方便省事、用人少、效率高、花费少、网络调查速度快。缺点是受文献作者个人素质和所处时代的局限,调查与客观真实情况总会存在一定距离,同时具有滞后性和残缺性等缺点。

2. 文献资料的分类

当今的文献已不再仅限于书本文献。文献资料的种类很多,按照文献的载体形式和记录技术,大体可以分为书面文献、声像文献、电子文献几种类型。

3. 文献法的步骤

(1)根据调查任务建立索引;

(2)根据索引的指示查阅和记录文献资料;

(3)对收集上来的文献资料进行核实和分类登录。

(五)信息网络法

信息网络法是利用当前国内外各种有关的信息网络,查询、获取所需信息的新型调查方法。是未来公共关系工作最为便捷、最具广泛性的调查手段。如利用电子邮箱、电子公告板或多媒体技术进行访谈调查,更为高效、方便,因为它不仅可以直接从各种公用数据库和收费网站中获取所需的众多信息与数据,而且可以对各类文献资料进行快速的检索、查询、阅读和复制、传输。此外,还可利用电子邮件,向分布于各处的内部、外部公众道贺、致歉、感谢、慰问,提供咨询服务,邀请他们参与某项公共关系活动等。

(六)观察法

观察法是通过调查者自己的眼睛或其他辅助工具,如望远镜、摄像机、闭路电视等,对被调查者进行直接观察以获取信息的调查方法。优点是直接通过目击获得的调查结果比较真实。但缺点是样本数量小、信息不充分、缺乏代表性。比较适用于通过组织的活动观察公众对组织的反应。在公关调查中常与其他调查方法结合共同使用。

三、实施调查方案

实施调查方案即开展实地调查，主要包括资料的收集与资料的分析整理。资料的搜集可分为搜集第二手资料与第一手资料。前者因为已经过一定的加工整理，搜集起来比较容易、省时。这一阶段最困难之处在于搜集与捕捉第一手资料。

资料的分析与整理是实施公关管理方案的重要内容，它几乎与资料的搜集是同步进行的，它是将已经收集到的信息资料通过分类整理，去粗取精、去伪存真，使调查内容系统化、条理化，达到完整、适用之目的。

四、处理调查资料

这是公关管理调查的最后一步，其中关键性工作是对调查资料的科学、系统的分析和评估，“内容分析能对于什么东西很可能出现在将来的公众议事日程上提供有价值的洞见”。①它包括三个环节：

1. 整理调研资料

即对调查中所取得的全部资料进行检验、归类、统计等。它要求先校对资料、补充遗漏，并按事先设计将资料汇总分类，加以条理化。

2. 形成调研结果

首先对初步整理的调研资料进行分析研究。一方面应用统计手段进行数量分析。另一方面则应用比较、归纳、推理等方法，形成一份问题调研报告。

3. 总结评估

问题报告形成之后，应对调研结果和过程进行一次总体评价，就调研的科学性、准确性给予必要的说明。调研报告应及时提供给组织的有关人员。至此，就完成了一次公关管理调查的全过程。

【相关链接】

中国济南轻骑集团2000年农村市场消费群体调查

一、目标消费群构成

(1)城镇与乡村的公务人员，如行政、税务、公安、邮政人员，一般由单位或共同出资购买，其目的是方便工作。

(2)从事贸易、贩运的个体户，购车的目的是节约时间、方便运输、提高工作效率。

(3)时尚的青年男女，购车的目的是享受生活、方便工作。

二、农村市场消费群心理分析

(1)有明显的从众心理和趋同性，听熟人介绍或看他人购买。

(2)购买前是理性的，但由于受自身经济收入及对摩托车的知识了解程度的限制，在购买过程中容易因营业员的介绍而被诱导，所以又是感性的。

(3)影响产品购买因素的排序依次是价格、款式、质量、品牌、服务。

(4)选购时喜欢找已有摩托车的用户或懂摩托车、汽车维修的技术人员连同挑选。

---

① [美]斯各特·卡特里普、艾伦·森特、格伦·布鲁姆. 公共关系教程. 中文1版. 北京:华夏出版社,2001:294.

(5)对打开包装后,摩托车的外观质量及启动、运行工作状况很重视。

(6)喜欢到县级以上的较大的车型较多的摩托车经销店购买,较倾向国产品牌。

(7)购买季节性较强,一般集中在收获季节,重大节日前后。

三、对摩托车的需求特征

1. 价位及排量

跨骑式:3 000~4 000 元,90~100CC 四冲程;5 000~6 000 元,125CC 四冲程。

坐骑式:2 000~4 000 元,50~60CC 小踏板;3 500~5 000 元,90~100CC 大踏板。

2. 性能

结构简单,坚实耐用,操作简单,外观华丽。

四、问题点

1. 消费观念、消费习惯很难改变。
2. 信息量少,且分散,信息传播慢。
3. 密集县镇网点要耗费较大人力、物力和财力。

五、营销状况分析

1. 优势(机会点)

(1)品牌知名度高,品牌价值 31.02 亿元,居行业之首。

(2)网络全,60 个异地业务部,621 个专卖店,4 500 余个销售网点,2 800 余个服务网点。

(3)品种多,100 余个品种。

2. 劣势(问题点)

(1)由于产品结构的原因,以往只重视在重点地区城市市场的宣传推广,轻骑品牌并没有深入人心,特别是农村市场知之甚少甚至产生误解:认为轻骑就是 50CC 轻便摩托车的代名词;轻骑集团只生产潇洒木兰或只生产野马、雄风;轻骑与木兰没有什么关系;轻骑只生产低档车。

(2)产品价格、政策、分销策略变化太快,网络不稳定,网点虽多,但至少有一半作用很小或不发挥作用(饮食专卖店),轻骑在经销商中的口碑不好。

(3)产品虽多,但真正的名牌产品并不多,除了潇洒木兰在全国有些影响外,在西北、华北等地野马已经落得和杂牌车相提并论。

(4)全国空白市场和欠开发的市场太多,如河南、湖南、安徽、江西、福建、贵州、内蒙古。

资料来源:张百章 何伟祥. 公共关系原理与实务.1 版. 大连:东北财经大学出版社.2002:86-87.

第三节　公共关系管理调查报告的撰写

公共关系管理调查活动中,对资料进行恰当处理后,必然会形成调查结果。通过对统计数据进行列表显示,并进行文字分析,最后形成一份完整的调查报告。在对调查数据分析过程中,为了保证资料分析的全面、合理、正确,调查活动前期一份合理的公关管理调查问卷是必不可少的。

一、公关管理调查问卷的设计

问卷的设计有许多不同的环节,最关键的环节是提问和答案设置。

(一)提问

问题是问卷的核心内容之一,问题的提出需要经过反复思考,并建立在实践的基础之

上，其依据是调查的题目与目的。

在每份问卷中，都会提出许多问题，且其内容、性质是复杂多样的。但根据许多的实践经验可以大致归纳为四个方面的问题。

(1)事实方面的，即回答起来比较容易的低层次问题。

(2)态度观念、兴趣偏好方面的。

(3)行为方面的，包括已经做出的行为和将要做的行为。

(4)理由方面的。即要求被调查者对自己的态度、观点和行为做出解释，说明为什么这样做的理由。

(二)答案设置

这是问卷的另一个核心内容，它的设置好坏，科学合理与否，将直接影响着被调查者意愿的表达及资料、信息收集的效果，因此必须讲究技巧性。

答案设置有两大类，即：

(1)由调查者事先规定好几种可能的答案，印在问卷上，调查时请调查对象从中选择符合自己意愿的答案回答。

(2)由调查对象自由回答的，在制定问卷时，只是提问，不设答案。具体有五种形式：①单项选择。即在问题后面有几种备选答案，选择时往往只有"是"或"非"。②多项选择。即在问题后面有多项的备选答案，且各备选答案之间必须是互相排斥的。③对比选择。即在问题后面列有两项备选答案，而这两种答案彼此是相抵触的，或彼此之间对比较强烈。④排序选择。即在问题的后面列有多种备选答案，而各备选答案是有程度或次序等方面的差异，调查对象在选择时依照自身的情况对备选答案排出顺序给出回答。⑤开放式提问。即答案由调查对象根据自己的理解、领会等情况，去自由填写。

【相关链接】

问卷设计

1. 单项选择

举例：问：您对…公司的产品满意吗？(　　)

答：A. 满意　　　　B. 不满意

2. 多项选择

举例：问：当出现一种新产品时，您通常是通过哪些途径获取相关信息？(　　)

答：A. 厂家促销　B. 电视广告　C. 朋友介绍　D. 人员推销

3. 对比选择

举例：问：下列左边和右边不同类型的饮料中，您更喜欢哪一种？

答：A. 果汁型(　　)　　可乐型(　　)

B. 含酒精型(　　)　　不含酒精型(　　)

C. 即饮型(　　)　　浓缩型(　　)

D. 瓶装(　　)　　罐装(　　)

4. 排序选择

举例：问：您喜欢哪种品牌的手机？请按照您的喜好程度填上序号。(　　)

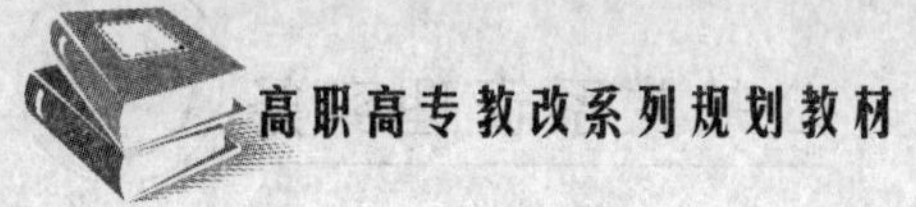

答:A. 三星　　B. 诺基亚　　C. 联想　　D. 摩托罗拉　　E. 索尼

5. 开放式选择

举例:问:请您谈谈对大学生创业的看法。

二、公关管理调查报告的撰写

调查报告是对社会上某一个问题或事件进行专门调查研究之后,将所得的材料和结论加以整理而写成的书面报告。

调查报告,是行为主体对特定对象在认真深入了解考察的基础上,经过准确的归纳整理,科学的分析研究,进而揭示事物的本质,得出符合实际的结论,由此形成的汇报性事务文书。从运用情况看,在标题中,凡以"考察报告"、"调查"、"考察"、"调查记"、"调查汇报"为文体名称的,均属调查报告一类。调查报告具有下列特点:

(1)内容真实,观点鲜明;

(2)材料性强,夹叙夹议;

(3)结构严谨,有条不紊;

(4)语言简洁,笔调明快。

调查报告是公关管理调查研究的成果。一般是以文字的形式拟定,有时也附有文字、声音、影像等重要的原始资料。公关调查报告的目的是为了让他人,特别是决策者更全面地、系统地了解组织公关问题的所有情况。

公关管理调查报告一般要详细地回答以下几个问题:

(1)公关问题产生的背景;

(2)公关问题产生的主要原因;

(3)公关问题产生的范围及时间;

(4)被卷入公关问题的公众或受其影响的公众;

(5)被卷入的方式或受影响的方式及其程度;

(6)公关问题对组织产生的影响或可能产生的影响。

一项公关管理调查活动的成功与否,调查报告的内容和质量很关键。

(一)调查报告的基本要求

(1)调查报告语言简洁,有说服力,词汇尽量非专业化,因为阅读报告的人可能并不完全懂得技术人员已熟悉的技术资料,也不一定有耐心阅读繁琐、生涩的报告。

(2)报告必须具有严谨的结构、合适的体裁,将调查过程中各个阶段搜集的全部有关资料汇集在一起,不能遗漏重要的资料,但也不能将一些无关紧要的资料统统写进调查报告之中。

(3)调查报告应该对调查活动所要解决的问题提出明确的结论或建议。

(4)调查报告应该能够让读者了解调查的全貌。即报告要回答或说明研究为何进行,用什么方法进行研究,得到什么结果。

(二)调查报告的结构

调查报告一般由标题和正文两部分组成。

1. 标题

标题可以有两种写法。一种是规范化的标题格式,即"对象范围"加"文种",基本格式为“××关于××××的调查报告”、“关于××××的调查报告”、“××××调查”等。另一种是自由式标题,包括陈述式、提问式和正副题结合使用等三种。陈述式如《东北师范大学硕士毕业生就业情况调查》;提问式如《为什么大学毕业生择业倾向沿海和京津地区》;正副标题结合式,正题陈述调查报告的主要结论或提出中心问题,副题标明调查的对象、范围、问题,如《高校发展重在学科建设——××××大学学科建设实践思考》等。一般用规范化的标题格式或自由式中正副题结合式标题。

2. 正文

正文一般分前言、主体、结尾三部分。

(1)前言。有几种写法:第一种是写明调查的起因或目的、时间和地点、对象或范围、经过与方法,以及人员组成等调查本身的情况,从中引出中心问题或基本结论来;第二种是写明调查对象的历史背景、大致发展经过、现实状况、主要成绩、突出问题等基本情况,进而提出中心问题或主要观点来;第三种是开门见山,直接概括出调查的结果,如肯定做法、指出问题、提示影响、说明中心内容等。前言起到画龙点睛的作用,要精炼概括,直切主题。

(2)主体。这是调查报告的主要部分,这部分详述调查研究的基本情况、做法、经验,以及分析调查研究所得材料中得出的各种具体认识、观点和基本结论。

(3)结尾。结尾的写法也比较多,可以提出解决问题的方法、对策或下一步改进工作的建议;或总结全文的主要观点,进一步深化主题;或提出问题,引发人们的进一步思考;或展望前景,发出鼓舞。

(三)调查报告撰写的注意事项

调查报告是调查活动成果的体现,调查的成败以及调查结果的实际意义都会通过调查报告体现出来的,因此在撰写调查报告时,要做到认真、细致和全面。其中有几个问题在撰写过程中需要特别注意。

(1)要考虑读者的观点、阅历,尽量做到调查报告适用于非专业人士阅读。

(2)报告不能够拖泥带水,要做到简明扼要。

(3)要用自然体例写作,使用普通词汇,尽量避免行话、专业术语。

(4)务必使报告所包括的全部项目都与报告的宗旨有关,剔除一切无关资料。

(5)仔细核对全部数据和统计资料,务必使资料准确无误。

(6)充分利用统计图、统计表来说明和显示资料。

(7)按照每一个项目的重要性来决定篇幅的长短和强调的程度。

(8)务必使报告打印工整匀称,便于阅读。

本章小结

公共关系管理活动必须遵循一定的程序和步骤,否则公关管理活动就会迷失方向,出现偏差和失误,达不到预期的目的和效果。

根据公关管理活动的运行规律,将其分为四个阶段:调查研究、制订计划、传播沟通、效果评估。其中,调查研究是公关管理工作的基础,主要是指社会组织通过各种有效的方法和手段,获取组织相关公众对本组织各方面的意见、态度和反应等信息资料,从而对组织的形象进行测定。

在公关管理调查这一阶段,组织必须采取一系列有序、合理的步骤来进行调查工作,运用正确、科学的调查方法,获取全面、有效的信息资料,并根据调查资料,选用合适的体裁撰写调查报告，务必使调查报告真实、全面的反映整个调查活动。

案例分析

一张照片背后的巨额利润

——靠信息制胜的三菱重工财团

1964年，《中国画报》的封面刊出一张照片：照片人物是大庆油田的“铁人”王进喜，他头戴大狗皮帽，身穿厚棉袄，顶着鹅毛大雪，手握钻机刹把，眺望远方，在他背景远处错落地矗立着星星点点的高大井架。几乎与此同时，《人民中国》杂志撰文报道说，以王进喜为代表的中国工人阶级，为粉碎国外反动势力对我国的经济封锁和石油禁运，在极端困难的条件下，发扬“一不怕苦，二不怕死”的精神，抢时间，争速度，不等马拉车拖，硬是用肩膀将几百吨采油设备扛到了工地。不久，《人民日报》报道了第三届全国人大开幕的消息，其中提到王进喜光荣地出席了大会。

不久，中国政府向世界市场寻求石油开采设备。三菱重工财团以最快的速度和最符合中国所要求的设计、设备获得中国巨额订货，赚了一笔巨额利润。

上述看似毫无联系的信息，却对三菱重工财团获得这笔巨额利润做出了重要贡献。

当时，由于各种原因，大庆油田的具体情况是保密的。然而，上述几则由权威媒体对外公开播发的极其普通的旨在宣传中国工人阶级伟大精神的照片和新闻，在日本三菱重工财团信息专家的手里却变成了极为重要的经济信息，揭开了大庆油田的秘密。

(1)根据对照片和新闻报道的分析，可以断定大庆油田的大致位置在中国东北的北部，且离铁路线不远。其依据是：惟有中国东北的北部寒冷地区，采油工人才需戴这种大狗皮帽和穿厚棉袄；惟有油田离铁路线不远，王进喜等大庆油田的采油工人们才能用肩膀将百吨设备运到油田。因此，只需找一张中国地图，就可轻而易举地标出大庆油田的大致方位。

(2)根据对照片和有关新闻报道的分析，可以推断出大庆油田的大致储量和产量，并可确定是否已开始出油。其依据是：首先从照片中王进喜所站的钻台上手柄的架式，推算出油井的直径是多少；从王进喜所站的钻台油井与他背后隐露的油井之间的距离和密度，又可基本推算出油田的大致储量和产量；接着从王进喜出席了人代会，可以肯定大庆油田出油了，不然王进喜是不会当代表的。

(3)根据中国当时的技术水准和能力及中国对石油的需求，中国必定要大量引进采油设备。

于是，日本三菱重工财团迅即集中有关专家和人员，在对所获信息进行剖析和处理之后，全面设计出了适合中国大庆油田的采油设备，做好充分的夺标准备并最终取得成功。

案例讨论题

分析调查研究工作的重要性。

一、填空题

1. 公关管理活动的工作程序是(　　　　)、(　　　　)、(　　　　)、(　　　　)。

2. 组织的社会形象可以用(　　　　)、(　　　　)两项指标来衡量。

3. 公关管理调查常用的调查方法有(　　　　)、(　　　　)、(　　　　)、(　　　　)、(　　　　)、(　　　　)。

二、选择题

1. 公关管理调查是公关四步工作法中的(　　)。

A. 第一步　　B. 第二步　　C. 第三步　　D. 第四步

2. 公关管理调查的原则是(　　)。

A. 客观原则　　B. 全面原则　　C. 时效原则　　D. 实用原则

3. (　　)是社会调查中最古老最常用的方法之一。

A. 抽样调查法　　B. 问卷法　　C. 访谈法　　D. 追踪调查法

三、思考题

1. 公关管理活动工作程序有哪几个阶段？这几步之间有什么关系？
2. 公关管理调查包括哪些内容？如何分析、调查组织自我期望形象及实际社会形象？
3. 公关管理调查报告如何撰写？

第四章　公共关系管理策划

重点难点

1. 公共关系管理策划的概念、原则
2. 公共关系管理策划的类型
3. 公共关系管理策划的运作
4. 公共关系管理策划书的撰写

关键词

公关管理策划　策划书

有公关专家指出，公共关系的发展经历了三个阶段：接待型公关、传播型公关和策划型公关。其中，前两个阶段只是公关发展的起步阶段，后一个策划型公关才是公关走向“繁荣”的标志，代表着公关的“正宗”水平。也就是说只有在策划型公关阶段，从日常接待到专题活动安排，乃至决策咨询，任何一种公关管理行为，都是经过科学的谋略，周密的计划安排而有计划、有目的进行的公共关系行为，不再是“直觉型”的公关行为。

在当今社会，组织处于更加透明的“玻璃屋”中，随着传播技术的发展，公众通过各种传媒手段，能够迅速获得组织的各种信息，这既是对组织的一种有效监督，同时也为组织公关管理策划的发展提供了良好的契机。对于组织来说，如何通过别具一格的策划，来赢得公众的好感和支持，已经成为组织思考的重点。有位策划人曾说过：“策划是马拉松，不是百米冲刺，中国策划业在经历了‘春秋战国’之后，最终会走上专业化、规范化和品牌化的道路”。

第一节　公关管理策划概述

一、公关管理策划的含义

（一）公关管理策划的含义

《中国公共关系辞典》对策划的解释是：“人们为了达成某种特定目标，借助一定的科学方法和艺术为决策计划而构思、设计、制作、策划方案的过程。”可见策划是一种高智力劳动，是一种运用脑力的理性行为，是超前预测和安排未来的思维过程。

“公共关系管理策划是指为达成组织目标，公关人员在充分进行环境分析调查基础上，对总体公关战略及具体公关活动所进行的谋略、计划和设计过程。”[①]这个定义包括以下几层含义。

① 张百章、何伟祥．公共关系原理与实务．1版．大连：东北财经大学出版社，2002：100.

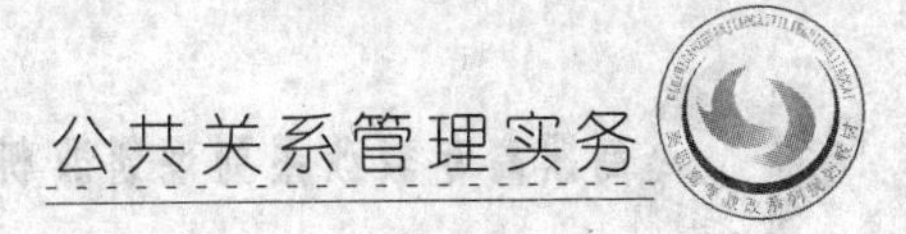

1. 公关管理策划工作是由公关人员来完成的

这里主要指社会组织中的专业公关人员，这是公关管理策划的关键要素。策划作为一种纯粹的脑力劳动，策划者的能力、素质的高低对整个策划活动具有举足轻重的作用，这就要求策划者除了具备一般公关人员应具备的基本素质与技能外，还必须具有较强的创新意识及丰富的实践经验。

2. 公关管理策划是为组织目标服务的

策划目标是指策划主体预期要实现的一种良好的未来状态，它一般是为了解决组织主体形象战略中的问题而提出来的。正如英国公关专家弗兰克·杰弗金斯所说："有形的公关活动是在公关计划方案已取得既定目标基础上产生的，它不仅能使公关从业人员清楚地知道自己的活动目的，而且能使公关从业人员准确地评估自己活动的实际效果。"

3. 公关管理策划的对象是与组织相关的各类目标公众

任何一种策划都是为了沟通组织与其公众的联系，吸引公众注意，改变公众态度，进而在公众心目中树立起组织的美好形象。因此，在策划过程中确定目标公众，并对其进行调查分析是一项十分重要而艰巨的工作，有必要根据一定的标准，如按照公众与组织的相关性、目标公众的层次性等，将公众进行科学合理的分类以保证策划目标的针对性。

4. 公关管理策划的内容是多层次的统一体

在系统内部可分为高层次、亚层次、表层次三方面。

(1)高层次：指对组织的总体宏观的战略规划的设计构思，也称总体公共关系战略策划。它最能体现公关策划人员创新意识和创造力的成果，更注重整体效果，能将社会效益、组织效益、人才效益和生态效益有机地统一起来，使组织行为的结果对社会造成更积极的影响。

(2)亚层次：指公共关系实务专题活动策划，如记者招待会、新闻发布会、危机管理等，它可以是单个的专题活动，也可以是一个系列的专题活动，如企业开业庆典系列活动。

(3)表层次：指具体的操作性公共关系活动，如记者招待会中接待礼仪、某一项活动的主持等，从事此类表层次公关策划的工作人员，只要知晓一般的公关基本技能和礼仪规范与人际交往能力即可胜任。[①]

5. 公关管理策划的结果是公关管理策划书

公关管理策划书是组织策划人员在充分调查、了解调查对象的现状和需求的基础上，为了实现策划目标而精心设计制订的公关实施细则和实施方案。

一个完整、周详切实可行的公关管理策划书应包括为实现公关管理目标而进行的所有工作安排，从确定策划主题、明确策划的具体项目到选择公关活动的时机、内容直至活动经费的预算及对活动的事后评估的全部过程和内容。

(二)公关管理策划的原则

1. 组织利益与公众利益兼顾的原则

组织利益是公关管理策划和行为的原动力，而公共关系管理的显著特征之一就是要兼顾公众利益。因此组织必须充分认识到：自身发展必须与内外公众环境的发展相协调，只有时时处处为公众利益着想，坚持公众利益至上，才能获得公众的理解和支持，才能使组织自

① 张百章、何伟祥．公共关系原理与实务．1版．大连：东北财经大学出版社，2002：100－101.

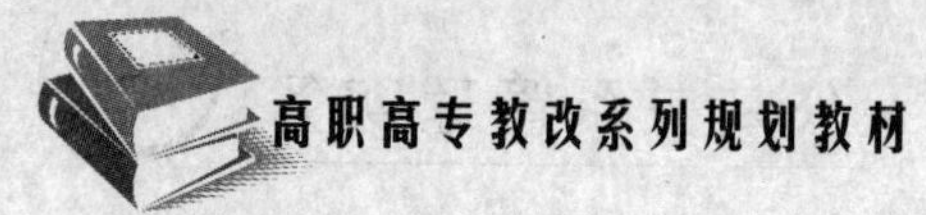

身最终获得长远的利益。

公关策划必须严格遵循公共关系职业准则，正如杰弗金斯在其所著的《实用公共关系学》中所讲：第一、不能弄虚作假；第二、不能损害公众的利益；第三、不能参与不露真名的组织的活动；第四、在未经同意前，不能同时为两家竞争对手服务；第五、不但要对现在的客户服务，还要对过去的客户负责。

前些年美国人摩根在我国策划了一起引起极大轰动的项目，名字叫“拥有一块美国土地，出售一个美国梦”活动。他将美国中部的荒芜土地以极低的价格买下，然后用地契将其分割成每份 1 平方英寸*，再以每份地契 5 千元左右人民币的价格卖给中国人，许多购买者以为拥有了 1 份地契，就可以踏上美国土地了，但事实证明毫无帮助，许多国人为此上当受骗，受益的仅仅是摩根而已。这就属于严重的违背公众利益的公关策划。

2. 客观性与可行性结合的原则

在公关管理策划过程中要始终坚持以客观事实为依据，尊重事实与科学，才能策划出获得公众理解和认可的方案。公关管理策划，就是要在分析预测的基础上，根据组织形象的现状和目标要求，确定公共关系管理活动的战略与策略，并制定出最佳计划方案。而公共关系管理本质上是一种信息的双向沟通与交流，有效的沟通和交流是建立在真实信息基础上的，因此，这就要求在策划过程中应始终坚持以组织形象的现状这个客观事实为依据，做到按客观规律进行策划，以便取得更好的策划效果。

3. 创造性与持续性一致的原则

策划界有句行话：“创新是天才，跟随是庸才，重复是蠢材”。强调了没有创造性，公关管理活动也就失去了灵魂。在竞争激烈和信息激增的今天，成功的公关策划必须牢牢把握社会环境条件的变化、公众心理状态的变化、组织内部诸要素的变化等，才能制定出与以往不同的新内容，体现出自己的创新。

上世纪 90 年代，我国国内最大的洗涤用品企业——上海白猫集团公司曾在集团成立前夕策划了一次成功的公关活动：身穿印有白猫标志的统一服装的 120 名青年志愿者在上海外滩陈毅广场上积极从事义务劳动，他们热火朝天地清洗广场、擦洗护栏。他们的这种行为得到市民的好评，不可否认，这是一次成功的公关策划活动，无形之间提高了白猫集团的知名度和美誉度。这次公关活动最成功之处在于，这种行为并没有违背外滩风景区关于禁止在风景区内从事商业广告行为的规定，但它的的确确又是属于广告。由此可见，公关管理策划要坚持创新，要做到：创意新颖、手法独到、内容恰当、规模适中。

公关管理策划坚持创新性是必要的，但是组织也要看到良好的组织形象不是一蹴而就的，要有一个系统的、持续性的发展计划才能建立起公众对组织较为稳定的评价。因此，公关策划不仅要有创造性，还要注意承上启下的持续性。

4. 计划性和灵活性统一的原则

公关管理策划的计划性是指方案一般在提出并经过论证后，是不能随意修改的，具有相对稳定性，这样才能保证组织各部门的配合协调一致，整个计划得以顺利实现。但是由于社会组织的日常运作及内外环境都是处于不断发展变化中的，因此在公关管理策划中，应对行动方案留有一定余地，针对可能发生的变化，考虑灵活的应变对策，使行动方案有一定的灵

* 英寸：英制长度单位。1 英寸 = 25.4 mm。

活性,符合政府政策法规的要求,符合公共关系原则要求,并能与组织的自身实际情况相适应,达到计划性和灵活性的高度统一。就像通常所讲的:很难想到、很易做到的才是好策划。

5. 组织整体计划与社会发展一致原则

在当今信息时代,市场环境千变万化,需要组织时刻关注自己所生存的主客观环境,以便制定出符合组织实际情况、适应社会发展环境的方针政策,这也就要求组织的公关管理策划必须要注重整体计划与社会发展相一致、相协调。

【小思考】

“天安门广场砖”创意策划

1999年,《公关世界》第五期发表山西大学李安的文章“让我们的国旗也升起在天安门广场”,其主要内容是:抓住国庆50周年前夕,天安门广场砖要全部更换的时机,计划用这一大批具有纪念意义的广场旧砖,捐赠给地方政府、部分城市和部门高等院校,铺设在当地的国旗广场、城市中心广场的中心,以及建造国旗基座。

资料来源:张百章、何伟祥. 公共关系原理与实务. 1版. 大连:东北财经大学出版社,2002:108.

根据公关管理策划应遵循的原则,对此策划进行分析。

二、公关管理策划的类型

公关管理策划内容庞杂,根据不同的划分标准,我们可以将其分为不同的类型。

(一)内部公关管理和外部公关管理

根据公众与组织的归属关系,可以将公关管理策划分为内部公关管理策划和外部公关管理策划两部分。

(1)内部公关管理策划,主要指员工公关管理策划。员工是与组织关系最为密切的核心公众,他们不仅决定着组织的命运,而且也是组织公关管理活动最重要的力量。他们是组织增强内聚力和外张力的最重要的力量来源。因此组织必须通过一系列公关管理策划活动来增强员工与组织共荣辱、共患难的意识。

美国的3M公司(明达苏尼矿业制造公司),曾多次被美国《幸福》杂志评为十佳企业,1994年明达苏尼矿业制造公司在全美公司中位列34位。公司成功的秘诀就在于他们对内部职工的公共关系工作做得极其成功。在公司内部,给予员工充分自由的生存空间。3M公司鼓励员工进行发明创造,公司规定:如果员工的新点子得到公司各个部门的认可,他可以拿出15%的时间和精力从事于未列入计划的新产品开发及相关工作。给公司带来丰厚利润的胶粘纸及胶带纸,就是在这种政策的鼓励下,由公司员工发明创造出来的。这种激励模式,使员工有了共识:只要搞好自己的工作,就可以实现自己的价值。因而大大提高了他们的工作积极性和创造欲望。事实上,公司的几任董事长都是公司内创新做得最成功的人。3M公司的成功经验告诉我们,组织要通过一系列方针政策及具体措施搞好内部公关,要尊重员工,尊重他们的劳动;要更多的采用激励的措施提高员工工作的积极性;另外还要在组织内部建立良好的合作氛围。

(2)外部公关管理策划,主要是针对与组织的生存发展有影响作用的组织主体以外的相关群体展开的。包括消费者关系公关管理策划、政府关系公关管理策划、媒介关系公关管理策划、社区关系公关管理策划等。

消费者公众也被称作是服务对象公众,是指使用本组织产品或服务的众多消费者群体。从一定程度上讲,消费者公众是组织主体所面临的最大公众群体,也是组织最重要的外部公众关系之一,因此,在进行消费者关系公关管理策划时,要把握住消费者的心理,采取恰当的策划方式。

长甲集团是我国一个致力于女性健康事业的公司,顾客公众的相对特殊性,决定了该公司在进行公关策划方面具有一定的特殊性。多年来,该公司组织了很多有益女性健康的社会活动,曾经在5月12日母亲节当天在杭州地区举办免费赠送鲜花、送祝福活动,“打个电话,我们就会把您最想和妈妈说的话与一盆鲜花,在母亲节送到您的母亲手中”。此项活动得到市民的极大关注,并受到广大市民的赞赏,很多市民希望以后企业有更多此类活动。长甲集团的送花活动,说到底是在做广告,但是它和其他活动所取得的效果存在着明显的不同,不仅仅宣传了企业形象,而且还很好地考虑到了消费者的接受程度,淡化了企业的广告色彩,加强了与消费者的沟通,得到了消费者的广泛共鸣。

政府公众,包括政府的各职能部门,代表政府履行立法、司法及行政职能。政府公众也是组织在其发展过程中要处理好的重要关系之一。在进行政府公关管理策划时,组织应注意首先是要获得政府的认同;其次,要获得公众好感。

2001年4月,雀巢(中国)有限公司发起“新北京,新奥运,大家一起来描绘”——中国百万少年盼奥运千米长卷绘画创作活动正式拉开帷幕。随后宝洁、摩托罗拉等国际大公司纷纷打起支持北京申奥的大旗,广告中也频频出现弘扬奥运精神、支持北京申奥的词语。雀巢、宝洁、摩托罗拉等都是国际跨国公司,这些公司在中国的品牌知名度和美誉度非常高,作为跨国公司,很显然非常清楚与所在国政府保持良好关系的重要性。在北京申奥前夕,各在华的外国公司纷纷通过各种方式来支持北京申奥,这种行为不仅仅受到中国政府的欢迎,而且也找到了公众的心理诉求点,与公众形成了良好的沟通与交流,对公司知名度和美誉度的提高起到了极大的促进作用。

媒介公众,包括各类大众传媒及其从业者,如报社、电台、各类官方或非官方网站。对于组织来说媒介公众是最敏感的一类公众,是组织与外界沟通的桥梁和纽带。所以组织一方面要自觉接受媒介的监督,另一方面又要充分调动媒介手段,形成有利于组织的立体式宣传网络。

社区公众,是指组织主题所处地域范围内的各类相关群体,是组织外部环境的重要组成部分,对组织的发展有着重要的影响。组织在进行社区关系公关管理策划时,要体现出关心社区建设的一面。

(二)战略性公关管理策划、公关管理专题活动策划和操作性公关管理活动策划

根据公关管理策划的内容,可以将公关管理策划分为战略性公关管理策划、公关管理专题活动策划,以及操作性公关管理活动策划。

(1)战略性公关管理策划,又称总体公关管理策划,是指对组织的总体宏观的战略规划的设计构思。

(2)公关管理专题活动策划,是组织为引起公众的极大关注从而更为有效地协调公众

关系，社会组织针对特定公众，围绕特定主题而有计划策划进行的各种特殊的公关管理活动，如策划庆典活动、记者招待会等。在进行公关管理专题活动策划时，要做到主题明确，内容具体；时机恰当，规模适中；形式新颖，组织得体；符合公众心理，赢得社会支持。

(3)操作性公关管理活动策划，则主要是指在具体的操作性公关管理活动中，为了使活动达到预期目的，而开展的一系列策划，如记者招待会中的接待礼仪、招待会中的注意事项等。

(三)形象公关管理策划、公益公关管理策划、营销公关管理策划和危机公关管理策划

根据公关管理策划的目标，可以将公关管理策划分为形象公关管理策划、公益公关管理策划、营销公关管理策划及危机公关管理策划。

(1)形象公关管理策划，是社会组织为改善和维护自身的形象，而策划的一系列活动及方案。“形象控制价值，价值决定财富，财富推动形象”，对于组织来说这是一个恒久的准则，因此，组织在进行形象公关管理策划时，要注重体现形象的惟一性，选择最佳的传播实际以及传播方式来推广自己的形象。

羽西，作为东方女性的代表，被称为“杰出的形象专家”，不仅仅是因为她注重个人形象，更重要的是，她能够将个人形象融入羽西品牌形象中，并借此树立崇高的企业形象，实现了个人形象、品牌形象与企业形象的完美统一。羽西在其发展壮大过程中，为了更好地传递企业形象，在2001年正式推出了自有品牌玩具“羽西中国娃娃”，“十六岁的羽西娃娃”系列玩具，是亚洲女孩的代表和典范，借此更好地传递组织形象。在这里，羽西品牌的形象既体现了连续性，又体现了自己的惟一性，对于组织形象的维护起到了积极的促进作用。

(2)公益公关管理策划，是社会组织在其运行过程中，为进一步增进公众对组织的了解和好感而策划的一系列围绕公益主题而开展的活动。在策划公益活动时，要求组织尽量淡化商业意识，更多体现的是组织勇于承担社会责任、乐于回馈社会的一面，注重引起公众心理上的共鸣。

“农夫山泉有点甜”是广为人知的一句广告语，在中国的瓶装水市场中占有举足轻重的地位。农夫山泉股份有限公司成立于1996年9月，原名为浙江千岛湖养生堂饮用水有限公司，2001年6月改制为股份有限公司。农夫山泉与体育的长期合作，为农夫山泉品牌带来了增值效应，并使其不断发扬光大。为解决贫困地区的中小学体育设施落后的情况，农夫山泉公司早在2002年就与国家体育总局联合发起了“2008阳光工程”。该工程总跨度为七年，计划从2002年起至2008年北京奥运会开幕。为有效开展这一工程，农夫山泉继续推出“一瓶水，一分钱”活动，每销售一瓶农夫山泉饮用水，公司就捐出一分钱，从2002年4月到12月，公司把500万元左右的体育器械捐助给贫困地区的中小学校。

这一工程有效地确立和输出了公司的形象，充分体现了公司关心下一代，不断回报消费者的高度社会责任感，使公司关注将健康的理念更加深入人心，增强了公司在公众中的亲和力，为公司的长远发展创造了更为良好的环境。

(3)营销公关管理策划，是社会组织为进一步提高核心竞争力，除了运用传统的营销策略外，还积极策划一系列公共关系营销活动，侧重于塑造和传播组织的整体形象，发挥组织整体形象对市场的影响力。

创始于1837年的宝洁公司是世界上最大的日用消费品公司之一，1988年保洁公司在广州成立其在中国的第一家合资企业——广州宝洁有限公司，二十多年来，宝洁属下的潘

婷、飘柔、玉兰油等品牌在中国公众心目中具有很强的号召力。

进入21世纪，宝洁属下的玉兰油品牌为进行全面的“新标识、新包装、新理念”活动，进行了一系列公关管理的策划活动。首先是在全国14个城市展开“新美好主义”时尚调查，调查结果显示，绝大部分中国女性希望拥有从内到外全方位的美好，并希望通过美颜、美体以及气质的培养来达到这一目的。为此，玉兰油品牌与中华妇女联合会展开覆盖六城市的大型女性美课程，帮助中国女性焕发从内到外的美好，展示“优雅、纯美与自信”的精彩个性。之后全新玉兰油闪亮登场，并将10月12日命名为“美好日”，玉兰油的全新产品标识和包装也正式与广大女性见面。通过这一系列活动，玉兰油品牌高贵、独立、成熟和自信的新美好女人形象也日渐清晰。此次活动对玉兰油来说，不仅仅是包装与标识的更新，更是一次全方位的升华。玉兰油不仅代表了高品质的护肤产品，更逐渐成为感性而具有亲和力的女性世界。

(4)危机公关管理策划，是社会组织针对自身发展过程中遇到的突发事件，为圆满解决问题而有针对性的策划一系列公关管理活动，变危机为契机。在进行危机管理策划时，更要注重组织各方公众利益的维护。

2000年“PPA”风波轰动一时，这给当时进入中国十余年、累积销售量超过50亿的中美史克公司带来了严重的冲击。该公司所生产的康泰克和康必得两种感冒药，因含有国家禁止药物PPA而被勒令停产，中美史克公司在中国面临严重的信任危机。为挽救不利局面，中美史克公司展开了一次有声有色的危机公关。

中美史克公司在接到停产通知后，立即组织成立了应对危机事件的危机管理小组。2000年11月16日下午，该公司危机管理小组发布了危机公关纲领：执行政府暂停令；向政府部门表态，坚决执行政府法令；暂停康泰克和康必得两种感冒药的生产和销售；通知经销商和客户立即停止康泰克和康必得两种药品的销售，取消相关合同；停止广告宣传和市场推广。

2000年11月17日，公司召开全体员工大会，总经理向全体员工通报事情的来龙去脉，并就公司是否裁员问题表态：公司不会裁员。20日，中美史克公司在北京召开了新闻媒体恳谈会，公司总经理回答记者的提问，做出了不停止投资和配合国家药品监督部门彻底解决PPA问题的决定。为了更好地服务客户和消费者，公司还专门培训了数十名专职接线员，负责接听来自消费者的问讯电话，并做出准确专业的回答，消除他们的疑虑。

在康泰克退出市场的一段时间内，中美史克独立承担了大约六个亿的直接经济损失。但也正是这种不回避的坦诚态度，有效地维护了康泰克已经树立起来的品牌形象，使该公司安全度过了危机，也为新康泰克的复出奠定良好的基础。九个半月后，新康泰克问世，迅速打开市场，重新赢得消费者信任。

面对突如其来的危机，中美史克公司有条不紊地开展一系列活动，最终化危机为发展的契机。在这一系列活动中，中美史克公司做到了对消费者利益的高度尊重和关注，赢得了消费者对它们的谅解和理解，保全了消费者对康泰克的消费信息。另外，公司还成功地开展了内部公关，表明了坚决不裁员的立场，赢得了员工的信任和支持，正是凭借这股凝聚力，公司在面对危机时就多了一分沉稳和信心，在处理媒体公关及政府公关方面更加得心应手，并最终取得胜利。

三、公关管理策划的编制要求

合理有效的公关管理策划要求必须遵循客观事实和客观规律。随着社会的日益发展及

社会竞争的加剧,客观形式对公关管理策划提出了更高的要求。要求它更加科学、规范、实用。通过对公关管理实践的归纳与总结,可以看出公关管理策划的编制是组织目标、公众心理、信息独特及审美情趣四者的有机统一。

(一)组织目标是公管理策划的原动力

1. 组织目标是公关管理策划项目确立的基础

公关管理策划本身就是为组织目标服务的,解决实际问题是公关管理的根本任务所在。要做好公关管理策划,公关人员不仅仅要全面把握组织的主客观环境,还必须清晰地了解组织的目标,然后审时度势,使目标与主客观环境相符,从而开展下一步工作。

2. 组织目标也是公关管理策划的起点

公关策划是高智慧的行业,公关人员可以策划出的方案很多,但是归根结底,都是由组织目标来决定最终选择何种策划方案的。

3. 组织目标公关管理策划评估的首要依据

一个优秀的公关管理策划需要大量别出心裁的好创意,但是评估一个策划方案是否优秀的首要依据不是看其信息含量有多少或智慧含量有多少,而是看它能在多大程度上实现组织目标。

(二)公众心理是公关管理策划的主要阵地

公众是公共关系的客体,公众心理是日常社会生活中普遍存在的一种团体心理现象。公关管理活动主要作用于公众的心理情感环境,因此,公众心理是公共关系学研究的主要领域,也是公关策划的起点与评估重点。

1. 研究公众心理是公共关系策划的起点

首先,这是由公共关系的特点所决定的,公共关系的主体是组织,客体是公众,媒介是传播,公共关系更多的表现为主客体双方的信息沟通与交流,因此,了解公众所想就成为公关人员的重要工作之一。只有正确把握公众心理,才能够制定出符合公众需要、反映公众利益的策划方案。

2. 公众心理是评估公关管理策划的重要内容

对公关管理策划方案等的取舍,公众的选择是惟一的选择。对公关管理策划进行评估时,首先应看是否符合公众心理,是否反映公众的意愿和利益,只有真实、全面反映公众心理的策划方案才会赢得公众的支持,才会取得成功。

(三)信息独特是公关管理策划制胜的关键

信息独特是指公关管理策划所要传播的信息要做到独特新颖,具有鲜明的个性与他人有明显的差异性。信息独特与否,也是判断公关管理策划方案成功与否的重要标准。

1. 信息独特是应对激烈市场竞争的要求

随着市场竞争的加剧,个性消费时代到来,消费者对商品的需求已经从追求温饱的理性消费转向追求感性消费、非理性消费,因此,公关管理策划如果没有好的创意,信息缺乏个性,就会被信息的汪洋大海所淹没。

2. 信息独特能够使公关管理策划方案脱颖而出

公关人员在策划的开始阶段就应该着眼于策划的信息独特性。公关管理策划如果能够突破一点带动全局,就会事半功倍。因此,能否找到好的突破点,体现信息的个性化、独特性,成为评价公关管理策划人员水平的重要标准之一。

(四)审美情趣是公关管理策划深入人心的重要条件

审美情趣是指人对自然界和社会生活中各种事物和现象的理解和评价能力。在这里主要是强调公关管理策划方案应能满足公众的审美需求,充分考虑到公众的审美情感和文化心理因素的影响。

四、公关管理策划书的撰写

公关管理策划书是公关人员所进行的策划活动的书面表现形式,是公关人员在充分调查、了解调查对象的现状和需求的基础上,为了实现策划目标而精心设计制定的公关实施细则和实施方案,制定公关策划书的目的是为了获得更好的公关传播效果。所有的公关策划书都不应该只停留在口头上,而是必须落实到书面上,以方便策划制定者随时查看项目进展,便于组织管理层能够对公关管理策划所取得的成果进行有效评估。

(一)公关管理策划书的组成部分

一份标准的公关策划书通常包括以下四个大的部分。

1. 公关管理策划的背景分析

背景分析的主要目的在于就公关管理活动中存在的问题进行陈述与分析,并阐明公关管理策划的首要目标。这部分陈述是制定项目策划案和实施计划的基础。

背景分析中可以包括以下几方面,如行业发展历史、组织的立场和态度、目标公众的立场及态度、最新调查结果以及要实现既定目标需要克服的障碍等。在公关管理策划书中,应先开列出主要目标或总目标,再开列分目标,要主次分明,每个小目标都要能够回答同一个问题:我们希望获得什么样的结果?以免在实施过程中因书写不明而出现导向不明确或误导的情况。

2. 项目策划书

策划书的第二部分就是准备公关项目策划书的制定,这将为我们有效解决问题提供一个大的框架。这部分主要是从战略角度对策划案进行阐述,内容包括实现传播目标所必须采取的方法和手段。虽然每一份公关管理策划案的内容都不尽相同,但通常情况下,它应该包括以下几部分。

(1)任务实施范围和目标:也就是对任务性质的描述,要明确项目要实现的目标是什么。

(2)目标公众:明确组织的目标公众,并根据标准将其分成若干组,以便于有针对性地开展活动。

(3)调研方法:明确将采用的具体的调查手段。

(4)活动主题:在确定主题之前,不妨先问自己这样几个问题:我们想向公众传达什么信息?我们希望他们对我们持什么样的态度?如果他们接收到了我们的信息,我们期望他们做出什么样的反馈?主题与目标不同,一般来说公关管理目标只需组织自身掌握即可,不一定向公众公开。但是活动主题则必须让公众充分了解,并且要能够吸引公众,调动公众的积极性。因此,在策划书中必须明确写出主题,并在活动中公布于众。

(5)传播媒介:策划书中必须针对具体情况说明相应的传播媒介应用种类或媒介应用

组合,这是一项必不可少的内容。包括散发宣传资料、演讲、巡展、开设专栏、借助大众传播媒介等。

(6)项目组成员:明确参加本项目的主要管理和工作人员名单。建议由主要领导组成领导小组,还可以根据策划活动的实际需要,设立宣传报道、业务筹备、安全保卫、后勤接待等工作小组来具体负责策划活动的分项目。

(7)经费预算及时间安排:对策划活动进行全盘考虑,预算各项具体活动所需的费用及总体费用,以便从经济方面考虑策划方案的可行性。另外,还需制定活动时间进度表,明确各项分支工作的人员配置、实施时间等,将整个活动从开始准备到结束的整个流程详细、全面、明确的排列出来,并反复检查,消除任何可能会出现的漏洞。

3. 实施方案

公关管理策划书第三部分的主要任务是将文字上的战术变为实际操作活动。这里涉及对每个相关活动实施情况的具体描述,其中也包括所有参与其中的人员名单和工作安排,尤其是最终期限和活动目标。至关重要的是,这部分要对每个活动的时间要求和预算进行最真实而详尽的监控和评估,为后期跟踪提供参考依据。在项目进行过程中,如果有突发事件发生,也应该随时对相关因素进行更正与补充。

4. 事后评估

即根据已经确定的目标,对在一定时间内所取得的成绩进行对比,对整个公关过程进行绩效评估。这是最关键的部分,既为上一期的工作做出评价,同时又为下一阶段的工作提供经验,起到了承上启下的作用。这时,我们的主要任务就是回答下面几个问题:

(1)本项目是否有效?

(2) 哪部分获得的效果最佳? 哪部分效果最差?

(3)活动的实施是否严格按照我们策划书内容进行?

(4)目标公众对我们工作的认可度是否达到预期目标? 最重要的是,活动结束后,社区、消费者、管理层、或广泛意义上的公众,是否像我们最初策划时所期望的那样,对我们的态度有所改观?

通过评估,对活动参与人的成绩给予准确的评价,同时找出所存在的问题,使组织各部门每位成员高度警惕,统一认识,采取措施及时纠偏。

组织管理层最大的忧虑就是,很难确定他们在公关管理活动上的花费是否物有所值,因为公关管理活动的传播效果是最难以评估的。但是,不管怎样,我们还是很有必要找出一种可以有效评估公关管理活动绩效的方法。所以,我们通常会在公关策划案中提到调查方法,并坚持:如果有必要,我们可以根据公众态度的转变来评估公关效果。我们应该尽可能对"公众对我们的评价和看法是否改善"以及"消费者是否更愿意购买我们的产品"等这样的问题提供满意的答案。

要想全面了解公关项目的有效性,可以借助很多手段,包括活动实施前后公众态度的变化、与会人员的定量分析、媒体传播内容分析、调查、销售数字、职员报告、致管理层的信以及其他来源的反馈信息。所有这些都可以成为评估公关项目有效性的手段。

另外,如果某项公关传播计划涉及公司外面专业的公关公司或供应商时,公关计划还必须包括以下几点:

(1)撤销条款的标注;

(2)保密条款的陈述;

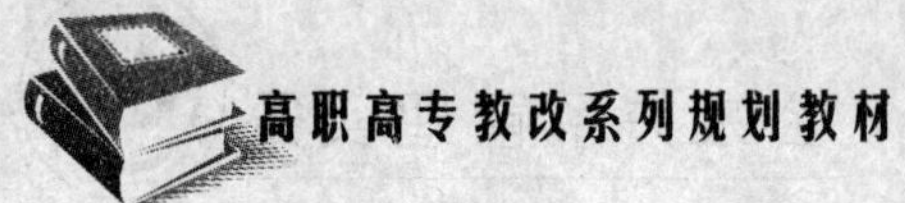

(3)外包费用、及费用增加的可能性;

(4)其他相关参考资料。

(二)公关管理策划书的基本格式

1. 封面

公关管理策划书的封面要尽量做到大方、典雅;如果是涉外活动,要在允许的情况下尽量精美,与国际标准并轨;格式一定要规范;纸张厚度要比内文的纸厚些。封面要注明:

(1) 标题。主要是策划项目名称。如:"××2009 公关管理策划总报告"(左上角编号),"××2009 公关管理策划总报告之一"(4 号字,居中),"××2009 环保公关管理策划方案";

(2) 密级。可以分为秘密、机密、绝密,或 A,AA,AAA;

(3) 策划的主体(策划者及所在公司或部门);

(4) 日期。

2. 序文

序文是指把策划书内容概要加以整理,简明扼要,使优点、创新及贡献让人一目了然。序文一般不超过 400 字,视情况可增加一些说明,但最好不要超过 600 字。

3. 目录

务求使人看后就能了解策划的全貌,它具有与序文相同的作用,十分重要。

4. 宗旨

目的在于告诉读者策划者到底要干什么,意义是什么。

5. 内容

这是公关管理策划书中最重要的部分。内容因策划种类的不同而有所变化,但必须让读者能一目了然,切忌过分繁杂,内容层次一定要清楚、具体。一般来说,主要包括策划项目的现状分析、策划目标、公众分析、活动主题、媒体策略、活动组织的具体内容等方面。

6. 预算

策划必须进行周密的预算。

7. 策划进度表

把策划活动起讫全过程拟成时间表,对各项具体工作加以标示,作为策划进行的检查表。如未按表行事,而一旦完成日期已定,便需重新制定进度表。

8. 有关人员职务分配表

要把所有任务落实到人,有执行人,有监督人。此项非常重要,一旦发生权责不分的情况或某个环节出现差错,可马上更换有关人员。

9. 策划所需的物品及场地

在何时、何地提供何种方式的协助,需什么样的布置也要细致安排。

10. 策划的相关资料

这部分内容可附也可不附,只是给决策者提供参考。资料不能太多,择其要点而附之。

第二节　公共关系管理策划的运作

知名猎头烽火猎聘公司资深顾问认为公关策划的核心,就是要解决三个问题:一是如何寻求传播沟通的内容和公众易于接受的方式;二是如何提高传播沟通的效能;三是如何完备公关工作体系。由此可见,公关管理策划是一项系统工程,围绕这三个问题,公关管理策划有序展开一系列步骤。

一、公关管理项目策划

社会组织在开始公关管理策划之前,首先要做的就是要进行项目策划。而在进行项目策划时必不可少的就是要收集信息并对其进行综合分析。

公关人员经常被人们称为是"开方专家",是解救社会组织问题的良医。因此,公关人员在为企业和社会组织进行诊断时,第一步要做的就是确定问题与寻找偏差。美国兰德公司特里戈等人根据西方学者西蒙等人"问题就是偏差"的说法,发展了一套问题分析方法,它将问题看成是实际现象对理想现象或应有现象的不应有的偏差。这种方法完全适用于公共关系管理问题的分析,其步骤如下。

(1)认识问题,即考察实际形象与应有形象、期望形象之间有无偏差?有哪些偏差?是允许有偏差还是不应有偏差?

(2)将问题分隔排队,即将问题分解成若干独立的次级(子问题),分别研究各种问题的轻重缓急和变化趋势。子问题范围比较小,比较容易把握,只要先排出子问题的优先解决次序就行了。

(3)说明偏差,即用提问法弄清形象偏差的存在和危害的程度,提出的问题为:什么偏差?何时发生?何地发生?由谁造成?为什么发生?情况怎样?危害如何?等等。

(4)鉴定偏差,即对偏差性质、程度进行鉴定和确认。

(5)寻找变化,即尽可能列出哪些方面(包括条件、环境、做法)发生了变化,特别是发生了哪些不应有的变化。

(6)寻找可能原因,即寻找引起变化和导致偏差的可能原因。

(7)核对可能原因,找到真正原因。①

通过上述步骤,组织公关人员就可以获得大量的信息,诸如组织主体的相关信息、组织的历史及现状、组织的形象状态、组织的竞争能力、社会环境信息等,便于全面把握组织所面临的主客观形势,通过科学的评估分析,找到组织所面临问题的症结所在,然后据此来进行项目策划。

二、公关管理主题策划

任何成功的公关管理活动,都是由一系列项目组成的系统工程,是以一定的原则策略为指导,在一定的时间范围内完成的总体活动。为了避免项目繁杂,特别是那些历时较长的大型活动给人们造成杂乱无章的印象,就需要设计出一个统一、鲜明的主题。主题是公关管理策划的灵魂、核心,贯穿于整个策划之中,是公共关系活动内容的高度概括。任何公关管理活动只有围绕主题来开展,才能达到活动目的。

成功的公关管理策划是公关目标、公众心理、信息独特、审美情趣四者的有机统一。因此,要求:(1)主题必须与公关管理目标相一致,并能充分地体现目标,一句话点出活动的目的和宗旨;(2)主题要做到新颖独特、有鲜明的个性,突出活动的特色并使之具有强烈的感

① 李兴国. 公共关系实用教程. 1版. 北京:高等教育出版社. 2004:201.

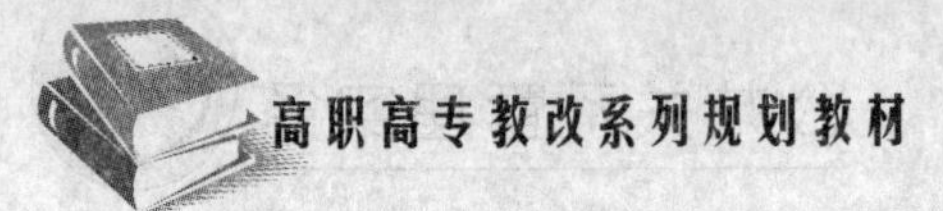

召力;(3)主题设计要适应公众心理的需要。既要大气、充满激情,又要贴近公众生活,使人觉得可亲可信。

主题看起来很简单,但设计难度较大,既要虚拟、拔高,又不能空洞口号化,必须贴近公众心理,还要能够用精炼传神的语言概括表达。如农夫山泉的“农夫山泉有点甜”,红金龙的“思想有多远,我们就能走多远”,都很好地体现了主题的上述特点及要求。

曾有公关专家从公共关系角度,对我国申办2000年奥运会不成功而在申办2008年奥运会时取得成功的原因进行了分析,指出当申办2000年奥运会时,我国的申办主题是“开放的中国盼奥运”。这一主题存在缺陷,首先是申办主体应当是城市不应是国家,奥运会是由一国的城市举办这是惯例。其次,过分强调自我诉求,与受众有距离感,不如当时悉尼的申办主题:“悉尼,运动员的最佳选择”。2001年我国的申奥主题是“新北京、新奥运”,就比原来的申奥主题要贴切了许多。

三、公关管理目标策划

这是公关管理策划的前提也是关键,它是指导和协调公共关系工作的依据,也是评价行动方案实施效果的标准,为提高工作效率、实现公共关系活动价值提供保障。

(一)公关管理目标的内容

公关管理的目标是一个复合目标系统,包括多方面的内容。

(1)组织的长远目标是提高组织的知名度,树立组织的形象及信誉。

(2)组织运作过程中的具体目标又包括多种:

①保持组织与公众之间畅通的信息沟通与交流渠道;

②监测组织外部社会环境及舆论变化趋势,并据此协助决策者及时调整组织的政策与行为;

③通过各种方式,获得公众的舆论支持与合作,并在出现矛盾时尽快得到公众的谅解与支持;

④积极开展内部公关,为组织创造良好的内部人际关系;

⑤为组织推销产品和服务进行公关策划,帮助提高产品(服务)的市场占有率。

(二)公关管理目标的分类

按照不同标准公关管理目标体系,可分为不同类别。

1. 按期限分类

(1)长期目标。是指五年以上组织总体战略性发展目标,也是组织长期奋斗的理想目标。一般来说,长期目标应能反映组织未来的理想状态,对全体员工具有指导作用。

(2)中期目标。时间一般为2~5年,中期目标具有较明确的指向性,确定在一个较长的时间段内组织的奋斗目标。

(3)短期目标。又被称为年度目标,以1年为限。这是公关部门年度工作计划的核心,以此来指导、协调全年的工作。

2. 按目的分类

(1)传播信息。属于认知层次的目标,是指将组织的相关信息告知公众,这是组织公关管理活动最基本的目标。

(2)联络情感。属于情感层次的目标,是指组织与公众在传播过程中的感情联络。公众行为受其感情的影响,因此在活动策划中应注意以诚动人、以情感人。

(3)改变态度。属于态度层次,是指组织通过公关活动的实施促使公众对组织形成正面的态度,改变公众的负面态度。

(4)引起行为。属于行为层次,是指社会组织通过公关管理活动引起公众的相关行为,并且这些行为属于对组织有利的行为。

另外,在确定公关管理目标时,需要注意以下几点。

(1)目标要做到明确具体,意思表示清楚,避免出现语意不清的状况,如"将市场占有率提高10%"。

(2)目标要具有可行性,既立足于组织的现实状况,同时又具有一定的挑战性和激励性。

(3)目标要具有可控性,保持适度的弹性,以利于社会组织在活动实施过程中可以根据主客观条件的变化来适时地加以调整。

(4)目标要兼顾到主客体双方的利益,不能单纯强调组织利益的至高无上性,而忽视了公众利益的保护,惟有如此,最终才能达到共赢互利的局面。

(三)对公众进行分析,确定目标公众

针对不同的公众,社会组织是以不同的公关管理策划来开展活动的,因此,为了保证策划方案更具有针对性,有必要分析公众、确定目标公众,从而保证公关管理活动的效率和效益,更好地实现公关管理目标。

各类型公众权利要求结构见表4—1。

表4—1　各类型公众权利要求

组织的公众类别	公众对组织的期望与要求
员工	优厚的工资、福利待遇;有培训、晋升、发展的机会;参与组织的管理;舒适的工作环境;良好的上下级与同级关系;被尊重、受重视的感觉等
股东	参与组织的利润分配;了解组织的经营动态;有权转让股票;对新产品有优先试用权;参与董事会选举等
顾客	产品物美价廉;良好的售后服务;优良的服务态度;必要的消费教育和指导等
同业	公平竞争;平等互利等
社区	适度的就业机会倾斜;保护社区环境和秩序;支持当地政府,赞助社区公益事业;积极扶持地方小企业发展等
政府	遵守政府的方针政策,保证各项税收;公平竞争;承担法律义务等
媒介	公平提供消息来源;尊重新闻界的职业尊严,提供采访的便利条件等

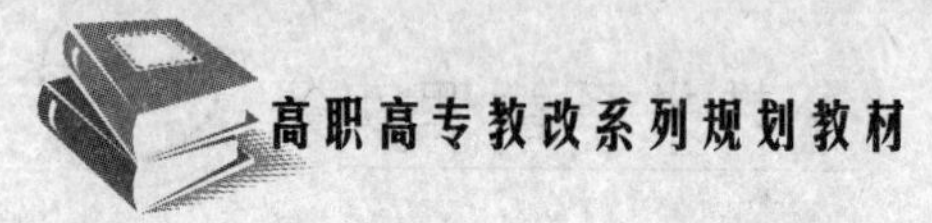

四、公关管理时机策划

即确定什么时间开展公关管理策划活动,以及活动需要多长时间。

首先,公关管理策划中时间表的确定,应以既定的目标系统为依据,按照目标管理的办法,从最终的理想状态目标、各类的总目标、项目目标,到具体操作目标,以及达到每级目标各需多少时间、各级目标的起止时间、所用时间总量,考虑如何安排最为恰当,然后形成一个系统的时间表。

其次,还要考虑到在确定时间表时横向关系的问题。公关管理工作是否能与其他工作同时进行而互不冲突,能否通过时间调配使两类工作的效果相得益彰;公共关系的一系列项目是连续进行还是分段进行,怎样安排才能取得最佳效果。这些问题都必须在时机策划中加以解决。

再次,要特别注意避开"时间陷阱",即表面看要完成某项目标用时并不多,但由于预测不准、计划不同,工作展开后不能速战速决,反而越拖越久,耗时费力。

完成各项任务可能需要许多过程,而每一过程又需要不同的时间。我们把完成每件工作所需要的时间做出估计、然后将它们加在一起就是总共所需的时间。那么,怎样估计一项工作的时间呢?

估计时间可以有三种方式:乐观的、悲观的和最可能的,我们可以根据这三者算出完成该件工作所需的时间,其公式为:

预算时间=(乐观估计的时间+4 最可能的时间+悲观估计的时间)/6

例如,统计 2000 份调查表,从回收到得出统计结果,乐观估计 10 天即可完成,悲观估计需要 30 天,最可能是 25 天,那么,这项工作所需要的时间大概是:

$$(10+4\times25+30)/6=23.3 \text{ 天}$$

知道了完成某一方案的时间长短,就可以比较详细地安排具体的工作时间表。

需要注意的是:公关管理计划的实施是一个动态的过程,随着内外情况的发展变化,计划在执行中很可能需要变动,制定计划时还应对时间预算留有一定的余地,使之保持弹性,一般要预留 10% ~15% 的余地。

最后,公关人员还应匠心独具地策划、选择活动实施的最有利时机,争取做到一鸣惊人、事半功倍。关于最佳时机的选择,应注意以下三点。

(1)要避开或者利用重大节日。凡是同重大节日没有任何联系的活动都应避开节日,以免公关管理活动主题被节日活动冲淡,凡是同重大节日有直接或者间接联系的公关管理活动方案,则可考虑利用节日烘托气氛,扩大公关管理活动的影响。如商家在节日期间开展的各种促销活动,政府部门利用节日举行的各种表彰活动等。

(2)要注意避开或者利用国内外重大事件。凡是需要广为宣传的公关管理活动都应避开国内外重大事件,以免被重大事件冲淡公关管理活动的主题。凡是需要为大众所知,又希望减少震动的活动则可选择重大事件发生之时。如在重大事件引起公众极大关注时公布物价上涨的信息,此时,公众的注意力多被重大事件所吸引,这样就可以减少物价上涨信息对公众的影响和舆论的压力。

(3)组织还要注意不应同时进行两项不同的公关管理活动,以免其效果相互抵消。

总之,活动时机的确定也是讲究技巧和方法的,不能按照固定模式来进行,应该做到具体问题具体分析,从具体的公关管理目标出发,把握和利用有利时间以达到预期的效果。

五、编制公关管理预算

(一)公关管理预算的重要性

任何一项公关管理活动都要花费一定的人力、物力、财力,因此预算对于公关工作的开展是十分重要的。

(1)预算可以预先清楚地知道计划、项目、活动需要投入多少成本,需要多少人力、物力、财力的投入作为保障,做到心中有数,使计划具有可行性和现实性。

(2)预算可以根据人力、物力、财力的可能并结合每项公关管理活动的轻重缓急,事前进行统筹兼顾的全面安排,避免陷入"财政陷阱",即把资金投入某个项目后达不到预期效果,也收不回成本,如果追加投资的话,效果如何又难以预料,从而使一些重要项目无力完成。预算正是帮助筹划公关计划的全过程,以期创造整体的最佳公关效益。

(3)预算可以给公关管理费用的分配提供一个坐标系,可以知道哪些是必须花费的,哪些是可花可不花的,哪些是应该严格控制的。

(4)一旦某项公关管理活动完成了,就可以根据公关管理活动的效益同成本预算之比来检测评估花费是否值得,并且可以考核预算内各个项目之间的分配比例是否正确合理,为下一步工作提供参考依据。

(二)公关管理预算的基本构成

1. 行政开支

①劳动力成本。公关人员的工资和其他酬金在公共关系费用中占有很大的比重,是主要费用之一。这里所指的公关人员既包括公关专家,也包括在公关部门工作的一般人员,如秘书、接待人员等。在劳动力成本中,不但包括基本工资、职务工资,还应包括奖金、副食补贴及其他补贴。

②管理费用。指维持公关部门的日常工作需支付的费用,通常包括房租、水电费、取暖费、电话费、上网费、办公文具费、交通费、维修费、折旧费、差旅费等费用。以上费用属于基本固定的日常开支。

2. 项目开支

指实施各种公关管理策划项目所需的费用,如赞助费,出资举办某项国际体育邀请赛、重大庆典的活动经费,转播车租用费,重大项目的专家咨询费、调研费,专项组织形象广告费等,还要为其他不测事件、偶发事件和突发事件准备一定的经费。这类费用的预算需要有较大的弹性。

以上两种费用,是根据公关目标和活动内容预算的可能支出,这种预算方法称为目标先导法。还有一类方法,是先限定可支付的总额,再根据限定的数额确定公关活动的规模。

(1)固定比率法:即按照一定时期内业务量的大小乘以固定比率得出公关预算经费的方法。优点是计算方便、简单易行。缺点是最佳比率难以确定;颠倒了因果关系;缺乏弹性。

(2)投资报酬法:此法把公共关系的开支当作一般投资来看,根据同量投资获得同量报酬的原则,哪个部门投资报酬高,就可获得较多的资金。优点是利于提高资金利用效能。缺点是,在现实操作中,由于主客观因素影响,难以单独计算公关部门本事的所得。

(3)量入为出法:此法按照组织的财务状况,根据财政上可能支付的金额来确定公共关系费用的预算。

通过对公关管理的项目、主题、目标、时机及预算进行策划,整个公关管理策划活动中的核心问题就已经解决了,不过对于组织及实施策划活动的公关人员来说,在执行策划方案的过程中,要注意进行事后评估。即用已经确定的目标标准,对在一定时间内所取得的成绩进行对比。对活动执行者所取得的成绩表示肯定,对策划活动实施过程中出现的问题要有统一认识,及时采取措施进行纠偏,防止在以后的工作过程中再次出现此类问题。

事后评估工作虽然繁杂琐碎,但是仍然有章可循,可分为四个步骤:(1)重温公关目标。公关人员应对此次活动所要达到的目标了然于心,便于后续工作的开展。(2)收集和分析资料。收集活动开展以来所涉及的相关资料,并对其进行科学分析,得出结论。(3)评估成果。结合活动的预期目标及现阶段取得的成果及存在的问题,对所进行的活动给予恰当评价。(4)给工作主管和全体公关人员作总结报告。评估的文字性报告应告知相关人员,以便于工作人员总结经验,吸取教训,进行查漏补缺,保障整个策划活动达到预期目标。

公关管理策划是一项专业性、科学性很高的系统工程,这既是公关人员必须重点把握的内容,同时也给公关人员的能力、素质等提出了更高的要求,公关人员只有不断学习,总结经验,逐步提高自己的能力,才能更好地应对信息社会所赋予公关人员的挑战。

本章小结

公关管理策划是公关管理活动的最高水准,也是公关走向"繁荣"的标志。公关管理策划在整个公关管理活动中起着承上启下的作用,决定着公关管理目标、公关管理对象,并且直接影响这公关效果。公关管理策划必须坚持道德、创新、可行等原则,公关管理策划的五个步骤是不能分割的连续性环节,其中进行项目策划是前提也是关键。

【相关链接】

公关战略方案策划模式

调研

1. 背景(综合首要与次要研究以便提供背景情况、历史及当前舆论和态度的倾向,等等)。

2. 形式分析(就当前形式和问题进行分析。认定有关的困难和潜在的问题)

3. 核心困难(用一句话说明困难的核心,以及如果不能解决问题客观存在对客户的潜在危害)。

4. 初步认定各方公众和资源(认定将受形势影响或可能介入解决问题的有关个人和组织)

策划

1. 活动目的(解决核心困难所要达到的目的)。

2. 具体目标(争取实现活动目的的具体的、可以测量的、能够达到而且受时间限制的各种结果)。

3. 主要公众(为了达到活动目标和最终目的必须加以影响的各方公众,认定他们的自身利益,并开始形成诱导他们的信息文稿)。

4. 各种战略(确定影响各方公众的具体战略,旨在用上述步骤开始形成的信息文稿影响这些公众)

5. 各种战术(确定各种具体的战术或各种媒体工具来支持上述既定的每项战略,需要许多战术来支持每项战略,每项战术必须是一个传递既定战略的信息渠道)

传播

1. 具体信息设计(完善并最后敲定为每方公众设计的信息文稿,确保将公众的自身利益考虑进去)

2. 传播许可表(在头脑里对上述第7"策划进度表"至第10"策划的相关资料"要点进行检查,确保已经为每方主要公众确定了传递既定信息的战略和支持战术。反复检查,确保信息和计划将会导致整个活动的目的和具体目标的达成)

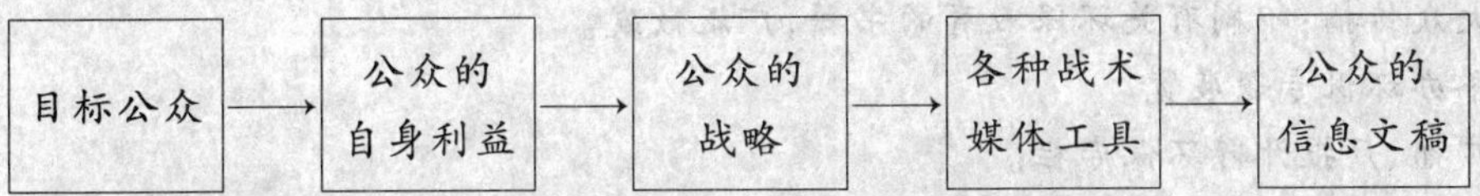

3. 日程表(设计一张时间任务表,以统一协调战略计划的落实)。

4. 预算(审查整个计划,并按战略逐项具体确定和说明所需要的费用)。

评估

1. 评估标准(联系整个活动目的和具体目标确定具体的评估标准)。

2. 评估工具(选择并具体列出适合评估标准的评估战术,并将对日程表和预算的评估考虑之内)。

资料来源:张百章、何伟祥. 公共关系原理与实务. 1版. 大连:东北财经大学出版社,2002:115.

案例分析

某地一家造纸厂产生的废水没有经过处理就排入附近农田,造成了严重污染,致使庄稼大面积死亡。损失惨重的农民愤怒地涌入该厂,上演了一幕惊心动魄的社区公共关系纠纷。造纸厂的公关部经历为平息这起社区关系纠纷,制定了下面这个策划书。

关于协调社区关系公关策划案

一、问题分析

(1)厂领导忽视环保,企业没有设立环保机构。

(2)员工环保意识淡薄,环保知识贫乏。

(3)企业技术设备陈旧。

(4)没有重视工厂与社区的关系。

二、目标公众分析

(1)受灾农民及农民领袖。

(2)员工及员工领袖。

三、确定目标,选择媒体

(一)目标

(1)在全厂普及环保知识并进行环保法规教育。

(2)成立专门的环保机构。

(3)对有关人员进行环保技术培训。

(4)对旧设备进行更新改造,使“三废”排放达到国家标准。

(5)建立厂与社区环保相互监督机制。

(6)建立新型社区关系。

(二)媒体选择

1. 传播方式的选择

(1)人际传播:走入村庄与农民座谈。

(2)在农民中选举环保监督员。

(3)组织传播:企业组织环保知识培训班。

(4)建立和农民的互访机制。

(5)举办企业与社区文化节。

(6)大众传播:印刷有关环保教育的书籍,广泛散发。

(7)举办环保专题展览。

(8)广播、厂报开辟环保专栏。

2. 公关模式的选择

(1)宣传型公关模式:在厂区车间与社区路旁设立环保标语和板报。

(2)征询型公关模式:在厂区和社区设立环保意见箱。

(3)交际型公关模式:企业与社区举行文化节活动。

(4)服务型公关模式:开展知识下乡活动。

(5)社会型公关模式:义务修理乡村校舍,慰问社区孤寡老人。

四、机构设置和工作日程安排

(一)机构设置

成立专门机构,包括公关经理1名,公关策划3名,新闻采编2名,环保专家2名,摄影录像2名,美工2名,其他3名,共计15名。

(二)工作日程安排

六月	1~3日	4~7日	8~15日	16~23日	24~30日
内容	走访农民中“意见领袖”	散发宣传环保书籍	两期环保培训班	一周环保专题展览	制作环保标语、宣传栏和板报,并安置完毕
七月	1~4日	5~6日	7~8日	9~12日	13~15日
内容	厂与社区文化节	安置厂区和社区意见箱	员工与农民互访	维修校舍,慰问孤寡老人	举办农民科技知识讲座

五、活动经费预算

培训300元;讲座200元;资料费800元;文化节500元;标语板报50元;意见箱30元,改造设备30 000元;捐助小学10 000元;修路2 000元;共计:43 880元。

六、事后评估

事后要对取得的成绩给予准确评价,同时找出问题,统一认识,及时采取纠正措施。

资料来源:http://www.cqec.net.cn

思考与练习

一、填空题

1. 公关管理策划的编制是(　　)、(　　)、(　　)及(　　)四者的有机统一。

2. 根据公关管理策划的目标,可以将公关管理策划分为(　　)、(　　)、(　　)及(　　)。

3. 根据公众与组织的归属关系,可以将公关管理策划分为(　　)和(　　)两部分。

二、选择题

1. (　　)公关是公关走向"繁荣"的标志。

A. 接待型　　B. 传播型　　C. 应急型　　D. 策划型

2. 公关管理策划应遵循的原则包括(　　)。

A. 组织利益与公众利益兼顾的原则

B. 客观性与可行性结合的原则

C. 创造性与持续性一致的原则

D. 计划性和灵活性统一的原则

E. 组织整体计划与社会发展一致原则

三、思考题

1. 公关管理策划在主题设计中须考虑哪些因素?

2. 为什么说"创新是天才,跟随是庸才,重复是蠢材"?

3. 公关管理策划应遵循的原则包括哪些?

第五章　公共关系管理实施

重点难点

1. 公关管理实施的特点
2. 公关管理实施的原则
3. 战术型公共关系管理活动的模式

关键词

实施　战术　战略

第一节　公共关系管理实施概述

一、公共关系管理实施的含义

（一）公共关系实施的含义

公共关系策划方案审定后，便进入公共关系的实施阶段。公共关系实施是由组织的相关成员将公共关系策划方案所确定的目标和内容付诸实施的具体过程，是公共关系工作的实质性阶段。如果缺乏这一过程，再好的策划也无助于组织形象的改善。

（二）公共关系实施的特点

公关策划的实施状况，决定了公关目标实现的范围和程度，有效地实施推进，可以圆满地完成行动方案中确定的任务，甚至还可以由实施人员创造性的努力来弥补方案的不足。为了确保公关策划方案的顺利实施，有必要了解实施过程的基本特点。

公共关系实施作为公共关系活动的中心环节，具有以下三个特点。

1. 过程的动态性

公共关系实施是由一系列连续活动构成的过程，是一个思想和行为需要不断变化、不断调整的过程。一项公共关系策划方案无论多么周密，总免不了与实际情况存在这样或那样的差异，加上随着时间的推移以及环境的变化，实施过程中还会遇到新的情况和新的问题。

公关过程的动态性，要求公共关系人员必须注意以下问题。

（1）在正式将公共关系策划方案付诸实施之前，预估和分析公共关系活动的实施会带给组织、公众和社会的影响。

（2）分析影响公共关系实施的各种因素，如公共关系实施中的目标障碍、沟通障碍、突发事件等。

（3）不断地改变、修正或调整原定的实施方案、程序、方法和策略。

2. 实施者的创造性

公共关系策划方案仅仅是一种设想，在付诸实施时不能简单地照章办事。有效的公共关系实施,不仅能执行策划创意,而且能创造性地修改和弥补公共关系策划方案的不足。这就要求公共关系人员在实施进程中应根据公共关系方案的目标和原则,充分发挥主观能动性和创造性,对公共关系方案进行不断地丰富和再创造。

同一公共关系策划方案的实施策略、手段、方法很多,要勇于创新,突破常规,别具一格,标新立异,出奇制胜。

目标公众具有不同的心理,要针对目标公众的特定心理来设计与采取实施策略、手段和方法,公共关系实施在于攻心。

准确地选择传播渠道、媒介与方法,灵活地调整实施步骤,依据实施方案中的原则与自己所处的环境和面临的条件,创造性地确定自己的实施策略。

3. 影响的广泛性

一项公共关系方案的实施涉及众多的因素和变量,它会对各类公众产生广泛的影响。然而,公共关系方案所产生的影响在方案策划阶段还是纸上谈兵,只有在实施时这种影响才能真正体现出来。公共关系策划方案实施所产生的广泛影响主要表现在以下两个方面。

(1)公共关系方案的实施会对众多的目标公众产生深刻的影响

公共关系方案成功实施后,目标公众对组织的形象由原来不知道,不清楚、不了解,变为知道、清楚和了解,由原来对组织的浅层印象,变为公关方案实施后的深层认知。

(2)公共关系方案的实施会对社会产生一定的影响

虽然表面看公共关系活动实施仅仅是一次影响有限人群的宣传活动,但当许多组织在用比较近似的理念来感化公众的时候,公众主观理念的看法就会有所触动,甚至发生重大改变。因此,公共关系的实施要求组织讲求应有的社会道德和社会责任,顾及社会后果,传播健康、有益、负责任的信息。

二、公关管理实施的原则

公共关系策划方案的实施,是一项复杂的工作,客观上需要有一套科学的实施原则作指导。

(一)准备充分原则

准备充分是公共关系实施成功的基础和前提条件。准备工作涉及人、财、物等各个方面,在正式实施方案前,要用足够的时间做好准备工作。公共关系实施的管理者、操作者要严格、准确地检查每一项准备工作,把各项准备工作落实到具体的人。准备越充分,公共关系实施就越顺利,失误就越小。

(二)进度控制原则

进度控制就是根据整个公共关系计划和目标的需要,按照一定的程序,掌握工作的进展速度,力争使方案中各项工作同步进行,以避免出现轻重不均问题。具体作法是在公关实施过程中,经常检查各方面的工作进度,及时发现超前或滞后的情况,全面协调公关进程,使各项活动平衡推进。

(三)策划导向原则

策划导向包括目标导向、策略导向和实施方案导向,是公共关系人员按照既定的策划方案开展实施过程的行动准则。

目标导向要求公共关系人员在公共关系方案实施过程中,保证公共关系活动不偏离目标,不断将实施结果与目标要求相对照,发现差距,及时调整,避免失误。

策略导向要求公共关系人员必须按既定的策略思路去执行实施方案。策略指导实施行为,是实施行为的主题思想。

实施方案导向要求公共关系人员严格按照实施方案开展工作,即便在具体环节的执行上可以根据实际情况进行调整,但也应以策划方案为主,在主体内容上不能有大的变动。

(四)有序展开原则

一些大型的公共关系活动,内容繁杂,形式多样,实施工作进行起来千头万绪。极易陷入杂乱无章的境地。因此,公共关系实施要讲究有序展开。

活动安排应有秩序、有步骤地进行,按照公共关系策划方案的安排和实际进展,按部就班,不能见什么做什么。

在重大活动中,人多事杂,公共关系人虽应具有高度的组织性、纪律性,服从统一指挥,在合理分工的前提下,相互有序衔接。

掌握活动的进展情况,经常检查各方面工作的进展,要有明确的控制目标,重视反馈信息。

(五)整体协调原则

整体协调原则就是在公共关系策划方案实施的过程中,使所涉及的各方面达到和谐、合理、配合、互补和统一。

常见的协调包括纵向协调和横向比调。纵向协调是指上下级部门之间的协调,要求上级对下级要有充分的了解,实施中的目标、措施必须告知下级部门和全体实施人员,下级必须实事求是地如实反映情况。横向协调通常采用当面协商,文件往来等形式沟通信息,从而达到协调的目的。

无论纵向协调还是横向协调都要依据信息的沟通。在信息沟通过程中,信息应具有明晰性、一致性、正确性和完整性的特点。

协调的目的是要达到全体实施人员思想观念上的共同认识和行动上的一致,保证实施活动的同步与和谐,提高工作效率。

(六)反馈调整原则

由于公共关系方案实施的环境和目标公众的情况错综复杂、变化多端,因而在实施过程中,必须不断地把实施结果与公关目标相对照,如有偏差,应及时作调整,然后把修订过的方案再付诸实施,并将实施结果与原定的目标相比较,以调整下一步方案和行动,直至目标实现。反馈调整是公共关系方案实施过程中必不可少的环节,只有在不断的反馈和调整中,公关实施才能臻于完善。

三、公关管理实施应考虑的因素

公关管理实施应考虑的因素很多,一般来说,主要有目标障碍、组织障碍、沟通障碍及意外干扰等几个方面。

(一)目标障碍

目标障碍就是指公关目标拟定的不正确或不具体而给实施带来的种种困难。如某洗涤用品生产厂家在一项公关活动中,将其目标确定为“较大幅度地提升知名度和美誉度”,由于“较大幅度地提升知名度和美誉度”这一目标不具体,缺乏必要的量化标准,给操作带来很多不利影响。

为排除目标障碍,我们在开展公关工作之前应从多方面检查公关目标,做到五看:

一看目标是否切合实际;

二看目标是否可衡量;

三看目标是否可控;

四看目标是否与组织的期望一致;

五看方案是否规定了目标的完成期限。

(二)组织障碍

组织障碍主要指由于公关活动主体的机能缺陷而给公关方案实施带来的种种困难。这些困难主要包括机构障碍和人员障碍两个方面。

1. 机构障碍

是由于组织层次不合理——机构臃肿或机构松散而造成的信息传递失真或传递速度减慢现象。

2. 人员障碍

是由于组织成员的能力缺陷或执行态度问题而使公关实践偏离公关目标的一种常见现象。

克服组织障碍的方法,关键是健全组织结构、合理配置中间环节,提高人员素质、增强团队战斗力,让公关实施有一个强健的机体和畅通的管道。

(三)沟通障碍

公共关系本质上是一种互动和循环的双向沟通过程,为了保证双向沟通渠道的畅通,公关人员应该排除沟通障碍,创造沟通条件。

阻碍双向沟通的不利因素很多,主要有公关方案的内容障碍和传播过程的软件障碍两方面。

(1)方案的内容障碍,集中表现在目标定位偏失、具体活动缺乏操作性、公众分析不周、媒介组合不当、经费预算不合理等方面。

如杭州某饮料厂“六·一”儿童节在西湖举办大型娱乐活动,并通过媒介宣称活动参加者中有四代同堂生日都在六月一日的家庭,带身份证明可当场领取饮料厂提供的5万元赠金。不料活动现场一口气来了六家四代同堂的“六一”寿星家庭,饮料厂大感意外,让6家人平分5万元赠金,寿星们则要求厂家兑现诺言,向每个家庭赠金5万元,双方争执不下,结果整个活动一败涂地,饮料厂事后很长时间都陷于处理“后事”的尴尬境地。饮料厂的失败“祸”起于方案设计中对公众情况调查不周全。排除方案障碍的根本途径是设计公关方案时严肃、认真、一丝不苟把好每一个环节。

(2)过程的软件障碍,即公关传播的隐含条件出现问题,如语言歧义、风俗差异、观念变化、心理障碍等。排除这类障碍的较好办法是尊重公众,接近公众,为公众利益着想。

(四) 意外干扰

组织内外出现意外事件是在所难免的,这些事件极有可能对组织产生负面影响,有的甚至会危及组织的生存。当意外事件不幸降临,必须保持清醒的头脑,在公关实施中注意选择时机,客观陈述事件真相,并派专人联络媒介公众,确保对外宣传渠道畅通。

著名危机公关专家里杰斯特把制定公关应急方案看成是公关实施的关键,不仅要求制定一个周密的危机方案,还要针对发生意外事件时需采取的各项措施、通讯手段进行演练,才能争取主动,减少损失,化险为夷。他对此提出三条指导原则:

第一,采取积极态度;

第二,以实际行动维护企业的信誉和满足公众的期望;

第三,善于捕捉和运用意外事件中出现的良机。

加拿大 Dow 公司制定的危机沟通原则要点是:

首先,诚实第一,永远诚实;

其次,同情心,人道主义;

第三,公开化、坦率;

第四,日夜工作;

第五,有预见性,不被动应付。

可见,危机并不是不可战胜,面对复杂多变的现实,公关人员要有“雄鹰”一样的敏锐和远见,做到未雨绸缪,临危不乱。

第二节　战术型公共关系管理活动的模式

常见的战术型公共关系管理活动的模式有以下几种。

一、日常事务性公关管理

日常事务型公共关系的管理,是指在组织的日常运行中始终如一地贯彻公共关系工作目标,努力树立形象、争取公众、扩大影响。它具体要求组织在日常运行的各个环节、各个渠道都时时注意形象问题,处处给人留下好感,从而在内外公众中都留下好的印象。日常事务公共关系包括外部公关和内部公关两大类。具有规范化、制度化、实际化的特点。

二、建设性公关管理

建设性公共关系是组织为了打开局面,采用宣传与交际相结合的方法,主动向公众介绍自己,给公众留下良好的第一印象,初步形成组织的社会关系网络。这种模式适用于组织的初创时期。

(一)建设性公共关系的具体形式

建设性公共关系的具体形式有:沟通,如寄送贺卡、节日卡等;创造“事件”,如赞助活动、参与重大事件等;专题活动,建立长期客户关系,如进行免费培训、提供技术服务、赠送礼品等;公共关系宣传,如接待参观、广告等。

（二）建设性公共关系在实施时的注意事项

确保产品和服务的质量；自我介绍式的宣传姿态要恰当，有分寸，不能带有过多的宣传痕迹。

力求有新意，避免千篇一律、千人一面。

三、进攻性公关管理

进攻性公共关系活动方式，是指组织与环境之间发生严重不协调时，或组织在意识到环境或公众现有偏好等阻碍组织的进一步发展时，以攻为守，以积极主动的方式主动改变环境和公众的偏好，以便为组织的长远发展铺平道路进行系统的公关活动，从而树立和维护良好形象的公共关系活动方式。

（一）进攻性公共关系的特点

(1)主动与进攻。

(2)协调社会组织与环境的关系。

(3)组织要积极采用以下策略：改变策略，改变组织对环境的依赖关系；交流策略，想方设法加强沟通，形成支持组织的社会舆论，既减少公众对组织的对抗情绪，又减少组织与环境的摩擦；回避策略，为避免环境等消极因素的影响，可以采用回避策略。

（二）开展进攻性公共关系活动的要求

(1)研究环境变化，把握有利时机。

(2)以“创”为主，发挥主观能动性。

(3)适可而止，把握进攻分寸。

(4)注重公众利益，讲究道德原则。

（三）开展进攻性公共关系活动应注意的事项

(1)要避免环境的消极影响。如避免参加过多的纵向关系组织和不必要的社会活动，避免过多地承担社会义务，以免受过多的规章制度和社会关系的牵制。

(2)要不断开创新局面。如建立分公司，研制新产品，开辟新市场，创造新环境。

(3)要协调社会关系。如减少与竞争者之间的矛盾和冲突，团结更多的支持者和协作者。

四、防御性公关管理

防御性公共关系是指当组织的政策或行为出现了不适应公众要求的趋势，或双方只露出摩擦苗头时，组织通过及时调整自己的政策和行为去适应公众，防止双方关系失调的公共关系实施模式。强化防御性公共关系工作，有助于提高组织内部最高领导层的公共关系意识，有助于组织机制的正常运行，有助于建立组织内外和谐的公共关系环境。

（一）潜在问题或危机产生的原因

(1)组织基础工作的失误，为产品质量不过关、服务态度恶劣等基本问题；日常工作的失误、漏洞;组织政策、产品、行为等没有随环境和公众需求的变化作相应调整等。

(2)组织在没有充分把握公众需求或求得公众认可的基础上,匆忙改变了与公众利益或感情相关的政策、产品特点、服务方式等,由于没有相关的广告宣传配合,即使组织的基本决策正确,也易招致不满。

(3)竞争者的恶意造谣和破坏。

(二)防御性公共关系的特点

(1)以防为主,居安思危,防患于未然。

(2)洞察一切、见微知著,避免矛盾尖锐化。

(3)积极防御,加强疏导,防御与引导相结合。

(4)有较明确地解决问题的步骤。

(5)重视信息反馈,及时调整自身的政策或行为。

(6)重视调查与预测。

(三)防御性公共关系的分类

防御性公共关系在实际工作中可分为预防性的公共关系和应急性的公共关系两种。

1. 预防性公共关系

公共关系人员面对公共关系活动中可能出现的情况进行预先防范和准备,其特点是"以防为主",要以见微而知著,防患于未然为基础,善于从微小的变化和信息中及时发现和预测到事关组织全局的问题。

2. 应急性公共关系

在问题已经显露并且有可能产生一定危害的情况下,应当机立断,不失时机地采取对策,使失调问题在预兆状态下就得到解决或纠正,缩小或消除不利因素对组织的影响,或补充计划之不足,引导组织向良好的方向发展,保持并发展组织形象。

(四)开展防御性公共关系活动的主要形式

(1)开展公共宣传活动。

(2)举办各种形式的研讨会、鉴定会。

(3)加强售后服务。

(4)组织同行联谊会,加强信息交流与协作,创造和谐的外部环境。

(五)防御性公共关系在实施时的注意事项

(1)采用调查和预测手段,及时发现问题的预兆,向领导部门提出建议。

(2)根据对公众纵向分类法,排除非公众,集中精力处理其余公众问题。最好在潜在公众阶段就采取措施。

(3)加强内部公共关系工作,改善和提高内部的经营管理。

五、维系性公关管理

维系性公共关系活动方式,是指组织在稳定发展之际为了巩固良好形象,保持原有的公关状态或原有的发展势头所进行的系统公关活动。

维系性的公共关系活动适用于组织机构的稳定、顺利的发展时期。为了维系组织已享有的声誉,稳定已建立的良好关系,采取一种持续不断、较低姿态的传播方式,对公众施以不露痕迹、不知不觉的影响,保持一种潜移默化的渗透力,维系良好的形象。

(一)维系性公共关系的特点

(1)公共实践证明,建立形象是开拓性的基础工作,常需花大钱,而维系性常常只要花小钱就可以实现。

(2)是以渐进而持久的方式,针对公众的心理因素精心设计活动,潜移默化地在公众中产生作用,为实现组织的公共关系目标铺平道路,追求水到渠成的效果。

(二)维系性公共关系的具体形式

(1)硬维系。如开展各种优惠服务、发送会员卡等。

(2)软维系。如开展为民服务、定期广告、新闻报道等。

(3)强化维系。如开展各种活动等。

(三)开展维系性公共关系活动的要求

(1)长期地抓准公众心理。

(2)渐进性地建立公众思维定势。

(3)始终保持一种超脱姿态。

六、矫正性公关管理

矫正性公共关系,是社会组织遇到危机时采用的公共关系模式。这一类型的公共关系又可称为补救型公共关系,意义相差不大。它指的是在组织形象受到损害时,如何着手采取各项有效措施,做好善后或修正工作以挽回声誉重建形象的种种专门活动。

(一)矫正性公共关系的工作程序

(1)查明事实真相及问题的症结。

(2)制定积极有效的措施或采取主动进取的行动。

(3)检验或调查事后的影响及反映。

(二)矫正性公共关系的两种表现

其一是组织形象受损的原因是主观造成的,或责任主要在组织这一方面,比如因产品质量下降、服务不周、工作失误、环境污染等等问题而引起公众对组织的不满。

其二是由于公众的误解,或少数人蓄意制造事端而引起的组织形象受损。

第三节 战略型公关管理管理活动的模式

战略型公共关系活动模式是由组织经常的、具体的一系列公共关系活动构成,主要有以下几种。

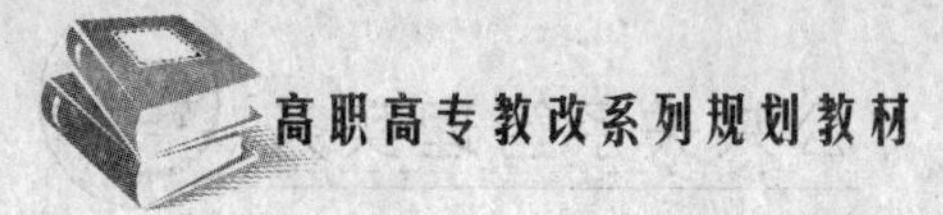

一、宣传性公关管理

宣传性公共关系活动模式是运用大众传播媒介和内部沟通方法开展宣传工作，树立良好组织形象的公共关系活动模式。主要做法是，利用各种传播媒介和交流方式，进行内外传播，让各类公众充分了解组织，支持组织，进而形成有利于组织发展的社会舆论，使组织获得更多的支持者与合作者，达到促进组织发展的目的。其特点是主导性强、时效性强、传播面广、推广组织形象效果好。

宣传性公共关系模式又可分为内部宣传和外部宣传两种。内部宣传是公共关系人员最经常进行的工作之一，它的主要对象是内部公众，目的是让内部公众及时、准确地了解与组织有关的各方面的信息，以便鼓舞士气，取得内部理解和支持。常用的手段有：组织报纸、职工手册、黑板报、宣传栏、闭路电视、演讲会、讨论会等等。外部宣传的对象包括与组织有关的一切外部公众，目的是让他们迅速获得对本组织有利的信息，形成良好舆论。主要手段有举办展览会、经验或技术交流会以及广告宣传、新闻报道等等。

二、交际性公共关系活动模式

交际性公共关系活动模式是在人际交往中开展公共关系工作的一种模式，目的是通过人与人的直接接触，进行感情上的联络，为组织广结良缘，建立广泛的社会关系网络，形成有利于组织发展的人际环境。其方式是开展团体交际和个人交往，团体交际包括各式各样的招待会、座谈会、工作午餐会、宴会、茶话会、慰问会、舞会等。个人交往包括交谈、拜访、祝贺，个人署名的信件往来等。

交际性公共关系活动模式是公共关系活动中应用最多、较为有效的公共关系模式。它不仅是用感情投资的方法，达到组织与公众的互助、互利、互惠，而且还是一种获得信息的有效途径。它具有直接、灵活的特征，在与不同人的接触交谈中，可以捕捉到有价值的信息，使组织在竞争中出奇制胜。需要注意的是，开展交际工作时要坚决杜绝各种不正当的手段，并且明确认识交际只是公共关系的手段之一，而绝非它的目的，同时更不能把一切私人交际活动都作为公共关系。交际性公共关系活动具有十分重要的作用。

第一，良好的人际沟通是公共关系传播的重要途径。个人之间的沟通是面对面进行、具体生动的，它针对性强，有直接迅速的反馈，在一定程度上比大众传播媒介效果好。据调查，人们对亲友之间的宣传信任程度达 75% 以上，对传播媒介中广告宣传的信任程度最高只有 30%。有人统计，报纸上刊登的广告对公众的影响仅为 15% ~25%。

第二，富于魅力的个人形象有利于塑造组织良好的公共关系整体形象，在利用个人形象塑造组织形象时要注意：一是要选择那些具有个人魅力的人；二是可以聘请各界明星来担任组织的“大使”。如我国体操名将李宁退役后加盟健力宝集团，开发李宁系列产品，为企业带来巨大的效益。

第三，人际交往中，礼仪礼节是搞好关系的基础。《文摘报》两次刊登了类似的报道，说的是一位外国企业家与我国一位厂长洽谈项目，谈完后，厂长在送他出厂门时，随意向地上吐了一口痰，导致这位外国企业家中止了与该厂的合作。他还说“这样的领导不仅不懂礼貌，而且不讲卫生，让人很难想象这家工厂能生产出高质量的产品来。”不文明的举止最终导致了合作的失败。这个例子说明，人际交往的礼仪礼节不仅代表公共关系人员自身素质和形象，而且代表组织的素质与形象。

三、服务性公关管理

服务性公共关系活动模式是一种以提供优质服务为主要手段的公共关系活动模式，目的是以实际行动来获取社会公众的了解和好评，建立自己良好的形象。所谓“公共关系就是百分之九十要靠自己做得好”，其含义即在于此。

服务性公共关系活动模式绝不仅仅限于专门的服务行业。社会上任何一类组织都能以自己独特的方式向公众提供必要的服务。国外许多一流公司都非常重视服务的质量。日本有一位企业家曾经说过：“现在的顾客与其说是要买商品，不如说是要买服务。”

服务性公共关系活动模式最显著的特征在于实际行动。组织以特殊的媒介——服务来密切组织与公众之间的关系。运用服务性公共关系，既要有服务公众的意识，还要有制度保证。

四、社会性公关管理

社会性公共关系活动模式是组织利用举办各种社会性、公益性、赞助性活动开展公共关系工作的模式。其目的是通过积极的社会活动，扩大组织的社会影响，提高其社会声誉，赢得公众的支持，为树立良好的社会形象创造条件。

社会性公共关系活动模式的形式有三种：一是以组织本身的重要活动为中心而开展的。如利用公司的开业剪彩、周年纪念的机会，邀请各界宾客，渲染喜庆气氛，借此播下友谊的种子。二是以赞助社会福利事业为中心开展的公共关系活动。如赞助教育、赞助残疾人组织、赞助公共服务设施的建设等，以此在公众心目中树立本组织注重社会责任的形象，并提高组织的美誉度。三是资助大众传播媒介举办的各种活动，提高组织的知名度。如冠以组织名称或产品名称的“××企业杯”智力竞赛，歌星、影星评选等，既活跃了文化生活，又传播了组织形象。

社会性公共关系活动模式从近期看，往往不会给组织带来直接的经济利益，而且使组织付出较多的费用，但从长远来看，它为组织树立了较完善的社会形象，使公众对组织产生好感，为组织创造出一个良好的发展环境。

社会性公共关系活动模式的特点是公益性、文化性强、影响力大，其活动范围几乎是无限的，且可大可小、可繁可简。在组织此类活动时，公共关系人员一定不要拘泥于眼前得失而不顾长远利益，也不要贪多求大，组织力量难以达到，不能收到良好的公共关系效果。所以组织要保持清醒、冷静的头脑，要量力而行，谨慎行事。

五、征询性公关管理

征询性公共关系是指社会组织为自我生存与发展而收集社会的舆情民意，向组织的经营管理决策提供征询或咨询，同时也包括对市场、社会情况及公众意向等信息的收集、整理与研究，以求掌握社会发展趋势的公共关系活动方式。其目的是为组织的经营管理决策提供依据，使自己的行为尽可能地与国家的发展目标和市场的总体趋势相一致。

郑州市隆华超市开业不久，就在报纸公开征求顾客意见，请顾客批评指教，结果一周内就收到各类建议 200 多条，超市于是据以采纳并改进，然后聘请其中 20 名建议者为“荣誉店员”，做顾客的代言人。这种消费者与超市之间“一家亲”的感觉，大大促进了生意。

征询性公共关系的活动特点：

征询性公共关系活动适用于任何形式的公共关系活动；

征询性公共关系活动有一个具体明晰的实施过程；

征询性公共关系的特点是长期、复杂、艰巨。

征询性公共关系的工作方式有：组织市场调查、产品调查、访问重要用户、征询使用意见、开展各种咨询业务、建立信访制度和相应的接待机构、设立监督电话、处理举报和投诉等。

开展征询性公共关系活动，主要有两种存在形式：一种是隶属于某组织内的，一般地说，各个组织都有必要安排人员开展这方面的工作，或专办，或兼办；另一种是独立于任何组织之外的、专门性的咨询公司或机构。

本章小结

公共关系实施是由组织的相关成员将公共关系策划方案所确定的目标和内容付诸实施的具体过程，是公共关系工作的实质性阶段。

公共关系实施作为公共关系活动的中心环节，具有以下三个特点：过程的动态性；实施者的创造性；影响的广泛性。

公关管理实施的原则有：准备充分原则；进度控制原则；策划导向原则；有序展开原则 ；整体协调原则；反馈调整原则。

影响公共关系实施的因素很多，一般来说，主要有目标障碍、组织障碍、沟通障碍及意外干扰等几个方面。

战术型公共关系管理活动的模式包括：日常事务性公关管理；建设性公关管理；进攻性公关管理；防御性公关管理；维系性公关管理；矫正性公关管理。

战略型公关管理管理活动的模式包括：宣传性公关管理；交际性公关管理；服务性公关管理；社会性公关管理；征询性公关管理。

案例分析

墙上的金币

香港一家经营强力胶水的商店，坐落在一条鲜为人知的街道上，生意很不景气。一天，这家商店的店主在门口贴了一张布告："明天上午九点，在此将用本店出售的强力胶水把一枚价值4500美元的金币贴在墙上，若有哪位先生、小姐用手把它揭下来，这枚金币就奉送给他(她)，本店绝不食言！"这个消息不胫而走。第二天，人们将这家店铺围得水泄不通，电视台的录像车也开来了。店主拿出一瓶强力胶水，高声重复广告中的承诺，接着便在那块从金饰店定做的金币背面薄薄涂上一层胶水，将它贴到墙上。人们一个接着一个地上来试运气，结果金币纹丝不动。这一切都被录像机摄入镜头。这家商店的强力胶水从此销量大增。

案例讨论题

1. 你从此案例中得到什么启示？
2. 为什么说"制造新闻"是一种最有效、主动、经济的传播信息的方式？

思考与练习

一、填空题

1. 公共关系实施作为公共关系活动的中心环节,具有________、________、________三个特点。

2. 公关管理实施应考虑的因素很多,一般来说,主要有________、________、________、________等几个方面。

3. 策划导向包括________、________和________,是公共关系人员按照既定的策划方案开展实施过程的行动准则。

二、选择题

1. 公共关系实施作为公共关系活动的中心环节,具有以下特点(　　)

A. 过程的动态性　　B. 实施者的创造性

C. 影响的广泛性　　D 方式的多样性

2. 下面属于公关管理实施的原则有(　　)

A. 准备充分原则　　B 进度控制原则

C 策划导向原则　　D 有序展开原则

E 整体协调原则　　F 反馈调整原则

3. 下面属于战术型公共关系管理活动的模式有(　　)

A. 日常事务性公关管理

B. 社会性公关管理

C. 进攻性公关管理

D. 交际性公关管理

E. 维系性公关管理

4. 下面属于战略型公关管理管理活动的模式有(　　)

A. 宣传性公关管理　　B. 交际性公关管理

C. 维系性公关管理　　D. 社会性公关管理

E. 征询性公关管理

三、思考题

1. 什么是公关实施? 试述其特点?

2. 试述公关实施的原则?

3. 比较战术型公共关系管理活动的模式之间的不同。

4. 比较战略型公关管理管理活动的模式之间的不同。

第六章　公共关系管理评估

重点难点

1. 公关管理评估的意义
2. 公关管理评估的程序
3. 公关管理目标评估的方法

关键词

评估　偏差　目标管理

第一节　公共关系管理评估概述

一、公关管理效果评估的涵义

一般来说，公共关系活动最终效果与目标计划之间会有一定的偏差。这个偏差既可能是正偏差，即获得的效果超过原先的预期目标；也可能是负偏差，即离预期目标尚有一定距离。要清楚地了解效果与目标计划之间的差距，就需要进行公共关系评估工作。

公共关系效果评估是指根据既定标准，对组织公共关系现状进行调查、策划、实施和取得效果等各个环节的状况进行评价、测量、检查、估计。

公共关系评估是公共关系工作中的最后一步，也是最容易被忽视的公共关系环节。

（一）公关评估是改善公关工作的重要手段

一般来说评估是公共关系工作中最易被忽视的环节。当一项公共关系专属活动结束后，即使是因为克服重重困难而取得巨大成功的活动亦是如此，人们往往有一种完事大吉，松了一口气的感觉。如果有意识将公共关系活动加以认真回顾和总结，将会得到有益的经验和教训，为下一次公共关系活动提供借鉴。

（二）公关评估为开展后续公关工作创造了必要条件

任何事情都不是孤立的而是相互联系的，公共关系工作也是如此。新的一项公共关系计划的制定与实施都是与以前的公共关系工作紧密联系，并以此为背景和前提条件的。如果说前一项公共关系活动的目标是建立组织良好形象，那么后续公共关系活动的目标就是巩固组织的良好形象。很显然后续的公共关系工作是以前一项公共关系工作为前提和条件的，是前一项公共关系的延续和发展。通过对前一项公共关系工作的全面评估，初步掌握公众对组织形象的基本评价和基本态度，找出自我期望形象与实际形象的差距。从而有针对性地制定后续公关活动方案、计划，以便最大限度地实现组织的目标。

(三)公关评估有利于增强组织内部员工的凝聚力

一般来说,公共关系效果评估,其主要涉及对象是外部公众。但如果让组织内部公众也了解组织开展公共关系活动的目标及有关措施、传播信息的内容等,可使员工了解到组织的社会责任;了解公众对组织的知名度及美誉度的评价,可使员工了解组织发展的前途,增强他们的自信心和荣誉感,并转化为向组织的总目标努力的一种行动。

二、公关管理评估的程序

(一)设立统一的评估目标

统一的评估目标是检验公共关系工作的参照物。有了参照物才能通过比较来检验公共关系计划与实施的结果。即使这一评估目标更多的是定性的而非定量的,仍需订出一个统一的评估目标。这需要评估人员将有关问题比如评估重点、提问要点形成书面材料,以保证评估工作顺利进行。另外,还要详细规定调查结果如何运用。如果目标不统一,则会在调查中搜集许多无用的材料,影响评估的效率与效果。

(二)编制评估计划

评估不是公共关系计划的附属品或计划实施后的事后思考和补救措施,而是整个公共关系计划的重要组成部分。因此,对评估应该给予足够的重视,对评估的方法、程序等方面予以充分的考虑和周密的筹划。

(三)统一评估意见

负责人要认识到,即使是公共关系人员本身也不能一下子就把公共关系活动没有实物性结果的性质和它的可测量效果联系起来。要给他们足够的时间认识效果评估的作用和现实性,并允许他们通过自己的亲身体验加深这一认识。

(四)细化项目目标

在项目评估过程中,首先应该将这项目目标具体化。例如,谁是目标公众,哪些预期效果将会发生以及何时发生等等。没有这样的目标分解,项目评估就无法进行。同时,目标分解还可以使公共关系计划的实施过程更加明确化与准确化。

(五)选择适当的评估标准

目标说明了组织的期望效果,如果一个组织将"让公众了解自己支持当地福利机构,以改善自己的形象"作为公共关系活动的目标,那么,评估这样的公共关系活动的标准就不应是了解公众是否知道当地报纸上哪一个专栏报道了这消息,占用于多大篇幅,而应该了解公众对组织的认识情况以及观点、态度和行为的变化。

(六)确定搜集证据最佳途径

调查并非总是了解公共关系活动影响的最佳途径,有时组织活动记录也提供这一方面的大量材料。在有些情况下,小范围的试验也是十分有效的。在搜集有关评估资料方面,没有绝对的唯一最佳途径。在这一方面，方法选择取决于评估的目的、提问的方式以及前面已经确定的评估标准。

(七)保持完整的计划实施记录

这些资料能够充分反映公共关系人员的工作方式和工作效果，尤其重要的是反映计划的可行性程度，哪些策略是有效的，哪些策略是无力的或者无效的，哪些环节衔接比较紧密，哪些环节还有疏漏或欠缺。

(八)评估结果的使用

公共关系活动的每一个周期都要比前一个周期表现出更大的影响力，这是运用前一个周期评估的结果对后一个周期进行了调整的缘故。由于对评估结果的运用，问题确定及形势分析将会更加准确，公共关系目标将会更加符合组织发展的要求。

(九)报告评估结果

这应该成为一项固定的制度。它的作用一方面可以保证组织管理者及时掌握情况，有利于进行全面的协调；另一方面也可以说明公共关系活动在持续地保持与组织目标相一致及其在实现组织目标过程中的重要作用。

(十)提高理性认识

公共关系活动的科学组织与准备效果评估导致人们对这一活动及其效果有更多的理解与认识，效果评估的成果又进一步丰富了公共关系专业知识的内容。

通过具体项目效果评估所得到的资料，经过抽象化分析，可以得到对指导这一活动有普遍意义的思想、方法与原则。

第二节　公共关系管理评估的内容

一、公关管理工作程序评估

公共关系工作程序的评估是对公共关系工作的每一环节、每一步骤的合理性做出客观评价。其主要内容如下。

(一)公关调研过程评估

(1)公共关系调研的设计是否合理，能否据此收集到有用的公共关系工作信息。
(2)公共关系调研方法的选择是否得当。
(3)公共关系调研上作的组织实施是否科学合理。
(4)公共关系调研的结论分析是否科学。

(二)公关计划制定过程评估

(1)公共关系计划的目标是否正确。
(2)公共关系总体计划是否可行、合理。

(3)公共关系战略构思是否科学。
(4)公共关系目标公众是否正确。
(5)公共关系媒介选择及媒介策略是否得当。
(6)公共关系经费预算是否合理。

(三)公关计划实施过程评价

(1)准备是否充分。
(2)实施过程安排是否合理、细致、周到、灵活、创新。
(3)信息制作如何。
(4)传播效果怎样。
(5)实施效果如何。

二、公关管理活动类型评估

公共关系活动评估是指对各种公共关系活动效果的评估。其主要内容如下。

(一)日常公关活动效果评估

(1)组织的全员公共关系运作如何。
(2)领导者内外部公共关系活动开展得怎样。
(3)全体员工的公共关系意识和行为表现如何。
(4)组织公共关系网络建设如何。
(5)组织内部公共关系协调状况怎样。
(6)组织平时的沟通如何。
(7)人际关系如何。
(8)组织外部公共关系协调状况如何。
(9)认知度、美誉度、和谐度怎样。
(10)公共关系工作人员的工作状况如何。

(二)单项公关活动效果评估

(1)项目的计划是否合适。
(2)公共关系目标与组织总目标、公共关系战略目标是否一致。
(3)项目的目标是否已经实现。
(4)传播沟通策略、信息策略是否有效。
(5)公共关系协调状况如何。
(6)对公众产生了哪些影响。
(7)公共关系形象有何改变。
(8)组织管理工作成效如何。
(9)项目预算是否合理。

(三)年度公关活动效果评估

(1)年度公共关系计划目标是否实现。

(2)年度公共关系计划方案是否合理。
(3)年度公共关系计划实现状况如何。
(4)每年度内日常公共关系活动效果如何。
(5)年度内单项公共关系活动的类型、数量及成效分析。
(6)每年度公共关系经费预算使用情况及合理性研究。
(7)内外部公共关系的开展与成效分析。
(8)公共关系机构与人员的绩效怎样。
(9)组织的公共关系应变能力怎样。

(四)长期公共关系活动效果评估

(1)在年度、申项活动评估的基础上进行系统分析。
(2)对公共关系活动经历进行客观评估。
(3)对前几种各项活动效果评估的内容要点进行归纳整理与分析研究。

三、公关管理目标的评估

(一)明确公共关系目标

(1)公共关系目标是否具有操作性。
(2)目标确定的深度和广度如何。
(3)公共关系目标是否与社会组织总目标相符。
(4)公共关系目标是否与社会组织状况或社会环境相适应。

(二)目标公众的选择是否正确

(1)目标公众是否遗漏了关键公众。
(2)关于公众方面的假设证明是否存在着问题和错误。
(3)社会环境中的所有关键因素是否都已确定。

四、目标受众反应的评估

公共关系目标受众反应的评估旨在通过各类公众的反应变化来评估以往公共关系工作的成效。其主要内容如下。

(一)内部公共关系评估

(1)组织的政策在沟通中是否为全员接受,接受的程度如何。
(2)员工的士气如何。
(3)组织的凝聚力如何。
(4)组织中的各种工作关系是否融洽。
(5)双向沟通带来哪些生机和活力。
(6)影响员工关系的因素测评。
(7)沟通渠道需要做哪些改进。
(8)传播策略及目标有何欠缺。

(9)公共关系是否贯穿于各种经营管理活动之中,是否有障碍。

(二)外部公共关系评估

(1)消费者关系评估,包括消费者态度及行为的改变程度,与消费者的协调等。

(2)媒介关系评估,包括与媒介性公众的合作程度,媒介公众的支持等。

(3)社区关系评估,如对社区经济发展、文教卫生、环保等做出了什么贡献。

(4)政府关系评估,如了解政府的支持情况,与政府的沟通效果等。

五、公关管理活动效益的评估

公共关系活动效益评估是一项总结性评估,它主要检测评价公共关系活动对目标公众的作用和影响程度,以及整个公共关系目标的实现程度,公共关系效果评估的目的就在于控制和协调公共关系活动努力实现既定的目标,以避免公共关系活动的失败。

(一)接受信息的公众数量的衡量

其主要内容有:社会公众从公共关系活动中了解了什么信息?社会公众是否接受了信息?公众所掌握的有关组织的信息是否得到了补充?这些信息对目标公众的影响?接受信息的目标公众的数量?等等。

其主要方法就是采用事前事后测验法,即对公众在开展公共关系活动前后对组织的认识、了解和理解等变量进行调查比较。采取的形式是,或者在开展公共关系活动前后对同一组公众进行重复测验,或者在一组公众当中开展公共关系活动,而在另一组公众当中不开展这样的活动,然后将两组测验结果加以比较。

(二)转变态度的公众数量的衡量

其主要内容有:一段时期内社会公众对组织有关问题的立场和观点如何?社会公众对组织所持的认识,评价和倾向性是否发生变化?变化的方向?转变态度的目标公众人数有多少?转变的程度?态度转变与公共关系工作的关系?等等。

对改变公众的认识和看法和态度衡量,比信息接受更难评估。

一般来说,对态度转变进行衡量和评估的常用方法是水准基点研究,即事前事后测定法。它是对公共关系活动前后的公众态度进行衡量,在图表上标出公共关系工作前后公众态度变化的百分比,并用方差分析说明公众态度变化与公共关系工作的关系。

(三)产生行为的公众数量的衡量

其主要内容是:组织期望公众产生的行为是否发生?出现期望行为的公众的数量的多少?公众行为与公共关系活动的关系多少?公共关系活动对公众行为的影响程度?重复期望行为的公众数量的多少?公共关系活动是否达到了目标和解决了问题?公共关系活动产生的结果是否与计划目标相一致?等等。

公共关系工作的目标就是促使公众行为的产生和改变,实现组织的目标。对公众行为的衡量常常利用下列方法。

1. 自我报告法

这种方法由公众对象自己说明行为变化的方向、程度和原因。使用这种方法的缺点是有的公众有可能不真实地进行回答，尤其是向公众提出一些敏感性的问题。

2. 直接观察法

这种方法是公共关系人员在公共关系活动期间，根据确定的问题对公众的行为进行直接的观察，直接观察需要公共关系人员有较强的观察分析能力。

3. 间接观察法

这种方法是公共关系人员利用仪器或有关部门的记录对公众的行为进行的观察，如查询展览会中哪些展品最能引起公众的注意和欢迎等。

六、公关管理机构工作绩效的评估

公共关系实务活动评估是为了考察公共关系机构及人员的工作效率、实际能力、策略手段等，其主要内容如下。

1. 市场营销活动评估

公共关系活动对市场营销工作的促进状况。

市场营销活动中所运用的公共关系策略。

2. 管理绩效评估

目标完成情况。

管理能力。

工作人员工作任务完成情况。

工作效率及策略。

3. 广告传播评估

时效性。

传播面。

推广组织形象效果。

七、公关管理活动的评估报告

公共关系评估报告是对公共关系活动或工作进行评判而提出的书面报告。它具有业务性强、理论性强、经验性强等特点。

（一）公共关系评估报告的功能与内容

公共关系评估报告，最重要的是说明“我们做得怎么样？为什么会这样？”它应当精确地描述整个公关活动过程，简洁地概括活动所取得的主要结果及其存在的不足，科学地预测尚未解决的一些问题在今后的发展趋势，并提出相应的解决办法，为决策者把评估分析用于组织战略决策提供充分的信息根据。

公共关系评估报告具有特定的目的。不同的目的，决定了评估的范围和对象不同。因而，公共关系评估报告的内容就不完全一样。一般来说，公共关系评估报告的内容主要有以下几个方面。

（1）评估的目的及依据。即为什么要进行公共关系评估，通过评估解决什么问题，以及评估所依据的文件或相关会议要求之精神等。

（2）评估的范围。公共关系活动涉及方方面面。为了突出重点，缩短篇幅，利于评估结果的运用，必须明确公共关系评估的范围。

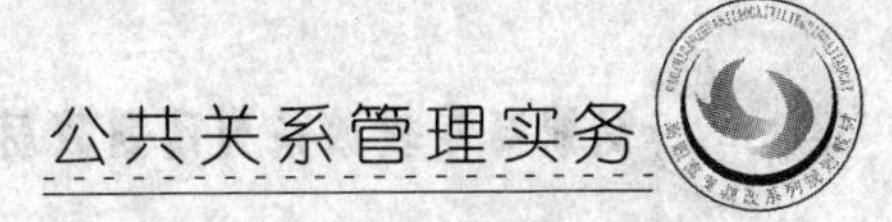

(3)评估的标准和方法。在报告书中,应说明评估的标准或具有可测量的具体化的目标体系,以及评估过程所采用的方法。

(4)评估过程。简要说明评估过程是怎样进行的,分哪些阶段。通过评估过程和采用的方法等来考察评估步骤是否科学、系统、规范、完整等。

(5)评估对象的基本情况。在公共关系评估报告中,必须明确评估对象本身的情况,包括活动或项目名称、开展时间、实施的基本情况与特点等。

(6)评估内容的分析与结论。在评估报告中写明被评估的公共关系活动、工作或项目的内容,对运行与执行以及效果、效益进行分析,进而得出客观、公正的结论。

(7)存在的问题及建议。评估人员根据掌握的实际材料、相关情况,有针对性地提出问题,并提出有利于解决问题的建设性意见。这是撰写评估报告的主要目的。

(8)附件。附件主要包括附表、附图、附文等。

(9)评估人员名单。评估人员名单应包括评估负责人,参加评估人员的姓名、职业、职务、职称等。有时为了利于咨询,评估人员还需要写明联系方式等。

(10)评估时间。由于公共关系活动处于动态的状态下,不同时间评估所得出的结论会不同。因此,评估报告必须写明评估时间或评估工作开展的阶段。

(二)公共关系评估报告的格式

公共关系评估报告没有固定的结构格式。按照评估的目的与要求,公共关系评估报告可以采用不同的格式,灵活安排结构。

通常,公共关系评估报告的格式为如下。

(1)封面。封面的主要内容包括评估或项目的题目、评估时间、评估人员(单位名称)以及保密程度、报告编号。题目要反映出评估的范围和对象。排版应醒目、美观。

(2)评估成员。本项反映哪些人参加了评估工作,负责人是谁。

(3)目录。本项用来方便阅读报告书的人。

(4)前言。本项简要地介绍评估的主要内容。

(5)正文。这是评估报告最主要、最核心的部分,也是评估报告的主体。它包括评估的原则、方法、范围、分析、结论、存在的问题及建议等。

(6)附件。附件是对正文内容的详细说明和补充,是正文的证明材料。

(7)后记。主要说明一些相关的问题,如评估报告传播的范围,向参加人员及相关单位致谢等。

(三)公共关系评估报告的写作技巧

撰写公共关系评估报告具有一定的难度,除格式要求外,在写作中,应注意以下几个方面。

(1)根据不同的结果,提出相应的对策建议。

评估得出公共关系活动效果较好,撰写报告时要着重找出成功的原因,肯定成绩。

评估得出公共关系活动有一定成绩,但尚不理想,报告应着重分析活动的不足之处,及造成这些状况的原因,提出调整方案来弥补不足,增强活动效果。

评估得出公共关系活动没有作用,甚至是副作用,报告应着重分析不起作用甚至产生副作用的原因,实事求是地指出存在的问题,帮助有关人员加深认识,制定改进公共关系的措施，防止同类问题再次出现。同时，还要提出提高公共关系活动效果的有针对性的建议，方便组织领导人选择采用。

(2)评估报告力求客观、公正、全面。

公共关系评估报告是一种公正性的文件，在撰写评估报告时，必须真实、客观，有理有据。评估结论要客观，既要看到成绩、效益，又要看到缺点和不足。在结论中要避免“可能”、“大概”、“也许”等模糊的语言。同时，评估报告的内容，要对公共关系评估工作的目的、对象、原则、依据、方法、结果等进行全面的概括，正文内容与附件资料要配套一致，尤其要注意附件资料应起到完善、补充、说明正文的作用。

(3)评估报告要定量与定性相结合。

通常，公共关系评估报告是定性的，但必须要用定量的指标做出说明。评估报告要引用大量数据，为方便阅读，可用直观的图表反映。应注意定量与定性的密切结合。

(4)评估报告中的建议与策略要具有可操作性。

公共关系评估报告的一个重要作用是为下一步公共关系工作或活动提供建议，因此，评估报告中的建议与策略部分要尽量切合实际，具有一定的可操作性。

第三节　公共关系管理评估的方法

一、目标管理法

使管理活动围绕和服务于目标中心，以分解和执行目标为手段，以圆满实现目标为宗旨的一种管理方法。

(一)要有目标

其中，首要关键是设定战略性的整体总目标。一个组织总目标的确定是目标管理的起点。此后，由总目标再分解成各部门各单位和每个人的具体目标。下级的分项目标和个人目标是构成和实现上级总目标的充分而必要的条件。总目标、分项目标、个人目标，左右相连，上下一贯，彼此制约，融会成目标结构体系，形成一个目标连锁。目标管理的核心就在于将各项目标予以整合，以目标来统合各部门各单位和个人的不同工作活动及其贡献，从而实现组织的总目标。

(二)目标管理必须制定出完成目标的周详严密的计划

健全的计划既包括目标的订立，还包括实施目标的方针、政策以及方法、程序的选择，使各项工作有所依据，循序渐进。计划是目标管理的基础，可以使各方面的行动集中于目标。它规定每个目标完成的期限，否则，目标管理就难以实现。

(三)目标管理与组织建设相互为用

目标是组织行动的纲领，是由组织制定、核准并监督执行的。目标从制定到实施都是组织行为的重要表现。它既反映了组织的职能，同时又反映了组织和职位的责任与权力。目标管理实质上就是组织管理的一种形式、一个方面。目标管理使权力下放，责、权、利统一成为可能。目标管理与组织建设必须相互为用，才能互相为功。

（四）培养员工参与管理的意识

培养员工参与管理的意识，认识到自己是既定目标下的成员，诱导人们为实现目标积极行动，努力实现自己制定的个人目标，从而实现部门单位目标，进而实现组织的整体目标。

（五）必须有有效的考核办法相配合

考核、评估、验收目标执行情况，是目标管理的关键环节。缺乏考评，目标管理就缺乏反馈过程，目标管理的目的即实现目标的愿望就难以达到。

二、民意测验法

这种方法在公关评估中运用较为普遍。这种方法的基本做法是，按抽查法的要求，在选定的公众群体中，选择一定数量的测验对象，用问卷、表格等方式，征求他们对指定公关事件的意见、态度、倾向，再做出统计、说明，分析公关活动的效果。

三、德尔菲法

即聘请那些公共关系知识丰富并有公共关系实践经验的专家，就事先拟定的公共关系计划，计划实施时采取的措施及实施的范围等，请专家们以匿名的方式独自就各项内容发表意见和建议，然后由公关人员将第一轮的全体专家意见汇集整理，反馈给每一位专家，请他们再次发表意见，直至意见趋于一致，经过整理分析得出代表大多数专家意见的评判。

四、实验法

这种方法的实质是，利用事物、现象间客观存在的相互关系，通过调节某个变量（如公关活动前后，某个企业的声誉），测定另一些数量（如产品销售量，订货量）的增减。实验法可以在经历和未经历公关活动的两组公众之间展开。例如，一家家用日用化工品公司，在报上连载宣传夏季正确使用化妆品的方法，旨在向公众传授在不同季节，正确选用适宜化妆品的知识。我们采用实验法对该项活动的效果进行评估：先测验一组报纸订户（实验组）的有关知识，再对另一组未接触过该报的公众（控制组）进行有关知识测验，将两次测验结果作比较，就很容易得出评估结论。实验法的关键在于，在确保实验对象代表性的同时，尽可能缩小实验范围。

五、反馈与目标调整

由于公共关系方案实施的环境和目标公众的情况错综复杂、变化多端，因而在实施过程中，必须不断地把实施结果与公关目标相对照，如有偏差，应及时作调整，然后把修订过的方案再付诸实施，并将实施结果与原定的目标相比较，以调整下一步方案和行动，直至目标实现。反馈与目标调整是公共关系方案实施过程中必不可少的环节，只有在不断的反馈和调整中，公关实施才能臻于完善。

公关人员要对公关的结果进行全面的收集汇总，统计分析，便于掌握工作动态，及时加强公关管理，增强教学内容的针对性与合理性。公关目标在从提案到总概念企划阶段既已确定，而后的导入、实施过程的所有作业项目，都是据此确立的，因而也必然成为效果测评的

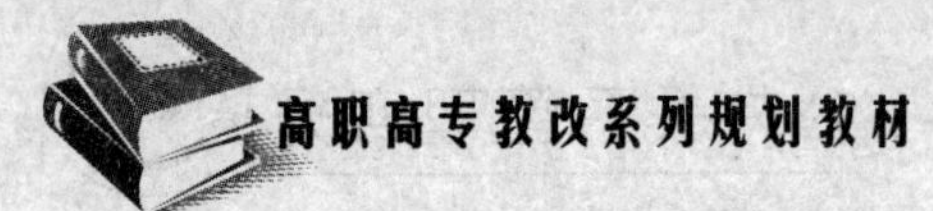

基本参照物。从定量和定性两方面分析测试结果,评判是否达到了预期目标。如果这一战略目标被细分为长期、中期、短期,还应进行阶段性测试评判。就是说拿实际效果与预定目标相对照,不断地提高实际效果,向目标状态靠近,最终达到吻合一致,这是反馈的本质所在。

在每一次测试结束后,公关人员应写出总结报告,提交公关委员会讨论,据此制定修正方案即目标的调整,再提交企业主管审批,然后进行新的一轮对内对外的发布—实施—管理—测评—调整。

本章小结

公共关系效果评估是指根据既定标准,对组织公共关系现状进行调查、策划、实施和取得效果等各个环节的状况进行评价、测量、检查、估计。

公关管理评估的程序是:设立统一的评估目标;编制评估计划;统一评估意见;细化项目目标;选择适当的评估标准;确定搜集证据最佳途径;保持完整的计划实施记录;评估结果的使用;报告评估结果;提高理性认识。

公共关系管理评估的内容包括:公关管理工作程序评估;公关管理活动类型评估;公关管理目标的评估;目标受众反应的评估;公关管理活动效益的评估;公关管理机构工作绩效的评估;公关管理活动的评估报告。

公共关系管理评估的方法有:目标管理法;民意测验法;德尔菲法;试验法。

案例分析

一语道破玄机

在一个偏僻的小山村,有一个独家经营的小百货商店,产品单一,赢利并不多。后来和它相邻处又开了一家经营项目类似的百货商店,两家从此展开了竞争。老店新进的货,新店立即赶上,新店采用的服务,老店也不甘落后。渐渐地,两家因竞争而矛盾重重,有时甚至大打出手。可他们却没有注意到:他们各自的利润却比从前独一家时还多。后来,一个内行人一语道破玄机,两家才意识到自己的发展离不开对方的竞争,于是双方握手言欢。

案例讨论题

1. 此例主要说明了公共关系管理的哪些问题?

2. 如果你是一个企业的经营者你将如何协调与同行业的关系?

思考与练习

一、填空题

1. 公共关系工作的目标就是促使公众行为的产生和改变,实现组织的目标。对公众行为的衡量常常利用下列方法:________、________、________。

2. 在公关评估中运用较为普遍的方法是________。

二、选择题

1. 公关管理评估的程序第一步是(　　)
   A. 设立统一的评估目标　　B. 编制评估计划
   C. 统一评估意见　　D. 细化项目目标
2. 目标管理的主要内容是(　　)
   A. 要有目标
   B. 目标管理必须制定出完成目标的周详严密的计划
   C. 目标管理与组织建设相互为用
   D. 普遍地培养人们参与管理的意识
   E. 必须有有效的考核办法相配合

三、思考题

1. 试述公关管理效果评估的涵义和作用。
2. 公关管理评估的程序是什么?
3. 公共关系管理评估包括的内容有哪些?
4. 简述德尔菲公关评估方法。

四、实训题

假期时你计划到某公司去进行专业调查和实习,请给自己准备一份相关个人资料。要求对自己的专业知识、专业技能、兴趣爱好以及专业调查和实习的目的等进行介绍,并取得公司的支持。(大约300字左右)

要求:

1. 明确说明专业调查和实习的目的;
2. 突出自己的专业知识、专业技能、兴趣爱好并且能够与对方公司的需要结合起来;
3. 语词恳切,在文字之间体现对有关公司的尊重和对自己的尊重。

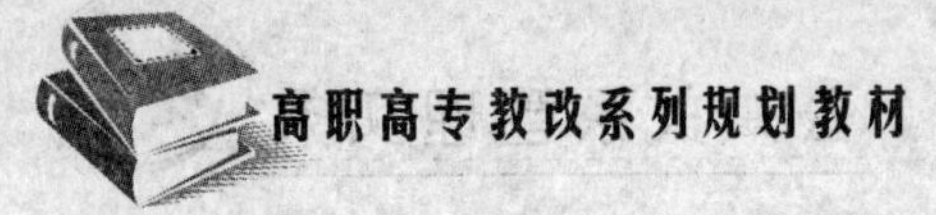

第七章　企业文化

重点难点

1. 企业文化的涵义、特征、功能
2. 企业文化的基本结构
3. 公关管理与企业文化的相关性、相异性和互补作用
4. 企业文化的企业地位
5. 建设企业文化的基本原则

关键词

企业文化　企业精神　企业使命

第一节　企业文化概述

企业文化主要是由理念文化、制度文化、行为文化和物质文化等内容构成。它产生于20世纪20年代，是市场竞争的产物，也是现代企业竞争的焦点。企业文化以其独有的价值观念、管理思想、群体意识、行为规范和行为方式，对企业员工的行为起着导向、凝聚、规范、激励和协调作用。

一、企业文化的涵义与特征

（一）企业文化的涵义

不管你是否注意到文化的存在，其实文化就在你的身边。往往只有在我们所习惯的事物发生变化时，当我们遇到了不同于我们所习惯的事物时，我们才会深刻地注意到文化的存在。事实上，我们常常期望其他人也有与我们相似的风俗习惯和文化意识，而在他们并不具备这些东西时，我们会感觉到奇怪。如果你在一家企业工作了一段时间，然后又调往另一家企业，或者如果你们的公司有了一次并购经历，你对其间的文化差异就会具有深刻体验。不同的企业有着不同的文化。比如，当你进入不同的企业，你就能“感觉到”该企业所处的氛围，人们是如何打招呼的，或他们是如何看待你的。人们谈论的事物，或人们保持沉默的态度，办公室的设备、布告栏以及许许多多不出声的暗示都能向你展示公司的文化。

1. 企业文化理论的界定

企业文化又称公司文化。这个名词的出现始于20世纪80年代初。一种新的概念和理论在形成过程中，往往会有众多学者从不同角度发表学说，企业文化也不例外。

迪尔和肯尼迪在《公司文化》一书中指出，企业文化是由五个因素组成的系统，其中，价值观、英雄人物、习俗仪式和文化网络，是它的四个必要的因素，而企业环境则是形成企业文化的最大的影响因素。

约翰·科特和詹姆斯·赫斯克特在其《企业文化与经营业绩》中指出，企业文化通常代

表一系列相互依存的价值观念和行为方式的总和。这些价值观念、行为方式往往为一个企业全体员工所共有,往往是通过较长的时间积淀、存留下来的。

迈克尔·茨威尔在其著作《创造基于能力的企业》中谈到,从经营的角度来说,企业文化是组织的生活方式,它由员工"世代"相传。通常包括以下内容:我们是谁,我们的信念是什么,我们应该做什么,如何去做。大多数人并不意识到企业文化的存在,只有当我们接触到不同的文化,才能感觉到自己文化的存在。企业文化可以被定义为在组织的各个层次得到体现和传播,并被传递至下一代员工的组织的运作方式,其中包括组织成员共同拥有的一整套信念、行为方式、价值观、目标、技术和实践。

杰克琳·谢瑞顿和詹姆斯·希特恩在《企业文化:排除企业成功的潜在障碍》中指出,企业文化通常指的是企业的环境或个性,以及它所有的方方面面。它是"我们在这儿的办事方式",连同其自身的特征,它很像一个人的个性。更确切地说,我们可将企业文化分成四个方面:(1)企业员工所共有的观念、价值取向以及行为等外在表现形式;(2)由管理作风和管理观念(管理者说的话、做的事、奖励的行为)构成的管理氛围;(3)由现存的管理制度和管理程序构成的管理氛围;(4)书面和非书面形式的标准和程序。查尔斯·希尔和盖洛斯·琼斯认为,企业文化是企业中人们共同拥有的特有的价值观和行为准则的聚合,这些价值观和行为准则构成企业中人们之间和他们与企业外各利益方之间交往的方式。

2. 企业文化的定义

企业文化是社会文化的一个子系统。企业通过自身生产经营的产品及服务,不仅反映出企业的生产经营特色、组织特色和管理特色等,还反映出企业在生产经营活动中的战略目标、群体意识、价值观念和行为规范,它既是了解社会文明程度的一个窗口,又是社会当代文化的生长点。因此,在国内外学者观点的基础上,我们可以对企业文化作如下定义:

企业文化是指现阶段企业员工所普遍认同并自觉遵循的一系列理念和行为方式的总和,通常表现为企业的使命、愿景、价值观、行为准则、道德规范和沿袭传统与习惯等。我们也可以从以下四个方面来理解企业文化。

(1)文化总是相对于一定时间段而言。我们所指的企业文化通常是现阶段的文化,而不是指企业过去的历史文化,也不是指将来企业可能形成的新文化。

(2)只有达成共识的要素才能称为文化。企业新提出的东西,如果没有达成共识,目前就不能称之为文化,只能说是将来有可能成为文化的种子。企业文化代表企业共同的价值判断和价值取向,即多数员工的共识。当然,共识通常是相对而言的。在现实生活中,通常很难想象一个企业所有员工只有一种思想、一个判断。由于人的素质参差不齐,人的追求呈现多元化,人的观念更是复杂多样,因此,企业文化通常只能是相对的共识,即多数人共识。

(3)文化问题相对于一定的范围而言。我们所指的企业文化通常是企业员工所普遍认同的部分。如果只是企业领导层认同,那么它只能称为领导文化;如果只是企业中某个部门中的员工普遍认同,那么它只能称为该部门的文化。依据认同的范围不同,企业中的文化通常可以分为领导文化、中层管理者文化、基层管理者文化,或企业文化部门文化、分公司文化、子公司文化等。

(4)文化必定具有内在性。企业所倡导的理念和行为方式一旦达成普遍的共识,成为企业的文化,则这些理念和行为方式必将得到广大员工的自觉遵循。

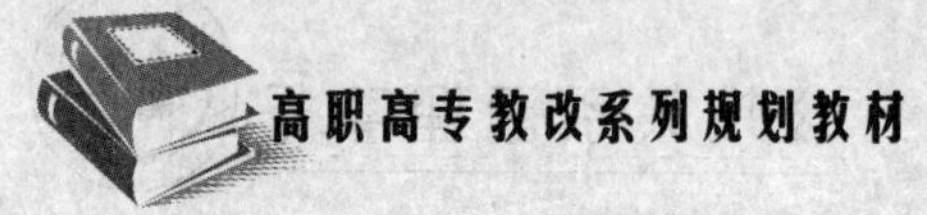

(二)企业文化的特征

企业文化作为一种亚文化,它除了具有社会大文化的共性以外,还有其自身的特征。人们对于企业文化有不同的概括:多样性、时代性、人文性、继承性、综合性、社会性、地域性、民族性、主体性和传播性等。我们认为企业文化的主要特征有以下几种:

1. 人文性

企业文化从理论到实践都十分强调人的社会性,强调以人为中心,强调人的价值观念在企业工作中的重要地位和作用。企业文化提倡群体精神,提倡建立亲密、友善、互助、信任、亲和的关系。企业文化注重职工的自尊、自我实现等高层次的心理需求,并把以上这些带有"人文"色彩的信念、价值观等巧妙地注入到职工的心灵深处,在企业中形成一种和睦相处、同舟共济的人际环境。例如,美国得克萨斯州一家电视机厂经营不善,管理不当,濒临倒闭。老板决定请日本人来管。日本人接管后一连使出三招。第一招,新任经理把员工们召集在一起,不是指责他们,而是邀请他们喝咖啡,还赠送每人一台半导体收音机,并且心平气和地说:"你们看看,这么脏乱的环境怎么能搞好生产呢?"于是,大家一齐动手,清扫并粉刷了厂房,使工厂的面貌为之一新。第二招,新任经理一反资方与工会对立的传统,主动拜访了工会负责人,希望"多多关照"。此举使工人们很快解除了心理戒备,在感情上与经理靠近了。第三招,时常需要增加劳动力,但不是雇请年轻力壮的新人,而是把以前被该厂解雇的老工人全部召回来,重新雇用。这样以来,这家由日本企业家管理的美国工厂,产品数量和质量都达到了历史最高水平。其实这位日本企业家只是把日本的企业文化移植到美国工厂而已,而这家美国工厂恰好有条件接受日本式的企业文化,从而使日本管理理念和策略得到实施。这一事例说明,着眼于人的管理方式,是企业文化的精华。

2. 时代性

企业文化作为管理科学的最新成果,是在一定的历史文化、现代科学技术和现代意识影响下形成和发展起来的。因此,它不能不受到当时当地政治、经济、文化发展的影响,不能不带有时代的特征。换句话说,企业文化产生在特定时代的大背景下,它必然成为时代精神的反映。现代的企业文化渗透着现代企业经营管理的种种观念,如市场经济观念、市场竞争观念、经济效益观念、消费者第一观念、灵活经营观念、开拓创新观念等。

例如,"和成精神"是上海电表厂的企业精神。"和成"原是上海电表厂产品的商标名称,原意是想以人和达到事成,服务民众,回报社会。经历了 40 多个春秋的艰苦奋斗,800 名员工风雨同舟,和成牌电能表成为国内电能表行业中技术领先的名牌产品。进入改革开放新时期后,上海电表厂在走向市场、参与市场竞争的过程中,又借用商标名称来概括厂的企业精神,形成了"和成精神",并赋予"和成精神"新的丰富内涵:创新、精业、和成、守信。"和成精神"通过升华历史传统,反映时代要求,形成了鼓舞人心、凝聚人心、振奋人心的新时期创业精神。

3. 特色性

企业文化既存在于民族社会文化之中,又因各企业的类型、所处行业性质、规模、人员结构、发展阶段等方面的差异而各不相同。不同的社会、不同的民族、不同地区的不同企业,其文化风格各有不同,即使两个企业在环境、设施设备、管理组织、制度手段上可能十分相近甚至一致,在文化上也会呈现出不同的特点。这是由企业生存的社会、地理、经济等外部环境,以及企业所处行业的特殊性、自身经营管理特点、企业家素养风范和员工的整体素质等内在因素决定的。正如《日本企业管理艺术》中所说:"每一家公司就像每一个人一样,必须按照它自己的方式去发展。"企业文化在各个企业的具体表现是丰富多彩、各具特色的。不仅不同的国家、不同的社会制度下的企业各具特色,就是在同一个国家、同一种社会制度下,各个企业也千差万别。因此,作为组织文化的企业文化,也就不能不因企业而异,表现出具体性的特点。例如美国的惠普公司崇尚"尊重个人价值"的精神;松下电器公司将其企业精神凝练为"产业报国、光明正大、友好一致、奋斗向上、礼节谦让、适应同化、感激报恩"精神;中国上菱电器公司则提出了"团结奋斗、创优夺魁"精神。每个企业只能根据本企业的具体情况,因时制宜、因人制宜地培育适合自己需要的、具有自己特色的企业文化。

4. 稳定性

任何一个企业的企业文化,总是与企业发展相联系的。企业文化的形成是一个渐进的过程,它一经形成,并且为企业员工所掌握,就具有一定的稳定性,不因企业产品、组织制度和经营策略的改变而立即改变。没有质的稳定,就没有特定的企业文化,企业文化的存在和发展也就失去了客观基础。

文化的生成呈现长期性,文化的作用具有延绵性。一种积极的企业文化,尤其是居核心地位的价值观念的形成往往需要很长时间,需要先进人物的楷模作用,需要一些引发事件,需要领导者的耐心倡导和培育等。企业文化一旦形成,它就会变成企业发展的灵魂,不会朝令夕改,不会因为企业产品的更新、组织机构的调整和领导人的更换而发生迅速的变化,一般来说,它会长期的在企业中发挥作用。

当然,企业文化的稳定性也是相对的,根据企业内外经济条件和社会文化发展变化,企业文化也在不断地得到调整、完善和升华。尤其是当整个社会处于大变革和大发展、企业制度和内部经营管理发生剧烈变动的时期,企业文化也通常会经过新旧观念的冲突而发生大的变革,从而适应新的环境、条件和组织目标。"适者生存、优胜劣汰",企业文化是在不断适应新环境中得以进步并充满生机和活力的。

5. 开放性

优秀文化具有全方位开放的特征,它绝不排斥先进管理思想及有效经营模式的影响和冲击。企业文化的开放性,将促进企业文化的发展。通过引进、改造、吸收其他企业的文化,促使自身发育成长,不断完善。企业文化的开放性,必然导致外来企业文化与本土企业文化、现代企业文化与传统企业文化的交融与整合,这也正是建设具有自身特色企业文化的契机。

6. 可塑性

企业是一个有生命的有机体,企业活动是一种动态的过程。随着社会和经济的发展,各种先天素质、历史的积累、后天的营养以及现实的环境因素等,都会对企业文化产生影响。人们希望优秀企业文化可以能动地变革,创造某些形态和模式,以适应新的发展要求,塑造出新的企业文化。企业文化的塑造过程,实际上也就是企业所倡导的新的价值观念和行为方式被员工普遍认同并接受的过程。

7. 系统性

企业文化是一个系统,是由相互联系、相互依赖、相互作用的部分和层次构成的有机整体。构成企业文化的,有意识形态、制度形态、物质形态等不同的层次和内容,虽然它们各有特点和相对独立,但又紧密结合成为一个整体。企业文化与社会文化也是一个有机的整体,社会文化时时处处在渗透、影响和制约企业文化的发展,而企业文化也通过其辐射功能推动着社会文化的进步，使其成为社会文化新的生长点。可见，企业文化不是企业诸因素简单叠加，而是相互影响、相互渗透的一个有机系统，综合对企业管理和企业发展产生作用。

8. 非强制性

企业文化不是强制人们遵守各种硬性规章制度和纪律，而是强调文化上的"认同"，强调人的自主意识和主动性，也就是通过启发人自觉地达到自控和自律的境界。对多数人来讲，由于认同了某种文化，因此这种文化是具有非强制性的。当然，非强制之中也包含有某种"强制"，即软性约束。对于少数人来讲，一种主流文化一旦发挥作用，即使他们当时并未对这种文化产生认同或达成共识，也同样会受到这种主流文化氛围、风俗、习惯等非正式规则的约束。违背这种主流文化的言行是要受到舆论谴责或制度惩罚的。所以企业文化专家威廉·大内认为，文化可以部分地代替发布命令和对员工进行严密监督，从而既能提高劳动生产率，又能发展工作中的支持关系。"非强制性"是针对对企业文化产生认同的人员而言，"强制性"是针对企业文化未产生认同的人员而言。可见，企业文化与传统管理对人的调节方式不同，传统管理主要是外在的、硬性的制度调节；企业文化主要是注重内在的文化自律与软性的文化引导。

二、企业文化的功能

企业文化是在强化传统企业管理功能的基础上，又突出了传统企业管理不能替代的作用。根据国外学者的研究和众多企业的实践，优良的企业文化通常具有以下功能。

（一）导向功能

导向功能是指企业文化对企业员工行为的导向作用。企业是由怀着不同的信念和目的的人所组成的，通过企业文化的引导，统一企业各级领导和员工的思想，形成本企业意志化、信念化的群体意识，促使企业成员把企业的目标变为自觉行动，从而促进企业朝着选定的目标健康发展。

1. 企业文化能显示企业发展方向

企业文化以概括、精粹、富有哲理性的语言明示了企业发展的目标的方向，这些语言经过长期的教育、潜移默化，已经铭刻在广大员工心中，成为其精神世界的一部分。美国 IBM 公司的宗旨是："为顾客提供世界上最优良的服务"。经过长期实践，"优良服务"几乎成了 IBM 公司的象征。它不仅向客户提供各种机器租赁而且提供各种机械服务，不仅提供设备本身，还提供技术培训和"随叫随到"的咨询服务。它能保证做到"在 24 小时以内对任何一个顾客的意见和要求做出满意的答复"。

2. 企业文化能诱导企业行为方向

企业文化建立的价值目标是企业员工的共同目标，它对员工有巨大的吸引力，是员工共同行为的巨大诱因，使员工自觉地把行为统一到企业所期望的方向上去。正如彼得斯和沃特曼所说，在优秀公司里，因为有鲜明的指导性价值观念，基层的人们大多数情况下都知道自己该做些什么。

3. 企业文化能坚定企业行为方向

企业在遇到困难和危机时，强大的企业文化可以促使员工把困难当作动力，把挑战当做机会，更加坚定而执著地为既定的目标奋斗。青岛双星集团的总裁汪海曾自豪地说："我们不怕困难，不怕挑战，我们经常讲危机，经常讲缺点。因为我们相信，'双星'精神会激励我们战胜危机,克服困难。"

要发挥企业文化的导向功能,首先要引导员工树立企业的共同价值观。第二要引导职工正确认识自己在本企业中所处的地位和作用。第三要引导企业树立良好形象,提高企业知名度。

(二)激励功能

激励功能是指运用激励机制,使员工的潜能充分发挥,产生一种情绪高昂、奋发进取的力量。

(1)企业文化使员工获得充分发挥自己聪明才智、不断实现自我的优越条件。鼓励创新,支持变革,是一切优秀企业文化的鲜明特点。员工自我发挥、自我实现和自我完善的需要,只有在强大的企业文化环境中才能获得满足。

(2)企业文化的重要特点是重视人的价值,正确认识员工在企业中的地位和作用,激发员工的主体意识,从根本上调动员工的积极性和创造性。例如,美国波音公司把"我们每一个人都代表公司"作为企业精神来激励员工的主体意识。

(3)积极向上的思想观念行为准则,可以形成强烈的使命感和持久的驱动力。心理研究表明,人们越能认识行为的意义,行为的社会意义越明显,越能产生行为的推动力。倡导企业理念的过程,正是帮助员工认识工作意义,建立工作动机,从而调动积极性的过程。

实现企业文化的激励功能,最有效的途径是坚持精神激励和物质激励相结合的原则,强化整体激励机制。

(三)凝聚功能

凝聚功能是指企业文化能将企业员工紧密地团结起来,为实现共同的目标、理想、事业而形成的一种向心、集中、聚合、凝结的合力,以达到内求团结、外求发展的目的。

(1)企业文化赋予人们以共同的目标、理想、志向和期望,使人们心往一处想,劲往一处使,成为具有共识、同感的人群结合体。

(2)企业文化给人们提供了一套价值评价和判断标准,使人们知道怎样做是正确的,怎样做是错误的,不仅能避免大量矛盾的发生,而且即使出现某些矛盾和冲突,也会积极、主动地设法解决。

(3)企业文化提供员工多方面心理满足的条件,企业对员工有很强的吸引力,员工对企业有很大的向心力。

实现企业文化的凝聚功能,还必须考虑以下四个方面。第一,要将企业目标和员工个人的目标有机地结合起来。第二,要将企业的利益与员工的利益融为一体。第三,要使员工能用正确的价值观来支配自己的行为。第四,要使员工在生产、学习和生活中自觉形成民主和谐、互助合作的人际环境。

(四)规范功能

规范功能是指企业文化通过其企业规章制度、思想作风、伦理道德、价值观念、企业的行为方式等对员工思想和行为进行约束。企业文化具有两个方面的约束功能:一种是硬的约束,即企业成文的规章制度对员工的约束力;另一种是软性的约束,即一种无形的约束。企业文化的约束功能主要是从价值观念、道德规范上对员工进行软性的约束,它通过将企业共同价值观、道德观向员工个人价值观、道德观的内化,使员工在观念上确立一种内在的自我约束的行为标准。一旦员工的某项行为违背了企业的信念,基本心理上会感到内疚,并受到共同意识的压力和公共舆论的谴责,促使其自动纠正错误行为。例如,北京王府井百货大楼的广大员工在张秉贵"一团火精神"带动下,人人都以热情服务、微笑待客为荣,以不负责任、冷淡粗暴为耻。

为了实现企业文化的规范功能,第一要让员工了解本企业的共同价值观,使员工的思想和行为尽可能地去符合企业的共同价值观。第二在硬、软约束之间,要侧重于软约束,即如果要在制度管理和自我管理之间做出选择,企业文化倾向于选择后者。第三要重视员工自我管理的心理需要。

(五)协调功能

协调功能是指通过现代化的沟通手段和方法,使职工接受企业的共同信念,从而把个人和企业融为一体。企业信念是协调领导与领导之间、员工与员工之间、领导与员工之间相互关系的"微调装置"。共同信念可以引导内部各种关系摒弃前嫌、化解冲突、消除疑虑,为了一个共同的目标及时协同作战。在企业中,领导与员工之间是最容易产生矛盾的环节。现代企业的员工都有强烈的自尊心和自主意识,对于要求他们服从他人十分反感。用企业的共同信念或最高目标来进行管理就可避免这种情况。这样,领导与员工之间的关系,就会由控制与被控制、监督与被监督的关系,转变为在共同的信念下平等协商、共谋企业发展的朋友式关系。

为了发挥企业文化的协调功能,首先要让员工爱企业。其次要在领导和员工中形成一种相互沟通、理解、信任的文化氛围。

(六)教化功能

员工的素质是企业素质的核心,员工素质能否提高,很大程度取决于他所处的环境和条件。优秀的企业文化体现卓越、成效和创新。具有优秀文化的集体是一所"学校",为人们积极进取创造良好的学习、实践环境和条件,具有提高人员素质的教化功能。它可以使人树立崇高理想,培养人的高尚道德,锻炼人的意志,净化人的心灵,使人学到为人处事的艺术,有助于人的全面发展。例如具有悠久历史的北京同仁堂,它的堂训是"同修仁德,亲和敬业;共献仁术,济世养生",这一理念不仅影响员工行为,更为重要的是陶冶了员工的情操,培养了优秀的品质,发扬了中华民族的优良传统。

(七)维系功能

企业发展需要两种纽带。一个是物质、利益、产权的纽带,另一个是文化、精神、道德的纽带。企业如果只有前一种纽带,而没有后一种纽带,是不会得到健康、持续发展的。企业文化建设的重要功能之一就在于形成企业发展所不可缺少的精神纽带、道德纽带。正如济南三联集团董事长张继升所讲:"这种纽带能够把不同经历、不同年龄、不同知识层次、有不同利害关系的人组合在一起,为共同的目标去努力工作。这种作用绝不是仅仅用金钱就能实现的。"可见,文化纽带是韧性最强、最能突出企业个性的纽带,同时也是维系企业内部力量统一,维系企业与社会良好关系的重要力量。

(八)辐射功能

企业文化不仅对本企业产生作用,还会不断地向周围传播和辐射。这种辐射的途径,是企业的横向联系及人员交往,它的作用机制则是依靠企业文化交往实现的。

除上所述外,企业文化的功能,还可以从多侧面来理解,如审美功能、辐射功能、娱乐功能、稳定功能等。但归根到底,企业文化是以人为中心,挖掘、开发人的内在潜能,最终赢得企业的发展壮大。同时,企业文化功能在企业活动中并不是单独地起作用,而是综合地起着作用。这样,企业文化的整体效应就会发挥出来了。

三、企业文化的基本结构

企业文化通常是由企业理念文化、企业制度文化、企业行为文化和企业物质文化等四个层次所构成。

(一)企业理念文化

企业理念文化是指企业在长期的生产经营过程中形成的文化观念和精神成果,是一种层次的文化现象,在整个企业文化系统中,它处于核心的地位。企业理念文化通常包括企业精神、企业使命、企业价值观、企业伦理道德、企业作风等内容,是企业意识形态的总和。

1. 企业精神

企业精神是企业文化的灵魂,是现代意识与企业个性相结合的一种规范化、信念化的群体主导意识,它往往以简洁而富有哲理的语言形式加以概括,通过"企训"、"企歌"等形式形象地表现出来。一般来说,企业精神是企业广大员工共同一致、彼此共鸣的内心态度、意志状况和思想境界。

企业精神是企业广大员工在长期的生产经营活动中逐步形成的,并经过企业家有意识的概括、总结、提炼而得到确立的思想成果和精神力量,它是企业优良传统的结晶,是维系企业生存发展的精神支柱。本来只有人才具有精神。企业精神这一概念的自身就是把企业人格化了,它是由企业的传统、经历、文化和企业领导人的管理哲学共同孕育而形成的,集中体现了一个企业独特的、鲜明的经营思想和个性风格,反映着企业的信念和追求,也是企业群体意识的集中体现。企业精神具有号召力、凝聚力和向心力,是一个企业宝贵的经营优势和精神财富。正如美国 IBM 公司的董事长小托马斯·沃森所说:一个组织与其他组织相比较取得何等成就,主要决定于它的基本哲学精神和内在动力,这些比技术水平、经济资源及组织机构、革新和选择时机等重要得多。

1977 年 6 月,正值日本松下电气公司成立 60 周年之际,松下幸之助先生出版了《实践经营哲学》一书。在书中,松下幸之助以自己的切身体验证明:正确的经营理念,可以激发全体员工崇高的使命感和奋力工作的干劲。因此无论从哪个方面来说,经营理念都非常重要。对于企业来说,技术力量、销售力量、资金力量以及人才等等,虽然都是重要因素,但是最根本的还是正确的经营理念。只有在正确的经营理念的基础上,才能真正有效地使人员、技术和资金发挥作用。

华为公司在其基本法中指出,爱祖国、爱人民、爱事业和爱生活是我们凝聚力的源泉。责任意识、创新精神、敬业精神与团结合作精神是我们企业文化的精髓。

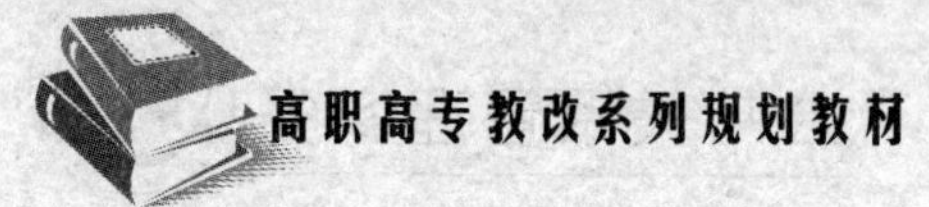

2. 企业使命

企业使命陈述(mission statement)是在回答“企业的业务是什么”这一关键性问题。企业使命描述了企业的主导产品、市场和核心技术领域,反映了企业的宗旨和价值观。使命是企业一种根本的、最有价值的、崇高的责任和任务,即回答我们干什么和为什么干这个。如在微软中国公司的网站上开宗明义的便是微软的使命:“在微软,我们的使命是创造优秀的软件,不仅使人们的工作更有效率,而且使人们的生活更有乐趣。”

(1)企业使命明确企业发展方向与核心业务。企业使命是弄清企业目前是怎样一个组织,将来希望成为怎样一个组织,以及如何才能体现出不同于其他组织的显著特征,从而为企业确立一个贯穿各项业务活动始终的共同主线,建立一个相对稳定的经营主题,为进行企业资源配置、目标开发以及其他活动的管理提供依据,以保证整个企业在重大战略决策上做到思想统一、步调一致,充分发挥各方面力量的协同作用,提高企业整体的运行效率。

(2)企业使命协调内外部各种矛盾冲突。通常情况下,公众比较关心企业的社会责任,股东较为关心自己的投资回报,政府主要关心税收与公平竞争,地方社团更为关心安全生产与稳定就业,这样他们就有可能会在企业使命与目标的认识上产生意见分歧与矛盾冲突。一个良好的使命表述应能说明企业致力于满足这些不同利益相关者需要的相对关心与努力程度,注意协调好这些矛盾冲突目标之间的关系,对各种各样利益相关者之间所存在的矛盾目标起到调和作用。一切组织都需要得到用户、员工与社会的支持,企业使命表述能够起到帮助企业实现与内外部环境利益相关者有效沟通并赢得支持的作用。企业使命表述通过对于企业长期发展目标的说明,可以为各级管理人员超越局部利益与短期观念提供努力方向,促进企业员工各层次之间形成共享的价值观,并逐步随着时间推移不断得到加强,以做到最终为企业外部环境中的个人与组织所认同、所接纳,从而为企业带来良好的社会形象。

(3)企业使命树立用户导向思想。一个好的企业使命体现了对用户的正确预期。企业的经营宗旨应当是确认用户的需求,并提供产品或服务以满足这一需求,而不是首先生产产品,然后再为它寻找市场。理想的企业使命应认定本企业产品对用户的功效。美国电话电报公司的企业使命不是电话而是通讯,埃克森公司的企业使命是突出能源而不是石油和天然气,太平洋联合公司强调运输而不是铁路,环球电影制片公司强调娱乐而不是电影,其道理就在于此。

(4)企业使命表明企业的社会政策。社会问题迫使战略制定者不仅要考虑企业对各类股东的责任,而且要考虑企业对用户、环境、社区等所负有的责任。企业在定义使命时必然要涉及社会责任问题。社会与企业间的相互影响越来越引人注目。社会政策会直接影响企业的用户、产品、服务、市场、技术、盈利、自我认识及公众形象。企业的社会政策应当贯彻到所有的战略管理活动之中,这当然也包括定义企业使命的活动。

企业是提供物质财富的经济组织,这是传统的企业观,这个观念在过去的时代几乎从未发生过变化。然而在当今时代,仅仅从企业的经济活动本身来认识企业,已经远远不够了。企业不仅在经济上,而且在许多方面都担负着重要的责任,企业活动的领域正在逐步扩展,伸触到社会的各个方面。因此,企业使命从总体上来说可以划分为经济使命、社会使命和文化使命三个层面。

3. 企业价值观

所谓企业价值观是全体(或多数)员工一致赞同的看法,所以有时又称为“共有(或共享)价值观”,个别员工的看法没有资格称为企业价值观。企业价值观的形成,必须有一个认同过程，这个过程可以说就是企业文化建设的过程。

(1)企业价值观的内涵。企业价值观的内涵是企业全体(或多数)员工赞同的关于"企业的价值在于什么以及哪些对象对于企业来说有价值"的看法。企业的价值在于什么？什么对于企业来说有价值？这两者一般说来是统一的，例如企业的价值在于培育人才，而人才对于企业来说也是很有价值的；企业的价值在于提供优质产品，而优质产品对企业来说也很有价值，等等。但在许多情况下也可以不统一，亦不必统一，例如原料对于企业来说有价值，但却不能说"企业的价值在于能够获取原料"等。任何一个企业总是要把它的价值所在以及自己认为最有价值的对象作为本企业努力追求的最高目标、最高理想或最高宗旨；反之，凡被一个企业列为最高目标、最高理想或最高宗旨的东西，也必然是能够体现它的价值观的东西。因此，"企业价值观"、"共有价值观"、"企业最高目标"、"企业理想"、"企业宗旨"等等，提法虽然不同，但其实实质是一样的。同样，对于"企业的价值在于什么以及什么对于企业来说有价值"这个问题一旦有一致的理解和回答，那么这种理解和回答当然就成为该企业的基本概念和信仰。因此，从某种角度来说价值观就是一个组织的基本概念和信仰。

(2)企业价值观是企业文化的核心。企业文化是由众多相互依存、相互作用的要素结合而成的有机统一体，不同要素在企业文化体系中扮演着不同的角色，处于不同的地位。企业价值观以其对企业发展所做出的突出贡献和对企业文化其他要素所起的支配作用，在企业文化体系中处于核心地位。

企业价值观决定企业的命运，是企业文化的核心，这已经成为企业文化倡导者的共识。美国学者特雷斯·迪尔和阿伦·肯尼迪认为，价值观贯彻于人的整个活动过程的始终，也贯彻于管理活动的始终。它构成人们对待客观现实的态度，评价和取舍事物的标准，选择对象的依据和推动人们实践和认识活动的动力。价值观的一致性、相容性，是管理活动中人们相互理解的基础，是组织所以成立、管理所以成功的必要前提。如果在经常接触的人们之间缺乏这种相容和一致，那么他们的社会交往就会发生困难，这个组织就会涣散、解体，当然也就无法进行正常的管理。他们用了大量的时间对近80家公司进行了调查研究，发现所有杰出的公司都很重视企业文化的建设，都具有崇高的信念或价值观。由此，他们得出这样的结论："在美国企业中，一种强有力的文化几乎始终是持续成功的推动力。"而价值观，则是"一个组织的基本观念和信念，因而成为企业文化的核心"；价值观是任何一种企业文化的基石。价值观作为一家公司成功哲学的精髓，为所有员工提供了一种走向共同方向的意识，也给他们的日常行为提供了指导方针。取得成功的这些程式决定着公司的各类英雄人物，并且决定着企业文化中的神话、礼仪和庆典。

特雷斯·迪尔和阿伦·肯尼迪还指出，对拥有共同价值观的那些公司来说，共同价值观决定了公司的基本特征，使其与众不同。同样，这些共同价值观创造出公司员工的实质意义，使他们感受与众不同。更重要的是，这样的价值观不仅在高级管理者心目中，而且在公司绝大多数人的心目中，成为一种实实在在的东西。它是整个企业文化系统，乃至整个企业经营运作、调节、控制与实施日常操作的文化内核，是企业生存的基础，也是企业追求成功的精神动力。

企业价值观在企业文化中的核心地位，是在同企业文化其他诸要素相互联系、相互比较中体现出来的。企业价值观与企业使命、目标、信念、精神、道德、风气等之间是一种决定与被决定、作用与反作用的关系，企业价值观在诸要素中处于主导和支配地位，而其他诸要素不过是企业价值观的拓展和延伸。

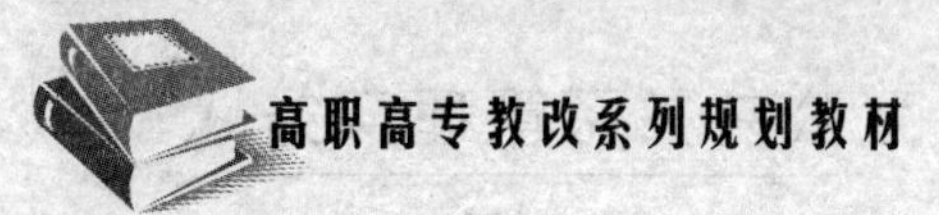

企业道德、企业作风等等也都是企业价值观的表现形式。企业道德是企业价值观功能发挥的必然结果,企业作风是企业价值观的外部表现。

(二)企业制度文化

企业制度文化是得到企业广大员工认同并自觉遵从的由企业的领导体制、组织形态和经营管理形态构成的外显文化,是一种约束企业和员工行为的规范性文化。它是企业文化的中坚和桥梁,把企业文化中的物质文化和理念文化有机地结合成一个整体。

企业制度文化一般包括企业领导体制、企业的组织机构、企业的经营制度、企业的管理制度和一些其他特殊制度。

(1)企业领导体制是企业领导方式、领导结构和领导制度的总称。不同的企业领导体制,反映着不同的企业文化。领导体制影响着组织机构的设置,制约着企业管理的各个方面。

(2)企业组织机构是指企业为了有效实现企业目标而建立的企业内部各组成部分及其相互关系。如果把企业视为一个生物有机体,那么组织机构就是这个有机体的骨骼。

(3)企业的经营制度是指通过划分生产权和经营权,在不改变所有权的情况下,强化企业经营责任制度。

(4)企业的管理制度是企业在管理实践活动中制定的各种带有强制性的规定或条例。没有规矩,无以成方圆。一般来说,企业管理制度影响和制约着企业文化发展的总趋势,同时也促使不同企业的企业文化朝着个性化的方向发展。

(5)特殊制度主要是指企业的非程序化制度,如员工评议班干部制度,干部员工平等对话制度等等。与一般制度相比,特殊制度更能够反映一个企业的管理特点和文化特色。

企业的制度与企业的理念有着相互影响、相互促进的作用。合理的制度必然会促进正确的企业经营观念和员工价值观念的形成;而正确的经营观念和价值观念又会促进制度的正确贯彻,使员工形成良好的行为习惯。

(三)企业行为文化

企业行为文化是指企业员工在生产经营、学习娱乐中产生的活动文化,包括企业经营教育宣传、人际关系活动、文娱体育等活动中产生的文化现象。它是企业经营作风、精神面貌、人际关系的动态体现,也是企业理念的折射。

从人员结构上划分,企业行为又包括企业家的行为、企业模范人物的行为、企业员工的行为等。企业的经营决策方式和决策行为主要来自企业家,企业家是企业经营的主角。在具有优秀企业文化的企业中,最受人敬重的是那些集中体现了企业价值观的企业模范人物。这些模范人物使企业的价值观“人格化”,他们是企业员工学习的榜样,他们的行为常常为企业员工所仿效。企业员工是企业的主体,企业员工的群体行为决定企业整体的精神风貌和企业文明的程度。

IBM 公司在几十年的经营中形成了一种良好服务的企业文化。IBM 公司的历届总裁认为,良好的服务是打开计算机市场的关键,IBM 就是要为顾客提供全世界最好的销售服务。IBM 公司的创始人老托马斯·J·沃森从公司建立的那一天起就十分注重销售部门的服务质量,他要求对每一个用户的服务都要周密安排。IBM 公司还免费为用户提供基本软件、保养维修、业务咨询及培训设计人员和操作人员。如果用户对机器的业务性能质量不满意,可以不付租金，将机器退回。正因为 IBM 公司从上到下竭尽全力为顾客提供尽可能完善的服务，所以赢得了用户的广泛好评。

(四)企业物质文化

企业文化作为社会的一个子系统，其显著的特点是以物质为载体，物质文化是它的外部表现形式。优秀的企业文化总是通过重视产品的开发、服务的质量、产品的信誉和企业生产环境、办公环境、文化设施等物质现象来体现的。企业物质文化是企业文化系统的表层文化，它是由企业员工创造的产品各种物质设施等构成的文化现象。它主要包括以下几个方面。

(1)企业名称、标识、标准字、标准色。这是企业物质文化最集中的外在体现。

(2)企业外貌、建筑风格、办公室和车间的设计和布置方式等。生产环境的好坏直接影响员工的情绪与心理。企业如果绿化好、厂容美、环境清洁整齐，不仅可以激发员工的自豪感和凝聚力，而且可以直接影响员工的工作效率。因此，优秀的企业特别注重为员工创造优美的工作环境，并把它作为企业文化建设的重要内容，作为调动员工积极性的重要手段。

(3)产品的特色、样式、外观和包装。

(4)技术工艺设备特性。

(5)企业旗帜、歌曲、服装、吉祥物等。

(6)企业文化体育生活设施。人有多种需要，不仅仅是物质需要，更重要的是精神需要。在物质生活水平不断提高的今天，人们对精神需要的追求愈加强烈，求知、求美、求乐等心理迅速发展，构成企业文化建设中不可忽视的课题。建立和完善员工的文化设施，积极开展健康有益的文体活动，是许多优秀企业的重要物质文化内容。

(7)企业造型和纪念性建筑，如雕塑、纪念碑、英模塑像等。

(8)企业的文化传播网络，如企业自办的报纸、刊物、有线广播、闭路电视、计算机网络、宣传栏等。

企业文化的以上四个层次是紧密联系的。物质文化是企业文化的外在表现和载体，是行为文化、制度文化和理念文化的物质基础；制度文化是理念文化的载体，制度文化又规范着行为文化；理念文化是形成行为文化和制度文化的思想基础，也是企业文化的核心和灵魂。

第二节　公共关系管理与企业文化

公共关系管理与企业文化作为新兴的管理学科，在经济领域中发挥了其他学科所不能替代的作用，并且越来越受到社会组织的重视。因此，探讨两者之间的关系，更有助于企业在市场运行中准确运用，赢得公众的支持。

一、公关管理与企业文化的异同性

公关管理与企业文化虽同属于管理学科，两者之间有着内在的联系，但也存在着许多交叉点。

(1)从产生的时间来看：公关管理与企业文化产生于 20 世纪，具有相似的时代背景，是现代文明的产物。这个时期市场竞争激烈，产品、价格、服务已相差无几，以形象为导向的竞争逐渐形成,并显现出其重要性。企业文化比公共关系晚起步约80年,可以说是对公共关系的补充和发展。

(2)从两者对企业的作用看:公共关系管理和企业文化都主要作用于企业和经济领域,两者都以信息为手段塑造形象来完善企业形象,以争取公众的认同。但前者在处理企业与外部关系时发挥的作用更大一些。它靠不断推出富有创意的专题活动吸引公众引起轰动效应,提高企业知名度、美誉度,增强企业和谐度。而后者则侧重对内部员工培训、教育引导、传达企业精神、企业价值观,使内部员工形成强大的凝聚力,共谋企业的发展。

(3)从应对危机的作用看:公共关系管理和企业文化对危机都负有管理责任,但前者特别强调管理危机,而后者则侧重于预防危机。

二、公关管理与企业文化的互补性

由于公共关系和企业文化本身存在着交叉,因此,当两者在更趋细分和专业时,交叉部分也同时在膨胀、增强。当企业文化建设借助公共关系手段进行策划和实施时,企业文化理念的设计和操作,会变得更加深入、系统和规范,并在科学性方向上一个台阶;当公共关系引进企业文化理论后,会使其理论更加进一步深化和完善。

(一)企业文化借助公关管理手段得以充分显现

企业文化借助公共关系手段得以深化、细化、系统化,成为有凝聚力的、有可操作性的企业价值、企业精神、企业道德等,用这些思想去统一人们的行为,造就良好的企业文化。例如,公共关系作为一种"润滑剂",不仅可以减少企业内耗、理顺人际关系,也是医治企业领导者官僚主义顽症的一剂良药,能充分调动员工的积极性,发扬主人翁精神。世界著名三角洲航空公司,为努力培养全体员工"大家庭感情"的企业文化,公司的各层次都实行"门户开放",即公司董事长、总经理办公室的大门是永远敞开着的,欢迎职工来访,鼓励下属直言上诉,对于职工的来信都能负责地妥善处理。公司的最高首脑与全体员工每年至少进行一次生动活泼的"自由讲座",全公司就像是一个和睦、奋进的大家庭,大家互相尊重,彼此信任。"大家庭感情"的企业文化,经过公共关系的精心策划而被公司全体员工所接纳,从而增强了员工的主人翁意识。

企业文化借助公共关系物化形象而得以向外传播企业的价值观、企业的精神,从而影响人们的思想感情。企业价值观、企业精神等都是内在的,它们是企业文化的支柱,但表现得空灵和无形。人们在市场中直接接触到的是产品包装、标准字形、企业标志、企业装饰、吉祥物、名片印刷、员工服饰、厂歌、厂名等,是实实在在、可以触摸的东西,是连接企业与公共之间最直接的物化形象。它们不再是一种简单物化形象。它们无时不在影响人们在市场中的购买、注意、兴趣、喜好、逃避、厌恶、好奇、排斥、追逐等各种行为。

(二)公关管理以企业文化为中心

公共关系必须以企业文化为中心来确立目标和开展工作。只有紧紧围绕企业文化总目标开展的公共关系活动,才能达到树立良好的组织形象和信誉,创造出最佳的内部和外部环境,让社会公众和内部员工认同企业价值观和企业精神。

"想主人事、干主人活、尽主人责、享主人乐"是著名乡镇企业杭州万向节总厂的企业精神。围绕企业精神,该厂开展了多种公共关系活动。例如,1988年7月,国内外用户纷纷向厂方要货,产品供不应求,生产频频告急。这时,该厂不失时机地推出“为国家做贡献的事就在你岗位上”的职工竞赛活动。为此,厂部致信全厂每一位职工,现在工厂欠产已达17万套万向节,能否按时供货,关系到国家信誉和企业形象,尽量满足用户需要,为国家多创汇多做贡献,是每一位职工当家作主的光荣职责。工厂面临的喜与忧一下子成为职工们茶余饭后的热门话题。尽管当时气温高达38℃以上,但大家以主人翁的态度,坚持上班加班,结果超额完成了生产任务,满足了用户的要求,同时,树立起企业良好的信誉。

第三节 企业文化的企业地位

一、企业文化与企业形象的关系

企业形象是企业重要的竞争要素,良好的企业形象是企业不可忽视的无形资产。企业形象是企业文化的外现,是企业文化在传播媒介和对外交往中的映射,企业文化则是企业形象的核心和灵魂,企业形象与企业文化是一种标和本的关系。导入CI,进行企业形象塑造,也是企业文化建设过程中的重要组成部分。

(一)企业形象不同于企业文化

我国形象策划开始于20世纪80年代,先从美术教育界引进,以后应用到企业。所谓企业形象策划,就是人们常说的CI策划或CI战略。CI是英文Corporate Identity的缩写。所谓CI战略,就是对企业形象的有关要素,即企业理念识别(Mind Identity,简称MI)、行为识别(Behavior Identity,简称BI)和视觉识别(Visual Identity,简称VI)进行全面系统的策划、规范,并通过全方位、多媒体的统一传播,塑造出独特的、一贯的优良形象,以谋求社会大众认同的企业形象战略。

企业文化是企业信奉倡导并付诸实践的价值理念和行为方式。企业文化建设,按照美国学者彼得斯和沃特曼所说,就是汲取传统文化精华,结合当代先进管理思想与策略,为企业员工构建一套明确的价值理念和行为规范,创建一个良好的文化氛围,以帮助整个企业进行经营管理活动。

企业形象与企业文化的区别在于:首先,企业文化是一种客观存在,而企业形象则是企业文化在人们头脑中的反映,属于人类的主观意识。如果没有已存在的企业文化,就不会有公众心目中的企业形象,因此,企业文化是企业形象的根本前提,企业文化决定企业形象。

其次,由于人类认识过程受到客观条件(如信息传播渠道)和自身认识水平(如知识、经验)的限制,因此公众心目中形成的企业形象并不一定是企业文化的客观真实或全面的反映,有时甚至还有扭曲的成分。这决定了企业形象与企业文化之间必然存在某些由人类认识造成的差距。当然,随着认识过程的不断深入,两者之间的差距会逐渐缩小。

再次,由于企业出于自身需要,企业文化的有些内容是不会通过传播媒介向外传播的,或是向外传播一些经过特别加工的信息,这也使得企业形象与企业文化在内涵上存在差别。

(二)企业形象与企业文化相互联系

企业文化与企业形象的层次相互对应。从企业形象的构成来看,它的三个层次——理

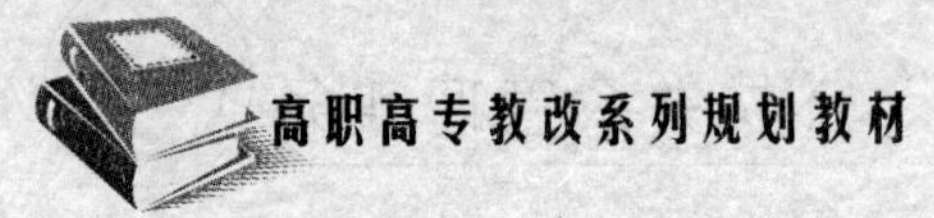

念形象、行为形象和视觉形象，与企业文化的理念层、行为层、物质层之间存在着相互对应关系。企业文化的理念层对应企业理念形象，行为层对应行为形象，物质层对应视觉形象，即：企业文化理念层——理念识别系统；企业文化行为层——行为识别系统；企业文化物质层——视觉识别系统。三个层次的要素相互作用、带动企业经营的发展、塑造企业独特的形象。

（三）企业形象是企业文化的外现

从认识过程来看，客观对象必须转化为可以传播的信息，才能通过媒介和活动被人类认识，这种在媒介上和活动中反映出的关于企业文化的全部信息就构成了企业形象。

CI 策划和实施是建设企业文化的重要方式。在企业文化的建设过程中，往往可以把企业形象策划作为企业文化建设的重要内容。因为企业理念文化的整合，包含了理念识别系统的设计；企业行为文化的规范，包含了行为识别系统的设计；企业物质文化的美化，包含了视觉识别系统的设计。

企业文化塑造着企业形象，要塑造有特色的企业形象，就需要有建设、有差别的企业文化。同时，CI 策划也不是企业孤立的行为，它已成为企业文化建设的一种重要方式。

1. CI 策划设计了一定时期企业的目标文化模式

企业文化建设是在充分认识分析现实企业文化的基础上，根据社会发展要求和企业发展战略制定出目标企业文化模式，作为今后建设和努力的方向。CI 策划的关键步骤是要设计包括企业使命、企业目标、企业价值观、企业道德等在内的企业理念，即目标企业文化理念层的全部要素。并以此为指导设计企业的行为形象、视觉形象，即目标企业文化的行为层面和物质层面的内容。

2. CI 的内部实施过程构成企业文化建设过程中的重要组成部分

CI 在企业内部的发表和实施过程，就是企业理念被员工自觉遵循、企业制度和行为规范被员工遵守、企业视觉形象被员工认同的过程，因此它成为建设企业文化的重要组成部分。

3. CI 的对外实施有利于实现企业文化的辐射功能

企业文化塑造着企业形象，而企业形象深刻地反映企业文化的特点和内涵。企业形象通过企业活动必然对本地区、乃至国内外企业产生一定的影响，企业形象所反映的企业文化观念、规范等内容也同样会对社会产生某种程度的影响。先进的企业文化对社会文化的发展有积极的推动作用，这种对社会的影响就是企业文化的辐射作用，CI 战略的实施就是这种辐射作用的贯彻和体现。

二、企业文化与企业品牌的关系

企业文化支撑着品牌的塑造，品牌在很大程度上说是企业文化的载体和象征。品牌与企业文化的关系，犹如枝繁叶茂的大树与其赖以生长的肥沃土地之间的关系一样，不可分离。只有肥沃的企业文化土壤，才能孕育享誉中外的名牌，或者说，一个有名的品牌背后一定有深厚的企业文化根基。名牌是企业培育的，每个企业的名牌又都有自身企业价值观的烙印。当然，品牌一旦得到市场认可后，就将以它巨大的扩散效应传播企业文化。

（一）名牌反映企业理念

名牌反映了企业先进的价值理念。如索尼反映的是一种不断创新、不断开拓进取、不断追求卓越的经营哲学;同仁堂集团所反映的是"同修仁德,济世养生"的企业信念。

任何一种成功的企业品牌,不仅是依靠其产品优良的品质性能,而且比别人更胜一筹的是它的品牌后面蕴藏着丰富的文化内涵。以黄色 M 字为标志的麦当劳企业,在世界各地拥有 6500 多家连锁店,是世界上最大的饮食企业。麦当劳的企业理念是 Q、S、C、V,即优质(Quality)、服务(Service)、清洁(Clean)、价值(Value)。

(二)名牌需要企业文化支撑

虽然名牌概念主要是针对产品而言,但任何品牌在一开始都不是名牌,品牌之所以能够成为名牌,完全是企业下大功夫精心培育的结果。所有的成功地培育出名牌产品并且使名牌的价值不断增长的企业,除了一流的设备、强大的资金、先进的技术外,都有一整套与之相适应的企业文化因素。这些文化因素对于孕育名牌、创造名牌、维护名牌、开拓名牌具有巨大的无形的影响,它们构成了企业文化中的一道独特的风景——名牌文化。森达集团董事长朱相桂提出的"大名牌要有大文化"所指的就是这种名牌文化。

三、企业文化与企业战略的关系

企业文化是激发人们热情,统一群体成员意志的重要手段。企业文化代表组织成员的共享的价值理念和行为方式,任何一个组织客观上都应该有一个特别的不同于其他组织的思想理由,而不论其战略管理者是否意识到是否能用文字表达出这种特别重要的理由。

每个行业都存在行业文化,而且行业之间的文化往往有着较显著的差异,比如制造业的文化就有行业自身的特点,从管理方面来说,它可能比较严格,注重质量的管理、生产的效率、纪律性等;而一些新兴产业,如 IT 行业的特征则更多地注重宽松的环境、注重员工的创新性、注重相互之间的交流。因此企业在制定战略时,特别是考虑行业选择时,必须以目前本企业的文化现状为基础。每一个行业都有其文化个性,在这个行业没有革命化的变化之前,行业的基本特性是不会改变的,是必需的。因此,企业的文化特质在很大程度上决定企业总体战略中有效的行业选择。企业战略一旦制定,就需要全体成员积极有效地贯彻实施。

(一)企业文化为战略实施提供行为导向

企业文化的导向功能是指它对企业行为方向的显示、诱导和坚定作用。首先,企业文化能显示企业发展方向。企业文化以概括、精粹、富有哲理性的语言明示了企业发展的目标和方向,这些语言经过长期的教育、潜移默化,已经铭刻在广大员工心中,成为其精神世界的一部分。其次,企业文化能诱导企业行为方向。企业文化建立的价值目标是企业员工的共同目标,它对员工有巨大的吸引力,是员工共同行为的巨大诱因,使员工自觉地把行为统一到企业的期望的方向上去。因此优秀的企业文化能有效地弥补人的有限理性的不足,将广大员工的行为引导到共同的企业发展目标和方向上来。

(二)企业文化与企业战略相互适应和协调

由于一个企业的企业文化是相对稳定的,不易变革,有一定持续性,因而,企业战略的制定和实施都必须适应已有的企业文化,不能过分脱离企业文化现状。从战略实施的角度来看,企业文化既要为实施企业战略服务,又会制约企业战略的实施。当企业新的战略要求企业文化与之相配合时,企业的原有文化变革速度却非常慢,不能很快对新战略做出反应,这

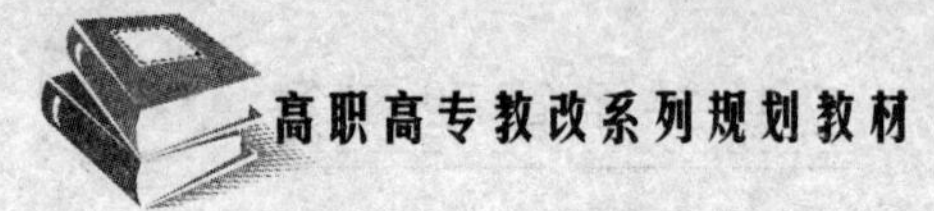

时企业原有文化就成为实施企业新战略的阻力，因此在战略管理过程中，内部新旧文化更替和协调是战略实施获得成功的重要保证。哪一种企业文化最适合于企业的行业特性并能自觉地推动战略目标的实现，企业就必须根据自身的行业特点去寻找这种文化或是建立这种文化，使企业文化的特性与产业的特质一致，以使企业获得自觉的发展。要使企业文化在行业中树立竞争优势，就必须将这一目标具体演化为与行业相适应的使命、精神、价值观、行为方式等，并使其员工对此有普遍的认同和自觉，使之成为文化并推动企业的战略目标成为一种可操作的实现过程。

第四节　建设企业文化的基本程序

一、建设企业文化的基本原则

（一）文化建设要与企业战略管理相结合

企业文化由于其导向、约束、凝聚、激励等重要功能，成为企业战略实施的重要手段。但当企业战略发生较大调整时，企业文化由于变革的缓慢又可能制约企业战略的实施，因此，企业文化必须与企业战略相适应。加强企业文化建设，首先必须有一个明确的企业发展战略。只有紧紧地将文化建设与战略管理相结合，企业文化建设才能有不竭的动力和明确的方向。

（二）文化建设要体现行业特点和企业个性

企业文化是一种亚文化，既存在于民族社会文化之中，又因各企业的类型、行业性质、规模、人员结构等方面的差异而有所不同。企业文化的共性是时代特征和社会特征的综合体，反映了社会环境对企业文化的影响。然而，企业文化又是企业基本特点的体现，是一个企业独特的精神和风格的具体反映，并以其鲜明的个性区别于其他企业，形成自己的具体特点。每个企业应根据本企业的具体情况，因地制宜地建设适合自己需要的、具有行业特点和自己特色的企业文化。

（三）文化建设要与形象管理相互促进

企业文化是企业形象的内在根基，企业形象是企业文化的外在表现。企业形象是企业内外对企业的整体感觉、印象和认知，是企业状况的综合反映。企业形象是企业在与社会公众（包括企业员工）通过传播媒介或其他方法的接触过程中形成的。当企业在社会公众中具有良好形象时，消费者就愿意购买该企业的产品或接受其提供的服务；反之，消费者将不会购买该企业的产品，也不公接受其提供的服务。因此企业应将文化建设和形象管理有机地结合起来。

（四）文化建设要能够发挥领导作用

文化是人们意识的能动产物，不是客观环境的消极反映。在客观上，对某种文化的需要往往交织在各种相互矛盾的利益之中，羁绊于根深蒂固的传统习俗之内，因而一开始只有少数人首先觉悟，他们提出反映客观需要的文化主张，倡导改变旧的观念及行为方式，成为企业文化的先驱者。正是由于领导群体和先进分子的示范,启发和带动了企业的其他人,形成了企业新的文化模式。领导群体对新文化的塑造可以起到很好的倡导和总结的作用,可以起到很好的宣传和鼓动作用,可以起到很好的表率和示范作用。

(五)文化建设要反映员工的共同愿望

企业终究是由广大员工组成的,文化体系的最终完成与实现有赖于他们的认同、积极配合与行为上的支持,因此文化建设必须以全体员工的整体愿望为基点。也只有如此,才能确保文化建设的有效性。

(六)文化建设要贯彻共识原则

"共识",即共同的价值判断。共识是企业文化的本质。企业文化建设强调共识原则,是由企业文化的本质所决定的。人是文化的创造者,每个人都有独立的思想和价值观,都有自己的行为方式。如果在一个企业中,任由每个人按自己的意志和方式行事,企业就可能成为一盘散沙,不能形成整体合力。企业文化不是企业中哪个人的"文化",而是广大成员的文化。因此,只有从多样的群体及个人价值观中抽象出一些基本信念,然后再由企业在全体成员中强化这种信念,进而达成共识,才能使企业产生凝聚力。可以说,优秀企业文化本身即是"共识"的结果。建设企业文化必须不折不扣地贯彻这一原则。

二、启动和调研

企业文化建设是一项复杂而艰巨的系统化过程,也是一个循环往复和不断发展的动态过程。建设企业文化的基本程序,一般包括启动和调研、既有文化的梳理与新文化要素的提出、导入和实施以及巩固与完善或变革等四个环节。

(一)文化的梳理

企业文化建设首先要有的保障,通常应构建企业文化建设委员会及其工作机构。为有效地进行企业文化建设,就需要深入了解该企业的企业文化现状和企业未来的发展趋势,因此需要全面开展企业文化调研工作。在企业文化调研的基础上,企业应对既有文化进行认真全面的梳理。将那些符合当前和未来发展战略要求的文化内容保留下来,而破除那些违背当前和未来发展战略要求的要素,并使企业文化呈现出科学的体系性。

(二)文化设计的基本原则

1. 从实际出发和积极创新相结合

企业文化的设计不能脱离实际,只有使目标企业文化与企业员工现有素质、心态相适应,真正反映广大员工的心声,体现企业的传统特色,才能被企业多数员工所认同和接受,才能逐渐扎根于群体意识之中。但设计后的企业文化不是对现有文化的简单总结、归纳和表述。而要有一定的升华,需要对现有文化进行创新,反映一定的前瞻意识,从而使企业文化保持先进性,能够对企业发展起到积极的引导和促进作用。

2. 创造个性与体现共性相结合

企业文化有个性而无共性不能融于社会,有共性而无个性将缺乏生命活力。企业文化无疑应该具有鲜明个性特征,即反映企业独特的文化信仰和追求。具有个性才能具有针对

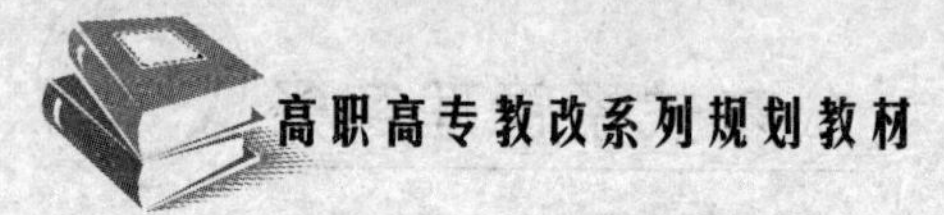

性和指导性。但也应注意到，在一定的社会政治制度、经济条件和社会文化环境中的企业文化具有很多共性的特征。只有在创造个性的同时，注重体现共性，注重从社会文化和其他企业中吸收借鉴有益的文化成分，才能使目标企业文化具有强大的生命力。

3. 领导组织和群众参与相结合

企业文化的梳理（包括提炼、概括和确定）一般由企业领导者进行组织，广泛发动群众，自上而下，自下而上地反复酝酿、讨论、提炼概括，然后经企业领导者和企业中员工共同确认，再最后确定。企业文化的梳理过程既是员工参与讨论和决策的过程，也是员工自我启发和自我教育的过程，以及企业领导、企业员工之间价值观念的沟通过程。所以，企业文化设计不能由企业领导个人完成，应由企业全体干部员工共同完成。

三、导入和实施

企业文化设计后，就要创造条件付诸实践。即把企业文化确定的价值观全面地体现在企业的一切经济活动和员工行为之中，同时采取必要的手段，强化新理念，使新型的企业文化要素逐步得到普遍认同。

（一）创新文化运行机制

不断深化企业改革，推行现代企业制度，科学管理；加强员工的培训，不断造就训练有素的员工队伍；积极开展民主管理活动，创造一个民主和谐的“家庭环境”，完善分配机制，建设一个牢固的企业命运共同体。

（二）加强宣传

企业文化设计后，企业领导者在工作实践中要积极宣传、示范、身体力行。其次通过对员工，尤其是新员工进行灌输教育，办企业文化宣传刊物，开展旨在宣传企业文化的各种生产经营活动或文娱、体育活动，使企业形成浓厚的舆论氛围，让员工潜移默化地接受新的价值观，并逐渐用以指导自己的行为。

（三）利用制度、规范进行强化

导入无形的企业价值观念，不能单纯停留在口号上，必须寓于有形之中，把它渗透到企业的每一项规章制度、政策及工作规范、标准和要求当中，体现在各种活动和礼仪之中，使员工从事每一项工作、每一项活动都能够感受到企业文化在其中的引导和控制作用。

（四）鼓励正确行为

企业价值观的最终形成是一种个性心理的积累过程。这一过程需要不断地强化。当人的正确行为受到鼓励以后，这种行为才能再现，进而成为习惯稳定下来，并逐渐渗透到人们的深层观念之中。不仅如此，对先进人物以及正确的行为进行鼓励，也给其他人树立了仿效的榜样，从而产生模仿效应。因此，对符合企业价值标准的行为不断地给予鼓励和强化，是导入企业文化不可或缺的重要一环。

四、巩固和完善

企业文化需要在实践中不断得到巩固，并且随着企业经营管理实践的发展、内外环境的

改变,企业文化还需要不断充实、完善和发展。企业领导者要依靠广大员工,积极推进企业文化建设,及时吸收社会文化和外来文化中的精华,剔除本企业文化中沉淀的消极成分,不断对现有文化进行提炼、升华或变革,从而更好地适应企业变革与发展的需要。

企业文化的完善提高,既是企业文化建设一个过程的结束,又是下一个过程的开始,是一个承上启下的阶段。企业文化建设与企业文化的演变规律相适应,是一个不断积累、传播、冲突、选择、整合、变革的过程,循环往复,永无休止。企业文化建设不是经过一两次循环就能完成的,它与企业文化的运动相适应,是没有止境的。但需要说明的是,一种积极的企业文化体系和模式一旦构建完成以后,就会在一个较长的时间内发挥作用。企业文化建设的任务在于更多积累、传播、充实、完善,只有当企业内外环境发生了急剧变化,企业战略要素发生重大改变,企业文化产生了激烈冲突,需要选择、整合和变迁的时候,企业文化建设的任务才是对原有文化实行彻底的扬弃,重新构建和创造新型的企业文化。

五、生命周期

众所周知,生物体都会经历一个从出生、成长到老化、死亡的生命历程,生物体的生命周期不可逆转。区别于生物体,企业通过有效的管理,解决特定生命周期阶段的问题,从而使老化的过程发生逆转。成功管理的目的使企业平衡成长并永葆青春。

查克·爱迪思指出,生命周期的概念不只适用于生物体,而且也适用于企业这样的经济组织。企业实际上就像生物体一样,也有生命周期性。在企业生命周期的每一个阶段,企业将呈现不同的文化特征。

企业文化积累过程不单是旧文化质的堆积和重复,还包含着新文化质增长。新文化质的增长是企业文化积累的另一个重要特征。保存和增长是同一积累过程的两个方面。

新的文化质增长的意义在于对已有企业文化的完善充实和创新。一种企业文化,纵然是定了型的,也还有许多不完备之处。创造一件文化珍品需要反复琢磨,不断加工,才能使其精益求精。企业创造的自己的文化,也是如此。只有不断增长其新特质,才能使它变得日益强大。同时,增长新文化质还有经过修正、改变旧的企业文化意义。一种企业文化只适用于特定的企业环境和条件。当企业环境和条件改变之后,必然暴露出不适用的弱点。这就要求诞生新的文化质,修正和改变某些旧的文化质,以适应企业组织生存、发展条件变化的需要。

不断增长的新文化质主要来源于两个方面:其一是企业自己提出的新观念,创造的新作风,建立的新习俗和新礼仪;其二学习、借鉴其他优秀企业的文化。如学习国外企业文化和国内其他企业的文化管理经验,吸收人家的精华,模仿人家的形式,以丰富完善自己。

企业文化既是有界又是无界的,所谓有界是指一种企业文化只适用于某个特定的企业,只适用于这个特定企业的生存和发展环境。出了这个企业边界,改变了企业的生存、发展条件,它就成为无助于企业的东西了。所谓无界是指作为理念形态的企业文化,它的传播是不分国家,没有区域界限的,它总是冲出自己的文化区界,向别的区域扩散、渗透。因此,企业与企业之间,在文化方面,也总是处于相互学习、借鉴、仿效和吸收之中的。美国、日本和我国的许多企业都曾有过这种实践。

本章小结

本章主要阐述了企业文化的理念文化、制度文化、行为文化和物质文化等内容。企业文化是指现阶段企业员工所普遍认同并自觉遵循的一系列理念和行为方式的总和，通常表现为企业的使命、价值观、行为准则、道德规范和沿袭传统与习惯等。

企业文化建设的任务在于更多积累、传播、充实、完善，只有当企业内外环境发生了急剧变化，企业战略要素发生重大改变，企业文化产生了激烈冲突，需要选择、整合和变迁的时候，企业文化建设的任务才是对原有文化实行彻底的扬弃，重新构建和创造新型的企业文化。

学习本章应注意了解企业文化与公关管理的关系，注意探讨企业文化的涵义和特征，把握其鲜明的个性；应明确企业文化的基本原则，并注意其在公共关系管理实践中的作用和功能的发挥。通过学习本章，可为公共关系管理全学科的学习打下坚实的理论知识基础。

案例分析

胡鞍钢博士的惊叹：一台也生产？!

2001年6月22日，时任中国科学院、清华大学国情研究中心主任胡鞍钢博士参观了海尔特种冰箱事业部生产线。在生产车间，胡鞍钢博士被一块“海尔特种冰箱B2B、B2C创新定单排期表”吸引住了，表格中填满了出口到各个国家的定单的接收日期、数量、交货期及特殊要求等。最吸引胡鞍钢的是这些定单当中居然有的只有10台！

“我们的定单还有一台的呢！”特种冰箱事业部综合部部长王暖诚告诉胡鞍钢，胡鞍钢瞪大了眼睛颇为惊奇：“一台你也干?!”“生产一台很正常，我们满足的是用户个性化的需求，而且这些冰箱是‘有主的’，我们都是根据这些定单去生产……”王暖诚介绍道。胡鞍钢称赞道：“怪不得海尔不用打价格战，你们越是这样做，用户感到越珍贵……”抬起头，胡鞍钢看到是一条醒目的标语——“专注于用户需求而不是专注于竞争对手”。

案例点评

海尔的企业文化建设紧紧围绕它的客户和市场，这是海尔不用打价格战的原因，是海尔发展壮大的保障。只有关注市场动态，不断的更新观念，企业才能持续发展，偏离客户和市场，企业文化就成为一句空话。

案例讨论题

海尔的企业文化体现在案例哪里？你受到什么启发？

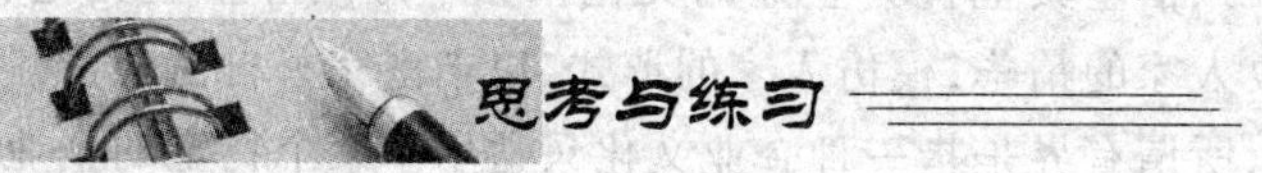

一、填空题

1. 企业文化的基本结构由(　　)、(　　)、(　　)及(　　)四者构成。
2. 建设企业文化的原则是(　　)、(　　)、(　　)、(　　)、(　　)、和(　　)。
3. 企业文化设计的基本原则为(　　)、(　　)、(　　)三部分。

二、选择题

1. 企业理念文化不包括(　　)。

A. 企业形象　　B. 企业使命
C. 企业价值观　　D. 企业精神

2. (　　)是指企业员工在生产经营、学习娱乐中产生的活动文化,包括企业经营教育宣传、人际关系活动、文娱体育等活动中产生的文化现象。

A. 企业物质文化　　B. 企业行为文化
C. 企业理念文化　　D. 企业制度文化

三、思考题

1. 什么是企业文化？它有哪些特征和功能？
2. 我国应建立什么样的企业文化？
3. 公共关系管理和企业文化有何关联？
4. 企业文化的企业地位如何？
5. 建设企业文化的基本程序有哪些步骤？

第二部分　实务操作

第八章　公共关系管理专题活动

重点难点

1. 公关管理专题活动的基本原则
2. 公关管理专题活动的基本要求

关键词

专题活动　庆典　赞助

第一节　公共关系管理专题活动概述

公共关系管理专题活动是社会组织为了达到预期的商务公关目标,以一个明确的主题为中心,采用特定的形式,有计划开展的各种社会活动。公共关系管理专题活动,能把组织与广大社会公众紧密地联系在一起,增强公众对组织的亲近感,吸引社会舆论对组织的兴趣与注意。它也是一种有效的传播形式。

一、公共关系管理专题活动概念

公共关系管理专题活动指公共关系管理活动中,针对某种特定的主题,利用某种特定的时机举办的公共关系管理活动。公共关系管理专题活动是公共关系管理工作重要的有机组成部分,同其他任何传播、沟通方式或活动一样,公共关系管理专题活动也属于公共关系管理的手段,所不同的是,公共关系管理专题活动是借助特定主题而开展的同公众共同交往的特殊活动,因而其效果显著且具有明显的共识性。组织之所以要不断开展公共关系管理专题活动,就是为了不断增进同公众之间的面对面共同交往和紧密联系,从而使双方关系的协调步入实质性的促进阶段。公共关系管理专题活动同人类社会生活中的任何其他种类的活动一样,以人们聚集起来一同活动为基本形式,借助活动形式,使人们的生活有了新鲜的情绪体验、良好的思想情感交流、饶有兴致的情趣欣赏、密切的关系促进和感染人的情感氛围激越。所不同的是,公共关系管理专题活动是为协调组织与公众之间关系而组织策划的,更有自己的特色和魅力。

二、公共关系管理专题活动的基本原则

公共关系管理专题活动的开展,没有固定的条条框框,允许人们采用不同的方法,这也

是公共关系管理成为智慧行业的原因所在。但要注意以下几点原则

(一)服务社会原则

公共关系管理活动以传播信息来展开,其目的是使组织与其公众相互了解与适应。这种"了解与适应"的共同基础是最佳社会效益,公共关系管理只有以此为依据,方能获得社会的认可。

社会效益既包括了组织的自身利益,也包括了社会公众的利益,这两种利益相互影响,休戚相关。一方面,作为组织它的工作目标就是努力推进本组织发展,在维护或塑造本组织社会形象的基础上,追求组织的经济效益,另一方面,组织作为社会成员的一分子,它的发展离不开社会的发展,因而它在追求自身效益获得之时,首先应考虑社会整体效益是否得到了实现。组织如果能对社会效益予以关注,那么对争取公众舆论,扩大组织影响,树立组织形象是大有益处的。虽然这方面的作用表现的不是那么直接、明显、具体、迅速,但它所蕴涵的潜在效能却非常可观。这方面的社会效益主要指与大众生活有关的一些公益活动或设施。如参加社会公益劳动,关心城市建设以及环境保护,支持社区公共事务,从事社区福利事业,开展社会性文体活动,促进文化教育事业的发展及良好的社会风气的形成等。

组织要提高参与社会的自觉性与主动性,增强社会责任感。真诚地服务于社会,不失时机地主办或开展一些受人欢迎的公益活动,这对提高组织的知名度,增加经济效益也是很有作用的。

红桃 K 集团稍有成功,就把社会和消费者作为企业的"恩人",始终奉行"来自民众,回报社会"的企业宗旨。1996 年 6 月,红桃 K 集团积极参与了"希望工程"有奖储蓄,认购 10 万元;1997 年 1 月,向湖北见义勇为基金会捐资 100 万元;年底又为全国"知识工程"捐助 1000 万元;从 1998 年,陆续出资 1000 万元,沿长征路援建乡镇卫生院、所,帮助贫困地区群众改变缺医少药的现状……。这些数字的背后是一颗颗积极回报社会的赤诚之心。

(二)真实信用原则

真实信用原则是公共关系管理原则的组成部分,是公共关系管理活动成败的关键。真实与信用是并存的,没有真实就没有信用,是真实创造了信用。公众只相信真话,为了生存和发展,组织的经营和发展都要以诚为基础,树立自己真实的形象。真诚信用的原则是指从事公共关系管理工作,要以利国利民为宗旨,以真实为基础,以信誉为目标,尊重客观事实。"诚能生信,金石为开"。

中央电视台"实话实说"栏目是收视率最高的金牌栏目,原因也就在于"说实话",主持人的平民气质,栏目形式的轻松性与贴近大众的内容选择,使观众产生一种亲切感、信任感,收视率上升也就是很正常的事了。

2001 年中秋节前,南京冠生园用陈馅翻炒后再制成月饼出售的事件被媒体披露曝光。一时举国哗然,各界齐声痛斥其无信之举。

老字号的南京冠生园月饼顿时无人问津,很快被各地商家们撤下柜台,时值月饼销售旺季,其销售却一下子跌入冰点。许多商家甚至向消费者承诺:已经售出的冠生园月饼无条件退货。面对危机南京冠生园还是没有表现出应有的诚信。先是辩称这种做法在行业内"非常普遍",绝不是南京冠生园一家。在卫生管理法规上,对月饼有保质期的要求,但对馅料并没有时间要求,意即用陈馅做新月饼并不违规。随后又匆忙发出了一

份苍白无力的公开信继续狡辩,却始终没有向消费者作任何道歉,其所作所为不仅令消费者更加寒心,也进一步将自身信誉丧失殆尽。信誉的失落使多年来一直以月饼为主要产品的南京冠生园被逐出了月饼市场,该公司的其他产品如元宵、糕点等也很快受到“株连”,没人敢要。不久,江苏省和南京市卫生防疫部门、技术监督部门组成调查组进驻该厂调查,该厂的成品库、馅料库全部被查封,各类月饼2.6万个及馅料约500桶被封存,南京冠生园食品厂被全面停产整顿。尽管有关部门后来通知商家南京冠生园的月饼经检测“合格”,可以重新上柜,但心存疑虑的消费者对其产品避之惟恐不及,冠生园月饼再也销不动了。

因“陈馅月饼”事件在全国掀起轩然大波的南京冠生园以“经营不善,管理混乱,资不抵债”为由向南京市中级法院申请宣告破产。

这家有着70年历史的知名企业即将寿终正寝,令人伤感、痛惜。南京冠生园因何破产?感慨之余人们纷纷评说。一位经济学专家痛切地指出,南京冠生园的破产与其说是经营破产,不如说是信誉破产。

(三)平等互利原则

任何组织在社会实践中,都希望得到对方的尊重与信任;同时,也都希望在平等的交往中满足自己的需要,即所谓平等互利。在处理与消费者关系时,尤其要坚持平等互利这一原则。

在市场经济不断发展和完善的今天,消费者的权益绝不能被忽视。从“零开始特许加盟”到“非零开始特许加盟”是肯德基在全世界拓展业务的一种有效的方式,至今已超过了20年。在中国,肯德基于1993年在西安授权了第一家特许经营的公司,2000年8月,中国地区第一家“不用从零开始经营”的肯德基特许经营加盟店正式在常州溧阳市授权转交,至今,已有11家“不用从零开始经营”的肯德基餐厅被授权加盟。目前肯德基在中国95%的餐厅都是餐厅直营的,只有5%的加盟餐厅。必胜客在中国也设有100多家餐厅,其中有三分之一的餐厅是由特许加盟者来管理的。加盟商在加盟肯德基的同时,他们也同时开始了与肯德基平等互利、同舟共济的合作。为了促进肯德基在中国稳步发展,让更多城市的消费者在家门口就能够品尝到与世界任何一家肯德基餐厅一样的肯德基美食,肯德基于1993年就在中国开始了加盟业务,1998年年底肯德基再次在中国市场寻找加盟伙伴,并公开宣布了特许经营的加盟申请条件。

在最近的两年中,肯德基计划对加盟申请者开放中国境内非农业人口大于15万小于40万,年人均消费高于人民币6000元的城市(有肯德基合资企业的城市除外),即经过肯德基公司对加盟申请者从融资实力,到经营管理等各方面非常严格的审核,加盟者可以买下肯德基一家或几家包括餐厅经营场所,所有配套的设备、设施和经验丰富的餐厅管理人员在内,正在营运并赢利的肯德基餐厅,一家“不用从零开始”经营的肯德基餐厅。

肯德基在中国的发展潜力是巨大和难以估量的,中国将会成为世界上最大的快餐业市场。没有哪一个企业能够完全占有中国市场,依靠热爱肯德基品牌的加盟者来共同发展中国的肯德基,从而实现肯德基、加盟商和消费者三赢。

(四)长期努力原则

组织要凭借公共关系管理在公众中塑造良好形象,进而达到让组织获益的目的,绝非一日之功,必须经过长期而艰苦的努力。如果说,广告和推销大量地考虑到眼前效益的话,公共关系管理则更多的是着眼与未来。正如萨姆·布莱克所说的,公共关系管理需要精心的策划和持续的努力。

对一个组织而言,公共关系管理活动不是某一项具体的工作任务、工作目标,而是一个长期的、有计划的、充满艰辛与坎坷的系统性工程。每一次集体的公共活动都必须经过周密细致的准备,踏实而稳健的行动,都要做到着手于现在,着眼于长远。任何短视的和急功近利的行为都是要不得的。

(五)全员 PR 原则

这是公共关系管理的一个重要原则。它强调公共关系管理工作决不仅仅是公关专业人员的专利,任何组织,上至最高领导,下至普通员工,也都应把自己看做是公共关系管理的工作者。因为,公共关系管理不是抽象的而是具体的;不是神秘的,而是实实在在的。一个组织要想在公众中树立美好形象,仅凭公关机构策划几次专题公关活动是远远不够的。它要求组织的全体成员自觉具有公关意识,通过自己的一举一动,一言一行,很自然的进入公关角色,大家共同努力塑造本组织的美好形象。

三、公共关系管理专题活动的基本要求

公共关系管理专题活动是组织围绕某一明确的目的而开展的活动,是一项操作性、应用性和技术性很强的工作。为了确保专题活动的公共关系管理效果,开展公共关系管理专题活动必须讲究基本的活动策略,掌握基本技巧,注意工作方法。

(一)明确目标

目标是公共关系管理专题活动的灵魂和统帅。目标直接影响着公共关系管理专题活动的整个发展过程,明确的目标不仅可以提高专题活动的工作效率,而且可以增强专题活动对公众的影响,扩大专题活动的工作效果。

组织的一切公共关系管理活动的目标,都是为了塑造组织的良好形象,使组织形象深受广大公众的喜爱。专题活动从长远来看,是为了塑造组织的形象;从近期来看,就是围绕这一主题开展活动,并通过这项主题活动吸引公众、赢得公众,因此,专题活动的目标是有层次性的,要求做到近期目标和长远目标的一致和统一。

筹办专题活动,首先要选择好明确而具体的公共关系管理专题活动目标,然后才能根据工作目标确定专题活动的主题、内容和范围。公共关系管理专题活动的工作目标不能过于抽象,更不能含糊其辞。一般来说,专题活动只有一个基本的工作目标,这个目标必须具体、明确。常见的专题活动工作目标主要有:让公众接受某个信息;消除公众对社会组织的误解和偏见;让公众知晓组织的新发展(如技术革新、管理创新、新产品问世等);加强内部公众的相互了解及相互信任,巩固社会组织与社区公众的友好关系。促成新闻界对组织的关注;鼓动公众支持组织的某项决策;收集公众对组织的意见和对组织的建议等。

(二)精选主题

公共关系管理专题活动的主题是公共关系管理专题活动目标的具体体现。

公共关系管理专题活动要有明确的主题。并且围绕这一主题开展特殊方式的活动。它

通过引起舆论和公众的关注,引发他们的浓厚的兴趣,使组织形象在公众的心目中留下深刻印象。明确的主题可让公众与舆论更好地知晓组织行为目的及其活动的意义,加强对组织的了解。

选择专题活动主题应掌握以下原则。

1. 主题与目标一致

专题活动的主题要与组织的公共关系管理目标相一致。任何有悖于目标实现的专题活动,无论其设计如何精彩,都应当放弃。

2. 主题与公众心理、社会发展一致

任何一项专题活动的主题首先必须符合公众的心理要求。其次,主题必须符合社会发展的要求,符合时代的特征。

3. 主题必须个性鲜明、富有特色

特色是鲜明的个性,是有别于其他活动的特性。个性是提高知名度的重要因素,没有个性,主题千篇一律,专题活动就不会有满意的效果。

4. 主题言简意赅,易于传播

主题的表现形式是多种多样的,可以是一次赞助活动,可以是一次庆典活动,也可以是一种公益性活动,而主题的表达只能是一句话或一段精辟的文字或一首歌等。无论是一句话、一首歌或一段文字,都要求容易传播,要朗朗上口,要具有震动力、冲击力。

(三)周密筹备

公共关系管理专题活动工作量大、涉及面广,需要精心准备和系统规划。一个专题活动往往是多个活动的组合。例如,一个庆典活动,可能要涉及宴请、仪式、联欢、新闻发布会等多项活动。

在公共关系管理专题活动的筹备工作中,主要做好以下几件事。

1. 确定名称

名称是公共关系管理专题活动的窗口。一个好的名称,可以增强公共关系管理专题活动的吸引力。理想的名称,既要简明精确地体现专题活动的主题内容,又要有丰富的文化艺术色彩。

2. 选择日期地点

开张吉庆、周年纪念、节假日以及某些社会活动时期都是开展公共关系管理专题活动的黄金时间,但公共关系管理专题活动的时间安排不能与重大事件或重大节日相冲突。开展专题活动的地点,一般选择组织所在地或组织熟悉的地方,因为在熟悉的地域内,对公众比较了解,容易满足公众的心理需求。此外,也可以选择交通方便或公众集中的地方。公共关系管理专题活动的时间和地点确定后,应提前一周左右通知公众,以便让公众及早做出安排。

3. 准备接待

公关接待人员应当穿戴醒目的制服,并有明确的分工,同时要做到热情主动、彬彬有礼、洒脱大方。

(四)策动媒介宣传

为了扩大公共关系管理专题活动的影响范围,造成公共关系管理专题活动的轰动效应,使公共关系管理专题活动取得更大程度上的成功,组织必须策动媒介宣传,利用传播媒介增强公共关系管理专题活动的辐射力。

在公共关系管理专题活动过程中,为了充分发挥传播媒介的作用,策动媒介宣传应做到:

(1)力求使公共关系管理专题活动中充满特色、富有魅力、规模适中,以引起新闻媒介的关注,争取新闻媒介进行必要的报导;

(2)开展公共关系管理专题活动时,应事先邀请新闻记者召开记者招待会,把有关的背景资料寄给新闻单位,争取电台、电视台、报刊杂志为公共关系管理专题活动进行报道、宣传;

(3)积极制作组织的媒介刊物,如厂报、厂刊、宣传材料、画册、书籍、广播稿、黑板报等,及时向公众发布有关的信息,使公众充分知晓公共关系管理专题活动的内容;

(4)自觉做好公共关系管理专题活动摄影工作和访问工作,主动为新闻记者和电台报刊提供宣传材料和新闻稿。

(五)灵活驾驭

组织制定公共关系管理专题活动的计划和方案时,不可能预见到所有可能发生的问题,因此,公共关系管理专题活动主持人必须具备较强的组织能力和驾驭能力。既能使专题活动按照原定的基本程序进行,又能及时处理各种突发事件;同时,还能利用专题活动过程中出现的各种机会,机智幽默地活跃专题活动的气氛,使整个公共关系管理义务专题活动盎然有趣、轻松活泼而又井然有序,提高专题活动艺术感染力。

第二节 庆典活动

庆典活动是社会组织为与公众沟通信息,联络感情,增进友谊,提高知名度而利用重大节日或纪念日举行的专题活动,它包括开业典礼、周年纪念活动、节日联谊会、联欢会等活动形式。与社会组织平常的活动相比,庆典活动更具有特殊性和隆重性,因而能引起较广泛的社会影响。

一、庆典的类型

组织庆典活动的范围较广,形式较多,概括起来主要有以下几种类型。

(一)开业庆典

开业庆典是组织在新成立时或重大活动的开幕时、组织重要机构组建时举办的庆典活动。通过开业庆典,组织不仅可以向社会公众和舆论传递信息,通报情况,扩大影响,还可以得到社会公众的祝福和祝愿,为获得今后事业的顺利发展奠定基础。可以说,一个成功的开业庆典,就是社会组织事业发展的一个重要里程碑。

(二)周年庆典

周年庆典是组织在开业纪念日举行的庆祝活动和纪念活动。可以每年举行一次,也可以五周年、十周年等举行一次。周年庆典是社会组织进行公关活动的有利时机,通过这一机会向社会公众宣传自己的历史、发展、成就和对社会的贡献等,制造出有影响的新闻,有助于提高组织的知名度和声望。

(三)庆功庆典

庆功庆典是组织在工程竣工、建筑物落成或取得某项战略性成果时为祝贺成功而举行的庆祝活动。庆功庆典有着锦上添花的作用。组织趁机造势,凭借组织在公众心目中的良好印象再做出公关努力,有助于进一步强化并扩大这种良好的形象。

(四)节日庆典

节日庆典,包括国家法定节日(如元旦、劳动节、儿童节、建党节、建军节、国庆节等),民间传统节日(如春节、端午节、中秋节等),国际性节日(如情人节、妇女节、圣诞节等)以及其他重大事件节日等,为庆祝和纪念这些节日而举办的典礼仪式或各种联谊活动(如大型游园、团拜会、嘉奖等)统称节日庆典。组织举行节日庆典活动,可以借助热闹的节日气氛宣传本组织,融洽各种社会关系。

(五)表彰庆典

表彰庆典即发奖、授勋仪式,一般以表彰大会的形式出现。组织举行这类庆典活动的目的在于宣传和弘扬先进模范人物或集体的优秀事迹和高尚精神,并授予其光荣称号、勋章、奖旗、奖状及物质奖品等,以此来激励组织内部员工更好的工作,并向外部公众展示自身的良好形象。

二、庆典的策划

组织庆典活动是所有公关活动中“表演”色彩最为浓厚的活动。要把庆典活动开展得有声有色,引起社会公众的广泛注意,组织公关人员应做好以下策划的工作:

(一)确定庆典活动的主题

从公众关系角度看,每个庆典活动本身的名称只是标明了形式上的主题,其中往往还蕴涵着与社会组织发展密切相关的更为重要的主题。如宣传组织精神,显示组织实力,传播组织业绩等。组织公关人员应努力发掘那些与事业发展有本质联系的东西,从而把活动的表现形式与内涵主题有机融合起来。

(二)设计庆典活动的形式和程序

组织庆典活动的形式和程序会因组织的性质、活动的目的、主题的不同而呈现出丰富多彩的多样性。如何选择恰当的形式和程序,是活动能否成功的关键。设计活动的形式应注意:一要明确庆典的中心内容和辅助内容分别是什么;二要明确庆典活动的具体做法和措施。设计程序也是一项重要的工作。尽管各类庆典活动都有大致相同的基本程序,但具体到每个活动,又各有特殊性。程序设计要严密有致,做到隆重热烈有条不紊。特别是如何营造气氛和烘托高潮,是活动能否获得喜庆效果的点睛之笔。

(三)邀请庆典嘉宾

组织公关人员在庆典活动之前应拟好庆典的嘉宾邀请名单,并做好邀请工作。嘉宾的

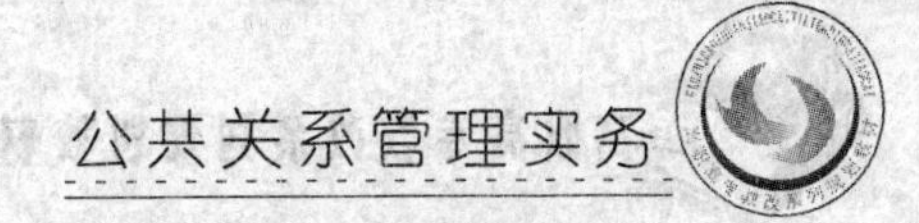

确定直接关系到庆典的规模、层次和宣传效果。邀请嘉宾不仅要考虑有关单位和左邻右舍，还要考虑邀请一些社会名流和新闻人士，而且要考虑股东代表及员工代表等。拟好名单后，组织公关人员应将请柬提前送到嘉宾手中。请柬应新颖别致，并写明活动是由、方式、事件、地点等。对一些重要嘉宾，应当面邀请，以示尊敬和慎重。

(四)落实致词和剪彩人员

庆典活动之前，组织公关人员应落实庆典致词和剪彩人员名单。胜任这些工作的人应具有权威性并为他们设置台标。工作人员应事先通知致词和剪彩人，并为他们拟好发言稿。

(五)安排礼仪工作人员

为使庆典活动显得隆重和热烈，组织公关人员应安排礼仪和工作人员，由他们担任礼仪、接待、服务等工作。礼仪人员应端庄大方，服饰统一，举止高雅。工作人员要职责明确，密切配合。入场、签到、奉茶、录音、摄像、留言、现场布置等均应由专人负责。礼仪人员和工作人员一般都应进行事前排练和演习，以使其在庆典活动中头脑冷静，成竹在胸。

(六)庆典接待工作

庆典活动开始之前，组织公关人员应组织好一切接待工作。礼仪和工作人员各就各位，各司其职。重要来宾应由社会组织高层领导人亲自接待，以示重视和礼貌。要设置专门的接待休息室，以便正式活动开始前让来宾休息并相互认识。此外，还要准备好相关物品，包括款待嘉宾的茶水、糖果、香烟；乐队、音响、话筒、摄影器材；横幅、献花、彩带、鞭炮；签名簿、纪念品等。

三、庆典的举行程序

以开业典礼为例，介绍庆典举行程序。

(一)开业典礼的筹备工作

(1)拟定邀请嘉宾名单并发请柬。
(2)场地布置。
(3)文字工作。
(4)安排礼仪小姐和工作人员。
(5)物品准备。

(二)开业典礼的程序

(1)嘉宾签到

嘉宾来到后，要有专人负责引领他们到签到处签到，同时发放宣传资料。签到处要准备好两个名片盒子，一个盒子装本组织最高领导或公关部经理的名片，另一个盒子装嘉宾的名片，这样便于以后联系或制作通讯录。嘉宾签到后，由街道人员引领到备有茶水、饮料的接待休息室，让嘉宾稍事休息并相互认识。

(2)典礼开始

①首先由典礼主持人宣布典礼开始，鸣炮或奏乐；

②介绍嘉宾；

③领导致辞；

④剪彩期间可安排一些助兴节目，如奏鼓乐、歌舞表演或播放喜庆音乐以渲染气氛。还可以进行文艺表演，以示庆祝；也可以举行大型促销活动。

（三）典礼后活动

主持人宣布仪式结束，即可引导嘉宾参观组织的设施设备、服务条件等，介绍主要设施设备或产品特色，展示、宣传自我；也可以举行简短的座谈会邀请嘉宾。

第三节　展览活动

展览活动是综合性的传播活动，它通过实物、产品、图片、资料的展示，使公众对产品和服务有一个直观、具体的了解，是组织与公众直接沟通的最佳方式。同时，展览活动又是新闻媒介报道的热点，具有很好的传播效果，历来被组织公共关系管理活动所广泛采用。

一、展览会的特点

（一）传播方式的复合性

展览活动是一种复合运用多种传播方式的传播活动。它既要运用人际传播的许多方法和技巧，又要运用大众传播的许多方式和策略。从面对面的解说、咨询到文字说明、图片、实物展览，以及电视、广播、报纸等多种传播手段使展览活动能够综合各种转播媒介的优点，形成多层次、全方位、立体化的传播效果，取得很好的社会效应。

（二）沟通方式的双向性

展览活动是组织与公众进行直接双向沟通的最好形式。组织通过对自己产品和服务的展示、咨询、洽谈来传播和反馈组织信息。这种面对面的信息互流，不仅可以使公众很快了解组织信息，而且通过留言本、征询卡、洽谈等反馈信息。而且，展销活动上往往商家云集，信息传播反馈快，成交量集中，无疑是一种传播沟通的极佳形式。

（三）宣传的直观性

展览活动以产品、实物展示、解说员的生动讲解、现场的具体操作、生动形象的示范表演等给人以生动直观的印象。特别配以现代化的电子媒介，往往给参观者留下更为深刻的印象。因此，它带来的宣传效果比一般的广告更直观、更真实、更具体。

（四）形式的活泼多样性

展览活动可以通过各种形式来展示自己的产品、宣传企业的业绩和风采。特别是可以运用声、电、光等现代化手段，把展览活动搞得有声有色、丰富多彩，如通过录像、电影、电视专题片来展示企业的发展面貌，从而起到良好的沟通效果和宣传效果。

二、展览会类型

按照不同的标准，展览活动可有不同分类。

(一)贸易展览和宣传展览

如果按展览会性质的不同,展览活动可分为贸易展览会和宣传展览会。贸易展览会主要通过产品、实物的展示,来直接促成交易,往往展览和贸易同步进行,既展又销。社会组织举办这类展览会活动的特点是面向目标客源,重点吸引的对象是展览会举办地的消费者公众;另外一种贸易展览活动是商品交易会,这是社会组织最常组织的一种展销会,社会组织与产品的代理商和行业专家等进行深入洽谈、签订合同。宣传展销活动主要是对社会组织及其产品和服务的宣传,配以图片、资料、实物等,达到与公众沟通的目的,并不直接发生贸易活动。

(二)综合展览和专题展览

如果按照展览会内容的不同,展览活动可分为综合展览会和专题展览会。综合展览会是全面介绍一个地区的情况,其综合概括性强,能让参观者留下全面深刻的印象。这类展览会产品或服务品种繁多,规模庞大,组织工作复杂。专题展览活动是因某一特殊专题而搞的展览活动,与综合展览活动相比,其内容较少,规模较小,不具综合性,但更要求主题鲜明,内容集中且有深度。

(三)室内展览和露天展览

如果按展览会地点的不同,展览活动可分为室内展览会和露天展览会。室内展览会往往在一个大厅或展览馆举行,不受气候影响,并可精心布置,展览效果较好,但展台租金较贵,且受空间限制。露天展览会一般在室外的广场、操场等空旷地带举行,它不受空间限制,且投资较少,但受气候影响较大,因而展览时间不宜过长。

(四)大型展览、小型展览和微型展览

如果按展览会规模的不同,展览活动可分为大型展览会、小型展览会以及微型展览会。大型展览会一般由行业主管部门发起和组织,参展单位多,展品丰富,影响比较大,譬如"国际旅游博览会"等。小型展览会通常有若干社会组织或某个社会组织主办,参展单位少,规模比较小。微型展览活动又称袖珍展览会,如橱窗展览、流动车展览等。这类展览看似简单,其实技巧性要求较高,举办得当,也能扩大社会组织的影响。

(五)固定展览和流动展览

如果按展览会时间的不同,展览活动可分为固定展览会和流动展览会。固定展览会一般在室外或某一固定空间举办,它又可进一步分为长期性展览会和周期性展览会。前者往往长期稳定不变,后者则是定期更换内容,而地点和名称不变。流动展览会也被称为一次性展览会,它没有固定的举办地点,而是在展品的实际运用过程中宣传社会组织及其产品或服务的形象。

三、展览会的组织流程

展览会是一种综合性的活动。要耗费大量的人力、物力和财力。为保证展览活动的成功举办,社会组织公关人员须做好以下工作。

（一）分析举办展览会的必要性

展览会是大型的综合性的公关活动，耗资较大，因而在举办展览活动之前，社会组织公关人员一定要对举办展览会的必要性和可行性进行分析研究，防止盲目投资、得不偿失，或因准备不足而起不到应有的作用。

（二）明确展览活动的目的和主题

任何展览会都有一定的目的，即通过展览会的举办，社会组织要解决什么问题，达到一个什么样的目标，具体来说，是以促销为目的，还是以宣传组织形象为目的等等。主题应是展览目的的概括体现，是展览会的精神核心和指导宗旨，它通常用一两句高度概括的语言表现出来，并书写在展览会醒目的位置上，给参观者留下深刻的印象。

（三）确定展览类型和项目

有了明确的目的和主题，便可以进一步确定展览会的类型、参展项目。如举办大型综合展览会，通常用广告和邀请函等形式向可能参展的组织讲明展览宗旨、类型项目、要求和效用等，为潜在参展组织提供决策所需的资料。

（四）选择展览场地

展览场地最好租用交通方便、设施齐全的展览馆，这样既方便展品运输，也方便参观者到会。此外还应考虑展品的安全和保卫工作及与周围环境的协调等因素。

（五）了解参观者的类型

展览的对象是谁，范围有多大，参观者的层次、要求、数量等状况如何，这些都是社会组织公关人员在展览活动前应分析研究的问题。这样在接洽、解说和材料上才能根据不同层次的参观者来准备，从而保证展览活动的顺利开展。

（六）准备各种宣传资料

展览会需要的材料很多，如展览徽标、宣传招牌、图片、展品、广告、气球等。还有些要分发给参观者，如社会组织及其产品或服务的简介、宣传画册、纪念品等。这些都应在展览活动前做好充分准备。

（七）培训展览工作人员

展览会组织的成功与否、质量好坏，与工作人员的素质高低有很大关系，特别是一些专业性较强的展览。如果没有一定的专业知识，展览的组织、洽谈、解说、咨询等工作就会受到影响。此外，工作人员的公关素质、接待、礼仪、讲解的技巧，都影响着展览活动的成功。因此，必须对展览工作人员进行事前培训，提高他们的素质和技能。

（八）完善参展设施和配套服务

社会组织公关人员筹办展览会应准备好电源、电话、照明、音响、影像等辅助设施，以及邮政、检验、保险、银行、交通、住宿等配套服务，以保证展览活动集中、高效率地进行。

（九）与新闻界的联络

展览会要利用传播媒介进行公关活动，使公众通过视、听等多种渠道了解有关社会组织的信息。展览会前应组建专门的新闻机构，负责展览活动的新闻宣传，如新闻处、秘书处等。由他们邀请新闻记者参加开幕式和采访，与新闻媒介保持密切联系。举办记者招待会，为新闻记者采访提供一切方便和相关资料等。

（十）策划展览会的开幕式

展览会的开幕式应隆重而热烈。可邀请政府官员、各界名人出席，请政府部门的负责人为开幕式剪彩，还可以邀请大型乐队来助兴，以造声势，烘托气氛，并请参观者、来宾签名留念。开幕式是展览活动的前奏，一定要搞得有声有色，富有吸引力，给参观者留下良好的印象。

（十一）展览会费用预算

经费预算是把展览会所投资的总金额落实到展览活动的每项具体项目中，使每一个项目的经费得以落实。如场地租金、设计装修、广告费、电费、运输费、接待费、资料费、劳务费等。社会组织公关人员应有计划地分配展览所需的各项资金，防止超支和浪费。

（十二）评估展览活动效果

展览会带来的最直接的效果是产品成交量的多少，这是评估展览活动的主要衡量标准，此外还可以通过参观人数、新闻传播媒介的报道量、咨询台、留言簿、问卷调查、有奖测验、新闻分析等方法，了解评估展览活动的效果。宣传展览活动，由于不直接促销，因而采用这些评估方法，通过评估总结出此次展览活动的成绩和不足。

四、展览会的效果检测

举办一个展览会的效果如何，是举办者最关心的问题，也是根本的问题。检测展览会效果的主要方法有：

(1)设置留言簿，主动征询公众的意见。

(2)举行有奖测验，根据展览内容确定试题，组织参观者当场答卷，并当场发奖。

(3)召开座谈会，了解公众的观后感。对展览内容的评价，或对展览组织工作的评价。

(4) 开展调查，调查对象不仅是参观的公众，而且还包括其他公众。通过调查，了解展览会的传播效果，了解公众对展览内容的知晓程度。如果展出的是某一商品，不仅要了解公众对商品的感受程度，还要了解公众对商品的需求状况、消费状况。

第四节　赞助活动

现代社会之中，任何人对“赞助”这一概念都不会感到陌生。有时候，我们为了收看一部电视连续剧，或者是欣赏一场扣人心弦的体育比赛，不得不耐着性子看完那长长的赞助单位名单或是各类产品广告。爱好足球的人们会发现，过去的省市足球队现在都已经改头换面了，取而代之的是“上海申花”、“河南建业”、“深圳健力宝”等，原来这些球队已转由企业赞助了，我们自然会对这些企业的雄厚财力以及畅销的产品留下深刻印象。有这样一幅漫画，上面画着一个蒙面大汉，一手持刀，一手提着口袋，对路人大喊："赞助（站住）!"而路人则转身飞也似的逃走。这幅漫画反映了人们对赞助的误解，其实，"赞助"完全是一种自愿行为，而不是被迫的，后者属于"摊派"。"赞助"是社会组织为求得自身发展而发动的宣传攻势的一种，是对社会的贡献行为，是组织的信誉投资和感情投资，是社会组织改善社会环境和社会关系，塑造组织形象的有效方式之一。

一、赞助活动的作用

社会组织赞助活动是为了支持社会公益、树立具有高度社会责任感的组织形象而无偿地提供一定的资金或物质的公共关系管理专题活动，是一种具有远见卓识的行为。其作用具体体现在以下三个方面。

（一）改善社会组织的社会环境

赞助是社会组织通过对某些社会慈善事业、社会公益活动的支持和资助，在公众心目中留下关心社会公益事业的美好印象，受到社会舆论好评，这就为社会组织创造了一个和谐融洽的社会环境。

（二）获取社会组织长远的社会效益

赞助可表明社会组织作为社会成员的一员，积极承担其所应尽的社会责任和义务，追求良好的社会效益。虽然赞助活动需要社会组织出钱出物，并且是无偿的，但从另外一个角度来看，赞助活动又是有偿的。因为，它使社会组织赢得与赞助项目直接相关的组织或公众的好感，使组织获取长远的社会效益。

（三）增强社会组织广告的说服力

社会组织在实施赞助活动中通常可获得现场的黄金广告位甚至全权广告代理权。此外，通过对体育比赛、文娱活动的赞助，社会组织还可使组织的名称或商标获得新闻媒介的广泛报道，借媒体之手展开强大的广告攻势，从而大大增强社会组织产品或服务的广告影响力。

二、赞助活动的类型

社会组织的赞助形式完全由组织的性质、组织产品及服务特征以及组织的经济实力来确定。常见的赞助类型主要有以下几种。

（一）赞助体育

赞助体育既是最常见的一种赞助形式，也是最有吸引力的热门赞助项目。因为随着人们生活水平的不断提高，参与或欣赏体育运动、体育表演已成为一种时尚。具体赞助方式有：出资、冠名、企业与体育联姻等。这类赞助大多是为达到增强广告效果的目的。如：健力宝、柯达、富士、可口可乐等在各项体育比赛中大出赞助风头，引起公众兴趣，其产品也经久不衰。

（二）赞助文化

文化活动在社会中涉及的公众范围很大，影响面较广。赞助文化即赞助各种文化活动及文化表演等。具体赞助方式有：扶持民族文化、艺术；赞助城市雕塑、文艺演出比赛、影视节目制作、图书发行、有奖征文、评选新闻等。

(三)赞助社会慈善和福利事业

赞助社会慈善和福利事业是社会组织追求社会效益的有效益手段之一。它虽然没有赞助体育那么轰轰烈烈,但却更能体现社会组织的崇高社会形象并获得政府的好感。具体赞助方式有:援助希望工程、残疾人基金会、敬老院、幼儿园、下岗工人、受灾或经济落后地区等。

(四)赞助教育

教育是一项关系国家千秋大计并日益受到社会重视的事业,赞助教育是今天投资、明天收益,有助于人才的培养和社会的进步。其具体赞助方式有:捐赠图书、教学、实验设备、提供奖学金等。

(五)赞助社会公益事业

赞助社会公益事业也是赞助活动的一项重要内容。它对促进社会文明进步和社会组织自身的发展都有着积极的影响和作用。其具体赞助方式有:赞助制作交通安全宣传栏、见义勇为基金会、文物保护基金会等。

三、赞助的步骤

(一)确定赞助类型

社会组织公关人员应首先确定赞助活动的类型,这要根据赞助的目的出发。如果旨在扩大影响和知名度,社会组织可采取赞助体育活动;如果旨在树立良好形象,社会组织可采取赞助教育事业;如果旨在培养感情,增进社会理解,社会组织可采取赞助社会福利事业等。

(二)制定赞助计划

赞助类型确定后,社会组织公关人员就应制定出一个完整的赞助活动计划。该计划是赞助目标的具体化,通常包括赞助范围、赞助对象、赞助形式、赞助费用预算、赞助实施步骤等内容。

(三)实施赞助活动

赞助活动的实施要由专门的社会组织公关人员进行。为了扩大影响,赞助活动应举办一定规模的签字仪式,邀请上级领导、新闻记者、各界朋友参加,并在签字仪式上宣布赞助金额、展示实物。被赞助单位本着互惠互利的原则,尽可能为赞助单位提供宣传的机会,使宣传活动与赞助活动同步进行、协调一致。赞助单位对赞助资金的使用、赞助项目的落实,以及补偿条件的兑现,要进行必要的监督,并在赞助款的兑现上,分阶段到位,按实施效果分段提供,以便从经济上约束赞助接受单位,实现赞助的目标。

(四)评估赞助效果

赞助活动实施之前确定赞助类型、制定赞助计划,目的是要赢得赞助的良好效果。因此在每次赞助活动中,社会组织公关人员都应注意赞助效果的检查测定,要求将赞助的具体实施情况和赞助后公众及新闻界的反应与赞助计划相对照,明确指出完成了哪些预定指标,哪些指标没有完成并分析原因,然后写出评估总结报告,上报社会组织的领导层,并做好档案,为日后的赞助活动提供参考资料。

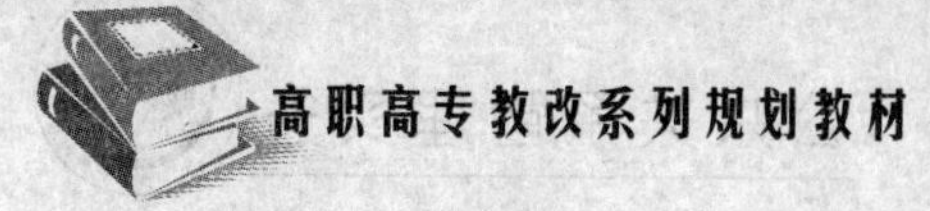

四、赞助活动应注意的问题

赞助是社会组织为赢得政府和社会公众的好感，创造组织生存和发展的良好环境而举办的专题活动，因此，好事要办好应注意以下事项。

(一)赞助活动要有针对性

社会赞助是社会组织自愿履行社会责任和义务的表现，因而社会组织既拥有选择赞助的权利，又要力所能及，以赞助者本身的意愿为前提，不可盲目贪大求全，因为赞助效果并非与出资多少成正比，企业应考虑赞助活动必要性、可行性，使有效的资金发挥最大的效应。当遇到不必要的赞助或明显没有社会效益的赞助，社会组织要坦率相告，解释原因；对虽然适合，但社会组织难以负担的赞助请求，社会组织应坦言自己的难处，婉转地要求减少赞助或表示不愿参与赞助；若遇上无理纠缠者，社会组织必须坚决用法律保护自己的权益。

(二)充分利用赞助提供的机会

社会组织在承诺赞助后，要尽量利用赞助活动来宣传自己，因为赞助活动的主办人有许多事情要做，他们只能给赞助者提供机会、搭建平台，而有效利用赞助则是赞助者自己应考虑的事。

(三)提高赞助的效率和质量

社会组织可以将多方面的资金集中起来设立一个基金会。基金会可单独或联合地向社会公益事业提供稳定的长期资助，取得长期的社会效益。

(四)严格控制赞助预算

赞助活动在财务方面要严格管理，以免资金被挪作他用，或被私人非法侵吞。社会组织还应严格控制赞助的预算，以防超支。此外社会组织还要注意预留一部分机动款项，以解决临时急用问题。

(五)淡化商业意识

赞助活动应设计新颖的赞助形式，淡化"商业意识"，要与做广告区别开来，即使要做广告也要以公关广告的形式出现，以免引起公众的反感。

第五节　新闻发布会

新闻发布会，是社会组织为有效地树立良好形象、形成有利于自身发展的社会舆论而召集新闻记者，就某一问题说明事实、表明立场并回答记者提问的一种特殊的公共关系管理活动。它是社会组织广泛传播各类信息、吸引媒介报道并搞好媒介关系的重要手段。

一、新闻发布会的特点

(一)信息发布的权威性

新闻发布会的形式正规、规格档次较高，一般举办新闻发布会的都是政府部门、社会组

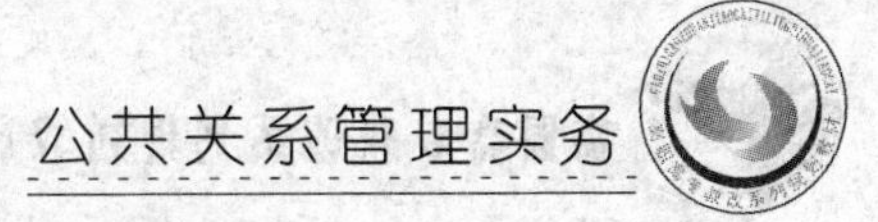

织、企业集团等,它代表某一组织的权力,因此发布信息具有较高的权威性。比如,我国外交部新闻发言人,代表中国政府对中外记者发布信息,就具有很高的权威性。

(二)信息发布的真实性

由于新闻发布会是一级组织最高权力机构所举办的新闻发布活动,因此发布消息正规、真实、可靠。

(三)信息传播的快速性

新闻发布会的快速性有二:一是指信息本身的时效性,即发生即发布;二是指信息传播的快速性,不受时空限制。

(四)受众的社会性

与其他传播方式相比,新闻发布会无论在深度还是广度上都更为优越,公众可以通过多种渠道获得消息,信息的受众面广、线长。

二、新闻发布会的流程

新闻发布会的议程应力求周密、紧凑。

(一)签到登记

与会记者签到登记,同时分发会议资料(应有导引生服务)。

(二)会议正式开始

(1)会议主持人简要说明召开新闻发布会的目的,所要发布的信息或某一事件发生的背景和经过等。

(2)发言人讲话,宣布重大新闻,介绍新闻的具体信息。

(3)记者提问,发言人回答记者提问。

(4)主持人宣布新闻发布会结束。

(5)安排新闻发布会会后的重点采访。

三、新闻发布会的策划

(一)确定主题

确定新闻发布会的主题应从新闻价值和社会组织的自身利益出发。所谓新闻价值,是指所发布的信息能否引起社会公众的兴趣,是否具有吸引新闻记者采访和报道的价值。在新闻发布会中,要明确所发布信息的内容,要注意主题的单一、集中,否则,便达不到新闻发布会的公关效果。

(二)准备相关材料

新闻发布会之前要准备好各种相关资料。主要有发言稿、组织宣传材料、答记者问的备忘录和为记者准备的新闻稿等。这些资料应在充分讨论、统一认识、统一口径的前提下,由

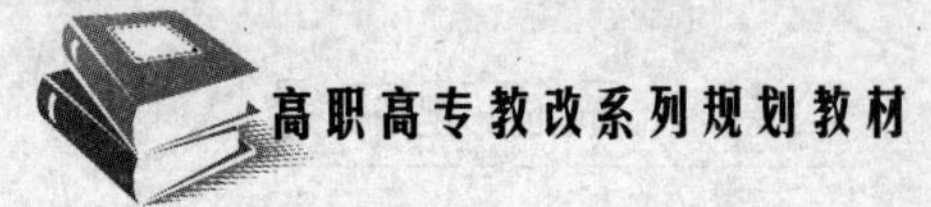

专门的班子负责起草,并在会前打印好分发给与会记者。另外,还应该准备各种宣传辅助材料,包括口头的、书面的、实物、图片、模型等,注意资料的全面、详细、具体和生动,以便增强记者招待会的效果。

(三)选择会议主持人和发言人

新闻发布会的主持人一般由社会组织公关部的负责人担任。主持人要在把握会议主题的基础之上引导记者提问,并控制会议时间。发言人一般由社会组织最高领导人担任。因为他们不仅对本组织的整体情况有全面的了解,而且其身份也决定了他们的发言和回答问题更具权威性。

(四)确定会议的时间和地点

新闻发布会的时间选择一要与将发生或已发生的事件在时间上靠近,但又不能太紧迫;二要考虑到被邀请对象是记者的特点,应避开节假日及社会上的重大活动的日子,以免影响新闻发布会的效果。地点的选择应根据发布信息的内容和影响的区域,选择新闻中心、宾馆、会议厅或会议室等具体场所,无论是在组织内部还是组织外部举行记者招待会,会场布置均应体现出新闻发布会的严肃性及权威性。

(五)确定应邀请记者名单并发请柬

组织新闻发布会应根据所发布信息的重要性、涉及的范围等因素来确定邀请记者的范围。是地方性媒体记者还是全国性媒体记者;是文字记者还是图片记者或音像记者;是中文报刊记者还是外文报刊记者等。在邀请记者时要特别注意,与社会组织有密切关系的新闻机构的记者不能遗漏,并适当邀请一些权威性的新闻机构的记者参加。但同时要注意:邀请记者面要广,尽量照顾到报纸、杂志、广播、电视等各媒体;队伍要精,参加对象不宜太多。

(六)预算会议经费

新闻发布会的会议经费应根据会议的规格和规模预算,并适当留有余地。一般应考虑印刷费、场租费、会场布置费、音响器材费、照相费、礼品费、茶点费、交通费、会后餐费等。

四、主持人、发言人应注意的事项

按照新闻发布会的议程做好演练,以发现准备工作中的不足,及时加以改进。

对待各媒体记者、来宾应一视同仁、不能厚此薄彼、亲疏不一。

发布新闻和回答问题应口径统一,并与社会组织一贯的宣传口径保持一致。

会议主持人、发言人应精神饱满、落落大方、风趣幽默、热情自信,以自身的人格魅力增强信息的可信度。

会议主持人、发言人应善于把握主题,对无关或太长的提问,要通过李代桃僵、避重就轻,诱导否定等语言变化技巧有礼貌地转移话题,但不能正面拒绝回答问题,以免伤害感情、造成对立情绪。

新闻发布会要有正式的结尾,不能草率收场,主持人应对会议做高度概括。

第六节　开放参观活动

参观是邀请外部公众或内部公众参观本组织的工作现场、设施等，是颇为流行的一种公关活动。当年"揭丑运动"时杜邦集团就是通过组织记者参观来扭转形象的。

一、对外开放参观的作用

(一)扩大组织知名度

通过组织参观，增加组织的透明度，让公众了解组织的宗旨、功能、优点、特色，显示组织的存在有利于社会，有利于公众。

(二)促进业务

通过组织公众参观组织的厂区、生产流程、产品，让公众产生信任感，便于推销产品，谋求投资或相互协作，拓展业务。这类参观要着重表明组织设备精良、技术先进、管理严格、产品质量优良。如建筑单位为了承接业务，可邀请招标单位参观本组织的设备和已建立的建筑物。

(三)和谐社区关系

组织社区公众参观本组织完善的设施，优良的工作环境，可靠的安全系统，表明组织对社区公众不产生危害，以求得社区公众的理解与支持。

(四)增强员工或家属的自豪感

规模很大、地位重要的组织可组织某一所属部门的员工或家属参观组织的全局性设施、先进设施，使他们感到组织规模的庞大、地位的重要，从而产生自豪感，激发工作热情，或使家属全力支持员工的工作。

参观的目的要突出，不能要求一次参观达到多种目的。贪多求快反而会使公众摸不着头脑，影响参观的效果。

二、对外开放参观的组织

(一)准备宣传小册子

这类小册子以简明扼要，深入浅出的语言介绍参观内容，要追配有一定的图表或数据，少涉及深奥的专业术语，要考虑到一般公众的文化水平，接受能力。这种小册子宜在参观开始就分发给公众，使公众快速阅读后对参观内容大致的了解，参观时还可边看实物边对照，还能集中注意参观，免去了记录的麻烦，并可供公众日后查考。

(二)放映视听材料

有些组织结构复杂、技术尖端，为了帮助公众理解，观摩实物前可放映有关录像片、幻灯片或电视片，做简洁的介绍。

（三）观看模型

有的组织规模庞大，设施分布很广，公众不可能每处都去，每物都看或者有些设施不便于公众进入，可以事先制作模型，让公众观看，公众看后，有选择地实地观看。

（四）可引导观看实物

由专人引导公众沿着一定路线参观，逐一观摩实物。在重要的实物前，引导者要作讲解，或配备专门的讲解员讲解，讲解是要抓住公众关心的或不宜理解的重点，避免长篇大论，滔滔不绝，给人以吹嘘之感而使参观者产生逆反的心理。参观主要是以物来传递信息，以让公众目击为主，讲解为辅，不能本末倒置。

（五）中途休息

参观的时间不宜太长，一天内完成为好。在参观路线的中途，最好设有休息室，备好茶水，供参观者中途小憩。

（六）分发纪念品

参观过程中可向公众分发一些小型纪念品，最好是本组织制造的或刻印有本组织名称的纪念物，让公众一见到它就想起本组织，引起美好的回忆。

（七）征求意见

观摩实物结束，宜在出口处设置公众留言本或意见本，有条件的话，最好请参观者座谈观感，提出意见，便于组织改进工作。参观除了平时可进行外，还可以结合一些特殊实际进行，如在开幕式、周年庆典之后组织来宾参观。

本章小结

公共关系管理专题活动是组织为了特定的公关目的围绕着某一主题，通过特定的活动方式来开展主题鲜明的商务公关活动。商务公关专题活动可以按活动的形式，规模、性质和场所进行划分。

公共关系管理专题活动是提高社会组织知名度、美誉度的一个重要手段。本章介绍了几种常见的专题活动。庆典活动的每一个环节都要精心设计，遵循“隆重、热烈、喜庆”的原则；赞助活动是一种超越广告宣传的系统化的公关活动；新闻发布会是组织广泛传播各类信息，吸引媒介报道并搞好媒介关系的重要手段；展览会是通过实物、产品、图片、资料的展示，使公众对社会组织的服务有一个直观、具体的了解，是社会组织与公众直接沟通的最佳方式；参观是邀请外部公众或内部公众参观本组织的工作现场、设施等，是颇为流行的一种公关活动。

案例分析

飞黄前夕掀起“黄河旋风”

一九九七年四月下旬，“柯受良驾车飞越黄河”的消息让世人瞩目，宣传热潮一浪高过一浪，连续几次高等级、大规模的新闻发布会，在北京、太原、临汾不断推出新的热点、焦点，更让人们急不可待，为之兴奋。

黄河啤酒的“黄色旋风”大型社会公关活动的创意策划顺势而上。

一、策划思想

(1)充分利用季节时令优势(夏秋期间正是啤酒的旺销黄金时期)。

(2)借“六一儿童节”与世人瞩目的“柯受良飞越黄河”之势营造“黄河啤酒”品牌的大家风范之势，抢先一步跻身市场，夺取制高点。

(3)把看似无关的三大课题，巧妙穿插，相互促进，赋予新的营销内涵，创造热门话题和轰动效应及新闻价值。

(4)以最佳投入产出比，塑造良好的品牌形象，进一步提高品牌知名度和消费者的美誉度，架起品牌与更多潜在的消费者沟通的金桥，一次投资，长期受益。

(5)投资少，7～8万元，规模大，直接参与10 000人以上，间接参与20～30万人，辐射影响50～80万人；品牌效应好，一可树形象，二可获美誉，三则宣传品牌，四则促销，五则公众受益。

(6)创造了一种新的广告宣传模式，新的产品营销概念，新的企业理念和思想境界。

二、策划方案

(1)落实在临汾市内主要小学幼儿园的准确人数，应不低于10 000人或控制在12 000～15 000人之内。定购与上述人数相等的黄色太阳帽，帽子正面印刷有红色“黄河啤酒献爱心”字样的醒目标志，确保广告有较强的视觉效果。

提前10天，在市电视台、有线电视台、教育电视台使用了最热门的话题：黄色旋风——黄河啤酒献爱心大型公益活动即将刮进临汾大街小巷和每个家庭。以求引大众关注，营造气势，制造焦点取得先声最夺人的效果；为“黄色旋风”方案的实施，埋下伏笔。

(2)邀请地、市两级政府领导、教育局、交警队、团市委及省、地区、市三级新闻媒体参加开幕式，并请市台协助给予追踪报道。

(3)以每天一校的频率进行，并同时配合“黄色旋风”进度情况，以加强活动的“轰动效应”和“热门话题”传播的力度、广度和深度。

活动进行至最后一个学校，召开闭幕式。期间安排新闻专题，采访有关部门如教育局、交警队、学校教师、学生、司机、行人、市民等；提升活动的社会公益内涵，把“黄色旋风”活动推向新高潮。

三、实施

5月16日，“黄河旋风——黄河啤酒献爱心”活动正式拉开帷幕，活动组委会每到一个学校，都受到了师生们的热烈欢迎。“黄河旋风”活动受到数十家新闻媒体的强烈关注，临汾电视台连续五天播发追踪报道：临汾日报发表了配图记者专访文章：本次活动由黄河啤酒山西办事处提供六万余元资金，专门定购了15 000顶橘黄色安全帽，帽子上统一印刷了“黄河啤酒献爱心”字样，用于向小学举行赠送开幕仪式。将在六一前夕全部赠送完毕。

四、效果评估

给我一个支点，我便能撬动地球！给我一个支点，我便能赢得市场！由黄河啤酒山西办事处独家举办的献爱心大型公益活动——“黄色旋风”为时60天左右，效应长达5个多月，直接参与万余人以上，间接参与20～30万人，辐射全市，间接影响50～80万人。

案例点评

专题活动成功的关键有两个，一是时机，二是方式。黄河啤酒打入市场，不但把握“六一”献爱心牵动万人心的好时机，而且抓住了“柯受良驾车飞越黄河”世人瞩目的这样一个空当，在这种情况下，空当很容易引人注目；从方式上看，啤酒具有大众性，黄河啤酒选择了大众参与方式。时机和方式的恰当，是黄河啤酒专题活动成功的基本原因。

案例讨论题

飞黄前夕掀起“黄河旋风”给我们什么启示？

思考与练习

一、填空题

1. 公共关系管理专题活动的基本原则是（　　）、（　　）、（　　）、（　　）和（　　）。

2. 公共关系管理专题活动的基本要求是（　　）、（　　）、（　　）、（　　）和（　　）。

3. 展览活动的特点有（　　）、（　　）、（　　）和（　　）。

二、选择题

1. 展览活动是一种复合运用多种传播方式的传播活动。它既运用（　　）的直接沟通，又要运用新闻媒介的大众传播。

A. 人际传播　　B. 新闻媒介

C. 沟通技巧　　D. 大众传播

2.（　　）是组织为有效地树立良好形象、形成有利于自身发展的社会舆论而召集新闻记者并回答记者提问的一种特殊的公共关系管理活动。

A. 接待　　B. 新闻发布会

C. 展览会　　D. 公众座谈会

3. 直接将实物展现在公众面前，给公众以“眼见为实”的直观感受的专题活动是（　　）。

A. 接待　　B. 新闻发布会

C. 展览会　　D. 赞助

4.（　　）是组织无偿提供人力、物力、财力资助某一项事业，已取得一定的形象传播效果的社会活动。

A. 接待　　B. 新闻发布会

C. 庆典活动　　D. 赞助

三、思考题

1. 庆典活动主要有哪几种类型？
2. 赞助活动的作用有哪些？
3. 新闻发布会的特点是什么？
4. 对外开放参观的作用是什么？

第九章　公共关系管理技巧

重点难点

1. 公共关系管理的社交心理
2. 公共关系管理的社交技巧
3. 公共关系管理的谈判技巧
4. 公共关系管理的演讲技巧

关键词

社交技巧　谈判技巧　演讲技巧

公共关系管理技巧是指组织在与公众交往过程中,为达到预期的行为效果所运用的各种技能。它表现为信息沟通、公众交往、关系协调的具体运作中所应用的各种策略、手段和方法。

第一节　公共关系活动中的人际关系

人际交往是个体社会化的必由之路。没有人际交往,人只能永远是一个生物的人而不能成为社会的人。社会组织的社会交往是以个体交往为基础的。在现代社会迅速发展过程中,公共关系社交是社会组织维系生存和开拓发展的重要手段。通过开展公关社交活动,组织可以与社会各方面广泛联络、增进沟通、加深理解,这样可以提高组织的工作效率,增强公众对企业及产品的信任感,树立良好的组织形象,创造良好的外部环境。公共关系人员既代表组织,充当组织的代言人,同时他的语言、行为、风度又体现了个人的行为特征。

一、公共关系管理的交往方式

公共关系部门是企业、行政机构等各种社会组织对外联系的窗口,一切外部往来、事务接洽都首先要通过它来完成。根据公共关系工作的特点,公关交往方式主要有以下几个方面。

(一)接　待

接待是公关部门经常开展的日常工作,也是公共关系最前沿的工作。上级领导的视察、客户以及合作伙伴之间参观、媒体的正负面报道、学习及业务洽谈的人次也与日俱增,这就使得接待工作越发重要。组织接待工作的质量,行为表现的好坏,直接影响着组织形象的好坏和公关活动的效果。第一印象的好坏最为重要,所以组织要用好公关手段,搞好公关接待工作,不断提升企业形象。

公关人员要做好接待工作,应重视以下几个方面。

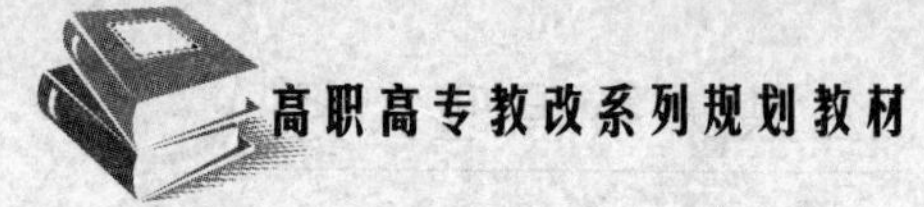

1. 接待工作的基本任务

接待工作是企事业单位的日常工作之一,主要表现为来访者接待和电话接待。

来访者接待是组织接待的重要工作。来访者,可能是业务上与组织有联系;也可能是要接受组织的服务。无论哪种情况,组织都必须给予热情接待。

电话接待是每个组织每天都要做的工作。电话接待要主动热情、礼貌待客、语言要简洁清晰,尊重他人,还要细致周到,并做好记录与传达工作。

来访者接待和电话接待在语言要求方面相同。不同之处在于:电话接待仅靠语言来把握,而来访者接待则既靠语言又靠非语言,如表情与动作等。

2. 接待工作的注意事项

接待工作头绪多,涉及面广,稍有不慎则会贻误工作或损害公司声誉。公关人员应该极度重视。要做好接待工作,就要注意一些事项。

(1)更新观念,树立意识。公关人员应充分认识到接待工作对组织是一种公关行为,是企业联系内外的纽带和桥梁。通过接待工作,组织可以展示实力,树立形象,可以积累丰富的关系资源,可以吸引投资、扩大合作,从而推动组织的快速发展。因此,接待工作不能仅仅停留在迎来送往、安排食宿的低层次上。对于每一项接待工作都要高度重视并树立机遇意识、责任意识,要保证高质量地完成每一次接待任务。

(2)精心策划,突出特色。在承担接待工作任务时,公关人员要做好每一项接待工作。首先要有接待活动的策划方案,只有精心策划、充分准备,接待活动才有可能成为成功的公关活动,否则就只是低层次的迎来送往的应酬活动。针对具体的来宾,以来宾的目的和组织的公关目标为基准,制定出符合来宾身份的完善的接待工作方案和实施细则,详细安排日程、接站、用车、就餐、住宿、参观等各项活动,充分考虑到各方面的细节,并体现一定的创意与创新,体现独特的组织文化,让来宾从接待工作的点点滴滴中感受到组织的个性,感受到组织文化的特色。

(3)细致周到的工作安排。细节决定成败。接待工作来不得半点马虎,必须处处留心,周密考虑。无论来宾身份如何,都有其自身的工作任务。在策划阶段,要分清各部门的职责,下达明确具体的任务。在安排布置时,也要检查督促,以免顾此失彼,贻误工作。在重大的接待工作中,接待工作负责人要随时根据接待工作的需要对接待方案予以调整,要做到"眼观六路、耳听八方",以便及时采取应变措施。

(4)热情周到的接待作风。在接待工作中,不论来宾职位高低,都要平等相待,热情、主动地提供各种必要的服务,同时,在热情服务的同时,要按组织规定的制度办事,注意礼仪等活动等要从简节约,举办座谈会、参观、宴会等,都要精打细算,不铺张浪费。要获得业务并成功合作,必须使来宾得到真正的快乐。商务招待成功的秘诀在于细心,照顾到每一个来宾的喜好。

(二)宴　会

宴会是一种典型的社交活动,指的是以宴请为形式来表示相互友好的一种重要的社交应酬。宴会实际上吃是形式,交际是内容。在宴请进程中,人们思想愉快,精神放松,气氛和谐,因而比会见、会谈更容易相互理解和沟通。

宴会(或饭局)从来就是中国人不可或缺的首选交际方式。中国饭局的历史可以追溯到新石器时代。而见诸于廿四史之中的著名饭局更是不可胜数。"鸿门宴"、"煮酒论英雄”、“杯酒释兵权”等历代著名饭局都是耳熟能详、妇孺皆知。在零点公司2006年年初的调查中,选择“聚餐”这种社交方式的人达到46%,比以13%排在第二位的体育活动高出了33个百分点。

宴会按规格可分为国宴、正式宴会、便宴、冷餐会、酒会、茶会、工作餐和家宴等,一般分成四个大类。

第一类宴会,国宴。国宴是国家元首或政府为招待国宾、其他贵宾或在重要节日为招待各界人士而举行的正式宴会。国宴的主体跟客体都是特定对象。比如胡锦涛主席宴请普京总统、温家宝总理宴请德国总理默克尔、胡锦涛宴请出席北京奥运会闭幕式的国际贵宾。

第二种宴会,正式宴会。这种宴会,多是晚宴。人员、位次、菜单都要提前拟定好。正式宴会,一般均有致词,但安排的时间不尽一致,有的一入席双方即致词,有的正式宴会在热菜之后甜食之前由主人致词,接着由客人致词。致词时,要停止一切活动,参加宴会的人员均应暂停饮食,专心聆听,以示尊重。冷餐会和酒会讲话时间则更显灵活,致词毕则祝酒。所以服务人员在致词行将结束时应迅速把酒斟足,供主宾祝酒用。

第三种宴会,便宴。便宴相对比较随便,规模比较小,菜比较简单,时间也比较短,也不搞菜单,但实际上还是社交。

第四种宴会,家宴。就是把人请到家里来吃饭,家宴重在参与,强调气氛的温馨和随和,能把你请到家里来说明关系亲近。比如请外国客人到家里吃饭,还可以让他们参与制作。这样的宴会气氛融洽,有助于密切双方关系。

(三)拜　访

拜访包括办公室拜访和家庭拜访。拜访前应事先和被访对象约定,以免扑空或扰乱主人的计划。联系过程中要自报家门,并询问被访者是否在单位(家),是否有时间或何时有时间。电话中要提出访问的内容,使对方有所准备,在对方同意的情况下定下具体的时间、地点。拜访的时机要选择好,需要注意的是要避开吃饭和休息、特别是午睡的时间。拜访时间的长短应根据拜访目的和主人意愿而定。一般而言时间宜短不宜长。

拜访时要准时赴约。万一因故不得不迟到或取消访问,应立即通知对方。让别人无故干等无论如何都是严重失礼的事情。如果是对方要晚点到,可充分利用剩余的时间,例如整理一下文件。如果接待者因故不能马上接待,应安静地等候。等待时间过久,可向有关人员说明,并另定时间,不要显现出不耐烦。

一般情况下谈话时应开门见山,清楚直接地表达你要说的事情,不要海阔天空,浪费时间。说完后,让对方发表意见,并要认真倾听,不要辩解或打断对方讲话。有其他意见的话,可以在对方讲完之后再说。要注意观察接待者的举止表情,适可而止,当接待者有不耐烦或有为难的表现时,应转换话题或口气,当接待者有结束会见的表示时,应立即起身告辞。

(四)体育健身社交

邀请朋友游泳、打球、爬山、打高尔夫的体育健身社交方式,已成为一种新的社交时尚。

体育健身社交方式的出现,一方面表明,随着人们生活水平的提高,越来越多的人更加注意自己身体的健康状况,更重视追求高质量的生活方式;另一方面表明,人们感到以往请朋友喝酒等传统社交方式,不仅费时间耗精力,而且经常会喝得酩酊大醉,既伤身体,又失体面,更让人感到俗气。而八小时之外,或者在节假日,健身聚会,既锻炼身体,充实生活,又沟

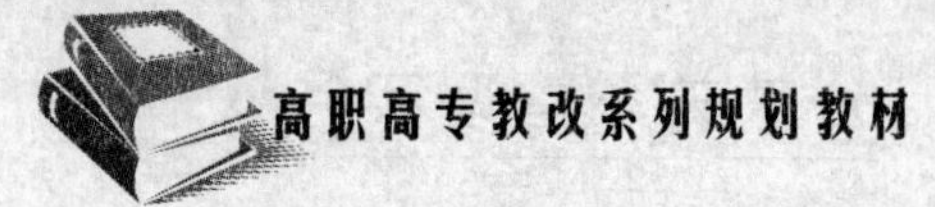

通感情,增进友谊,不失为一种交友好方式。

(五)沙　龙

“沙龙”是法文 salon 的音译,中文意即客厅,原指法国上层人物住宅中的豪华会客厅。特指自 17 世纪起,西欧贵族社会中谈论文学、艺术、政治问题的社交集会。大多数沙龙都有一定的主题,有文艺性沙龙、改革性沙龙、社交性沙龙、学术性沙龙、应酬性沙龙以及综合性沙龙等。通过沙龙活动,彼此在思想上或情感上获得理解和沟通。参加沙龙活动时应该注意说话时要针对主题,不要漫无边际地随便乱扯,也不要为了吸引他人而高谈阔论,更不能以自我为中心侃侃而谈。

(六)舞　会

也称社交舞会,起源于西方,主要流行于上流社会。宫廷舞会、上流舞会、家庭舞会、成年舞会、慈善舞会等五花八门。其中尤以“维也纳新年舞会”最为著名。根据规格不同,可分为大型舞会和小型舞会。参加社交舞会,必须要了解几个事项:

参加舞会服装要整洁、大方,仪表要修饰。女子可以化淡妆,穿得漂亮些。男子也应适当讲究,一般穿西服,显得大方、文雅。头发要梳整齐。检查一下口腔、身上无蒜味、酒气,洒些香水是相宜的。

进入舞场,要先坐下来,观察一下全场情况,适应一下气氛。没有带舞伴的,要慢慢地寻找合适的伴舞对象。邀舞一般都是男子邀请女子共舞,如果对方婉言谢绝,也不必介意,更不应勉强。不要当个不合群的冰山美人。参加舞会就是要多认识新朋友,拓展社交圈。不能在舞会中谁也不搭理,只是自顾自地吃吃喝喝;或是因为不擅交际,便跑到墙边当壁花,这都不合舞会应有的礼仪。

饮酒要自制。酒精能使人兴奋,让整个舞会的气氛更加热闹,但是一旦喝多了,可能会胡言乱语或是当场大吐特吐,那可就非常尴尬。作为主人不妨在美酒旁置备小点心和牛奶,帮助宾客保护胃壁。作为客人,酒量如何,自己心里应该有数。

记住餐桌礼仪。参加舞会前最好先吃些东西,不要饿着肚子前往,站在餐桌前狼吞虎咽,那样也很失礼。也不要在跳舞前吃大蒜、洋葱等气味很浓的食品。

除了以上公关活动之外,组织还可以通过一些公共关系专题活动来开展公共关系社交,如展览活动、赞助活动、新闻发布会、开放参观、危机管理活动等。一般这种大型的、属于高层面的活动都会引起媒介的关注,并在社会上形成一定的影响力。

二、公共关系管理的社交心理

社会心理学的研究表明,那些在人际交往中颇受好评,很得“人缘”的人一般有以下特点:乐观、聪明、有个性、独立性强、坦诚、幽默感、能为他人着想、充满活力等等。而那些在人际交往中不太受欢迎的人也具有以下几个特点:自私、心眼小、斤斤计较、孤傲、依赖性、自我中心、虚伪自卑、没有个性等等。在社会交往中,对交往妨碍最大的,莫过于以下几个因素。

(一)自卑心理

自卑就是缺乏自信,即对自己的知识和能力等做出过低的估价,对自己没有信心,在社会交往中办事无胆量,很少大胆表达自己的见解;进而否定自我,总是怕遭到别人的轻视和拒绝,很想得到别人的肯定,又常常很敏感地把别人的不快归为自己的不当。这种心态如不改变,久而久之,有可能逐渐磨损人的胆识、魄力和独特个性。心理学家指出,自卑感和本人的智力、受教育程度、所处的社会地位等因素无关,而仅仅是对"自己不如他人"的确信。所以,要克服和预防自卑心理,首先要敢于正视自己的不足,要对自己有一个清醒的认识,接受自己。人无完人,每个人都有自己的优缺点,不要总是拿着自己的短处去和人家比。另外,防止和克服自卑感,要注意不要对自己提出过高的要求,要考虑其实现的可能性;还要锻炼自己的心理承受能力,不要因为一次失败而一蹶不振,或因自己某一方面的过失而全盘否定自己。

(二)自傲心理

自傲与自卑相比,也源于错误的自我估价。自傲者过高地估计自己,在人际交往中妄自尊大、自吹自擂、盛气凌人,而且不愿和自认为不如自己的人交往。这样的人当然不会受到别人的欢迎。自傲者一旦受挫,往往会较为自卑。自傲者要学会尊重别人,善于发现别人的优点,这样才有利于客观评价自己,还要学会严于律己、宽以待人。

能否正确地认识和了解他人,关系到人际交往能否顺利进行。要走出对他人认知的心理误区,需注意避免以下几个心理效应。

1. 首因效应

人与人第一次交往中给人留下的印象,常会成为一种基本印象而影响对他人各方面的评价,这种效应即为首因效应。我们常说的"给人留下一个好印象",一般就是指的第一印象,这里就存在着首因效应的作用。但我们应该看到,第一印象得之于较短时间的接触,又无以往的经验作参照,主观性、片面性较强。人际交往中,不要以第一印象作为取舍判断的标准。所以,一定要注意既不能因第一印象不好而全盘否定,又要防止被表面的堂皇所迷惑。

在交友、招聘、求职等社交活动中,我们可以利用这种效应,展示给人一种极好的形象,为以后的交流打下良好的基础。当然,这在社交活动中只是一种暂时的行为,更深层次的交往还需要加强在谈吐、举止、修养、礼节等各方面的素质,不然会导致另外一种效应的负面影响,那就是近因效应。

2. 近因效应

近因效应与首因效应相反,是指交往中最后一次见面给人留下的印象,这个印象在对方的脑海中也会存留很长时间。某人刚犯了一个大错误,于是就有人发现,他从来就不是好人,这是近因效应在作怪。在较为长期的交往中,最近的印象比最初的印象更占优势,这是一种心理惯性。由于这种惯性的作用,人们往往会以最近的印象来评价人。所以人际交往中,不要因一时一事评价人,对人要全面来评价。

3. 晕轮效应

又称"光环效应",是指人们对他人的认知和判断往往只从局部出发,扩散而得出整体印象,也即常常以偏概全。一个人如果被标明是好的,他就会被一种积极肯定的光环笼罩,并被赋予一切都好的品质;如果一个人被标明是坏的,他就被一种消极否定的光环所笼罩,并被认为具有各种坏品质。这种强烈知觉的品质或特点,就像刮风天气前夜月亮周围出现的圆环(月晕)一样,向周围弥漫、扩散,从而掩盖了其他品质或特点,所以就形象地称之为光环效应。其实呢,圆环不过是月亮光的扩大化而已。

最典型的例子,就是当我们看到某个明星在媒体上爆出一些丑闻时总是很惊讶,而事实上我们心中这个明星的形象根本就是她(他)在银幕或媒体上展现给我们的那圈"月晕",他(她)真实的人格我们是不得而知的,仅仅是推断的。有时候晕轮效应会对人际关系产生积极效应,比如你对人诚恳,那么即便你能力较差,别人对你也会非常信任,因为对方只看见你的诚恳。从认知角度讲,晕轮效应仅仅抓住并根据事物的个别特征,而对事物的本质或全部特征下结论,是很片面的。因而,在人际交往中,我们应该注意告诫自己不要被别人的晕轮效应所影响,而陷入晕轮效应的误区。

(三)害羞怯懦心理

涉世未深、阅历较浅、性格内向、不善辞令的人,容易产生害羞怯懦心理,在社交中过多地约束自己的言行,以致无法充分表达自己的思想感情。害羞怯懦心理严重阻碍了人际关系的正常发展,束缚了人们的思想行为,是常见的社交心理障碍之一。克服害羞怯懦心理,可以从以下做起。

首先,要放下思想包袱,对自己进行全面客观评价。要有信心,认识自己也有优点。在交往中,即使遇到比自己强的人,也不要缩手缩脚,提高自信心,就会在公众面前落落大方。应当知道,人不可能事事正确,即使说得不对,可以改正;做得不成功,也可作为前车之鉴。

其次,要做好社交前的充分准备。在社交活动进行之前,将如何开场、如何发问、发问的具体内容、可能出现的事情、解决的办法等一系列问题,在心里要有充分的准备。另外与陌生人接触之前,尽量了解对方的情况,"知己知彼"就会在交往中踏实、自然、轻松自如。

再次,要鼓起勇气,敢于迈出第一步。当迈出了第一步之后,就会感到事情也不是那么难,以后在社交中就会有所鼓舞。

最后,要克服交往中的害羞,还要学会观察生活和交往的技巧。在日常生活中,多留心学习,多观察别人如何待人接物、如何与各种人打交道,如何交谈愉快;日积月累,在社交中慢慢实践,逐渐便能得心应手,克服羞怯。

(四)自私自利心理

人是社会的动物,人际交往是我们每个人的一种需要。有的人与别人交往时处处从自己着想,只关心自己的需要和利益,强调自己的感受,不尊重他人的需要,漠视他人的处境和利益。在交往中,不顾场合,也不考虑别人的情绪,自己高兴时,高谈阔论,手舞足蹈;郁闷时,抑郁寡欢或乱发脾气。这种人缺乏对自己的正确认识,永远也不会与人建立牢固、持久的良好人际关系。每个人都要学会在生活中对付各种各样的情绪,这也是个人成长的一种重要表现。只有那些心地善良,待人以诚,能设身处地为别人着想的人,才可获得挚友。

(五)冷漠心理

有些人对与自己无关的人和事一概冷漠对待,在与别人交往时,总喜欢把自己的真实思想、情感和需要掩盖起来,不愿意与别人沟通。这种人往往只注重自己的内心体验,他们的行为和习惯有时令人难以理解。在他们看来,人世一切是那么无聊,令人厌倦、平淡、无意义。这种把自己封闭起来,不与别人沟通的态度,造成在人际交往中言词尖刻、态度孤傲,致使别人不敢接近,从而失去了更多的朋友,人也会更加孤僻。

（六）猜疑心理

猜疑心是影响人际关系的一大心理障碍。有猜忌心理的人总是以一种怀疑的眼光看人，对人怀着戒备之心，不肯讲真话，戴着一幅假面具与人交往。在现实生活中，这种人不以诚心待人，不信任对方，造成人与人之间关系的不和。具有猜疑心理的人，每每看到别人议论什么，就认为人家是在讲自己的坏话。猜忌成癖的人，往往捕风捉影，传播小道消息，节外生枝，挑起事端，其结果只能是自寻烦恼，制造隔阂。

（七）逆反心理

有些人总爱与别人抬杠，以此表明自己的标新立异。对任何事情，不管是非曲直，你说好他偏偏说坏；你说一他偏说二。逆反心理容易模糊是非曲直的界限，常使人产生反感和厌恶。要认识到求异思维并不等于标新立异与专唱反调。

（八）排他心理

人类已有的知识、经验以及思维方式等，需要不断地更新，否则就会失去活力，甚至产生负效应。排他心理恰好忽视了这一点，它表现为抱残守缺，拒绝拓展思维，使得人们只在自我封闭的狭小空间里兜圈子。

三、公共关系管理的社交技巧

在现代社会竞争日趋激烈的情况下，人际关系占越来越重要的地位。要想立足于社会，必须要有一定的人际交往的能力。如何才能在人际交往中游刃有余呢？建立良好的人际关系的具体方法很多，但在日常生活中，最为主要，同时又可以有效地为每一个人所运用的主要有以下几个方面。

（一）塑造良好的形象

组织公共关系的首要任务是塑造组织形象。组织形象一旦形成便具有相对稳定性，并给社会公众带来良好的印象和影响。而组织的形象是通过组织工作人员的表现传达给公众的，尤其是公共关系人员的个人形象与组织有着密切的联系。所以，要塑造好组织形象，就要塑造好公共关系人员的自身形象。

树立良好的自我形象。要注意以下几点：仪表服饰上要整洁、端庄、大方，人们总是倾向于觉得仪表有魅力的人更活泼愉快，更友善合群；衣着整洁、大方，举止自然使别人感到轻松、自在。待人接物要彬彬有礼、态度应该诚恳热情，避免油腔滑调，高谈阔论，否则会使人感到不愉快，给人一种虚假、冷淡的感觉，不利于交往的继续深入。记住别人的姓或名，主动与人打招呼，称呼要得当，让别人觉得备受重视。

当然，要给别人留下良好的第一印象，还受其他许多因素的影响，比如：讲信用、守时间、文明礼貌等等。

（二）掌握好交谈艺术

在公共关系社交中，公共关系人员应具有较强的语言表达能力，要善于表达自己的情感与想法；注意在不同场合讲话的分寸；不讲不该说的话；在讲话中注意幽默感则能增加人际吸引，克服尴尬场面；在谈话中，选择他们最感兴趣的话题，并且引导对方谈论他们自己。这样就可以成为一名最受欢迎的谈话伙伴。

1. 掌握讲话的技巧

交谈态度要谦恭、亲切、真诚。使用适度谦恭的语气与人交谈，尽力缩短彼此间的心理距离，寻找诸如同乡、同行或共同兴趣等共同点，和谐地把自己与对方联系在一起，为双方进一步交往打下良好基础。在人际交往中，应注意主动问候、主动示好，对自己的不足应有所认识，并善于听从别人的劝告与帮助，勇于承认和改正自己的错误与不足。热情能给人以温暖，能促进人的相互理解，能融化冷漠的心灵。

在表达自己思想时，要讲究含蓄、幽默、简洁、生动。含蓄既表现了你的高雅和修养，同时也起到了避免分歧、说明观点、不伤关系的作用，提意见、指出别人的错误，要注意场合，措辞平和，以免伤人自尊心，产生对抗心理。幽默是语言的调味品，它可使交谈变得生动有趣。简洁要求在与人谈话时掌握该说的说，不该说的不说。与人谈话时要有自我感情的投入，这样才会以情动人，此谓之生动。当然要掌握好表达自己的技巧，需要不断的实践，并不断地增加自己的文化素养，拓宽自己的视野。

2. 善于倾听

认真地听人说话，表示敞开自己的心扉，就是在表达你对他人的尊重和重视，因而导致彼此心灵融通。做一个好的听者，不仅是一种赞美方式，而且还是消除恼怒的好方法。别人对你生气，你要消除他的恼怒时，就不妨认真倾听他的训斥，甚至很认真地、表现得很重视地请他将最愤怒的话重复，这样他发泄几次后，恼怒就会很快地消除了。

在交谈时，要注意倾听对方的讲话，还要注意不要打断说话者的话题，并给予适当的反馈。总之，让对方把自己的话讲完，可以用积极的语言引导，但插话、评论的频率不要太高。否则，会冲淡对方的讲话。让对方自然而然地谈到他们自己，我们不仅要听得专心，表情也要专心，惟有谈话的双方发现共同的兴趣，也真正关心彼此时，才会有尽兴的交谈。

3. 选择好谈话的话题

交谈话题要引起对方的兴趣与共鸣。供人们交谈的话题俯拾即是，天文地理、时事政治、电影电视、衣着服饰、健身健美、花鸟虫鱼等等。在一般交际场合，最不容易的是与初次相识的人进行交谈，因为你不熟悉对方的性格、爱好，时间又不允许你做太多的了解。这时，交谈最好先不要涉及较深或较特殊的话题，而是先从平淡的话题展开，最简单的是谈天气或从当时的环境寻找话题。

在日常交谈中，公共关系人员应注意在不同环境、不同角色下的主要话题；经常总结哪些话题吸引人，哪些话题更能激发人们的交谈兴趣。有些话题则应该避免，如自己一知半解的问题、道听途说的社会传闻、自己或对方不感兴趣的问题、易使对方敏感的话题等。还有一些触及个人隐私的话题也要避免。话题不一定都是那些工作上事业上的“大话题”，为了让大家愉悦地消磨时光，让大家开心畅怀，你可以准备一些“小话题”，例如体育新闻、名人趣事等等，让气氛不至于过分严肃。如果要让自己更具信心，不妨准备至少三个话题，只要是可以和初次见面的人轻松交谈的题目都可以。

（三）创造轻松、欢快的谈话气氛

谈话气氛要轻松愉快、生动活泼。陈旧枯燥的谈话使人兴致索然、昏昏欲睡；而新鲜活泼的交谈则令人心神愉悦、乐而忘返。创造令人兴奋的交谈氛围，除态度认真和话题选择恰当外，还可用幽默感和委婉含蓄这两种手段来调节谈话气氛。幽默能促使人们的关系和谐亲切；能活跃情绪气氛，使严肃紧张变得轻松活泼；能改变局促、尴尬的场面，使交谈逸趣盎然；能消除误会，化解矛盾。与人相处，难免发生摩擦冲突，委婉含蓄的语言表达艺术，其原则就是维护和满足对方的自尊需要，以达到使对方理解接受自己的观点的目的。周恩来同志在外国记者问"中国人民银行有多少资金"时说共有18元8角8分，就是委婉含蓄的一种语言表达方式。

（四）注重自身人格塑造和能力的培养

常听到有人说："那人性格好，懂得多，所以喜欢同他交流"。从这句话可以看得出，人们大都喜欢和品格好、知识丰富的人或具有某些特长的人多多沟通交流。

1. 品格塑造

人们因为欣赏某人的品格、才能，愿意与之接近，成为朋友。所以，若想要更友好、更融洽地与他人相处，就应充分健全自己的品格，使自己的品格、能力不断提高。选择朋友时，人们都喜欢和真诚、热情、友好的人多交往；不愿和另外虚伪、自私、冷酷的人来往。一般说来，人们总是喜欢那些喜欢自己的人，对真诚评价自己的人具有好感。所以人际交往中，要经常真诚地赞美他人，他人反过来也会对你抱有好感。只要多观察，多注意别人，就会发现任何人都有值得赞美的地方，并且肯定和表扬别人的长处，此举将会在人际交往中给自身带来莫大收益。但须注意的是要掌握分寸，不要一味夸张，从而使人产生一种虚伪的感觉，失去别人对你的信任。

2. 丰富常识

在人际交往中，常看到许多人因为对于对方的职业毫无认识而相对默然，这是个非常尴尬的社交场景。工欲善其事，必先利其器，要成为一个优秀的公共关系人员，就必须要多读书多看报充实自己。世界政治局势、世界各地的风土人情、国内外著名建筑、时髦服饰、最新电影戏剧作品、科学界的新发明和新发现等等都要去有所了解。虽不能对各种专门学问皆作精湛研究，但是掌握常识却是必须的。有了一般的常识，那么即使没有各种专长的学问，只要能巧妙运用，也足够应付各式人等了。纵使不能应付自如，我们总可以提问，用提问来使对方开口。假定你的对手是医生，你对于医学虽是门外汉，但可以用提问来打开这局面，从维生素到养生保健等等。总之，问话，是一个打开对方话匣子的最好方法。

（五）要宽宏豁达，学会体察对方心理

在人际交往中，经常会与别人有误会，受到别人不公正的对待，这种情景时常困扰我们的生活及社交关系。比如有媒体报道企业的产品有问题，而实际情形是那个被报道的产品是别人仿冒的产品。当出现这种情景时，通常我们会非常气愤，可能会言行失当，进而影响到组织的形象。面对这种情形，如果我们能做到宽宏豁达，站在使用者的立场考虑问题，体会他人的心情和感受，误会、委屈就常常会烟消云散，言行转而理性起来，别人也能欣然接受我们。当然具有这种气度有一定的难度，这需要我们在日常公共关系交往中注重培养这种品质。

组织的各种社会关系中，有方方面面的人与我们打交道，他们或开朗、或深沉；或含蓄、或坦率；其个性丰富多彩、千差万别。我们在交往中就要学会做个有心人，要善于体察别人的心境，主动关心他人，采取不同的方式使他们感受到组织的善意和温暖，减少摩擦的产生。

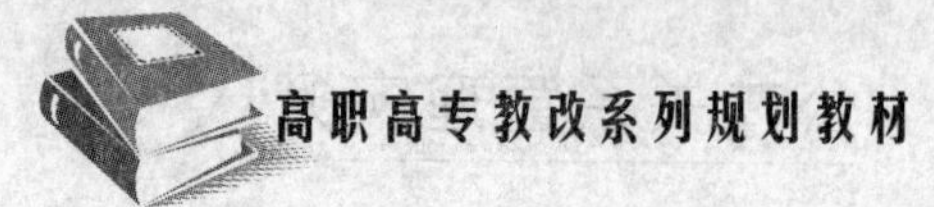

此举可以预防尴尬局面的产生，与公众长久维持融洽的公共关系。

第二节　公共关系管理谈判技巧

公共关系谈判可以说是企业与社会公众之间为寻求一致的观点和利益而进行洽谈、协商的一种行为，是人们为确立、变更、发展或消除相互关系而进行的一种积极活动。公共关系谈判的直接目的是保持或改善双方的关系，满足各方的利益需要。因此，成功的公共关系谈判的每一方都是胜利者。组织的公关人员需要认识和了解公共关系谈判的原则、谈判的一般程序、谈判的准备工作和谈判的常用策略，运用谈判手段，协调各方各面的关系，以实现组织的各项管理目标。

一、公共关系管理谈判的原则

公共关系谈判作为组织与内外公众沟通的一种有效手段，必须按照一定的原则行事，惟有如此才能发挥应有的作用。

（一）真诚合作原则

诚意是一切合作的基础，真诚是公共关系谈判中最重要的基本原则。在谈判中，要明确双方不是对手，而是合作的对象。只有当谈判各方都希望共同找到一种解决问题的方法，并采取谅解、合作的心态时，公共关系谈判才会取得进展，谈判的结果才会有助于各方的长期合作。只有坚持真诚合作的态度对待谈判，才能产生友好合作的行为。

（二）互惠互利原则

谈判中有可能出现僵局，使谈判停滞不前，可能的原因是对出现的问题没有双方认可的解决办法，而无法推动谈判的进展。在谈判中，每一方都有各自的利益，但每一方利益的焦点并不是完全对立的。比如一批设备买卖的谈判，可能卖方关心的是货款的按期结算，买方关心的可能是设备的质量稳定性。成功的公共关系谈判是在双方充分协商、讨论的基础上，进一步明确双方各自的利益，找出共同利益、不同利益，然后协调各方利益，推出互利性选择方案，满足双方的需求。

（三）合法原则

在商务谈判中要遵守国家的法律和政策。这里包括两个方面的内容：一是谈判各方所从事的交易项目必须合法，即使谈判协议是各方自愿达成，但如果该协议对国家法规、政策有所违背和抵触，那么，该谈判结果也必然为国家和社会所不允许；二是谈判各方在谈判过程中的行为必须合法，在谈判各方必须对所处环境中的社会公德、风俗习惯等予以足够的重视。公共关系谈判不仅要严格遵守国家的法规、执行国家的政策，还要符合所处地域的社会规范，包括书面文字也要法制化，以免在以后执行过程中引起争议。

（四）坚持客观标准的原则

客观标准是指独立于各方意志之外的合乎情理和切实可用的准则。在谈判中，一是要坚持客观标准的公正性。标准可以有很多形式，不同的国家，标准的差异也越大。但如果坚

持公正、公平的原则来确定标准,就能更好地发挥标准的作用,协调各种问题。二是标准的适用性。某些谈判内容可参照的标准很多。例如,某一项产品交易谈判,既有同类产品交易的惯例价格,也有某种情况下的市场价格。究竟采用哪一个作为客观标准需要双方认真商讨,确定出适用的客观标准,坚持使用客观标准有助于双方冷静和客观地分析问题,达成协议,也有助于在执行阶段双方有效地、积极地履行合同。

(五)对事不对人的原则

谈判是一个沟通过程。每个谈判者都是有感情、有思维的人,都有自己的价值观、生活态度等,谈判的进行必然要受到这些方面的影响。一方面,在谈判过程中,如果双方建立起相互信任、相互尊重的友好关系,那么谈判将更顺利、更有效。另一方面,如果谈判双方相互指责抱怨,充满敌意,那么谈判双方可能会从个人利益和成见出发来理解对方的建议,就无法合理的探讨和解决问题。因此,在谈判中,应坚持把人和事分开。

(1)尽量阐述客观情况,避免相互指责。如果双方相互指责、抱怨,就有可能混淆了人与事的区别。当对某些问题不满意,把问题搁置一旁,指责对方,发泄怨气和不满,对方则会采取防卫措施,为自己辩护,推卸责任,这样更不利于解决问题。要避免出现这种情况,就要区分人与事的问题,尽量多阐述客观情况,以开诚布公的态度把双方的分歧点摆出,在提出自己的建议的同时,尊重对方的意见。

(2)多作换位思考。在谈判中多作换位思考,多从对方的立场出发考虑提议的可能性,理解对方的观点和看法。在谈判中要说服对方,或对对方施加影响,就要了解对方的想法,掌握对方的心理,这样减少了想当然的推断所造成的偏见,增加了谈判成功的机会。

(3)让双方都参与提议与协商。一个由双方共同起草和协商的,包含双方主要利益的建议,能使双方都切实感到他们是提议的主要参与者和制定者,达成协议也比较容易。当各方对解决的办法逐步确认时,谈判过程将更加有秩序和效率。

(4)保全情面。在谈判中,如果伤了对方面子,引起对方的自卫,采取对抗性行动,这就会破坏双方的关系,无法公正、灵活的处理谈判中的问题,使谈判陷入僵局。相反,如果对方在谈判中感到有面子、有尊严时,对方也会宽容大方,一切都可以通融。

二、公共关系管理谈判的一般程序

公共关系谈判是一项复杂艰苦的活动,需要运用多种策略技巧。不同类型、不同内容、不同性质的谈判,其复杂程度也不尽相同。但是不论何种类型的谈判,其一般程序都包括以下几个基本环节。

(一)开局阶段

开局通常会影响到谈判的全部过程。一旦开局确定下来,第一印象便很难被改变,尤其是坏印象,更难被忘记。一个好的开局一定要态度积极,要强调互惠互利,且要创造出双方的兴趣点。在开局阶段要认清几个问题。

(1)是否要先报价。如果一方想掌握谈判的主动权,要设定讨论的气氛,他就应该首先报价。因先报价,建立了他的定位点,先发制人,就获得了战术上的优势。这一方的定位点可以影响另一方的反应。一旦对方知道了这一方的位置,他或者拒绝这个报价,或者要求还盘,也许会根据报价来对他的底线进行修订。当然,这个报价应该是在基于最近的市场信息的基础上做出来的,应该仅仅比对方的底线高出一点点。这样,对方会对这样的报价仔细慎重的考虑和对待。一个荒谬的报价会给对方造成不好的印象,危害双方的关系。一般来说,如果对方持有更多的信息,那么这一方就不应该首先报价。

(2)开价应该高还是低。一旦谈判开始,就面临一个开价是要高还是要低的困难选择。开价高了会把对方吓走,丢掉这个生意;而开价低了又意味着放弃利润。如果对对方的底线有个准确的认识,那么己方的报价应该在对方的可接受范围,显示了合作的姿态。一些研究显示,和那些开局较低的人相比,开局较高的谈判方一般可以得到更好的结局。所以一些谈判专家建议开局要高。只是高的开局会造成两个问题:一个是立刻被对方拒绝,第二是它显示了一种强硬的态度,这对长期合作关系不利。

(3)如何做出让步。如果己方的最初报价被拒绝,不要马上让步。有异议是彼此间可以开始提问、回答这样开始交换信息的机会,询问对方哪一部分可以被接受。让步是谈判过程中相当重要的部分。研究显示:如果谈判中涉及让步的环节,人们感觉上会好一些。做出让步显示了你对对方需要的了解。让步的一个重要方面是相互性。如果谈判中的一方做了些让步,他会期望对方也做出些让步。在实际中,谈判人员有时候的确是根据相互性做出有条件的让步。另一个方面是让步的大小,在最初阶段,较高的让步是可行的;当接近底线的时候,这个让步将越来越小。

(二)磋商阶段

磋商阶段,也就是通常所说的讨价还价阶段,是实质性谈判的真正开始,是谈判各方运用全部谈判策略与技巧的关键性阶段。"讨价"即评价方对报价方的价格解释予以评论后,要求报价方重新报价或修订报价的行为。虽然价格只是整个谈判过程中许多问题中的一个,但它将影响谈判的整个过程。价格是谈判中最敏感的主题,一般来说,它应该在交易中的其他问题都被协商好以后再谈。因为任何一个长期的合作都不会仅仅局限在价格的基础上,而是基于整体条件合作。

这个阶段中,每一方都会列举大量的事实和理由来阐明自己的论点,并随时准备针对对方提出的论据进行质疑和反驳,甚至会使谈判出现僵局。因此,在这一阶段一方面要求谈判人员坚定自己的立场,做好充分的准备,应付突然的袭击;另一方面又要求谈判人员进一步明确公共关系谈判的宗旨,力求满足各方利益,最终达成一致协议。决不可强词夺理,更不可以势压人,单方面追求所谓的"全面、彻底的胜利"。

(三)结束阶段

经过开局和磋商阶段,双方取得了一致的意见,那么,谈判就可以进入结束阶段。重大的谈判,一般先签订意向书。而在一般性谈判中,就直接进入签约阶段,双方用文字或其他方式将谈判内容固定下来,在谈判协议上签字。在经历了一番对抗与合作之后,谈判双方变对手为朋友,这是公共关系谈判所追求的和局。

(1)起草协议。协议阶段的主要工作是通过谈判记录的记述,回顾谈判过程、做出适当让步、表达最终意愿。谈判记录是洽谈的原始资料,是起草合同的重要依据,谈判记录的目的在于核实谈判过程中各方发言的主要内容,以免出现误解与偏差。谈判人员必须要具有有关的知识和观察与表达的技巧,通过回顾可以认清形势、明确双方的方向、采取措施加快签约的进程。最后的让步决定着谈判结果,让步与妥协的关键是要掌握好时机和幅度,让步的基本原则是应该得到相应的回报。协议的文字要简洁明确，内容要具体完整、条理要清楚严谨。

(2)签约。契约是用文字形式表述谈判结果，规定当事人的权利与义务并具有法律效力的文件。它的作用是保证当事人所享有的权利，约束当事人履行所承担的义务。这个阶段注意不要轻易在对方拟定的谈判协议上签字，一定要详细谨慎地检查核实协议的内容，双方的责任、任务是否明确，在确信没有问题后方可签字。

谈判结束后，还有一个重要的工作，就是总结谈判的经验与失误，以指导今后的工作。

三、公共关系管理谈判的准备工作

谈判的准备是谈判获得成功的前提和基础。为了能够有条不紊地左右谈判形势，控制谈判进程，谈判之前应尽量做好以下工作：搜集有关信息，制定谈判决策，拟订谈判计划，选择谈判策略，做好物质准备。

(一)确定谈判内容

谈判内容也就是明确双方的争论点、可能的冲突点。一般来说，一个商务谈判包括了一个或两个主要的争论点(比如价格、折扣、合同期限等)，以及一些其他的次要争论点。比如对一个销售代理合同来说，主要问题可能是折扣率、年销售额、合同时间跨度、代理惟一权限等等，其他还有售后服务、销售培训等等，哪些是我们优先考虑的问题，哪些是允许让步的内容，对现有资料进行分析以及猜测，把争议点都列出来，排出优先顺序。一旦谈判开始，谈判人员很容易被一些琐碎的事情(比如争议、出价、还价、让步这些事情)分散注意力。这个时候，如果事先对自己的目标不是很清楚，谈判人员就会失去判断力，进而达不到最优结果。

(二)明确己方的形势

谈判的内容被确定下来后，下一个主要工作是确定己方的谈判目标，也就是在明确己方的优势和劣势的前提下，明确己方想从谈判中得到什么。

(1)要拟订谈判目标，明确谈判最终目的。一般来说目标是有形的，比如价格、比例、条款明细等等。商务谈判中经常遇到的问题就是价格问题，这一般也是谈判利益冲突的焦点问题，所以，谈判人员应该对谈判目标有个明确的定义，这就需要把所有想要的目标陈列出来，给它们按优先顺序排序。当然，目标必须是具体的、现实的，并且是通过一定努力可以被实现的。

(2)要明了己方的优势和劣势。明确己方的优势可以让己方在谈判中占据较有利的地形。在谈判中，很多谈判人员喜欢在关键时候把对方的弱点摆到桌面上来争取对方最大的让步。在这里一定要认识到，一些弱点是不可避免的，但也有一些可以被弱化或转为优势。比如当你代表一个生产能力较小的小工厂和大公司谈判时，第一步就要确定对方愿意和你合作的真正原因。也许是因为你有较低的管理费用，或者产品转换的灵活性，或者是你愿意接受小订单。只有当你正视了他人和自己，对自己的优劣势进行正确客观的评估以后，就可能有机会认识到，那些你以为的弱点在不同的商业环境之下很有可能是你特有的优势。

(三)明确对方状况

和明确己方的形势同等重要的是了解对方欲从谈判中得到什么。这些信息一般不易获得，这就需要推测对方的目标、优劣势、策略等，这些猜测可以通过在谈判中对对方的言行进行观察得到证实。通常，谈判人员需要获得对方的以下信息：对方所在地区的政策、法规、商务习俗、风土人情；对方的谈判人员状况；对方的现有资源，包括财务状况；对方的兴趣点和需要；对方的目标；对方可能的替代方案；以及对方的谈判策略和技巧。

（四）明确了解谈判的限制

谈判中至关重要的部分是为让步设定界限，即卖方的最低价和买方的最高价。在准备阶段，每一方都必须决定谈判中他所能接受的范围。比如，作为卖方，通过对产品成本与相关费用的详细分析，你必须明白在哪一点你方将无利可图；同样，作为买方，你要事先决定你能接受的最高价和相关条件。这两点之间的区域就是议价区。总体上，双方正是在这个区域内进行讨价还价和让步的。了解这个限制，就要了解三个内容：

（1）目标点与保留点。目标点指谈判方最想要达到的一种理想的解决方案。这个目标点应该是在对现实情景的评估的基础上做出的。保留点则意味着当谈判进行到这一点时，谈判方就会对谈判失去兴趣，离开谈判桌。谈判的结果更多依赖于谈判双方的保留点，决定谈判方的保留点的一个方法是最佳替代方案。

（2）最佳替代方案。最佳替代方案是指在不能与对方达成一致协议的情况下，我方可以选择的最佳方案。一个强大的替代方案是重要的谈判工具，只有为可能的失败准备好其他后路，才能避免孤注一掷。如果你具有较好的替代方案，你就有较强的谈判威力。这样可以减少签署不良协议的机会。

（3）议价区域。议价区域指当事双方各自的保留点或底线之间的区域。如果在这个区域内达成协议，双方都是有利可图的。当然，在实践中，我们很难确定议价区域的范围，因为无法确切知道对方的底线。但是，根据能够得到的信息，也可猜测这个底线。如果双方的底价有重叠，这就意味着双方最后有可能达成协议。

（五）确定谈判的策略与技巧

（1）选择谈判策略。谈判的策略有竞争型和合作型两大类。竞争型策略是一种争取利益最大化的策略，谈判方的开局较高，很少让步。这种谈判代表在谈判中不注意创造和谐的合作气氛。持合作型谈判策略的谈判方则持一种互惠互利的合作态度，在谈判中双方互相交换信息，体谅对方的处境，力求得到一个双方都满意的结果。但一个纯粹的合作关系也是不切实际的，在谈判中更多的是采取合作与竞争相结合的策略。所以，在谈判前制定多种策略方案，以便随机应变。

（2）谈判的最初定位。在谈判前，应该在考虑对方文化和背景的基础上推测他的最初定位。在一些文化中，当事方经常开局很高，给自己留下充足的机动空间。比如在中东社会的商业往来中，讨价还价是非常普遍的；所以，当事方开局一般要高一些。而在一些西方社会中，谈判方不太愿意还价；所以谈判方一般把开局定在他愿意接受的区域附近。

（3）让步的策略。每一个谈判都有其特点，要求有特定的策略和相应战术。在某些情况下首先让步的谈判者可能被认为处于软弱地位，致使对方施加压力以得到更多的让步；然而另一种环境下，同样的举动可能被看做是一种要求回报的合作信号。谈判中，让步的时机和方式和让步本身的价值一样重要。在准备阶段必须要决定，如果必要的话，己方可以做出哪些让步；如何让步？在何时让步？如果必要，还需计算出这些让步的成本，然后好决定何时如何让步。在谈判之前要考虑几种可供选择的策略,一旦对方态度不理想,就改变谈判策略。有时候,一个小小的让步也可以让对方相信这是个不错的收获,一旦对方认为这个让步是值得的,在以后的谈判中,他就会更合作,或者提出个互惠的方案。

四、公共关系管理谈判的常用策略

谈判策略是指谈判人员在谈判过程中为了达到预期的目标,而采取的各种方式、措施、技巧、战术、手段及其反向与组合运用的总称。任何一项成功的谈判都是灵活巧妙运用谈判策略的结果。掌握了最基本最常见的谈判策略,就可以在谈判活动中灵活地加以运用。同时,对谈判对手的种种策略和手段也会有清楚地判断。

(一)开诚布公策略

这一策略的基本含义是指谈判人员在谈判过程中持诚恳、坦率的态度向对方袒露自己的真实思想和观点,实事求是地介绍己方情况,客观地提出己方的要求,以促使对方通力合作,使双方在诚恳、坦率的气氛中有效地完成各自的使命。这一策略在双方都对谈判抱有诚意的前提下,在报价阶段开始之初很有效。它有助于谈判人员达成一个双方都满意的协议,而双方都满意的协议,会促使双方的长期合作,这对双方的受益远远不是一次交易结果所能评价的。

实际上,完全把自己暴露给对方是不可能的,也是不现实的。因为我们既无此高超的表达能力,也不可能诚实到把自己的全部情况告诉对方的地步。人们总有一些不愿意和不可能全部告诉别人的事情。不讲实情,是出于某种策略,讲出实情,也是策略需要,采取这个策略是要以取得好的效果为前提的。因此,我们讲的"开诚布公"是指向对方透露百分之九十的情况。有的谈判人员的性格特别直爽和坦率。他们不但有与对方达成协议的能力,还能够不断地为对方提供情况,提出建设性意见。这种性格很值得奖励,它能使对方与我方积极配合。因此,如果能够把"开诚布公"和其他技巧联系起来使用,并使其发挥作用,这对双方都是有利的。

(二)投石问路策略

投石问路策略是指在谈判中为了摸清对方的虚实,掌握对方的心理,通过不断提出假设某种情况,试探对方的底细。采取"假定……将会"的策略,目的是使谈判的形式不拘泥于固定的模式。比如,在谈判中,不断地提出如下种种问题:"如果我再增加一倍的定货,价格会便宜一点吗?"、"如果我们自己检验产品质量,你们在技术上会有什么新的要求吗?"

这里假设包含着虚拟的假设和真正的假设,可能是一方真正打算采取的措施或做出让步,也可能是一方虚拟的假设条件,以试探对方对此问题的态度、观点。在试探和提议阶段,这种发问的方法,不失为一种积极的方式,它将有助于双方为了共同的利益而选择最佳的成交途径。

买主经常运用投石问路策略,通常都能问出很有价值的资料,这样知道的资料越多,就越能做出有利的选择。作为卖主,面对买主如此多的问题,一定要沉着冷静,看看怎样才能给买方更好的答复。一个精明的卖主,可以将买主所投出的"石头"变成很好的机会。可趁机向买主提出建议,说明什么样的交易对买主更有利、以促成更大的交易。

然而,如果谈判已十分深入,再运用这个策略只能引起分歧。

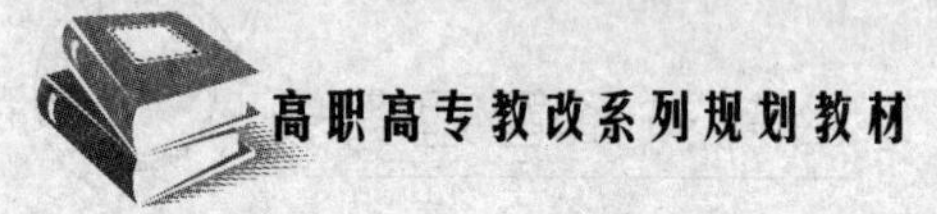

（三）休会策略

谈判进行到某一阶段或遇到某种障碍时，谈判双方或一方提出中断会议，休息一会儿的要求。休息是一种有很大潜在影响的策略，它是谈判人员调节、控制谈判过程，缓和谈判气氛，融洽双方关系的一种策略技巧。在休息期间，让双方回顾一下谈判的进展情况，重新考虑情况，或者让头脑清醒一下再进入洽谈，这些都是有必要的。一般情况下，休息的建议会得到对方积极响应。休息不仅有利于自己一方，对双方，对共同合作也十分有益。

在休息期间，应研究怎样进行下一阶段的谈判，归纳一下正在讨论的问题，检查己方人员的工作情况或者对以下的谈判提出一些新的构想。同时要考虑怎样重新开谈，考虑往下的洽谈方案和如何做开场陈述。最好带着新的建议重新步入谈判会场。

休会一般是经由一方提出，另一方同意才能采用的方式，这需要双方的配合。因此，为了避免对方的拒绝，提出休会一方要把握好时机，看准对方态度的变化。如对方也有休会的需要，则一拍即合，立即生效。一般地说，如东道主提出休会，客人出于礼貌很少拒绝。

（四）举重若轻策略

谈判者要有缜密的逻辑思维和举重若轻的谈判艺术。说话要瞻前顾后，不能顾此失彼，更不可前后矛盾。对说出的关键词、关键数字和关键性问题要牢记不忘。在讨论其他问题甚至闲聊时，也要避免说出和这些关键问题相矛盾的语言，否则将会引起对方的猜疑而导致被动。同时，尽量不要按照对方的思路走。要千方百计把对方的思维方式引导到你的思维方式上来。要学会举重若轻和举轻若重策略的利用。

所谓举重若轻，就是在讨论重大问题，难点问题或双方分歧较大的问题时，可以用轻松的语言去交流。这样就不至于把谈判双方的神经搞得过于紧张，甚至引发谈判的僵局。而举轻若重，就是对那些双方分歧不大，甚至一些无关紧要的小事，倒可以用严肃认真的神态去洽谈。一是表明认真负责的谈判态度；二是可以利用这些小事冲淡或化解关键的分歧。如果在关键问题上谈不去的时候，也可以采取迂回战术。

（五）声东击西策略

在谈判中，一方会故意向另一方提供一大堆复杂、琐碎、甚至多半是不切实际的信息、资料，把对方的注意力集中在己方不甚感兴趣的问题上，借以分散对方的注意力，致使对方埋头查找所提供的资料，却分辨不清哪些是与谈判内容直接相关的，既浪费了时间、精力，还没掌握所需情况，甚至还会被对方的假情报所迷惑。具体的运用方法是，如果我方认为对方最注重的是价格，而我方关心的是交货时间，那么我们进攻的方向，可以是付款条件问题，这样就可以把对方从两个主要议题上引开。

实际的谈判结果也证明，只有更好地隐藏真正的利益需要，才能更好地实现谈判目标，尤其是在你不能完全信任对方的情况下。如果你想对某个重要问题让对方先让步的话，就可以利用声东击西策略，故意把这一问题轻描淡写地一笔带过，反而强调不重要的部分，造成对方的错觉，这样，你可能就会较容易达到目的。但也要提防对方在谈判中使用同样办法来拖延时间，或分散一方注意力，如果有迹象表明对方是在搞声东击西，一方应立即采取针锋相对的策略。

（六）白脸红脸策略

美国大富豪霍华·休斯是个脾气暴躁、性格执拗的人。一次，他要购买一批飞机，由于款额巨大，对飞机制造商来说是一笔好买卖。休斯要求在条约上写明他所提出的三十四项要求，其中部分要求没有退让余地。由于他态度跋扈，立场强硬，方式简单，拒不考虑对方的面子，也激起了飞机制造商的愤怒，对方也拒不相让。谈判始终冲突激烈，最后搞得这位大富翁勃然大怒，拂袖而去。后来，休斯派了代理人出来继续同对方谈判。休斯告诉代理人，只要争取到三十四项中的那十一项没有退让余地的条款，就可以达成他认为十分满意的协议。该代表与飞机制造商洽商后，竟然取得了休斯希望载入协议三十四项中的三十项，当然那十一项目标也全部达到了。休斯十分佩服代理人的本事，便问他是怎么做到的。代理人回答："很简单，每次谈判一旦陷入僵局，我便问他们——你们到底是希望和我谈呢？还是希望再请休斯本人出面来谈？经我这么一问，对方只好乖乖的说算了，一切就照你的意思办吧！"

要使用"白脸"和"红脸"的战术，就需要有两名谈判者。第一位出现谈判者唱的就是"白脸"，他采取咄咄逼人的攻势，提出过分的要求，傲慢无礼，立场僵硬，让对方看了心烦，产生反感，激起对方产生"真不想再和这种人谈下去了"的反应。然后，红脸出场，他以温文尔雅的态度、诚恳的表情、合情合理的谈吐对待对方，与对方不断妥协、让步，调和双方的关系，缓解紧张气氛，达成双方的谅解，并巧妙地暗示，如果他不能与对方达成协议而使谈判陷入僵局，那么白脸先生还会再次出场。这番话会给对方心理上造成一种压力。在这种情况下，对方一方面会由于不愿与白脸继续打交道，另一方面会由于红脸的可亲态度而同红脸达成协议。利用白脸与红脸就是利用谈判者既想与你合作，但又不愿与有恶感的对方打交道的心理，诱导谈判另一方妥协的战术。这种方法有时十分有效。

（七）以退为进策略

以退为进策略是指在谈判中以做出实际的退让为条件，达到进一步进攻的目的。从表面上看，谈判的一方是退让或妥协，或委曲求全，但实际上退却是为以后更好的进攻，或实现更大的目标。这一策略的高明之处在于，纵观全局，通盘考虑，不计一时之得失，退一步是为了进两步。

以退为进策略在谈判中运用较多的形式是：谈判一方故意向对方提出两种不同的条件，然后迫使对方接受条件中的一个，这里的退往往是指提出方的另一条件。多数的作法是，先向对方提出温和的要求，然后再提出强硬的要求。一般情况下，对方要在两者选择其一，自然你的温和要求对方就很容易接受了。为了在谈判中获取更大的利益，适当的让步是一种有效的方法。你退一步，谈判双方皆大欢喜，关系融洽，交易总成本就自然会下降，使再进两步也成为可能。

但是运用以退为进策略要认真考虑其后果，一旦退步的后果对己方十分不利，或者没有把握对方的反应，不要轻易使用这一策略。

（八）吊筑高台策略

吊筑高台策略也称报高价法，是指卖方提出一个远高于己方实际要求的谈判起点，来与对手讨价还价，最后再做出让步，达成协议的谈判策略。实践证明，如果卖方开价较高，则往

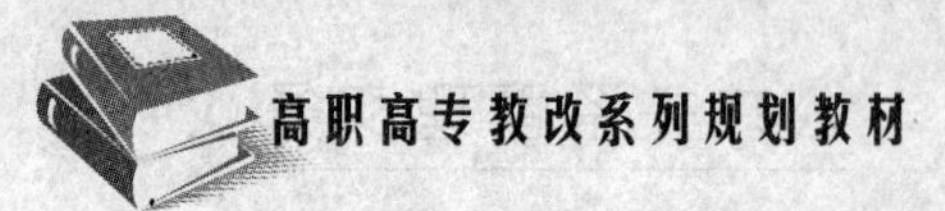

往在较高的价格上成交；相反，如果买主还价很低，则往往在较低的价格上成交。因为大多数的最终协议结果往往在这个价格的中间，或者接近中间的价格上成交。所以，很多高明的谈判人员，在不致谈判破裂的前提下，抬高报价，从而争取更大的利益。

1984年，美国洛杉矶成功地举办了第23届夏季奥运会，并赢利1.5亿美元，创造了奥运史上的一个奇迹。这里除了其组织者企业家尤伯罗斯具有出色的组织才能和超群的管理才能外，更重要的是得益于他卓越的谈判艺术。第23届夏季奥运会的巨额资金，可以说基本上是尤伯罗斯谈出来的。而他运用的谈判策略正是：吊筑高台，喊价要狠。当时，尤伯罗斯一开始就对赞助商们提出了很高的条件，其中包括每位赞助商的赞助款项不得少于400万美元。很高的要价并未吓跑赞助商，由于奥运会的特殊地位和作用，其他各方面的赞助商都纷至沓来，并且相互之间展开了激烈的竞争。最后，尤伯罗斯在众多赞助商竞争者中挑选了30家，终于宽松地解决了所需的全部资金。从而提高了奥运会的身价，也增强了奥运会承办者的信心。

但是过高的报价，有可能会让对方认为没有谈判的诚意，而导致谈判最终破裂；另外，太高的价格会延长谈判时间，降低谈判效率，还有可能让竞争的第三者乘虚而入。

（九）最后通牒策略

在谈判中，双方已经过长时间的激烈的讨价还价阶段，在许多内容上已经达成共识，只是在最后某一、二个问题上相持不下，这时谈判的一方就可给另一方提出一个最后的方案，给对方一定的期限。另一方就会考虑自己是否准备放弃这次赢利的机会，是否牺牲前面已投入的巨大谈判成本，权衡利弊，是接受还是放弃。一般来说，最后通牒包含两个方面：最后时限和最后出价。

最后期限，即规定出谈判的最后截止日期。从统计数字来看，有很多谈判，尤其较复杂的谈判，都是在谈判期限即将截止前才达成协议的。不过，未设定期限的谈判也为数不少。谈判若设有期限，那么，除非期限已到，不然的话，谈判者是不会感觉到什么压力存在的；所谓"不见棺材不掉泪"就是这种道理。当谈判的期限愈接近，双方的不安与焦虑感便会日益扩大，而这种不安与焦虑，在谈判终止的那一天，那一时刻，将会达到顶点——这也正是运用谈判技巧的最佳时机。

最后出价，即谈判一方给出了一个最低的价格，告诉对方要么在这个价格上成交，要么谈判破裂。要使最后出价产生较好的效果，提出的时间和方式很重要。如果双方处在剑拔弩张、各不相让，甚至是十分气愤的对峙状况下，提出最后报价，这很可能会被对方认为是种威胁。为了自卫反击，他会干脆拒绝你的最后报价。在提出最后报价时，尽量让对方感到这是己方所能接受的最合适的价格了。而且，报价的口气一定要委婉诚恳。这样，对方才能较容易接受。同时，督促对方也尽快采取和解姿态，达成协议。

1978年9月6日至17日，美国总统卡特、埃及总统萨达特和以色列总理贝京在戴维营进行了为期12天的三方秘密会谈，此次会议的目的想解决埃、以之间对立30年来的一切悬而未决的问题。这些问题十分复杂，埃以双方在会谈中发生了激烈的争执，彼此抱定自己的谈判立场，各执一词，所以谈判从一开始便进行得非常缓慢，经常中断，没有人有把握能谈出什么结果来。于是，主事者美方便不得不为谈判设定一个期限——就在下个礼拜天。果然，随着最后期限一天天的接近，总算有一些问题获得了解决。而就在礼拜天将到前的一两天，谈判的气氛突然变得前所未有地顺利，更多的问题迎刃而解，埃、以双方也最终达成了具有重大历史意义的"戴维营协议"，由此诞生了以色列与阿拉伯邻国这对冤家宿敌之间的第一份和平协议，也打开了通往中东的和平之门。在谈判时，不论提出“最后期限”要求的是哪一方，期限一旦决定，就不可轻易更改。所以，无论如何，你都必须倾注全力，在期限内完成所有准备工作，以免受到期限的压力。

（十）有限权力策略

有限权力是指谈判人员使用权力的有限性。当谈判人员发觉他正被迫做出远非他能接受的让步时，他会声明没有被授予达成这种协议的权力。这通常是谈判人员抵抗到最后时刻而亮出的一张“王牌”。在这时，双方都很清楚，这是为了不使谈判破裂。

谈判人员受到限制的权力是多方面的，有标准成本的限制、最高最低价格的限制、购买数额的限制、预算限制等，此外，如公司政策的限制、法律和保险的限制等等。会利用限制的谈判人员，并不把这些看成是对自己的约束，相反倒更能方便行事。首先是把限制作为借口，拒绝对方某些要求、提议，但又不伤其面子。其次，利用限制，借与高层决策人联系请示之机，更好地商讨处理问题的办法。再次，利用权力有限，迫使对方向你让步，在权力有限的条件下与你洽谈。

一个优秀的谈判人员必须学会利用有限的权力作为谈判筹码，巧妙地与对方讨价还价。例如，埃及和以色列和平与冲突持续不断的20世纪70年代，为了调停两国的争端，前苏联与美国一直不停地出面斡旋。1973年10月，埃及的第三军团被以色列包围，随时都有被歼灭的危险。当时的苏共总书记勃列日涅夫急电美国总统尼克松，建议美国国务卿基辛格博士速到莫斯科，作为总统授权的全权代表与苏方谈判，调停战事。尼克松立即将谈判重任委以基辛格，向苏共总书记发去了一封电报，电文大意是他将授予基辛格“全权”，称“在你们商谈的过程中，他所做的承诺将得到我的全力支持。”基辛格对此“大吃一惊”，立刻急电华盛顿，拒绝被授予全权：“一定要使我能够对俄国人说，双方提出的建议必须向总统汇报，并请他考虑。授予全权，就会使我无能为力。”基辛格非常清楚，如果将自己处于某种受牵制的地位，会更好地争取谈判主动。

第三节　公共关系管理演讲技巧

演讲，是公关人员与听众进行信息交流、互动的过程。在生活中，我们会碰到许多场合，需要当众说几句话。在商业环境中，演讲更为普遍，如为一项重要项目或销售说服潜在的顾客，在工作成绩总结会上发表讲话等。

一、公共关系管理演讲的表达技巧

世上没有与生俱来的演讲家，任何人只要加强锻炼和培训，都可以当众说话或即兴演讲，关键是要掌握和运用一些技巧。了解演讲的技巧有利于演讲者有效控制自己在发言时的情绪、声调、语速等。演讲者在与听众互动过程中有效运用以下技巧，可以引起听众的共鸣，给他们留下美好的印象。

（一）语言技巧

1. 演讲语言的基本要求

演讲语言是人们交流思想、表达情感、传递信息的工具。演讲语言运用得好与坏，将直

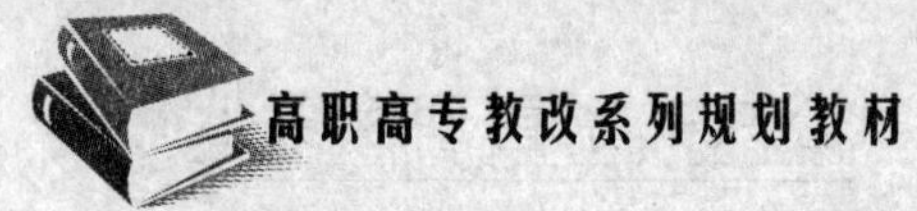

接影响着演讲的社会效果。

(1)清晰准确。演讲当然要听众知道你说的是什么,使用的语言一定要确切、清晰地表现出所要讲述的事实和思想。只有准确的语言才能真实地反映出内在的思想,才能为听众接受,达到宣传、影响听众的目的。寻找准确恰当的词没有绝对的法则,但通常最简单、最具体、最能生动地引起感官反应的词语是最佳选择。尽量少用形容词和各种限定词,着重实意动词和名词的使用。

(2)简洁流畅。要做到语言的简洁,必须对自己要讲的思想内容经过认真思考,弄清道理,抓住要点,明确中心。不要有口头禅,有的人作报告开头喜欢用"这个、那个",有的人喜欢每句后面用"啊、啊",让人听起来很不舒服。

(3)响亮。说话是说给大家听的,除非是悄悄话,有隐私,一般说话要把声音送到人家耳朵里,让人听得清楚,所以要响亮。

(4)通俗易懂。口头语与书面语是有区别的,演讲稿是要说给大家听的,一定要口语化。如果演讲的语言不通俗,听不懂,就要影响演讲的效果。为了使演讲的语言通俗平易,可以多用口语化的语言。如把生僻的词换成常用的词;不用生造的、不合汉语规律的词语;恰当地使用方言词语;用明白的语言解释难以理解的术语。

2. 语言的修饰

"声音是语言的载体"。有效地使用声音包括六个要素:音量、语调、语速、语汇、发音和节奏。

(1)音量大小合适。音量大小变化有利于准确地表达思想感情。要学会准确地控制和把握音量大小的变化。在情感激荡的地方,意思重复之处,音量要大些,反之则要小些。音量大小变化要自然、流畅,要是感情的自然流露。演讲时声音的大小是最能反映演讲者是否自信的一个因素。高音具有高亢、明亮的特点,多用来表示惊疑、欢乐、赞叹等情感;中音比较丰富多彩,多用来表示舒缓的感情;低音则比较低沉、宽厚,多用来表示沉郁、压抑悲哀之情。这些训练最好是通过朗诵进行。

(2)语调贴切、自然、动情。语调是口语表达的重要手段,它能很好地辅助语言表情达意。语调要随着内容、环境的变化而不断调整,演讲时的语调的起伏不仅能使演讲更生动,而且还能传达演讲者丰富的感情信息。一般来说,升调传达着激昂的情绪,如兴奋、愤怒、谴责、疑问;降调则表达灰暗的情绪,如悔恨、伤心、失望和郁闷等。要特别注意不要在句子末尾降低音量,对重要的句子可突然提高或降低声调,以达到强调的作用。语调的选择和运用,必须切合思想内容,符合语言环境,考虑现场效果。语调贴切、自然正是演讲者思想感情在语言上的自然流露。所以,演讲者恰当地运用语调,事先必须准确地掌握演讲内容和感情。

(3)语速松弛结合。语速是指讲话的速度。确定讲稿后,可根据内容以及自己的特性来确定语速。语速不仅有天生的因素,也可以通过后天的刻意训练来改变。在调整语速时,通常不要太快,太快不仅听不清楚,还会给人一种紧张的感觉;也不能太慢,太慢会显得拖拖拉拉;在重要的词汇之前或之后略加停顿;对重要的词句,把声音拖长,并一字一句都很重;对不重要的句子,可以很快,甚至说五六个句子的时间和说五六个单词的时间差不多。一般来说,语速不要太快,也不要太慢,能找到自己说起来比较舒服,同时也适中的语速是最好的。要善于调整语言的速度和节奏,运用声音的美感增强演讲效果。

(4)语汇生动。尽量运用不同的语汇以增强语言的活力,运用生动形象的语言表达主题。为了增强气势，可以采用排比句，用重复的词汇加强语言的力量。排比是一种普遍应用的演讲技巧，是用句法结构相同的段落、句子或词组把两个或多个事物加以比较，借以突出它们的共同点和不同点。很多时候，排比的段落或句子是以一种递进的方式排列，营造出一种雷霆万钧的气势，同时朗朗上口，富有乐感。

(5)发音清晰准备。正确、清晰、连贯、优美的发音是吸引听众的最有力的法宝。发音要清晰，不要含含糊糊，切记“不要自己把自己的话吃掉”。有的人演讲时往往会把一个句子的最后一个或几个字吃掉，这种现象一定要设法避免，发音不清楚会给人留下没教养、思路不清、做事凌乱的印象。在演讲过程中一般不要用多余的填充词。

(6)节奏起伏结合。节奏与语速有关系，但不是一回事，语速只表示说话的快慢，节奏包括起伏、强弱。演讲的节奏也是关系成败的一个重要因素。说话要有节奏，该快的时候快，该慢的时候慢，该起的时候起，这样有起伏、有快慢、有轻重，才形成了口语的乐感和悦耳动听，否则话语不感人、不动人，有了这个变化语言才生动，否则是呆板的。适当的停顿不仅会显得张弛结合，同时能给听众提供一个理解回味的时候，集中他们的注意力。另外，掌握节奏的快慢有助于控制演讲的时间，同时也是传递感情的一种方式。

(二)态势语技巧

演讲中只让听众听是远远不够的，还要达到让听众看的效果。如演讲者的目光、表情、手的动作、身体的姿势等等，只有充分调动了身体语言，才能使你的演讲魅力倍增。演讲的态势语不仅有一定的表情达意的作用，而且更主要的是可以弥补口语表达的不足，使思想感情表达得直观、充分，形象、具体。

1. 表情

表情是一种重要态势语言。演讲者要直面听众。听众最先看到的是演讲者的脸，继而通过演讲者的表情来确认演讲内容是否真实。面部表情把人复杂的内心世界，如幸福、痛苦、悲哀、失望、忧虑、愤怒等，都充分地展示出来，使听众在“察言观色”之中了解到演讲者的内心世界，并因此而受到感染。人的面部表情贵在四个字：自然，真挚。面部表情应随演讲的内容和演讲者情感的变化而变化。

演讲时的脸部表情无论好坏都会带给听众极其深刻的印象。演讲的内容即使再精彩，如果表情缺乏自信，演讲就容易变得欠缺说服力。控制脸部的方法，首先“不可垂头”，面部应向听众。人一旦“垂头”就会给人“丧气”之感，而且若视线不能与听众接触，就难以吸引听众的注意。另一个方法是“缓慢说话”。说话速度一旦缓慢，情绪即可稳定，脸部表情也得以放松；再者，全身上下也能够为之泰然自若起来。

2. 眼神

眼神是指演讲者眼睛的神态，是通过眼睛来传递信息的一种态势语。人们常说：“眼睛是心灵的窗户”，所以在演讲中眼睛要直视听众，与他们作眼神的交流；注意眼神运用的灵活，以此影响听众的情绪，调整会场的气氛，进而达到理想的演讲效果。首先，演讲者的眼神要能调动全体观众，不可上下游离，或盯住台下一隅，而要自然地平直向前，达到最后一排观众为止；其次，要照顾到台下两边的观众，以加强演讲者和观众的感情交流。

在大众面前说话必须忍受众目睽睽。当然，并非每位听众都会对你报以善意的眼光。尽管如此，你还是不可以漠视听众的眼光，避开听众的视线来说话。尤其当你走到麦克风旁边站立在大众面前的那一瞬间，来自听众的视线有时甚至会让你觉得刺痛。克服这股视线

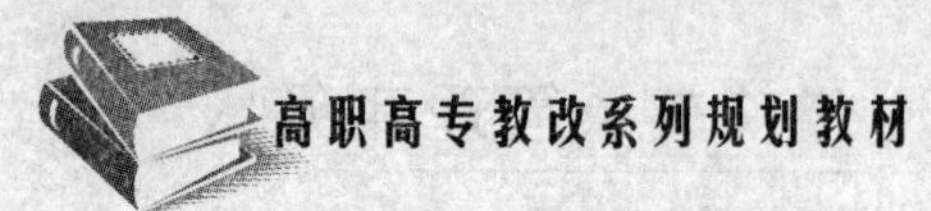

压力的秘诀是一面进行演讲,一面从听众当中找寻对于自己投以善意而温柔眼光的人,并且无视那些冷淡的眼光。此外,把自己的视线投向强烈"点头"以示首肯的人,对巩固信心来进行演说也具有效果。

3. 身体姿态

运用非语言形式进行交流可能产生较好的效果。在演讲时适当地加入一些姿势,以强调你的讲话,但不要过分夸张。演讲时的身姿应挺胸抬头,身体的重心平稳,既要做到挺拔,又不显得过于僵硬,一般提倡两腿略微分开,前后略有交叉,身体的重心放在一只脚上,另一只则起平衡作用。这样,便于站立,也便于移动,身体和双手也可以自由摆动。发言时昂然挺立可以缓解演讲者可能感到的局促不安,不但看起来具有自信的神态,而且自己也会感觉到更加自信。

一般而言,采取轻松的姿势比较合适。"轻松的姿势"就是要让身体放松,不要过度紧张。面前有演讲桌时,双手交叉自然放在身体的前面,切忌在胸前抱膀或把手背在后面。另外要注意的是像心神不定、慌里慌张、站着纹丝不动、装腔作势、仰脸朝天、双手插兜、手撑在演讲桌上、身体靠着演讲桌等动作都会影响听众的情绪。最后要注意在演讲中的一些细小的动作,诸如摇头、晃腿、摸脸、摆弄领带、笔等,也会降低演讲效果。

4. 手势

人在演讲中使用最多、动作最大的要算手势了。它可以随着内容的需要向上、下、左、右、前、后各个方向挥动,可以抒发感情、指示对象、模拟事物,还能够体现个人风格,在演讲中有着不可低估的作用。在使用手势时要注意三点:胳膊不要伸得过直,以免僵板;手指不宜弯曲,以免拙笨;手势运用要和它所配合的那句话同步,以免分裂。

在演讲中,自然而安详的手势,可以帮助演讲者表现平和的心境;急剧而有力的手势,可以帮助升华情绪;柔和、平静的手势可以帮助抒发内心炽热的情感。在演讲中,手势的运用要有变化,要服从内容的需要,符合听众的习惯,简单明了,适度有节。

5. 仪表举止

在演讲之初与听众建立起来的友好关系,可能就决定了演讲成功与否。要想使听众接受自己的观点和主张,首先就必须引起听众对自己的尊重、爱戴和好感。要做到这一点,适宜的仪表是一个不可忽视的因素。

首先服装要得体,应以自然为准,以适合自己为准,以符合自己身份为佳。服装要整洁大方、庄重朴素、轻便协调、色彩和谐;不宜过于华美,过于随便或不伦不类。其次,要保持衣着整洁。演讲开始之前重新审视自己的仪表,检查着装整洁与否。演讲者的形象就是演讲者思想、道德、情操、学识及个性在外表的表现,是演讲者的仪表、举止、礼貌、表情、谈吐的综合反映。不雅的服装和不美的举止谈吐,使听众对演讲者产生厌烦和反感,这是演讲失败的一个原因。演讲者需要具有一定的礼节,大多数听众喜欢一种友好和不拘泥的气氛,但决不能过分随便。听众喜欢那些自然的、正直的、诚恳的态度,而反感那些做作的、傲慢的、轻浮的举止言谈。

二、公共关系管理演讲的心理效应

(一)空白效应

心理实验表明,在演讲的过程中,适当地有些停顿、留一些空白,会取得良好的演讲效果,这就是空白效应。适当的停顿或留白可以给予演讲者和听众整理思路、体会情感的时间,从而达到“沟通同步”。

心理学上认为,人们在面对一种不完美时,会在知觉中情不自禁地产生一种急于要改变他们并使之完美的趋向,因此适当“留白”有利于提高演讲效果。如在表达方面留白,针对某些问题,演讲者不妨先不说出自己的观点,让听众去想、去说,让听众有表达自己意见的机会;在思考方面留白,给听众思考分析的机会,让听众独立地思考、判断和面对,有利于内容的进一步展开,推动主题用于引起听众的好奇、注意,令听众产生悬念。最有名的例子,莫过于英国政治家赖白斯在伦敦一次参事会上就劳动问题演讲时,中途停顿 72 秒的事例。这种根据表意需要而设计的特殊停顿,可谓匠心独具,高人一筹,收到了出奇制胜的效果。

一般来讲,在列举事例之前,略作停顿,能引起听众独立思考;在做出妙语惊人的回答之后,稍作停顿,可使人咀嚼回味;在讲出奇闻轶事和精彩见解之后,在听众赞叹之余,特意停顿,可加深听众印象,引起联想;在话题转移之际或会场气氛热烈之时,稍稍停顿,可加深听众记忆,给听众以领会抒情之机。同时,恰当的特殊停顿,也可以使演讲者本身赢得调整情绪的时机。

(二)超限效应

演讲到底是长一些好,还是短一些好,不能一概而论,只要有内容、有感情,长短都可以。不过,与其长而让听众生厌,毋宁短一些给人留下深刻印象。短,一方面能让听众意犹未尽,一方面能表现出演讲者的概括能力。有这样一个例子:美国著名幽默作家马克·吐温有一次在教堂听牧师演讲。最初,他觉得牧师讲得很好,使人感动,准备捐款。过了 10 分钟,牧师还没有讲完,他有些不耐烦了,决定只捐一些零钱。又过了 10 分钟,牧师还没有讲完,于是他决定,1 分钱也不捐。到牧师终于结束了冗长的演讲,开始募捐时,马克·吐温由于气愤,不仅未捐钱,还从盘子里偷了 2 元钱。这个例子告诉我们这样一个道理,如果演讲太长,必然会让听众生厌。这种刺激过多、过强和作用时间过久而引起心理极不耐烦或反抗的心理现象,称之为“超限效应”。演讲,一定要有话则长,无话则短。即使内容充实的演讲,也不宜太长。

(三)权威效应

所谓“权威效应”,就是指说话的人如果地位高,有威信,受人敬重,则所说的话容易引起别人重视,并相信其正确性,即“人微言轻、人贵言重”。在现实生活中,利用“权威效应”的例子很多:做广告时请权威人物赞誉某种产品,在辩论说理时引用权威人物的话作为论据等等。如果演讲者在听众中享有声望与信誉,那么将对听众产生积极的心理作用。

1. 对听众态度的影响

如果演讲者在听众中有较高的威信,听众往往会由喜爱演讲者的人进而喜爱演讲内容;有时即使演讲内容他们并不熟悉和有兴趣,也会报以热情合作的态度。

2. 对听众认知心理的影响

社会心理学研究表明,人们对于来自权威方面的信息,一般都会不加分析地加以接受,按照权威人物的要求去做,会得到各方面的赞许和奖励。比如说权威的人把“黑的说成白的”,人们也可能纷纷附和。

3. 对听众情感心理的影响

权威效应的最大作用就是对听众情感的影响。演讲者的威信使听众的好奇和期待心理满足了,他们就会对演讲者产生一种归属感、亲近感,便会带着兴趣聆听演讲。

(四)克服听众的逆反心理

在演讲中,听众常常会出现一种与演讲者的思想意识、表达情感相背离、相逆反的意识与思维,例如反应冷淡、厌恶、说小话、起哄、离座、甚至刁难,其中刁难则属于不正常的逆反心理。对此,演讲者应该采取积极的态度去克服。

(1)化解听众的逆反情绪。面对听众正常的逆反情绪,你不能排斥和压制,而只能接受、协调并化解它。因为听众正常的逆反心理来自你自身,而不是听众。要注意演讲的时候的表情、仪表和用词。表情不要高傲,仪表不要太张扬,不要说大话和空话。

(2)应付反调,大度是关键。大度接纳过激的言辞和指责,改善你的用词。我们说的话,显示出我们的修养程度,它能让听众知道我们的知识水平。当拥有丰富的词汇时,就不用担心找不到适当的词汇来表达心中的感受,也不用担心吸引不了听众的注意力。

(3)坚决反击刁难者。对唱反调的人,有时也需要坚决反击,即摆事实讲道理,唱出自己的反调。对于听众正常的逆反心理,我们要尽力化解,但是,对于那些因逆反心理而故意刁难的人,则有必要以冷静的态度直接驳斥,全力反击。

三、公共关系管理演讲的情感调动

(一)用巧妙开场白吸引听众

演讲的开场白是演讲者与听众之间沟通的第一座桥梁,是演讲者给听众留下的第一印象。演讲开场白最不易把握,要想三言两语抓住听众的心,并非易事。如果在演讲的开始听众对你的话就不感兴趣,注意力一旦被分散了,那后面再精彩的言论也将黯然失色。一个能打动听众的开场白要匠心独运,以其新颖、奇趣、敏慧之美,抓住听众的注意力,才能立即控制场上气氛,从而为接下来的演讲内容顺利地搭梯架桥。在这个关键性阶段,必须设法与听众建立融洽的关系,同时还要激起听众对演讲主题的浓厚兴趣。

首先题目要新奇醒目。古人说:“语不惊人死不休”。演讲的题目也应像磁石一样,一下子吸引住听众。再者标题不要深奥、空泛。演讲的主题应有针对性,对存在的问题有的放矢,而不能泛泛而谈。此外,主题还需是演讲者的创见,切不可老生常谈,人云亦云。

在演讲的开头切忌讲一些毫无必要的客套话,也不要东拉西扯、离题万里。开场白必须要注意紧扣主题,适合听众心理和环境,切不可为追求新奇而故弄玄虚。那么,应当怎样做好演讲的开头呢?

1. 引人入胜的开头

演讲开头成败的关键在于能否吸引并集中听众的注意力。一段精彩的开场白有三种作用:第一,吸引听众的注意力,激发听众的好奇心;第二,概述你演讲的主要内容;第三,向听众阐明听你演讲的必要性。演讲时获取听众注意力的方式随题材、听众和场景的不同而改变,可以运用反问、举事例、轶闻趣事、经历、引言、幽默等手段抓住听众的注意力。

2. 设置悬念激发兴趣

人们都有好奇的天性，一旦有了疑虑，非得探明究竟不可。在开场白中制造悬念，往往会收到奇效。以惊人之语震撼听众的思想，达到吸引听众的注意并使之集中注意力于演讲的主题。但要避免过分戏剧化，且不能频频使用，也不能悬而不解。在适当时应解开，使听众的好奇心得到满足，使前后内容互相照应。

3. 为听众解释关键术语和讲解背景知识

如果演讲的成功与否取决于听众能否理解演讲中的某些术语或概念，那么在演讲开头解释关键术语和讲解背景知识就格外重要。因此，如果听众对演讲的主题不熟悉或是知之甚少，那么很有必要在开头部分对听众讲述与主题有关的背景知识，它们不仅是听众理解演讲所必需的，而且还可以体现出主题的重要性。

（二）用丰富多彩的语言打动听众

演讲者与听众的信息交流是通过演讲语言来实现的，离开了语言，演讲也不复存在。丰富的学识，是演讲成功的基本条件。演讲者必须要经常更新知识，跟上现代科学文化发展步伐，这样就可以在演讲中旁征博引，妙语惊人，把生动、具体、精彩的事例自如地组织到演讲中，保证演讲充实、新鲜、生动。要成为一名成功的演讲者，除了要有丰富的知识之外，还必须具备以下几种能力。

1. 敏锐的观察力

体现在三个方面：在准备阶段，能从普普通通的生活中提取出那些能反映生活的本质和社会主流的；在演讲阶段，能了解听众的表情、心理及场上的气氛变化，及时调整演讲的内容、方式、节奏；在演讲结束后，能从周围的反映中综合分析自己演讲的成败得失。

2. 丰富的想像力

在演讲中，有想像力才能使演讲内容新颖而充实，才能将各种各样的事物与演讲主题巧妙地组合起来，讲起来才能具有感染力。这需要演讲者对任何问题有好奇心和求知欲望，并逐步增加自己的知识层面。

3. 较强的记忆力

有了良好的记忆力，演讲的准备阶段就能迅速、准确地从大量的信息中提取合适的材料组织演讲稿。在演讲中，才能将演讲稿的主要材料、观点、事例等牢记于心。

4. 良好的表达力

演讲者必须具备良好的口语表达能力。演讲稿写得再好，表达不出来，同样不是一个优秀的演讲者。口语表达能力可以经过后天培养、训练而成。

5. 独特的语言风格

语言风格是语言运用中各种特点的综合反映。不同的人有不同的语言风格。个性明显、独特的语言风格能给人留下深刻难忘的印象，还能产生意想不到的效果。演讲者若想用语言打动公众，给公众留下深刻印象，就要形成自己的语言风格。

（三）用真情实感激起听众共鸣

演讲特别需要强烈的感情色彩，不仅要说服人，而且要感染人。这种感情的投注，除了语言的抒情、表达时的激情，更重要的是内容的入情。演讲者阐明自己的主张，不仅要像写论说文那样，选择典型的事例，而且要选择生动的事例，还要考虑最佳的表达角度和方式，才能达到预期的效果。演讲贵在打动人心,而要打动人心离不开演讲者的情感注入,即演讲者的感情流露和情绪表现。无论在演讲的起始、过程、还是推向高潮,乃至结束,演讲者的神形都应随着演讲情节的变化而变化,富有情感性。

卡耐基历来强调演讲者选择的题目一定要有深切感受,是自己熟悉的并投入真情实感,不要压抑情感,相反要释放自己的热情,只有这样才能打动听众。上海交通大学第一届"学子人文"演讲晚会上有一位同学的演讲《流在我心里的父亲的泪》讲的是家贫的"我"在求学中屡遭挫折、最后考入交大的故事。"我"曾因为强要学费而挨过父亲的打,也曾在升学后的宴请中为父母敬酒,看到平素坚强的父亲眼角流下泪珠,自己的内心翻江倒海。她的演讲充满了真情实感,台下观众凝神静听,而后报以热烈的掌声。

(四)精彩有力的结尾引起无穷回味

演讲的结尾如同演讲的开端,都是演讲中最为关键的地方。看一个演讲者有无经验,往往只看演讲首尾两端就可判断清楚。演讲的结尾要对演讲的整体内容做个概括后再总结,或对演讲全文要点进行简明扼要的小结,或以号召性、鼓动性的话结束,或以诗文名言以及幽默俏皮的话结尾。言简意赅的结尾或意犹未尽时戛然而止都能够使听众精神振奋,并促使听众不断地思考和回味。

本章小结

社会交往,是现代社会迅速发展过程中,社会组织维系生存和开拓发展的重要手段。公共关系主要研究如何在组织内外建立良好的人际关系和人际交往环境,实现良好的人际沟通,以建立良好的组织形象。通过对谈判策略的掌握、演讲技巧的熟练应用和自如得体的社交技巧,公共关系人员不仅能给交往者留下美好的个人印象,更重要的是能给交往者留下良好的社会组织印象。

案例分析

谈判中的做戏

意大利与中国某公司谈判出售某项技术,谈判已进行了一周,但进展不大,于是意大利代表罗尼先生在前一天做了一次发问后告诉中方代表李先生:"他还有两天时间可以谈判,希望中方配合,在次日拿出新的方案来。"次日上午,中方李先生在分析的基础上,拿出了一个方案,比中方原要求改善了5%(由要求意方降价40%改为35%)。意方罗尼先生讲:"李先生,我已降了两次价,计15%,还要再降35%,实在困难。"双方相互评论、解释一阵后,建议休会,下午2:00再谈。

下午复会后,意方先要中方报新的条件,李先生将其定价的基础和理由向意方做了解释,并再次要求意方考虑其要求。罗尼先生又重申了自己的看法,认为中方要求太高。谈判到下午4:00时,罗尼先生说:"我为表示诚意向中方拿出我最后的价格,请中方考虑,最迟明天中午12:00以前告诉我是否接受。若不接受我就乘下午2:30的飞机回国。"说着把机票从包里抽出在李先生面前显示了一下。中方把意方的条件理清后(意方再降5%),表示仍有困难,但可以研究。谈判结束。

中方研究意方价格后认为还差15%,但能不能再压价呢?明天怎么答复?李先生一方面与领导汇报，与助手及项目单位商量对策，一方面派人调查明天下午2:30的航班是否有。

结果该日下午2:30没有去欧洲的飞机，李先生认为意方的最后还价——机票是演戏，判断意方可能还有余地。于是在次日10点时给意方去了电话，表示："意方的努力，中方很赞赏，但双方距离仍然存在，需要双方进一步努力。作为响应，中方可以在意方改善的基础上，再降5%，即从30%降到25%。"意方听到改进的意见后，没有走，只是认为中方要求仍太高。

案例点评

这个案例里意方的戏做得不好，没有达到预期的效果。若仍以机票为道具，则应把时机改成确有回意大利航班的时间。至少有顺路航班的时间。若为表示"最后通牒"，可以把包合上，丢下一句："等贵方的回话"，随即结束谈判，效果会更好。或仍用原话，但不讲"若不接受，我就乘下午2:30的飞机回国"的话。中方破戏破的较好。双方谈判均有进取性。中方的心理上、做法上以及条件上更具进取性。

案例讨论题

1. 意方的戏演得如何，效果又如何？应如何弥补做戏的漏洞？
2. 中方在让步及目标的调整上是否有针对性？

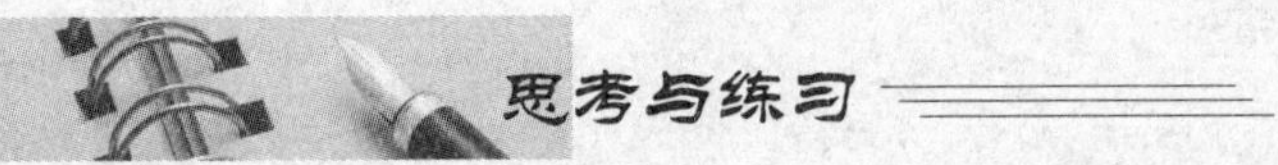

一、填空题

1. 在准备过程中，已方必须准备好(　　)这个方案为一旦谈判破裂提供了另一个可行性打算。

2. 演讲的态势语言，是指演讲者的(　　)、(　　)、(　　)、(　　)等，它不仅有一定的表情达意的作用，而且更主要的是可以弥补口语表达的不足使思想感情表达得直观、充分，形象，具体。

3. 第一印象的强烈影响，在知觉的偏见的产生原因中称作(　　)。

二、选择题

1. 人们在认识事物或人的时候，往往把认识对象的某些突出的特征或品质推广为对象的整体印象和看法，从而掩盖了对象的其他特征或品质，形成某种幻化的知觉，这一心理现象是(　　)。

A. 首因效应　　B. 近因效应

C. 晕轮效应　　D. 定型作用

2. 一个优秀的演讲者必须包括的条件(　　)。

A. 敏锐的观察力　　B. 较强的表达能力

C. 丰富的想像力　　D. 独特的语言风格

E. 较强的记忆力

三、思考题

1. 何谓公共关系谈判？公共关系谈判的基本原则是什么？
2. 公共关系演讲中有哪些常见的心理问题？
3. 常见的公共关系交往的形式有哪几种？
4. 怎样做好组织的接待工作？
5. 在正式社交场合，应该注意交谈的内容与话题的哪些方面？

第十章　危机公共关系管理

重点难点

1. 危机公关的类型
2. 危机产生的原因
3. 危机公关的原则
4. 常见危机事件处理要点

关键词

危机公关　类型　处理要点

企业从诞生之日起,在日常经营过程中就会面临着各种各样的危机,如政策变化、意外事故、产品质量问题、经营决策、财务问题、媒体负面报道等等。在竞争激烈、资讯发达的当今社会,危机一旦发生,轻则影响组织的正常运营,重则危及组织的生存和发展,并给相关公众带来极大的损失,给社会环境带来极大的破坏。如果不能及时正确处理,哪怕是一件很小的事情都可能会对企业及其产品和声誉造成巨大的损害。因此,建立完善的危机管理机制十分必要,有效的危机管理已经成为企业成长的必需技能。

第一节　危机公关管理概述

危机,一种使企业遭受严重损失或面临严重损失威胁的突发事件。危机不仅种类繁多、无所不在,而且防不胜防。危机是不可捉摸的,既可能发生在自己身上,也可能发生在竞争对手身上,还可能发生在全行业;危机又是难以判断的,既包含了导致失败的根源,同时又蕴藏着成功的种子。因此,各类组织一定要对危机加以重视,严密监控,及时恰当的进行处理,再通过公共关系进行危机后组织形象的重建工作,力争把危机的损害降低到最小的程度。

危机公共关系,又称危机管理,它是当前国际公关领域非常热门的专业公关实务,是公共关系最重要的工作之一,同时也是公共关系的最大价值所在。危机公共关系管理,是在危机发生前进行预测,制定预警方案,危机发生时启动应急程序,调动各种应急资源,应对和处理危机事件,帮助组织渡过难关的系列工作。

一、危机公关的类型

危机有两种意思,一是指潜伏的祸根;二是指严重困难或生死成败的紧要关头。从中可以看出企业的危机是潜在的或者已经发生的,会对企业的效益、市场和声誉造成破坏的事件。国际著名公关专家萨姆·布莱克教授认为:“问题一旦发生,无论大小都需要立即处理。”他把任何事物都存在可能发生的情况分为“已知的未知”和“未知的已知”,前者是由于机构本身的性质所决定的可能出现的问题,但究竟会不会发生、何时发生,人们无法预测,后

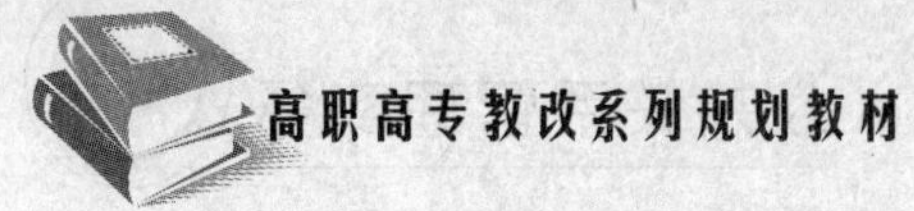

者是指无法预测的突发性灾难。

(一)可预见的突发事件

这类事件或事故是可以预见的,但发生的时间、地点和规模则是无法预料的。通常来说,这类事件是由企业的生产和经营的性质确定的,比如产品质量事故、经营战略失误等造成的危机。

随着人民生活质量的提升,对卫生、环保、绿色的要求日趋强烈,一旦社会组织在追求自身利益过程中,不注意公众社会利益的保护,肯定要受到社会舆论的谴责和惩罚。而解决的惟一途径也只有组织充分重视社会利益,并积极承担起自身应尽的社会责任,事先采取积极有效手段,减少组织在发展过程中对社会利益的损害。如光明"回奶"事件:2005 年 6 月 5 日,河南电视台一位记者经过 6 天的明察暗访,发现郑州光明山盟乳业有限公司把变质的牛奶回收,并进行加工生产和销售。事件被曝光后,光明乳业负责人表示不可能加工过期奶,但承认管理上存在问题。6 月 10 日,《都市快报》报道称杭州出现光明"早餐奶";6 月 13 日,《中国经营报》报道称上海市出现光明"早餐奶"。这一波又一波的负面报道在消费者中引起轩然大波,消费者的强烈反应令光明公司陷入被动。

如花期银行危机案。花旗曾经是公认的最成功的金融服务集团,资产规模最大、利润最高、全球连锁最高、门类服务最齐全。但在 2008 年下半年爆发的金融危机中也损失巨大。花旗市值已从 2006 年底的 2740 亿美元跌至 2008 年 11 月的.200 亿美元左右。之所以这样,首先在次债里头,它投资了很大一部分,另外,它的信用卡部分现在也出现一些问题,它 2008 年第三季度季报亏损非常地大。这一些全部加起来,造成了花旗银行也陷入困境。对这类问题的处理,最根本的方法就是在分析组织的内外经营环境的前提下,根据组织的相对优势和劣势来调整组织的经营战略和策略。

(二)不可预见的突发事件

这类事件通常是自然灾害和人为破坏等原因造成的,如突发性自然灾害、战争、人为破坏、意外事故、经济政策变化等引起的危机。如 1982 年在美国发生的"泰诺"药物中毒事件造成 7 人死亡,最终查明是有人向药物中注射了氰化物。1993 年美国西雅图发生的百事可乐饮料罐中出现注射用针头也是人为的,目的是诈骗。一般讲,这类事故属于天灾人祸,如果处理及时得当,不会给组织形象带来太大的影响。这类危机如果处理不及时,就有可能会严重影响到组织的生产经营活动,造成严重损失。

如诺基亚爱立信供应商芯片厂大火事件:2000 年 3 月,飞利浦公司在美国新墨西哥州的半导体厂突然失火,损失惨重。诺基亚和爱立信面临着芯片数周无法正常供货的危机,不过,双方的反应速度与处理方式,却是大不相同。诺基亚在事前就经常定期审查供应链、防范供货危机,事后它又采取提高生产速度、争取供应商、重新设计芯片等措施以适应市场需求。最终,诺基亚的手机供应基本上没有受到太大影响。与之相反,爱立信则因部件短缺而使生产陷入停顿,导致当年手机业务亏损 17 亿美元。2001 年 1 月,爱立信宣布退出手机自制市场,这项败退行动将制造手机的广大利润拱手让人。同为手机制造商的诺基亚,从此顺利接收爱立信退出的市场占有率,稳坐占有率第一的宝座。

还可从危机存在的程度划分为一般性危机和重大危机;从危机关系到的范围划分为内部公共关系危机和外部公共关系危机;从危机带来损失的表现形态划分为有形公共关系危

机和无形公共关系危机；从危机产生的主客观原因划分为人为的危机和非人为的危机等类型。这些分类对认识不同类型事件的特点，采取相应措施是有帮助的。

二、危机产生的原因

分析危机发生的原因，对于制定正确的预防措施和有效的对策具有十分重要的意义。

(一)组织自身问题造成的危机

在社会组织发展过程中，由于企业内部管理不善、运行机制有问题、员工素质低下、企业决策失误或者公共关系意识淡薄等原因不仅会引发种种危机，而且在企业公关危机出现之后也难于自觉有效地处理危机，从而引发公众对组织的抵触、排斥和对抗，使企业陷入危机之中。如三鹿奶粉事件：2008 年 9 月 11 日卫生部指出，甘肃等地报告多例婴幼儿泌尿系统结石病例，调查发现患儿多有食用三鹿牌婴幼儿配方奶粉的历史。经相关部门调查，高度怀疑石家庄三鹿集团股份有限公司生产的三鹿牌婴幼儿配方奶粉受到三聚氰胺污染。

因这类原因导致的公共关系危机完全是组织的责任，最易受到公众及社会舆论的强烈抨击，对组织形象的损害是极其严重的，造成的影响也很恶劣。对此类危机，组织首先以负责的态度向公众表明对此类事件的改正决心，并主动采取行动，解决引起负面报道的有关问题，并对因此类事件而受到伤害的目标公众给予某种补偿，再进一步告诉公众，组织本身将以此为鉴，在内部制度健全、提高员工素质及外部承担社会责任各方面，完善下一步计划与决策安排。

(二)意外事故造成的危机

如埃克森原油泄漏事件：1989 年 3 月 24 日，美国埃克森公司一艘巨型油轮在美加交界的威廉王子湾附近触礁，原油大量泄出，在海面上形成一条宽约一公里，长达八百公里的黑乎乎的漂油带。事情发生后，埃克森公司却无动于衷，既不彻底调查事故原因，也不及时采取有效措施清理泄漏的原油，更不向美、加当地政府道歉，致使事态进一步恶化，污染区愈来愈大。到了 3 月 28 日，原油泄漏量已达 1000 多万加仑*，25 万只海鸟、2000 多只海獭和至少 22 只鲸鱼死亡，造成美国历史上最大的一起原油泄漏事故。事故发生后，埃克森公司既不向当地政府道歉，也不彻底查清事故原因，更不采取有效措施清理漂油带，致使事态恶化，引起当地政府、环保组织、新闻界对其群起而攻之，发起了一场“反埃克森运动”。事后，埃克森公司付出了 20 亿美元的清理费，并被处以 50 亿美元的巨额罚款。另外，由于公司形象受到破坏，西欧和美国的一些老客户都纷纷抵制该公司的产品。

对这类危机事件的处理，一方面要迅速采取补救手段，尽可能做好善后处理工作，最大限度减少各方面的损失，在公众中留下认真负责的好印象；另一方面要协调好舆论报道工作，防止各种谣言的流传，尽快把事实真相告诉给公众，确保危机处理有一个较公正、有利的舆论环境。

(三)不利报道引起的危机

这种负面报道有两种情况：一种是对组织损害社会利益行为的真实报道，如违章排污、生产的产品有质量问题或不符合卫生标准、内部员工素质低下伤害消费者等；另一种则是对组织情况的一种失实报道。媒体的舆论导向作用非常显著，媒体宣传往往直接影响着民众

* 加仑为容量单位。美制加仑为 1 gal = 3.785 411 784 L。

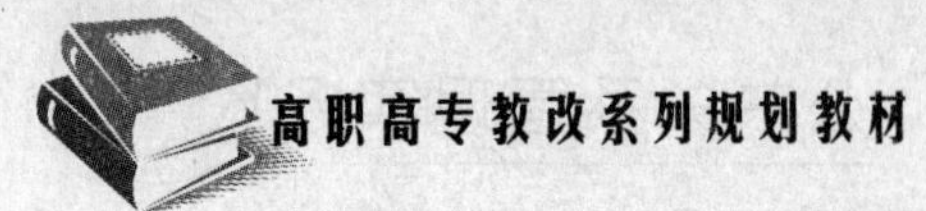

对某种事件的评价态度与关注程度。因此对任何一种不利报道，组织都必须对其进行充分的关注。前一种报道，组织应该以负责的态度，主动及时解决问题。对后一种负面报道，则应以严正的态度，用最有说服力的证据如专家鉴定、权威部门评议、各类证明等，通过舆论告诉公众，进行公开驳斥，并利用包括新闻发布会、公开声明等手段进行正当的商誉防卫，抑制谣言误导，还组织及相关产品以清白。

（四）外界谣言引起的危机

在现代企业危机公关中，谣言传播的主体及其动机具有相当的复杂性，无论企业的消费者还是竞争对手抑或社会公众都会成为谣言的策源地。主要有：竞争对手、消费者、大众传媒、有意或无意制造事端的其他社会公众，他们彼此充当着不同的角色。2008 年，网络、短信传言引发了多次公共事件。如手机短信谣言“告诉家人和同事朋友暂时不要吃橘子，今年广元的橘子在剥了皮后的白须上发现小蛆状的病虫。”尽管四川省农业厅后来澄清说，这种大苍蝇幼虫对人体无害，仅发生在广元几个乡镇，并得到了有效处理，但事实显然没有朝着当地政府所希望的方向发展。在其他地区也发现“蛆柑”后，许多人“谈橘色变”，柑橘市场的冷清状况迟迟得不到缓解，并使橘农遭受重大损失。

（五）恶意破坏造成的危机

如强生公司泰诺药片中毒事件：1982 年美国强生公司发生了“泰诺”中毒事件。当时是有人有意陷害强生制药公司，故意用氰化物污染泰诺胶囊，致使 7 人死亡。其影响迅速扩散到全国各地，调查显示有 94% 的消费者知道泰诺中毒事件。得到消息后，强生公司当即决定，不惜损失 1 亿美元的代价，全部收回市场上所有的此种止痛片，并花了 50 万美元向可能与此有关的对象及时发出信息。由于成功地处理了这一事件，使产品在三个月内将市场占有率恢复到危机前的 95%。

（六）法律纠纷引起的危机

如间接导致了三株公司的衰落的三株公司常德被告案：1996 年湖南常德一位老人因病去世，其家属称是服用三株口服液致死的，在当地法院起诉三株，索赔 29.8 万元。一审三株败诉，其家属联系媒体借此大肆炒作。这一消息迅速被媒体在全国炒作起来。虽然终审三株胜诉，但是那一段时间，喝三株能喝死人弄得几乎妇孺皆知。在四面楚歌中，三株产品的社会形象可谓一落千丈，所有工厂都停产，三株为此蒙受高达数十亿元的经济损失，三株从此一蹶不振。如果三株能够及早对危机因素充分重视并采取相关措施，例如和公安机关合作防止恶意敲诈，也许三株公司就会有另一种发展结局了。

（七）社会抵制活动引起的危机

如雀巢公司曾经有一个案例：1973 年 8 月，英国《新国际主义者》发布报告，指责雀巢等公司过度宣传其乳品对母乳的替代作用，“发展中国家由于相信了这些宣传，每年有 1000 万婴儿因非母乳喂养而带来营养不良、疾病或死亡”。由此拉开了一场最初由慈善和宗教团体发起的抵制雀巢产品的世界性运动。事件之初，雀巢选择了对抗措施，虽然其在诉讼媒体的官司中胜诉，但法院判决书中“如果公司想避免再受到道德和法律上的指控，必须改变产品推广程序”的字句，使其赢得官司却失去了消费者的信任。直到 1980 年末，雀巢才意识到对抗性的法律手段并不能解决所有的问题，于是改变策略，在广告上加入了母乳喂养的好处等营养学常识，还在华盛顿成立了雀巢营养学协调中心，致力于营养常识在世界范围的普及推广。最后抵制运动在1994年瓦解，雀巢挽回了信誉。

（八）自然灾害引起的危机

如地震、洪水、海啸、疾病等带来的灾害。自然性自然灾害是不以人的意志为转移的，它往往给组织带来意想不到的打击。如疯牛病使欧洲、特别是英国的畜牧业遭到沉重打击，很多公司受到毁灭性的重创。还有2003年初的SARS和2004年初的禽流感，是人们无法控制的，都对很多相关组织造成重大影响。如科利华公司在2003年3月推出了一套新的“考得棒”家庭学习提升系统。推出不久，“非典”突至，各校大门紧闭。5个月后，该系统销售仅为7000多套，距离25万套的销售目标相差遥远。

（九）恐怖主义活动引起的危机

如2001年美国的“9.11”事件：事件发生后，美国全国机场关闭数日，航空公司逼入困境，金融市场瘫痪数日；同时，许多原本打算去美国的游客改变计划，旅游、娱乐、购物等经济活动停顿，使得很多行业遭受严重损失。虽然受冲击较大的行业均非大行业，但这些行业遭受如此大的冲突，对整体GDP的影响仍是相当大。又如1994年受千岛湖事件的影响，长江旅游受到严重打击，接待游客人数锐减到8.9万人次，加上大量游船出厂营运，游船平均载客率仅为38%，许多游船公司出现严重的经营性亏损。

（十）公共议题引起的危机

如电磁辐射对人体健康的影响。电磁污染已被公认为是在大气污染、水质污染、噪音污染之后的第四大公害。电磁辐射无色、无味、无形，可以穿透包括人体在内的多种物质，人体如果长期暴露在超过安全的辐射剂量下，细胞就会被大面积杀伤或杀死，并产生多种疾病。一般群众都担心源自高压电线、雷达、移动电话以及家用电气的电磁场导致对健康的负面影响，尤其是对儿童。结果，磁悬浮列车的线路建设、新的输电线和移动电话网络的建设在一些国家遇到了相当多的反对。这个议题对电器生产商的影响也不容忽视，可能会受到高新技术及其标准规范的冲击，每一项新质量标准的实施就意味着在原标准下的产品由合格品变为不合格品。

总之，除了上述列举的危机发生的原因之外，还有下列原因：劳资争议以及罢工、股东丧失信心、企业兼并、谣言、组织内部的人员的贪污腐化等。危机事件产生的原因很多，也很复杂，有时可能由某种单一原因诱发，但多数情况下是几种因素综合作用而诱发。只有在广泛收集有关信息的基础上，对造成企业危机的公共关系危机的原因进行深入全面的分析，才能做到有的放矢，对症下药，为公共关系危机的管理奠定坚实的基础。

三、危机的基本特性

（一）突发性

几乎所有的危机事件都是在人们无法预料的情况下发生的，危机何时发生、怎样发生、在什么方面发生等都常常会带有极大的偶然性。虽可估计事件发生的可能性，但却无法事先知道事件一定发生,更无法确定其发生的具体时间、地点、影响深度和实际规模,特别是一些不可抗力的因素导致的危机,如地震、海啸、台风、雪灾、政变等更是复杂,难以预料和抗拒。因此一旦发生,会引起组织内部和外部公众的恐慌和混乱,使人措手不及,如果没有任何危机应急措施就可能造成更大的损失。面对这种局面,公关人员就要迅速行动,采取应急措施,防止事态的蔓延和扩大。如 1984 年发生的美国联合碳化物公司在印度博帕尔邦化工厂的毒气(甲基乙氰酸酯)渗漏事件,造成 3000 人死亡、4 万人受伤,20 万人从受污染地区迁离。

(二) 聚焦性

现代社会传播技术发达,由于危机的严重危害性自然会引起媒体和公众的极大关注,成为社会舆论的焦点、热点问题。而媒体对危机报道的内容和对危机报道的态度影响着公众对危机的看法和态度。进入信息时代后,信息传播渠道的多样化、时效的高速化、范围的全球化,使企业危机情境迅速公开化,成为公众聚集的中心,成为各种媒体热炒的素材。近几年来,媒体正越来越多地扮演这种角色,将一个个企业推到风口浪尖。特别是伴随事件而来的强大社会舆论压力,更成为危机处理中最为复杂的棘手的问题。

很多企业遇到危机时,对媒体保持沉默,拒不接见。面对媒体时采取这样的态度,原因在于企业严重低估了媒体的力量,对媒体可能带来的影响没有引起充分的重视。由此,企业必须重估媒体的力量,并给予充分的关注。仅在 2008 年,从"三聚氰胺"事件到刺五加中药注射剂遭污染,有关食品、药品的企业危机就层出不穷。9 月,由三鹿奶粉受到三聚氰胺的污染导致婴幼儿泌尿系统出现异常,波及了蒙牛、伊利、圣元、雅士利等一批颇具影响力的奶制品企业;10 月 6 日,又有云南省红河州 6 名患者使用了"刺五加"注射液导致死亡;10 月 20 日左右,手机短信疯传"四川广元柑橘暴发柑蛆大家不要吃柑橘",引发部分消费者恐慌,造成湖北、重庆、江西、北京等部分主产区和主销区柑橘滞销。所有这些事件在全国范围形成巨大影响力的背后都无一例外地有各种媒体力量的推动。

(三)破坏性

任何危机事件都会给社会组织的经济利益或者声誉产生不同程度的不利影响。危机越严重的事件,其破坏性越大。这种破坏不仅对组织造成破坏,也对社会造成破坏。从组织的角度看,它破坏组织的形象,影响组织的经营,给组织带来严重的形象危机和巨大的经济损失;从社会的角度看,它给社会公众带来恐慌与损失。由于危机的突发性特点,还会造成混乱和恐慌,而且由于决策的时间以及信息有限,往往会导致决策失误,从而带来无可估量的损失。而且危机往往具有连带效应,引发一系列的冲击,从而扩大事态。当事的社会组织如不能及时有效的处置,就会被社会公众迅速"抛弃",数十年甚至上百年的形象基础也会因此而毁于一旦。如前例三鹿公司案例,9 月 12 日三鹿集团全面停产,12 月 24 日收到石家庄市中级人民法院受理破产清算申请民事裁定书。2009 年 1 月 22 日,原三鹿集团董事长田文华被判处无期徒刑,三鹿被罚 5000 万元。2009 年 3 月 4,三鹿资产以 6.1650 亿元的价格被拍卖。

(四)紧迫性

紧迫性源于突发性,其严重性与破坏性密切相关。对企业来说,危机一旦爆发,其破坏性的能量就会被迅速释放，并呈快速蔓延之势，如果不能及时控制，谣言四起，危机会急剧恶化，使企业遭受更大损失。而且由于危机的连锁反应以及新闻的快速传播，如果给公众留下反应迟缓，漠视公众利益的形象，势必会失去公众的同情、理解和支持，损害品牌的美誉度和忠诚度。因此对于危机处理，可供做出正确决策的时间是极其有限的，而这也正是对决策者最严峻的考验。

有些企业在危机爆发后，由于没有及时和公众沟通，导致危机不断升级。如2005年的光明、雀巢公司面对媒体的质询，都选择了逃避和沉默，而沉默可以被理解为默认、逃避、不以为然等等各种不同的回复，其结果导致消费者对企业极其不信任，甚至造成大规模消费者的愤怒。

（五）建设性

建设性是危机事件的发生使组织潜在的问题得以充分暴露，通过对危机事件的妥善处理，既可以挽回影响，也有可能建立信誉，塑造形象，使原本不佳的公共关系状态获得转机。认识危机的建设性，才会采取主动姿态，从中寻找和抓住任何可能的机会。只有勇于面对危机者，才有可能认识到公共关系危机在破坏公共关系良好状态的同时，也为组织建立富有竞争力的声誉，树立组织的形象和为组织的重大问题创造了机会。将群情激愤的危机成功地化解的经典案例是强生公司对泰诺事件的处理。强生公司将药品全部收回，并重新设计了包装，并在三个月内将市场占有率恢复到危机前的95%，公司的声誉比以前更为提高。

第二节　危机公共关系管理的策略

一、危机公关的原则

危机事件一旦发生，不采取措施或者采取不正确的措施都会把企业拖入无法挽救的境地。而有效的危机处理，不但可以尽量减少损失和影响，甚至可能让企业在处理过程中受益，可以重新建立企业的信誉。下面介绍几个危机处理的原则。

（一）及时性原则

及时是处理危机的第一原则，企业对危机的反应必须快捷。危机一旦发生，各种信息将迅速传播，在资讯传播如此发达的今天，拖延时间会让公众对企业失去信任，这时候，如不及时控制，可能失去对全局的控制。所以，企业应该在最短时间里做出反应，与媒体和公众进行沟通，通过新闻媒介表明态度，尽快地把正确可靠的信息告知公众，消除受害者、消费者、社会公众对企业品牌的不信任，避免反面宣传不断传播所带来的不良影响。

案例分析

2008年9月23日，一则短消息开始在人们手中疯传，称“国家质检总局又抽查酒类产品，在贵州茅台、山东张裕、中粮长城和青岛啤酒中发现了致癌物质亚硝酸钠”，随后多家网站登载了这一消息。消息蔓延后，传言中涉及的企业纷纷在第一时间进行紧急辟谣，召开新闻发布会，表示“产品含有亚硝酸钠”纯属无稽之谈。随着几大酒企澄清传言，23日集体暴跌的酒类股在25日小幅震荡中逐渐企稳。

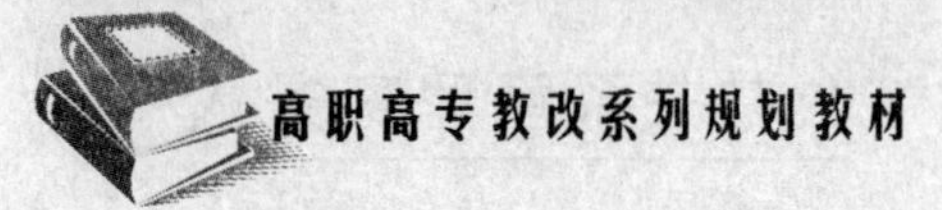

（二）承担责任原则

发生事故，公众和社会遭受损失，必然会产生强烈的不满情绪。有些企业在发生危机，受到媒体批评和公众指责时会觉得非常委曲。尤其是事件初发阶段，原因尚未查明，社会舆论往往一边倒。这个时候企业应该勇于承担责任，无论谁是谁非，都不要企图推卸责任。如果的确是组织的责任，就应该勇敢地为这个错误道歉，并承担起应负的责任；如果是受害者的过失，也不要首先追究其责任，而应及时向受害者、消费者表示歉意，以表达企业的诚意，争取公众的谅解，从而赢得舆论的广泛理解和同情，同时这也避免了在真相查明之前事态的进一步恶化。必须知道，公开道歉不一定是坏事，反而会获得媒体和公众的谅解和欣赏；即使责任不在自己，也可以向公众展示良好的企业形象。

比如前面的强生公司泰诺药片中毒事件。强生公司在调查结果尚未出来的情况下，仍然坚持按照公司最高危机方案原则，即“在遇到危机时，公司应首先考虑公众和消费者利益”，耗资一亿多美元在最短时间内向各大药店收回了所有的3100万瓶这种药，并花费50万美元向有关的医生、医院和经销商发出警报。最终得到的事件原因是有人故意投毒。强生公司虽然损失巨大，但是它勇于承担责任的作法成功地向公众传达了企业的社会责任感，受到了消费者的欢迎和认可。

（三）真诚沟通原则

企业处于危机漩涡中时，一举一动都受到公众和媒介的关注。越是隐瞒真相越会引起更大的怀疑。面对危机，应尽快向公众说明情况，并致以歉意，从而体现企业勇于承担责任、对消费者负责的企业文化，赢得消费者的同情和理解；同时，要对公众抱着诚心诚意的态度，要以消费者的利益为重，不回避问题和错误，及时向公众说明事件的进展情况，敢于纠正，就可能取得公众的谅解，从而促使他们也采取合作的态度。2008年3月31日，东航云南分公司18架航班“集体返航”，千余名旅客滞留机场，官方表示是由于天气原因所致。4月2日，有消息称，“返航”是由于飞行员停工造成，但东航仍坚持称返航是天气原因所致。4月7日，东航承认“返航”事件存在人为因素，称已对涉嫌当事人实施停飞和调查处理。4月16日，民航局就东航“返航事件”做出处罚决定，停止东航云南地区部分航线、航班的经营权。这是一个典型的失败的危机公关案例。危机公关的原则之一就是讲真话，与公众真诚沟通，而东航一开始就将返航原因归咎于“天气原因”；又传出返航班机上QAR数据一起离奇丢失的消息，而且最终并没有管理层对此事负责。此事造成同年4月份的客座率与3月份以及前一年同期相比，均下降了10个百分点，甚至有旅客在网上表示“联名抵制东航”。

（四）人道主义原则

现代市场竞争中，企业的利益越来越与公众利益联系在一起，危机处理中应首先考虑公众利益，而且危机在不少情况下会带来生命财产的损失，舆论界对造成危及人的生命安全的事故或事件尤其重视，甚至加以渲染。因此在危机发生后，组织不能推卸责任，首先要挽救生命财产、治病救人，发扬人道主义精神，对受害者表达关怀或同情，用诚恳的态度去赢得公众。无谓的辩解只可能导致公众产生不信任感。

1997年6月，内江市有一个出生仅3个月的婴儿因中毒身亡，死前该婴儿曾食用过4个厂家生产的婴儿食品，其中就有杭州未来食品公司生产的未来牌营养米粉。婴儿的父母怀疑与这些食品有关,投诉至内江市卫生防疫站。在4个涉嫌生产厂家中,未来是最早赶到出事地点的。当时,婴儿中毒身亡的消息早已在内江市民中传开,厂家的一言一行已成为市民关注的焦点。在产品质量检测结果还没有出来之前,未来食品公司已向死者的家属表示慰问,又送上6000元的慰问金,表明如果公司的产品真有质量问题,公司决不推卸责任;同时感谢死者家属对本公司产品的支持。未来的言行不仅感动了孩子的父母、亲友,也在内江的市民中广为传颂。通过这次事件,杭州未来食品有限公司的知名度、美誉度以前所未有的程度在当地大幅提高。

(五)未雨绸缪原则

任何企业在发展过程中都不可能一帆风顺,各种风险与突出事件会随时袭来。每一种危机不论形式,都对企业构成威胁。任何危机事件的发生总有一个渐进的形成过程,只要增强预测和防范,做好思想准备,便有可能发现潜在因素,将危机消除在萌芽状态。在危机事件发生之前,对可能出现的潜在危机进行预测和防范,估计将遇到的问题以及事件发生后发展的程度和方向,从而制定多种可供选择的应变措施,是一切危机管理和危机公关的基本原则。

许多著名的跨国公司现在都很注重危机管理。他们通过调查分析,预测将要遇到的问题和危机发生的基本进展情况,从而制定多种可代选择的应变方案。同时还通过加强培训,树立员工的危机意识。比如,壳牌中国公司每年都要对员工、合资方的管理层进行危机公关培训,参加人数占全部员工的10%以上。还有很多公司则设有专门的危机公关顾问,负责危机的预测和危机发生后的公关策划工作。

(六)一致性原则

危机发生后,组织在面对危机所做的任何反应,必须保证前后所提供的信息一致。如果组织发布的信息前后矛盾,媒体就会对组织发布的信息产生疑虑,甚至不信任。最好的办法是指定一个发言人,让企业只有一种声音对外,这样可以避免因多种声音对外而说法不一。对于第一线的工作人员要进行一些专业训练、一定的授权,让他们知道应该怎么做,以最快的速度解决危机中的问题。

光明"回奶"事件曝光后,公司的信息发布就很不一致,而且危机处理的前后信息发布很矛盾,使得大家不知道其什么时候说得是真的,什么时候说得是假的,对其的信任度也飞速下降。

(七)善始善终原则

危机局势得到基本控制并不意味着危机已经过去,企业还需要针对危机留下的负面影响做出一系列的补救工作。危机过去之后,留下的是利益的减少、设施的损坏、损害赔偿的支付、人才的耗损、企业声誉和良好形象的恶化等损失。一个危机事件结束后,企业又进入新的危机预防的阶段,要把已经发生过的危机事件中所暴露出的不足和处理危机过程中成功的经验加以总结,评估工作,教育员工,加强危机管理意识,提高企业防危、抗危能力。另外,企业在处理危机时特别要注意牵涉到政府关系、民族情绪等敏感问题的因素。2001年2月15日,三菱公司宣布收回全球150万辆有潜在问题的汽车,但中国境内7.2万辆帕杰罗越野车却不在此列。三菱公司缺乏诚意的解决方式及其对中国消费者的歧视性态度,受到

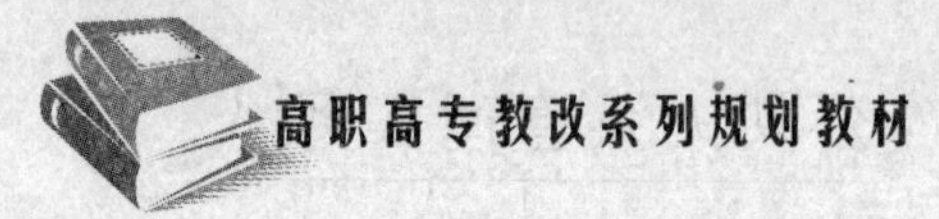

舆论的强烈声讨,并引发了中国公众一系列“抵制日货”的浪潮。

总之,危机发生前,及早发现引发危机的线索和原因,预防它的发生;危机爆发后,应该做到迅速反应、主动承担责任、多方斡旋、人性处理、坦诚友善。正确的方案和有效的执行可以实现“大事化小、小事化了”,将困难消解于无形,将损失减少到最小。

二、危机公关的策略

(一)临危不乱,迅速控制事态

许多企业在毫无准备的情况下发生危机,因手足无措而导致事件的失控,甚至从此走向衰落。突发事件的出现,要求决策者立刻做出正确反应并及时控制局势,否则会扩大突发危机的范围,甚至可能失去对全局的控制。因此,突发事件发生后,能否首先控制事态,使其不扩大、不升级、不蔓延,是处理突发事件的关键和首战。

当危机出现的时候千万不要惊慌,因为慌乱会导致企业无法看清危机的实质,无法实行有效的处理措施。面对突如其来的危机,应做到临危不乱,赶快成立危机应对小组,尽快分析危机发生的原因,抓住危机实质,在第一时间迅速做出判断,适时采取果断、正确的处理措施,及时与消费者进行良好沟通,同时邀请报道此事件的媒体全程跟踪采访。无论面对的是何种类型、何种性质的危机,企业都要主动承担责任,积极进行处理。即使责任不在企业,都要留有余地。要体现企业的大度,积极主动地维护消费者利益,保持良好的公众态度,消除事件造成的直接危害,创造良好的氛围。

如“汪氏蜂蜜果冻霉菌超标”事件。2006 年 3 月 12 日,国家质监总局公布了一批果冻产品的抽检结果,“汪氏”蜂蜜果冻被认定为不合格品之一,多家主流报纸和网站转载了这一信息。3 月 13 日,公司启动应急措施,成立危机处理小组。3 月 13 日下午通知所有经销商停止销售蜂蜜果冻,并向消费者表示道歉,同时委托江西省质监局对汪氏蜂蜜果冻进行质量检测。3 月 14 日,汪氏蜜蜂果冻销售负责人通过南昌媒体发表声明:此次受检的不合格产品批次为 2005 年 7 月 25 日生产,公司决定召回市场上所有当批次的产品,并对持有此产品的消费者承诺可到当地经销点退换。3 月 15 日,汪氏蜂蜜果冻发表致歉声明。3 月 30 日,江南都市报刊登“汪氏蜂蜜果冻复检合格”为标题的新闻。在这个案例中,这家公司正是由于临危不乱,勇敢地面对错误,坦诚公布事情的真相,采取积极的措施加以补救,从而消除了公众的质疑,控制了事态的继续发展。

(二)建立预警检测机制

企业的危机好比“飞来之祸”,随时随地都可能暗藏着。但危机的出现,绝对不是偶然的,在爆发前都或多或少、或迟或早出现过预警信号,只可惜并不是所有预警信号都能被发现并得到足够的重视。一些企业是等到危机无法收拾的时候才出面调停,但往往大势已去,难以扭转乾坤。及时准确地捕捉到这些预警信息,识别出潜在危机,及早采取修正措施将潜在危机“化解”于萌芽状态。这是企业危机管理的一个关键环节,也是成本最低的危机管理方式。比如预先确定企业的哪些成员是危机处理小组成员;面对不同的危机,一旦发生应该遵循什么样的流程,谁做发言人,持什么样的态度,和哪些媒体联系,和社会公众保持什么样的联系等等。许多媒体在报道企业危机事件的时候,都提到了多数企业“找不到人”“电话不接”等情况,这就是典型的没有预警的表现。

无论是处理"苏丹红"事件,还是应对非典和禽流感,肯德基都处理的迅速有序,这归因于肯德基内部有一套比较成熟而完善的危机处理预案。每当发生危机时,一个由各相关部门组成的危机小组就会马上组成,共同应对"艰难"时期。在禽流感刚刚开始爆发的时候,这个公司针对各种可能性已经做好了准备,准备承担可能发生的大规模禽流感爆发引发的消极影响,包括拍一部教育消费者的广告,以及安排一旦供应来源被封锁,随时可替换的供应来源。

建立完善的公关预警系统,在面对危机的时候就能够泰然处之。这个预警系统还包括外部检测,如聘请外部专家作为企业顾问参与企业经营管理,并从外部客观的对企业进行有效监测,从而将危机苗头消灭在萌芽状态,也是一种投入少,收益大的管理方法。

(三)权威证实

在危机发生后,企业要邀请公正、权威机构(如消协、技监、媒介等)来帮助解决危机,以便确保社会公众对组织的信任,时刻准备应付意外情况。不少危机事件平息,都很大程度上是成功运用权威公断的结果。如前面的"酒类产品抽查出现致癌物质"的谣言蔓延后,贵州茅台立刻与国家质量监督检验检疫总局、贵州省质量监督检验检疫局及相关行业协会等有关机构进行沟通,结论是公司产品完全不存在个别媒体报道的上述情况。相关专家也纷纷从专业角度阐述了酒类没有添加亚硝酸钠的必要。

而在2005年禽流感事件中,面对禽流感的阴影,对于主餐食谱完全是鸡肉食物的肯德基来说,也曾借用这种权威的力量来论证肯德基食物的安全。首先,向中国的公众介绍肯德基所有鸡肉原料都来自中国本土供应商,他们都拥有国内领先的生产设备和管理机制,都执行HACCP国际质量和安全体系,其产品全都符合中华人民共和国鲜冻禽产品国家标准。其次,供应商的每一批供货都要求出具由当地动物检疫部门签发的《出县境动物产品检疫合格证明》和《动物及动物产品运载工具消毒证明》,并证明所有的供货"来自非疫区,无禽流感"。再者,引述世界卫生组织和有关权威机构证明,食用烹制过的鸡肉是绝对安全的。在如此说明之下,食客们又开始食用肯德基的鸡肉食品。

(四)公益法

在解决问题的同时,以公益活动也可以转变公众对企业的看法,或是转移公众的注意力。汶川地震当天,万科集团宣布捐款人民币200万元。与万科2007年净利润超过48亿元相比,200万善款尚不足其净利润的万分之四,引发了公共信任危机。5月15日,王石在博客中予以回应:"200万是个适当的数额。企业的捐赠活动应该可持续,而不应成为负担,普通员工的捐款以10元为限。"其意就是不要慈善成为负担。此回应立刻遭到网民批评与指责。从15日到20日,万科股价大跌12%。5月20日,万科宣布以1亿元资金参与灾后重建。5月21日,万科发出"补捐"公告,称将参与四川地震灾区的临时安置、灾后恢复与重建工作,该工作为纯公益性质,净支出额度为人民币1亿元。

(五)现身说法

现身说法可以消除消费者对产品的误解,重塑消费者信心方面的信心和举措。在1996年比利时发生可口可乐中毒事件时,为澄清事实,可口可乐的第一个也是最直接的举措是总裁当场喝了一瓶可口可乐。再如在疯牛病疯狂蔓延前夕,当时的英国卫生部长还带领全家人出现在电视台，由卫生部长本人亲自喂他的孩子吃用牛肉做成的三明治，以表明英国的牛肉是安全的。

（六）民族大旗法

2000年美国微软公司起诉北京亚都科技集团侵犯计算机软件著作权并要求赔偿。此前刚刚发生以美国为首的北约轰炸中国驻南大使馆事件，全国掀起强烈的民族爱国情绪和反美抗议示威活动。于是亚都树起民族大旗，在公众中宣传微软的用意绝对不是简单的一个亚都，亚都既不是第一家，也不是最后一家。之前已有华为、北大方正向微软支付近千万元人民币的赔款、及微软起诉北京海四达科技开发公司胜诉、获巨额赔偿金事件。“状告亚都”只是微软上门收账行动的另一步棋，亚都让此事公开披露，更多地是为了昭示天下。并希望更多的企业能从中得到启示，也希望我国软件行业在残酷的市场竞争中丰满羽翼，开发出适合中国自己的软件产品。此举将微软放在扼杀中国的软件产业的位置，随后在传播媒介中形成反对微软的一致声音，微软由主动变为被动、从有理变为无理了。

三、常见危机事件处理要点

（一）积极与新闻媒体合作

一旦发生危机事件，组织就会成为新闻界及其他媒介关注的焦点，组织与媒介打交道的方式，就成了影响组织与公众关系的关键因素。新闻媒介搜集并传播的有关信息往往要受自己的主观影响，而这样的信息如果传达给公众，将影响着消费者的心理和购买行为。因此，在处理危机事件的过程中，组织必须处理好与新闻公众的关系，组织应积极主动与媒体合作，采取公开、坦诚的态度是处理媒体关系的关键，也惟有这样，才能取得新闻界的信任和支持，更何况组织与公众的沟通也只有借助媒体的支持才有可能进行。

1. 与新闻媒介保持密切联系

为了迅速解决危机，组织公共关系人员一方面要迅速解答记者提问，告诉已证实的事实真相，保证新闻的及时性，给公众留下本组织开诚布公、愿意合作的良好印象；另一方面，与新闻界保持密切联系，及时通过他们了解社会公众对此事件的各种反应及某些权威人士的观点等，以便及时有效地防止各种错误消息传播和谣言流传。

2. 尽可能为媒体提供方便

要尽可能为媒体提供方便的条件，相互体谅，避免双方的矛盾或误解。组织如果反应不当，很少提供或者不能提供可靠的消息，那么记者就会求助于其他消息来源，而这些消息来源很可能是不准确的或者不可靠的，这些消息将可能导致公众对组织产生坏的印象。因此，应为记者提供方便，尽可能为记者的采访扫除障碍。

3. 对记者的立场给予体谅，并与其保持友好合作

如对有些问题即便不能完全答复，也应争取给予满意的信息而不能断然拒绝，对一些确定不能回答或无法回答的问题，则应请媒体谅解。对新闻报道中与事实不符的也应及时指出并要求更正，可以邀请公正权威机构来帮助组织，对一些造谣中伤行为，应以严正的态度要求肇事人撤回并表示歉意。此外，在危机采访的接待中，对一切记者要一视同仁，不要亲疏有别。只有有理有节的处理，才能得到媒体的尊敬，避免不必要的矛盾和误解。

(二)成立危机管理机构,确定新闻发言人

目前,越来越多的大企业都设有危机管理机构,制定或审核危机处理方案及其方针和工作程序,尽快遏制危机的扩散。这个机构可以是一群人,也可以是以一个人为中心的几个人。这一机构应根据具体实际情况而设立,可以是临时性的,也可以是长期性的。在危机发生后,它的作用在于将危机真相告诉消费者,同时这一机构可以调用企业资源并尽快开展行动。如果没有预备的危机管理机构,那么,迅速组成处理危机的应急机构。危机管理机构应以组织决策层为中心,吸收部分公关专家、技术专家和新闻宣传专业人士组成。机构一般应包括:调查组、联络组、处理组、报道组等,各小组各有其明确的职责。

另外,还必须确立合适的对外发言人,统一对外宣传口径,代表组织向内外公众介绍危机事件真相和组织正在做出的努力,让公众尽快了解事实,杜绝谣传,理智地对事件做出分析判断,然后再采取合适的行动。如果对外口径不一致,前后矛盾或不同的人有不同的想法和提法,很容易使处理工作陷入混乱,不利于问题的解决。对外发言人一般由处理危机事件的高层领导人担任,其职责是接待记者并回答他们提出的问题,召开记者招待会,向传播媒介报告有关处理问题的各种措施及进展情况,对那些歪曲性报道予以纠正。

(三)把握信息发布的主动权

在传播沟通中,要掌握对外报道的主动权,要以自已的组织成为权威的信息源,就有必要举行新闻发布会,使组织把握主动权并直接控制有关事件的信息。因为新闻发布会为组织提供了一个对所发生的事件进行评述的机会。会上要详细地、准确地解释发生了什么事故,情形如何,自己已做了哪些工作,得到了哪些组织的配合等;对有关人士表示关心,切忌推卸责任。

通常,事故发生的最初几个小时或最初几天,因为组织掌握的确切信息太少,是危机最难以处理的时候。此时,应尽可能用组织的背景材料及其设施情况来填补新闻消息的空白,以显示组织愿意与外界进行合作和沟通。这样可以使组织迅速、有效地成为权威的危机信息源,掌握传播的主动权。同时,要联络一些特殊人士,如政府部门权威人士、行业专家、专业机构、消费者协会等,寻求他们的理解与支持。由于这类特殊人士的特殊的权威地位,组织如能与他们保持良好的沟通与了解,他们就会采取理解、支持的立场,至少不会以反对者身份指责组织。而且,这类公众很可能会在危机中成为第二信息来源,其发出的信息对组织与公众的影响力是不容忽视的,对于减少谣传、寻求传媒与公众的理解尤有好处。

(四)高度重视、慎重处理

现在,消费者对企业社会责任的期望值越来越高,这意味着企业一旦遇到问题,就有可能发生危机。危机爆发之后,并不会自行消失,相反,它会恶化扩展开来,并且迅速蔓延,引起其他危机。因此,企业经营者必须对危机管理以高度的重视,当危机事件发生之后,要迅速掌握各方各面的信息,根据这些信息的搜集和分析,迅速拟出处理危机事件的公共关系计划,采取紧急行动,遏止住危机的扩散,控制危机损失,尽力做到危机损失最小化。这个工作需刻不容缓地去做。前面所述的可口可乐公司在发现中毒事件之后,就赶紧通知停止销售一切可口可乐的产品,以防止中毒事件继续发生,为下一步危机调查和解决打下了基础。

在处理客户投诉时,企业应平等的对待客户,及时与顾客进行沟通。否则,轻者将影响企业在顾客中的形象,导致经营业绩的下降,重者有可能会导致企业的衰落、停产、倒闭。

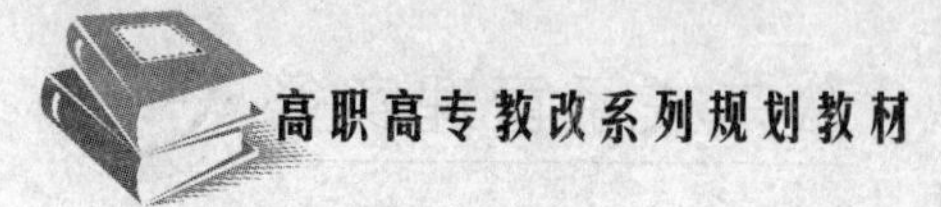

在东芝笔记本事件中,我们可以看到,在网上对东芝"赔美国人美金,给中国人补丁"进行披露后,在相当长的时间内东芝没有采取措施,反应淡漠,没有主动与消费者进行沟通,导致事件进一步严重。待东芝公司在一周后想起该说点什么,但已经错过了危机公关处理中最重要的时机。从这个事件中我们看到,一旦危机事件发生后,组织应有的态度是正视危机并认真对待。如果置之不理,企图任其自生自灭,必然会触犯公众,引起众怒。所以,危机事件发生之后,首选应在思想上予以高度重视。在危机处理中,就算自己有道理,至少也应该向消费者进行解释说明、以求达成谅解,缓和对立情绪,不使消费者产生受到歧视的感觉。

(五)危机后组织形象的重新建树

危机对于任何企业都是一场严峻的考验,但同时也是一个机会。就公共关系而言,是一次让组织决策者理解公关,重视公关的机会;就组织而言,则是一次让组织形象提升一个层次的机会,这也就是危机管理的目的所在。有时,危机对一个素质良好的组织是一个借机塑造组织形象的机会,但是对大多数经历危机的企业来说,不管是否有能力解决危机,其企业形象都不同程度地受到了损害,不利影响会在今后企业的生产经营活动中日益体现出来。

首先针对危机处理难免留下的后遗症,对危机相关伤亡或遭受损害人员进行安抚,避免危机处理的负面效应,采取措施重建或确保民众对政府的信任与支持,摆脱危机阴影,使民众安心。其次,要总结危机处理经验教训、危机管理机制成熟与否、危机预防得当与否,将其中的经验教训纳入危机管理的范畴,以此完善危机管理机制,避免下一个危机的发生。

在恢复时期,必须树立强烈的重建良好公关形象的意识,公关人员应该在如何重建企业形象上多下功夫。一旦组织发生了危机,就会失去公众的信任。同时组织也会失去了长期以来经过艰辛努力所建立的良好公关环境和产品市场份额,导致组织美誉度及经济效益下降。因此,如何挽狂澜于既倒并再塑形象是组织面临的主要问题。只有当企业的形象重新得到建立,组织才能谈得上进入了良好的公共关系状态。

对企业内部,要诚实和坦率地安排各种交流活动,保证内部信息畅通无阻,增强企业管理的透明度和员工对组织的信任感;动员企业全体员工参与决策,做出组织在新的环境中的发展计划;进一步完善组织管理的各项制度和措施,规范组织行为。

对企业外部,要与媒体保持联络,充分运用媒体进行连续性正面报道,将企业在危机后所采取的新措施和新进展告诉给公众,使公众能真正了解组织及其行为,并能逐步对组织重新产生信任感;可以不断与媒介进行沟通的方式进行形象的重建,增加组织在承担社会责任、重视社会利益方面的活动与投入,与广大公众全面沟通;可以通过积极支持社区建设、热心社会公益事业、关心社会热点问题等各种形式,通过积极参与社会活动向公众展示组织回报社会、服务桑梓的良好形象。同时,争取拿出一些过硬的服务项目和产品在社会上公开亮相,从本质上改变公众对组织的不良印象。

四、危机公关的评价

危机公共关系的总结是危机管理的最后一个重要环节,它对制定新一轮的危机预防措施有着重要的参考价值。在社会组织平息危机之后,并不意味着危机管理工作的终结,还需要评价事件发生期间公关处理的方式、方法的合理性以及方法的有效性。在此基础上,进一步消除社会影响,重塑组织形象,为今后的工作积累经验,以使组织真正走上正常发展之路。它包括以下几个方面。

（一）危机公关评价的原则

公关人员运用公关手段处理公关危机所表现出来的态度，特别是处理问题时的措施，都具有实际的意义和为今后工作提供借鉴的研究价值。所以进行危机公关评价要本着客观和讲求实效的两项基本原则来进行。

1. 客观性原则

组织在危机公关的处理过程中，采取了什么样的措施，进行了什么样的分析，做出了什么样的决策，调查到什么样的第一手材料，都要客观地、实事求是地对之加以分析和总结，从中找到切实可行的处理问题的规律。

2. 讲求实效原则

处理危机公关的成功与失败，要以以下标准来评价危机管理的实际效果：在危机处理过程中，公众受到的不良影响是不是降到最低、给社会造成的损害是不是最少、组织是不是以最小的代价，保住了组织在经济方面最大的利益、是否以最大的努力挽回组织在公众中的形象，以最大可能恢复了组织的美誉度和公众对其的信任。

（二）危机公关评价的内容

对这一次危机公关管理工作进行全面的评价，包括对预警系统的组织和工作程序、危机应变计划、危机决策和处理等各方面的评价；要详尽地列出在事件处理工作中存在的各种问题，提高处理突发问题的能力。同时，企业也要推广突发事件处理过程中的经验，企业经验的推广能增强员工的信心和自豪感，同时也有利于增强企业的竞争力。因而，企业应善于从危机中发现企业的优点和长处并加以推广和利用。

（三）危机公关评价的意义

当一次对企业发展有重大影响的事件过去之后，要进行事后的评价。事后评价应对下一次的重大突发事件有着很强的借鉴意义。对危机公关进行评价既是组织本身的需要，也是社会和公众的需要。首先对于社会组织而言，危机事件的发生往往给组织造成伤害和损失，小到利润下降，经济效益受损、大到使组织遭受灭顶之灾。因此研究危机出现的原因和规律，特别是处理危机的方法、步骤和措施，对组织防止或解决危机是很有意义的。其次，每一次危机事件都会在社会和公众心目中留下深刻的印象。把对危机公关工作的分析、评价和总结借助于媒体传达给公众，能让公众更透彻地了解本组织，重新塑造组织的新形象，帮助组织重新建立起自己的知名度和信誉度。

本章小结

各种各样的组织，总会遇到各种各样的危机。危机是任何社会组织都不能回避、必须面对的，但危机有时也是一种契机，关键在于如何处理。防范危机的发生以及事先周密的危机预警系统，对潜在的危机做出分析和预测是危机管理的重点。如果危机发生，应迅速成立危机管理小组，委任合适的新闻发言人，及时发出正确信息，并与媒体保持紧密的联络；妥善处理好危机中的伤亡事件，最大限度的减少危机事件带来的损失，并在危机消除后，总结事件处理过程中的经验教训，以利于企业的长足发展。

案例分析

案例一:雀巢碘超标事件

2005年5月25日,浙江省工商局公布了近期该省市场儿童食品质量抽检报告,其中黑龙江双城雀巢有限公司生产的"雀巢"牌金牌成长3+奶粉赫然被列入碘超标食品目录。

26日,雀巢中国公司迅速反应,给媒体发布声明称,雀巢碘检测结果符合《国际幼儿奶粉食品标准》。并称碘超标是由于牛奶原料天然含有的碘含量存在波动而引起的,并且该成分的含量甚微,雀巢金牌成长3+奶粉是安全的。

27日,雀巢称中国营养学会公布的《中国居民膳食营养素参考摄入量》,儿童碘摄入量的安全上限为每日800微克。因此,上述检测中所提及的碘含量不会带来任何安全和健康问题。但是业内有关专家指出,中国营养学会公布的《中国居民膳食营养素参考摄入量》只是公布了儿童碘每日摄入量的安全上限,这个衡量标准与雀巢奶产品本身应遵守的国家标准,没有直接联系。

继全国各大超市将"雀巢"金牌成长3+奶粉全面撤柜后,部分超市开始无条件退货,但雀巢中国公司表示对"问题奶粉"目前尚不实行召回。

城门失火,殃及池鱼。金牌成长3+奶粉出事,连带雀巢几乎所有产品都受影响。28日,搜狐、新浪等网站在所做的调查中,八成网民称暂不买或今后再也不用"雀巢"。

28日,雀巢(中国)有限公司才正式对外公布,出现碘超标质量问题的奶粉批次为:2004.09.21。雀巢公司虽然声称清楚生产数量及销往哪些市场,但拒绝向公众透露具体信息。

29日,中央电视台经济半小时播出《雀巢早知奶粉有问题》。

30日,越来越多知情的消费者到超市要求退货,然而大部分消费者的退货要求却遭到了拒绝。雀巢方面依然没有就问题奶粉事件给出关于召回或者退货的进一步答复,导致大部分消费者退货无门。

6月1日,雀巢营养谷物早餐部门联合"心系好儿童组委会",启动了"儿童营养配餐知识"教育第二阶段活动,向家庭进行均衡营养教育和强调钙质在儿童生长发育中的重要性。但雀巢方面否认了这次形象公关与碘危机有关联,称是早先约定行事。

6月5日,雀巢中国有限公司大中华区总裁就雀巢金牌成长3+奶粉碘超标一事向消费者道歉。雀巢中国有限公司大中华区总裁穆立称,"首先就这次碘含量不幸偏离国家标准一事我们向广大消费者道歉。尽管我们一贯承诺全面遵守国家标准,但还是发生了这次偏离。"

虽然雀巢公司多方游说有关管理部门,6月8日,国家标准委对"婴儿配方乳粉中碘含量"问题公开表态:"碘不符合标准要求的婴儿配方奶粉应禁止生产和销售。"

6月15日,雀巢宣布:上海市场上的"雀巢成长3+奶粉"已全部收回。

案例点评

1. 违背承担责任原则:雀巢公司坚持安全说,缺乏诚信,价值观缺失。一会儿说符合国际标准,一会儿说符合《中国居民膳食营养素参考摄入量》中碘摄入量的上限,推三阻四,没有表现出任何为消费者负责的价值观。当全国各商店超市均已撤货时,雀巢还在表示不回收,只是对消费者"带来的不必要的麻烦"表示道歉。

2. 违背真诚沟通:面对危机,企业只有开诚布公地说明事情的原委,诚恳地接受批评才能淡化矛盾、转化危机。推诿和含糊其辞不但无助于危机的解决,还留给新闻媒体和消费者不坦诚的感觉,增加处理危机的难度。而雀巢的公关人员面对媒体态度傲慢冷漠,称"如果有进一步的消息我会再告诉你们","采访到此结束",对公众及媒体的质疑不予理睬。他们一方面不愿意承认自己产品不合格,狡辩产品符合国际奶粉标准;另一方面不但不向消费者道歉,还一再强调自己的产品是安全的。从起初置之不理、拒不交待货物流向,到承诺只换不退,再到同意退货,然后是道歉声明,所有这些几乎都是在中国工商行政执法部门、广大媒体、消费者的要求和监督,以及律师举证认为存在欺诈的情况下,才得以实现的。

3. 违背及时原则:当危机来临时,企业应该马上予以重视,在第一时间内做出反应,迅速了解情况,迅速找出事实真相,迅速召开新闻发布会或对外发表声明,迅速做出判断,迅速控制事态的发展,从而最大可能降低危机对企业所造成的伤害。雀巢碘超标在没有被媒体曝光前,相关政府部门已经提前10天告知了企业,并让其给予答复,但企业没有给予理会。就在事件被媒体曝光后,企业还是不愿意承认自己的产品不合格,表示产品符合国际奶粉标准,搬出国际标准来搪塞公众。在一错再错的情况下,雀巢终于失去了解决危机的最佳时机。

4. 违背人道主义原则:作为婴幼儿食品,事关国家的未来,质量出了问题,这一新闻受到国内媒体的高度重视。雀巢公司没有站在受害者的立场上用富含同情心的措施感动受害者、消费者,而是一些无谓的辩解,这只可能导致公众对之彻底丧失信任。

案例二:光明"回奶"事件

2005年6月5日,河南电视台经济生活频道曝出黑幕:郑州光明山盟乳业将过期牛奶回炉再包装后重新进入市场销售。记者按照最低标准估算,仅郑州光明山盟乳业一年就销售200万袋回收奶。

6月6日,全国媒体迅速转载该节目所报道内容,各门户网站均在首页显眼位置以"光明牛奶,你还敢喝吗"之类的专题进行跟踪和讨论。光明乳业亦迅速反应,立即派高管到郑州进行自查,同时向消费者发布"诚告消费者书",称"从来没有做过将变质牛奶返厂加工再销售"的行为,请广大消费者放心。

6月8日,光明乳业董事长王佳芬接受《每日经济新闻》采访时称"这个事情不存在,光明不可能做这个事情。"

6月10日,《都市快报》报道称杭州出现光明"早餐奶"。

6月13日,《中国经营报》报道称上海市出现光明"早餐奶"。

6月20日,郑州市食品药品安全委员会日前对光明山盟乳业有限公司有关"光明牛奶利用过期奶再生产"事件发布了书面调查报告。报告称,尚未发现光明山盟回收变质牛奶再利用生产,而存在库存产品在保质期内经检验合格再利用生产。同日,光明发布正式澄清公告承认,"郑州光明山盟乳业有限公司存在用库存产品在保质期内经检验合格再利用生产"。

对此,记者与光明新闻发言人龚妍奇联系时,对方先是不接听电话,随后干脆就关机。

6月21日,郑州光明山盟乳业有限公司总经理董波及一位副总均被免职。原因是郑州"回炉奶"风波"对光明的品牌和销量都造成了'影响'"。

6月24日，光明乳业在其网站上挂出《光明乳业诚致广大消费者》书，首次就郑州事件向消费者表示道歉。

受到光明牛奶“回奶事件”和“早餐奶事件”影响，从6月9日开始，光明乳业股票证券市场连续遭到市场的抛售。4个交易日里，光明乳业的股价下跌了0.42元，跌幅高达8.6%，缩水超过1亿元人民币。

案例点评

1. 违背未雨绸缪原则：雀巢公司在5月出了问题，中国整个乳制品行业都应该加强防范措施，决不允许企业本身出现任何问题。然而，作为雀巢公司的竞争对手，光明对雀巢危机没有给予足够的重视和警醒，也没有及时导入危机的预警和避免机制，而是急着抢占雀巢的市场份额，使雀巢的故事在光明身上再度上演。

2. 违背承担责任原则：“诚告消费者书”称不可能存在有回奶一事，并称“诚告消费者书”已经代表了光明乳业公司在对这一事件进行自查后的最终态度。董事长在接受访问时断然否定此事。此种表态是莽撞的，也是不负责任的。

3. 违背真诚沟通原则：诚实不欺骗，不要隐瞒事实或误导大众。因为不诚实会破坏组织和利害关系人的关系，也会损坏组织的信誉。在面对危机时，组织可以有限度地透露信息，让公众知道他们应该知道的，但无论透露多少，透露的信息必须是真相，不然会失去媒体和公众的信任，引起猜测和反感。而光明公司在媒体爆出回奶事件后，一次又一次的不诚信让公众失去了对光明品牌的认同。

综合点评

危机管理是一门艺术性和策略性非常强的科学，是基于坦诚、沟通基础上极为讲求策略的科学。从雀巢奶粉风波到光明牛奶事件，这两个企业都缺乏坦诚和沟通的诚意，事情发生以后，在媒体的追踪下，其发言人仓促应对，或者极力辩解，或者矢口否认，或者面对质疑答非所问，甚至试图逃避采访等都是具体的体现。另外，新闻发言人的选择上也存在失误。新闻发言人应该由公共关系部经理或者有一定演说能力和应变能力的相关高管担任，一般不主张代表高层的CEO或者董事长直接兼任，以便给组织留有回旋和调整观点的余地。

当企业危机爆发以后，公司的立场应该明确、直接。在危机中，公司不能在公众面前闪烁其词，同时还要保持一定的灵活性来应付事态的发展。如果组织确实有错，就要勇于承认错误，然后迅速将注意力转移到接下来要开展的工作上，不要没完没了地强调和重复做错了的事情。组织在应对危机时所进行的危机沟通，每一步都需要缜密的规划。

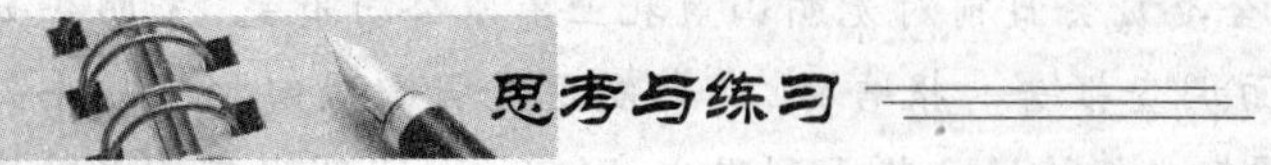

思考与练习

一、填空题

1. 危机有两种涵义：一是（　　　　），二是（　　　　）。

2. 危机的特点有：（　　　　）、（　　　　）、（　　　　）、（　　　　）、（　　　　）。

3. 每一次危机既包含了导致失败的根源，又蕴藏着成功的种子。善于发现、精心培育，进而收获潜在的成功机会，让危机转化为商机，这句话反映了危机的(　　　　)特征。

二、选择题

1. 危机对于社会组织而言(　　)。
   A. 是可以避免的　　B. 是不可避免的
2. 使组织面临公共关系危机的情况主要有(　　)。
   A. 组织自身行为不当　　B. 突发事件
   C. 失实报道　　D. 与公众发生冲突
3. 如果组织发生了重大的公共关系危机，公共关系人员面对记者的采访应该(　　)。
   A. 找借口推脱组织的责任　　B. 避而不见记者
   C. 实事求是地说清事实真相　　D. 寻求新的发展途径
4. 因组织行为不当引起的危机类型是(　　)。
   A. 劳资矛盾引起罢工　　B. 地震引起大楼倒塌
   C. 重大盗窃事件发生　　D. 有意诬陷引起报导失误
5. 由于企业内部的犯罪活动及其他违背公众利益的社会越轨行为，从而危及企业生存和发展，这属于(　　)。
   A. 恶性事故　　B. 经营危机
   C. 管理危机　　D. 形象危机

三、思考题

1. 什么是危机管理？应该如何处理危机？
2. 危机形成的原因主要有哪些？
3. 危机公关的原则是什么？
4. 从中国政府面对“5.12 汶川大地震”开展的危机公关中我们得到了哪些启示？
5. 假设你在一个酒厂工作。最近有媒体报导，在你厂的酒中发现了死老鼠，导致了你们厂子销量下降。后来经过调查，发现有老鼠的酒是假酒。如果你是这个厂的公关主管，请问你怎么处理这件事情？
6. 2007 年 11 月 10 日，重庆家乐福超市沙坪坝店十周年，在店庆促销活动中引发踩踏惨剧，造成 3 人死亡，31 人受伤。事故原因是家乐福推出一款菜籽油特价促销，原价每桶 51.4 元的 5 升装菜籽油只卖 39.9 元，上午 8:40 超市开门营业时，大量市民涌进抢油，因群众滑倒而引发踩踏安全事故。请用公关知识来分析如何预防此类事故的发生。

第三部分　公关管理礼仪

第十一章　公共关系管理礼仪

重点难点

1. 公关管理礼仪的涵义、作用、基本特征和原则
2. 公关管理社交礼仪的基本要求和特点

关键词

公关管理礼仪　社交礼仪

第一节　公共关系管理礼仪概述

公关管理礼仪是公共关系管理活动的重要组成部分，是社会组织中的公共关系工作人员或其他人员开展公关活动时所要遵循的一系列“讲礼重仪”的具体规范或程序，是传统礼仪在当代公共关系活动中的发展和具体表现，是现代社会生活文明的重要标志之一。

一、礼仪与公关管理礼仪

“礼仪”一词最早源于法语“etiquette”，意即“法庭上的通行证”，表示持证者入法庭必须遵从相应的规矩或准则。后被英语吸收后，其含义有所变化，有了“礼仪”之意，即指“人际交往的通行证”。随着社会生活的发展，该词逐渐专指礼仪、礼节规范。

中国素有“礼仪之邦”的美誉，对“礼”的讲究历史悠久，很早即把“礼仪”一词提升为一种社会典章制度和道德教化要求，仁、义、礼、智、信被称为“五常”。最早记载中国古代礼制的著名典籍有三部：《周礼》、《仪礼》、《礼记》，统称“三礼”。其中《周礼》主要记载典章制度；《仪礼》偏重于规定人们的行为规范；《礼记》则是对古代礼仪的阐释性说明。其后，中国古代礼制不断发展和完善，成为中国古代文化的核心内容之一。

礼仪在现代生活中也扮演了非常重要的角色，见面有见面的礼节，吃饭有吃饭的规矩，特别是在正式的社交场合，“讲礼重仪”更成了对人的基本要求。可以说，在现代生活中，“礼仪”几乎已成为“文明”的代用词。

由此可见，所谓礼仪，既指一定社会或时代的典章制度，也指人们在长期的社会生活交往中形成的、为人们所认同和尊重的律己敬人、协调人际关系的行为准则或规范程式的总和。而公关管理礼仪，就是在开展公共关系活动中所必须遵循的礼仪程式或规范。

二、公关管理礼仪的作用

由于现代社会的日益开放和世界文化的多元化，由于全球化时代的到来，世界各国人们的交往日益频繁与快捷，必须要求人们在交往中要知礼、懂礼、用礼，人们对公关管理礼仪的需求日益迫切。目前，无论是政府机关、学校、企业、公司、还是事业单位、商场、服务行业都在强化公关管理礼仪的学习以期提高广大公务员、师生、员工、服务人员等的公关管理礼仪修养与水平。公关管理礼仪在塑造组织良好形象、维护组织内部团结、拓展组织对外友好往来、提高组织员工的文明水准、广泛传递组织信息等方面发挥了积极而有效的作用，这也正是各类组织为何青睐公关管理礼仪的原因所在。

（一）塑造组织良好形象

社会组织的形象问题是影响组织生存与发展的关键问题，决不可掉以轻心。企业、组织拥有良好的形象就等于拥有了一笔无形资产。良好的形象能赢得顾客的信赖；良好的形象能获得社会的赞誉；良好的形象能提升组织的社会地位；良好的形象能提高竞争力；良好的形象能美化市场、美化社会环境。

国内外一些名牌企业、享有盛誉的一些大公司、集团都具有良好的组织形象。如日本的“松下”、“东芝”、“本田”、“丰田”等，产品创立了让消费者信赖的牌子，公司则树立了“卓越”的美誉。此外，日本名牌企业对公关管理礼仪的注重也是举世闻名的。以“松下”为例，公司对员工仪表仪态、言谈举止、行为规范、礼貌礼节要求非常严格，公司在各种活动中举行的仪式、仪典也格外隆重、严谨。美国的“麦当劳”，在世界各国各大城市的分店都有统一要求：质量不变、服务一流、清洁卫生、环境舒适，员工统一着装，热情有礼貌。顾客在优雅的音乐声中进餐，有一份好心情。中国“海尔”集团对员工的礼仪要求严格、全面、具体。对为顾客上门服务的员工在礼貌、礼节方面的要求更是细致入微。每一位海尔人都能以规范的公关管理礼仪行为修养和规范的举止来维护海尔的企业形象，并赢得了用户的一致好评。

（二）维护组织内部团结

公关管理礼仪能使人气质变温和、能教人敬重别人、能化干戈为玉帛、能变对立为合作。组织的凝聚力、内部的团结，一刻也离不开公关管理礼仪。如果组织成员不讲公关管理礼仪，都是自以为是、自高自大、目中无人、语言粗俗、举止鲁莽、气急败坏、态度恶劣，再加上不修边幅、衣着不整、蓬头垢面，可想而知，这样的组织成员能精诚合作、团结一致吗？这样的组织会有凝聚力吗？只有注重公关管理礼仪的组织才能维护组织内部的团结，增强组织的凝聚力。

组织举行的仪式对维护组织的内部团结也会产生意想不到的效果。例如我国首都北京天安门广场，每天清晨由国旗队举行庄严的升旗仪式，不仅吸引成千上万的人前来观看，而且，在庄严神圣的气氛中，使中国人感到无比骄傲和自豪。企业举行开张、开业的庆祝仪式，挂牌、揭幕仪式，表彰、颁奖礼仪等，都能起到激励企业员工的士气，激发和调动员工对企业组织的归宿感、认同感，从而强化员工的主人翁意识，增强责任心。

（三）拓展组织对外友好往来

公共关系的宗旨是“内求团结，外谋发展”。公关管理礼仪既可以促进组织内部团结，又可以拓展对外的友好往来，使组织广结良缘。

公关管理礼仪强调待人文明礼貌，尊重友善，同时注重以良好的仪容、仪表、仪态出现在社交场所。良好的形象与修养必然会得到公众的赞美，这有利于增强人际间的吸引和友好往来、有利于结识新朋友，扩大社交圈。

公关管理礼仪是教人们怎样做一个受欢迎的、有吸引力的人。组织成员如果人人都注重公关管理礼仪，组织对外的友好交往必然得以拓展。

（四）提高组织员工的文明水准

礼仪是人类文明的标志，公关管理礼仪是组织与公众文明交往活动的规范。强调组织员工注重学习公关管理礼仪，不断向员工灌输公关管理礼仪知识，无形中就提高了组织员工的文明水准。

一个组织的员工衣着整洁大方，态度热情温和，举止言谈彬彬有礼，待人接物礼貌耐心，举行仪式认真规范，试想有谁会认为这样的组织文明水准不高呢？市场呼唤这样的组织，社会需要这种具有较高文明水准的组织。公关管理礼仪为我们架起了一座高文明水准的桥梁和阶梯，只要坚持遵循和执行公关管理礼仪的行为准则，各类组织就能达到一个更高的境界。

（五）广泛传递组织信息

公共关系强调双向沟通，公关界的权威人物卡特利普和森特提出“双向对称”的原则，即组织应把信息准确无误地传递给公众，与此同时，也要把公众的信息及时反馈给组织。传递组织信息是公关的重要职能之一。

由于我们处在知识经济时代，信息的“爆炸”已导致信息数量巨大，呈现出信息泛滥、充斥整个社会的局面，“信息”作为稀缺资源的地位已被“注意力”所取代。

组织传递信息怎样吸引公众的注意力呢？这就要突破传统的传播定势，突破仅仅依赖广播、电视、广告、网络、报纸、杂志等媒体传播的模式，以更新颖、更独特的方式吸引公众的眼球。公关管理礼仪恰恰能发挥它的优势，以新颖的方式传递组织信息并能吸引公众的注意力。如海尔集团，通过上门服务的员工表现出来的规范礼仪行为，向公众传递了“海尔真诚为顾客服务的信息”。

综合上述，公关管理礼仪的作用显而易见。因此，社会上的各类组织都十分重视公关管理礼仪，对员工加强公关管理礼仪培训的组织也与日俱增，这将有利于全社会文明水准的提高。

三、公关管理礼仪的基本特征

（一）实用性

公关管理礼仪具有很普遍的、很强的实用性。任何组织，任何时候都会碰到公关管理礼仪的问题，都会用到公关管理礼仪知识。

案例分析

谈判为何被迫延期?

一家企业与外商举行一次正式谈判,双方主谈判人员出场。外商看了看现场,就提出要推迟谈判。这家企业大惑不解,到底是什么原因呢?后经了解才知道,原来问题就出在公关管理礼仪做得不到位。企业选派的主谈判人员,虽然西装革履,整整齐齐,连衬衣的每一颗纽扣都扣得好好的,但却忽略了很重要的一点——打领带!主谈判人员居然忘记打领带了。公关管理礼仪强调,组织成员在参与类似正式谈判这样的公关活动中,在非常庄重的场合,必须着正装、打领带,这已是一般礼仪常识。衣着不整表现出对活动的不重视,对对方的不礼貌、不尊重。况且,西装穿着礼仪规定:如果打领带,那么衬衣的每一颗纽扣都要扣好。如果不打领带,则衬衣的第一颗纽扣必须松开。无论从哪个角度分析,上述主谈判人员都无法解释自己的失礼。这虽看是一件小事,却也是一件大事。正如社会上流行的一句话:"职场无小事"。这件事给这家企业补上了一堂很深刻的公关管理礼仪课。

在现实公关管理礼仪活动中,类似的例子随处可见。我们只有认真学好公关管理礼仪知识,才不至于临场出错,给工作和事业带来负面影响。

(二)共通性

公关管理礼仪是礼仪在公关活动中的应用,具有较严格的规范和要求,是各类组织和人们在公关活动中必须共同遵循的。公关管理礼仪具有共通性,尤其是在国际交往中。据最新的《世界知识年鉴》介绍,目前全球约有232个国家和地区,其中联合国会员国共有192个。另据不完全统计,世界大约有2000多个民族。试想,这么多的国家、这么多的民族,如果没有大家都能接受和认同的相通的公关管理礼仪,国际间的交流、往来、沟通将无法开展。

公关管理礼仪中有许多规范是世界共同的、相通的。例如:迎接国家领导人来访,铺红地毯、检阅仪仗队、奏两国国歌、献花、领导人讲话、群众夹道欢迎等;庆典仪式、签字仪式、会见、会谈、礼宾次序等;国际性的大型活动开幕仪式、程序等;谈判、宴请、女士优先规则等,大体上都是世界通用的。而且随着社会的发展,随着社会文明水准的普遍提高,随着世界日益全球化、国际化、一体化,公关管理礼仪的共通性会更加突出和明显。

(三)灵活性

公关管理礼仪在实际应用时具有一定的灵活性,因场合不同、情景不同、环境不同而需要灵活把握,可增、可减、可变,见机行事。

例如:男士和女士同时进电梯,一般男士让女士先进去,自己再进去。但如果是带队的工作人员带领,那么工作人员不论是男女都要先进电梯,按住电钮,等大家都进来了再关好电梯门。到了预定楼层,工作人员又按住按钮,等大家走出电梯后,自己才最后走出电梯。

又如:乘坐小车,如有专职司机,一般最尊贵的客人应坐在副驾驶座的后面(也有的认为应坐在司机的后面,这本身就说明了灵活性)。但如果是主人、领导、或董事长的夫人也一同迎接客人,则夫人应坐在副驾驶座上,客人坐在后排座位上。如果客人自己提出坐在前面,也要灵活安排,而不是死板教条。

（四）多样性

公关管理礼仪文化犹如多姿多彩的世界，缤纷灿烂。各国、各地区、各民族的礼俗呈现出千姿百态的多样性特征。在我们了解到公关管理礼仪具有共通性的同时，也要认识到公关管理礼仪的多样性。由于不同国家、不同民族长期积淀的文化差异，导致接待礼仪、见面礼仪、交谈礼仪、馈赠礼仪、风俗礼仪等也存在很大差异。

例如：国际交往中的见面礼节就有很多种，除了较普遍的握手礼外，还有拥抱礼、亲吻礼、吻手礼、鞠躬礼、跪拜礼、合十礼、拱手礼等。

由于世界文化的多元化，带来礼仪和公关管理礼仪的多样性。俗话说："十里不同风，百里不同俗。"我们必须依据多样性特征，尊重和了解各国、各民族不同的礼俗，尽力做到"入境问俗，入乡随俗"。以便能与他们融洽和谐地交往。

（五）发展性

礼仪自产生以后，从未停止过发展和变化，每一种礼仪都会经历产生、形成、改革、修正、发展的过程。公关管理礼仪也同样随着社会而发展，随着时代的变化而变化。公关管理礼仪随着全社会文明程度的提升，不断与时俱进，不断完善，不断丰富，不断健全，不断发展。

例如，我国从封建社会的"三从四德"到现在的"男女平等"、"尊重妇女"、"女士优先"等，都体现了礼仪与时俱进的发展性。

又如，在人类进入21世纪后，我们国家的领导人本着务实、精干、节约的原则，对领导人的出访礼宾仪式进行了一系列的重大改革。其中包括精简礼宾礼仪程序，删繁就简，决定不再举行声势浩大的送迎仪式，大大节约了人力、物力、财力。类似这种改革顺应民心，不仅得到了领导干部的支持，更得到了广大人民的拥护。

公关管理礼仪总是要与时代合拍，与社会发展相协调。没有亘古不变的准则和永恒的模式。公关管理礼仪只有不断发展，才能永葆其旺盛的生命力，才能发挥教育、指导人们规范言行举止的作用。

四、公关管理礼仪的原则

（一）诚信原则

诚信，就是讲求信用、信誉，待人真诚、诚实、诚恳，也就是在交往中开诚布公、言行一致、言而有信，不矫揉造作、阿谀奉承、虚情假意，不圆滑世故、八面玲珑、信口开河。

（二）谦恭原则

圣哲孔子说，"礼者，敬人也"，"己所不欲，勿施于人"。敬人于先，而后才能获得别人的尊敬。谦恭是礼仪的情感基础，是人际沟通的桥梁和润滑剂。因此在社会交往中，要示人以敬，敬人之心常存，不要狂妄自大、蛮横傲慢，要注意维护他人人格的独立和尊严。

（三）宽容原则

宽即宽厚、宽宏、宽松，容是对人的包容和容忍。在社会交往中，宽容就是要胸怀博大、宽宏大度；讲求同存异，不强求一律、求全责备、斤斤计较；当他人与自己的观点、行为相左时，多体谅、多理解、多换位思考，多设身处地为他人着想。

（四）平等原则

待人讲求道德与人格的平等。在社会交往中，对交往对象要一视同仁，不要因地位高低、高贵贫贱的差别而有厚此薄彼之举。既不曲意谄媚、攀龙附凤，也不故作姿态、盛气凌人，做到不卑不亢、礼贤下士、亲切自然。

（五）适度原则

礼仪并非越多越好，所谓"礼多人不怪"的观点是不对的。俄罗斯著名作家契诃夫在其短篇小说《小公务员之死》中，为我们讲述了这样一个令人啼笑皆非的故事。小公务员切尔维亚科夫在看戏时，不小心打了一个喷嚏，他觉得这个喷嚏给坐在自己前面的一位将军带来了不快，于是开始道歉。他在戏剧的演出过程中道了歉，在幕间休息时再次道歉，事后又专程赶到将军的办公室请求将军宽恕。可是，切尔维亚科夫仍然感到自己还是没能以适当的方式向将军致以歉意，还没有得到将军的真正宽恕，又多次前往将军的办公室道歉。终于，这位将军被切尔维亚科夫无休止的道歉惹得勃然大怒，他把这个小公务员从办公室里轰了出去。切尔维亚科夫吓得惶惶不可终日，回到家中，郁郁寡欢。不久，这个可怜的小公务员便在愧疚和抱憾中死去。在实际工作中，一定要注意适度原则，视情况而定，适可而止。否则，会给人反感甚至厌恶。

第二节　公共关系管理社交礼仪

公共关系管理人员的社交礼仪是公共关系人员在日常交往活动中所应具有的相互表示尊重、敬意、亲善和友好的行为规范与惯用形式。在现代公共关系管理活动中把握社交礼仪的基本特点和要求，对于我们处理好各种公共关系有重大意义。

一、日常礼貌用语

初次见面，要说"久仰"；许久不见，要说"久违"；
客人到来，要说"光临"；等待客人，要说"恭候"；
探访别人，要说"拜访"；起身作别，要说"告辞"；
中途先走，要说"失陪"；请人别送，要说"留步"；
请人批评，要说"指教"；请人指点，要说"赐教"；
请人帮助，要说"劳驾"；托人办事，要说"拜托"；
麻烦别人，要说"打扰"；求人谅解，要说"包涵"。

在日常社交过程中，下述礼貌用语要广泛运用：

问候语："早上好"、"下午好"、"晚上好"、"您好"、"很高兴认识您"等；
欢迎语："欢迎光临"、"请多指教"、"请多关照"等；
感谢语："谢谢"、"劳驾了"、"让您费心了"、"拜托了"、"麻烦您"等；
致歉语："对不起"、"请原谅"、"很抱歉"、"请稍等"等；
谅解语："别客气"、"不用谢"、"没关系"、"请不要放在心上"等；
祝福语："祝您一路顺风"、"身体健康"、"生活愉快、万事大吉"等；

告别语:"再见,欢迎下次光临"、"欢迎再来"等。

二、见面礼仪

(一)称呼礼仪

称呼是指人们在日常交往应酬中所采用的彼此之间的称谓语,也是当面招呼对方,以表明彼此关系的名称。它是人际交往语言中的先行官。在社会交往中,如何称呼对方,这直接关系到双方之间的亲疏、了解程度、对对方的尊重程度及个人修养等。一个得体的称呼,会令彼此如沐春风,为以后的交往打下良好的基础,否则,会令对方心里不悦,影响到彼此的关系。在社交、工作场合中常用的称呼总的要求是要庄重、正式、规范。

1. 职务称呼

一般在较为正式的官方活动、政府活动、公司活动、学术性活动中使用。以示身份有别,敬意有加,而且要就高不就低。如:"王总经理"、"张主任"、"刘校长"等。

2. 职称称呼

对于有专业技术职称的人,尤其是有高级、中级职称者,可以在工作中直接以其职称相称。如:"龙主编"、"常律师"、"叶工程师"等。

3. 学衔称呼

在工作中以学衔作为称呼,可以增加被称者的权威性,同时有助于增强现场的学术氛围,如:"刘博士";也可以在学衔前加上姓名,如"张明博士"。一般对学士、硕士不称呼其学衔。

4. 职业称呼

在工作中,可以直接以职业作为称呼,如:老师、教练、会计、医生等。在一般情况下,此类称呼前,均可加上姓氏或者姓名。如:刘老师、于教练、王会计等。

5. 泛尊称

就是对社会各界人士在一般较为广泛的社交中,都可以使用的。如:小姐、女士、夫人、太太。未婚者称"小姐",已婚者或不明其婚否称"女士"。男的叫"先生"。不分男女叫"同志"。

(二)介绍礼仪

介绍礼仪是礼仪中的基本、也是很重要的内容,介绍是人与人之间相互认识交往的第一座桥梁。从礼仪的角度来讲,介绍可以分为自我介绍和为他人作介绍两类。

1. 自我介绍

自我介绍的时间应该限制在一分钟或者半分钟左右。介绍的标准化顺序就是地位低的人先做介绍。主人应该首先向客人做介绍;长辈和晚辈在一块儿,晚辈先做介绍;男士和女士在一块儿,男士先做介绍。一般情况下,自我介绍可以分为五种模式。

(1)应酬式。应酬式的自我介绍,适用于某些公共场合和一般性的社交场合,它的对象,主要是进行一般接触的交往对象。它的内容就一项,就是你的姓名。如:"您好,我是李方。"

(2)公务式。公务式的自我介绍内容包括本人姓名、供职的单位及其部门、担负的职务或从事的具体工作等三项。这是我们在日常交往和工作中遇到最多的介绍的内容。就是在工作之中在正式场合做的介绍,一般而论,公务式自我介绍需要包括以下四个基本要素:单位;部门;职务;姓名。如"您好,我叫张正。是景天电脑公司的销售经理。"

(3)交流式。交流式的自我介绍,主要适用于在社交活动中,它是一种刻意寻求与交往对象进一步交流与沟通,希望对方认识自己、了解自己、与自己建立联系的自我介绍。交流式自我介绍的内容,大体应当包括介绍者的姓名、工作、籍贯、学历、兴趣以及与交往对象的某些熟人的关系。如:"您好,我叫张正。是景天电脑公司的销售经理。是李方的老乡,都是武汉人。"

(4)礼仪式。礼仪式的自我介绍,适用于讲座、报告、演出、庆典、仪式等一些正规而隆重的场合。它是一种意在表示对交往对象友好、敬意的自我介绍。礼仪式的自我介绍的内容,也包含姓名、单位、职务等项,但是还应多加入一些适宜的谦辞、敬语,以示自己礼待交往对象。如:"各位来宾,大家好!我叫张正,我是景天电脑公司的销售经理。我代表本公司热烈欢迎大驾光临我们的展览会,希望大家……"

(5)问答式。问答式的自我介绍,一般适用于应试、应聘和公务交往。问答式的自我介绍的内容,讲究问什么答什么,有问必答。如:"先生您好,请问您怎么称呼?(请问您贵姓?)""您好,我叫张正。"

2. 为他人做介绍

为他人做介绍,通常是介绍不相识的人相互认识,或者把一个人引荐给其他人,当介绍人时要注意以下礼仪。

(1)掌握介绍顺序。介绍他人的一般规则:尊者居后。就是把双方之中地位较低的一方首先介绍给地位较高的一方。"尊者有优先知情权"。具体来说:

先将男士介绍给女士;先将晚辈介绍给长辈;先将职位低者介绍给职位高者;先将未婚者介绍给已婚者;先将客人介绍给主人;先将家人介绍给同事、朋友。

在介绍过程中,先称呼女士、年长者、主人、已婚者、职位高者。例如:先把职位低者介绍给职位高者时,可以这样说:"张总,这是王秘书。"然后介绍说:"王秘书,这位是张华总经理。"

当被介绍人是同性别、年龄相仿或一时难以辨别其身份、地位时,可以先把与自己关系较为熟悉的一方介绍给自己较为生疏的一方。例如:"陈强,这是我的同学方刚。"然后说:"方刚,这位是陈强。"

(2)讲究介绍礼仪。在较正式场合,介绍辞也较郑重,一般以"×××,请允许我向您介绍……"的方式,在不十分正式的场合可随便些,可用"让我介绍一下"或"我来介绍一下","这位是……"的句式。介绍时语言应清晰、准确,手势文雅、大方,手心朝上,四肢并拢,拇指张开,朝向被介绍一方。切忌用单个手指点来点去。

被介绍时,眼睛正视对方。除年长者和位尊者外,被介绍的双方最好站起来点头致意或握手执意。介绍完毕后,被介绍双方应依照合乎礼仪的顺序握手,并且彼此问候对方,问候语有"你好,很高兴认识你、久仰大名、幸会幸会"等,必要时可进一步做自我介绍。

三、日常行为礼仪

(一)握手礼仪

握手是人们日常交往中最常见的一种见面致意礼节,表示欢迎、致意、问候、寒暄、辞别、祝贺、感谢、慰问等多种含义。

1. 握手方法

一般是双方站立，相距一步，各伸出右手，掌心向左，拇指张开，四指并拢，上身略向前倾，眼睛注视对方，面带微笑，手掌与地面垂直，手臂自然弯曲，上下轻摇。握手时，应让对方感到你的诚恳与真挚，不要斜视别处或东张西望，更不可与某人握手的同时，与另一人交谈。握手的方式千差万别，不同的方式体现不同的意蕴。通过握手，我们可以了解对方的性格、情感状况、待人接物的态度等。

常见的握手方式有：

一是"控制式"，即握手者掌心向下，以求居高临下；

二是"乞讨式"，即握手者掌心向上，以示谦卑与恭敬；

三是"手套式"，即握手者双手握住对方的手，以求更加尊重、亲切、感激和有求于人；

四是"死鱼式"，即握手者轻漫无力，毫无生机；

五是"蛮横式"，即握手者出手力猛，显得鲁莽；

六是"抓指尖式"，即握手者出手仅轻点对方指尖，显得清高冷淡。

2. 握手礼仪规范

从握手时间上来看，初次见面者握手时，用时一般不超过 20 秒，老友间最长也不过 30 秒左右。握手一般不宜轻轻一碰就放下，也不可久握不放。

从仪态上来说，男性握手时应脱去手套；握手毕，不可当面擦手；握手不可跨着门槛或隔着门槛，不可东张西望，不可手指捏捏点点，不可出示不干净或湿的手，不可左手去握。

在力度上，既不能有气无力，也不能握得太紧。太轻，会被别人认为你傲慢冷漠或缺乏诚意；太紧，会被感到热情过火，粗鲁轻佻。

在次序上，一般遵循先同性后异性、先长辈后晚辈、先已婚者后未婚者、先主人后客人、先贵宾后一般宾客、先职位高者后职位低者的原则。握手时，要体现对女士、长辈、主人、上级的尊重。与女性握手要晚出手(即等女性先伸手)、手轻时短；与长辈、上级或贵宾握手时，也要晚出手(即等对方先伸手)、快步趋前、酌情问候，不可久握不放。

(二)名片礼仪

名片是经过设计能表示自己身份、便于交往和开展工作的卡片。一般用白色纸张印刷，也有用彩色纸张印刷。名片上一般印有姓名、职称、职务、工作单位、联络电话等，还有的名片上印有业务范围、社会兼职等内容。在业务往来和社交场合中，人们已经越来越离不开名片了。为了让名片发挥更大作用，人们总结了一些在社交场合递送和接受名片的基本礼仪，我们一起来看看：

1. 递送名片的礼仪

递送时，双目正视对方，不可目光游离不定或漫不经心，要使名片正面朝向对方，用双手或右手递送给对方，并说相应的寒暄语，如"请多关照"、"请笑纳"等。

递送名片，时机要恰当。一般在双方交谈得较融洽，有表示建立联系之意时或双方告辞时，顺手取出名片递给对方，以示有意结识对方并保持联络。

2. 接受名片的礼仪

接受时，要目视对方，用双手或右手接过，态度恭敬，并点头致意。接过后，要认真阅看一下以示敬重和有兴趣，可以说些表示客气的话"深感荣幸"等。看过后，郑重放人口袋或

名片夹或其他适当地方，切不可一眼不看地随手置于边上，或随意扔于桌上或其他地方，也不可随意在手中玩弄。

（三）交谈礼仪

交谈是人们传递信息和情感、彼此增进了解和友谊的一种方式，但在交谈中想把话说好却不是轻而易举的事。要使交谈起到上述的媒介作用，应注意自己对交谈的态度，培养和提高自己的交谈技巧。

1. 交谈的基本原则与礼节

(1)在任何社交场合，诚实与热情都是交谈的基础。只有开诚相见的谈话才能使人感到亲切自然，气氛才能融洽。

(2)谈话时，双方应相互正视、相互倾听。不要东张西望、左顾右盼，更不要看书看报，或者面带倦容、哈欠连天。也不要作一些不必要的小动作，如玩指甲、弄衣角、搔脑勺、压指节等等，这些动作显得猥琐，也不礼貌。

(3)交谈时要尽量让对方把话说完，不要轻易打断或插话。万一需要插话或打断对方的话时，应先征得对方同意，用商量的口气问一声："请等等，让我插一句"、"请允许我打断一下"或者："我提个问题，好吗？"这样可以避免对方产生你轻视他或不耐烦等不必要的误解。

(4)如果是许多朋友在一起交谈，讲话的人不能把注意力集中在其中一两个你熟悉的人身上，要照顾到在场的每个人；倾听的人除了特别注意正在说话的人之外，你的目光也应偶尔光顾一下其他的人。应该使在座的每一个人都有发言的机会，不要尽让两三个人说话。对于比较沉默的人亦应设法使他开口。比如问他："你对这件事怎么看？"或"你有什么看法？"等等。

2. 交谈的技巧

(1)"就地取材"、"随机应变"。访友拜客或有求于人总要先寒暄几句。开门见山、单刀直入则会给人无事不登三宝殿之嫌。最好是能结合所处的环境顺手牵羊，就地取材来引出话题。如果场合适宜，说几句"今天天气真好"之类的话也可以。如果是在朋友家，不妨赞美一下室内的陈设，比如问问电视机的性能如何，谈谈墙上的画如何出色等等。这样的开场白并非实质性的谈话，主要是使气氛融洽。采用赞美的语气，是最得体的办法。

(2)谈话要看对象。交谈不是一味地发泄自己的感想和情绪，而是一种合作的程序。各种年龄、各种职业、各种地位的人都有各自不同的趣味，都有不同的语言和习惯。因此，在交谈中选择什么样的话题，采用什么样的语言和口吻应当有所不同，否则便会产生无形的隔阂。比如，你不要对未婚青年谈育婴问题，不要和艺术家谈理财，不要和残疾人谈运动等等。如果你缺少广博的知识和控制谈话的能力，你可试着从对方的话语中找出他的兴趣所在，让他对自己有兴趣的题目发表看法等等。一般说来，一个人感兴趣的东西，多是他知识储备中的精华部分。即使你原无此兴趣和爱好，又何妨听一听以扩大自己的知识面呢，而且说不定你就会对这些爱好发生兴趣。

(3)倾听。善于倾听，是谈话成功的一个要诀。在你倾听对方谈话时，应注意与说话人交流目光，适当地点头或作一些手势动作，表示自己在注意倾听。听者应轻松自如，除非对方在讲一件骇人听闻的消息。你应不时表示"哦"、"嗯"等，以引起对方继续谈话的兴趣。通过一些简短的插语和提问，暗示对方你确实对他的话感兴趣。或启发对方，以引出你感兴趣的话题。不要急于下结论，过早表态会使谈话夭折。

当然,如果你对对方的话不感兴趣,且十分厌烦,那你就应设法巧妙地转变话题,但不要粗鲁地说:“哎,这太没意思了,换个题目吧。”

(4)提问。提问是引导话题、展开谈话或转换话题的一个好方法。发问首先应注意内容,不要问对方难于应付的问题,也不应询问人们难于启齿的隐私,以及大家都忌讳的问题等等。其次是注意发问的方式。查户口式的一问一答只能窒息友善的空气。提问的人应对发问进行方式设计,以使对方不但可以介绍一些你所不了解的新鲜事,还会使客人能充分叙述自己的感受而使空气自然融洽。

如果你提出的问题对方一时回答不上来,或不愿回答,不宜生硬地追问或跳跃式地乱问,要善于调换话题。如果对方仅仅是因为羞怯而不爱谈话,那你就应先问点无关的事,比如问问他工作的情况或学习的情况,等紧张的空气缓和了,再把话题纳入正轨。

(5)先思而后言。每当说话之前,应对自己所要说的话稍作思考。一是知己知彼,即一方面对自己的性格、脾气、心境有个正确的估计,设置自我“警戒线”,同时对对方的个性、爱好兴趣等有个概略的了解。二是对谈话本身有所准备,即谈话的内容、提问的方式,语言、声调等等。讲话不思考、无准备,或文不对题、无的放矢,容易给人以浅薄之感。

我们常常在谈话中不自觉地犯这种那种的错误,碍于礼貌,也不可能有人公开出来提醒我们,这只有靠我们自己留心自己的讲话,并注意对方的反应,这样才能发现自己不适当的话题和词句。

(四)电话礼仪

电话作为联系工作、传递信息、沟通与表达情感的工具,同样能反映并使人感受到通话人的礼仪修养即“电话形象”。电话交谈就是借助通讯设备进行的同时异地的双人交流,其交谈过程是通过一方打电话,另一方接电话来实现的,是一种特殊的交谈方式。

首先,它突破了空间限制,作为一种只闻其声、不见其人的人际沟通,不可能像面对面的交谈那样可以留给对方直接的印象,而是通过电话里传来的声音、语调、语言等让对方做出想象的知觉,而这种想象知觉又常常成为双方建立友谊和信任的基础。

第二,电话交谈受通话时间的制约,要在短时间内表达得圆满得体,需要运用与当面交谈不同的语言表达技巧。

第三,电话是“不速之客”,无论是打电话还是听电话,何时、何地、何人、何话,你别无选择。所以,电话交谈要留给对方一个说话严谨、谈吐不俗、亲切可信、充满礼貌和热情的电话形象,需遵循电话交谈礼仪,即打电话礼仪与接电话礼仪。

1. 打电话的礼仪

(1)时间选择。包括选择打电话的时间和电话交谈所持续的时间。不同的通话时间将会收到不同的交谈效果。最佳的打电话时间,是根据对方行业性质、作息时间、个人生活习惯等确定的,不能以自己的时间安排或需要来确定。时间紧张会使通话效果受影响。除了紧急要事之外,一般不在早上7点以前或中午午休时或晚上10点半以后打电话。打国际长途电话,还要注意各国和地区的时差。如急需在清晨、深夜、用餐等可能影响对方休息或用餐时打电话,应当先致歉意。通话的持续时间应遵循“长话短说”的原则,要合理控制通话时间,一般每次通话的时间最好限定在三分钟内。

(2)场合环境选择。最好选择安静的环境打电话,事先消除嘈杂、电视等声音,以避免影响通话效果或产生背景环境联想。

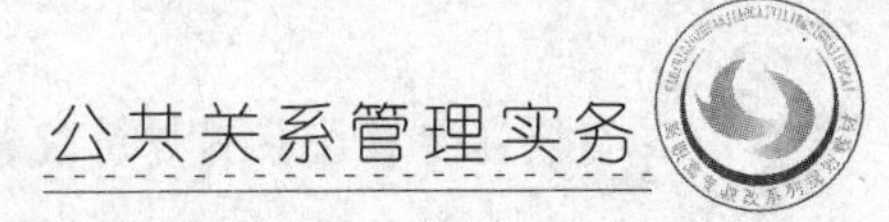

(3)做好打电话前的准备。拿起电话筒之前,应首先明确通话目的,考虑好通话的大致内容,对简单的问题有一个腹稿即可,稍微复杂一些的事情最好事先记下几点以备忘。

(4)正确拨号。当一不小心拨错电话号码,且已接通对方时,不能"咔嚓"一声把电话挂了,而应向对方道歉后才搁电话筒。电话号码正确拨通后,应等电话铃响七次后还没人接再挂断电话。若一时号码拨不通、占线,就应让别人先打,不能一直占着电话机。

(5)礼貌通话。电话接通后,首先应面带笑容地说一声:"您好!"然后主动告知对方自己的单位和姓名及自己要找的人的姓名。如说:"我是××单位的×××,请×××先生(或小姐)接电话,谢谢。"即使接电话者正是你要找的人或是你熟悉的声音,仍要主动告之对方自己的姓名。需要对方帮你找人听电话时,应手持电话筒静候,不能在电话里哼歌,也不能放下电话筒干别的事。如果对方说你要找的人不在,切不可毫无回音地就将电话挂断,而应说:"谢谢,打扰了!"或说:"谢谢,我过一会儿再打来"等。

(6)注意通话时的表情及声音。虽然电话交谈对方看不到你,但可以通过声音感觉出你的神态和表情。优雅的声音出自笑脸,你微笑着打电话,能让对方听到你友好、坦诚的声音。打电话时,音量要适中,表达清晰,重要的话可重复一遍。

(7)集中注意力。通话时嘴里不能吃东西或吸烟,不能与旁人说话。如果遇上急事,需要与身边的人做简短交流,则应向对方道歉后手捂话筒。

(8)挂断电话。一般由打电话者使用简洁的结束语或告别语。如:"好,就这样吧,再见"提醒对方将要挂断电话。听到对方放下话筒后才挂断电话,是对对方的尊重。挂断电话时应轻轻放下话筒,不能鲁莽地"啪"一下挂断。

2. 接电话礼仪

(1)铃响两次即接电话。一般待听到完整的两次铃响后,拿起话筒,显得既稳重而又不清高。铃响四五次才慢腾腾地接电话,显得不礼貌。若响了四次以上,接电话后应说:"您好,对不起,让您久等了"以示歉意。

(2)礼貌通话。拿起话筒,应先说一声:"您好!"然后报出自己单位的名称或自己的姓名。碰到对方挂错电话时,应体谅地说:"没关系"或"不要紧"。如果不是找你,而是请某某听电话,且对方没主动报姓名,不要先去问对方是谁,以免给人造成误会,应礼貌地请对方"稍候"。喊人接电话时应手掩话筒或把话筒轻轻放下,不能大喊:"×××,你的电话",而应走到听电话人身边通知。如果听电话的人不在,可对对方说:"对不起,×××不在,需要我转告吗?"切忌冷冰冰地说一声:"他不在"。

(3)仔细倾听,做好记录。电话机旁应放笔或电话记录本,养成记录必要电话内容的习惯,仔细倾听对方电话内容,对重要事情应认真记录。记录完毕后,可重复一遍,核对准确。

(4)适时反馈,结束通话。听电话时,应尽量避免打断对方的讲话,但要给予对方积极反馈,不时以"嗯"、"好"、"对"等作答,让对方感到你在认真听。电话交谈结束时,应谦恭地问一下对方:"请问,您还有什么事吗?"这既是必要的客套,也是提醒对方是否讲完了所要讲的所有内容,是一种很有人情味的表现。

四、餐饮礼仪

餐饮里头学问大,一动一静总关礼。自古以来,无论庆功贺会还是会朋交友,设宴款待都是最常用的好方法,美食开怀,往往会达到人意想不到的效果。现在,商业邀宴成为非常有潜力的商业工具,许多人相信餐桌是绝佳的会谈地点,愉悦放松的用餐状态非常有利于进

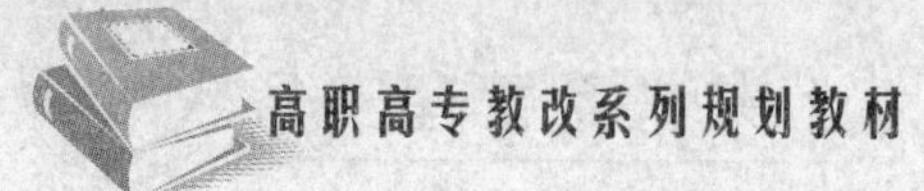

一步达成共识。但是，如果你不懂得礼仪，其危害性也是巨大的。不但令人耻笑，而且会使公司形象大打折扣。

著名学者钱歌川先生曾经举过两个例子。

其一是在某次盛大的宴会上，一位使节按照在国内进餐习惯，用餐巾去揩拭刀叉，殊不知这种做法是极不礼貌的，仿佛是责备刀叉不干净。主人一见，立即命令侍者将全体客人的餐具一律重新换过，使那位外国使节窘迫难堪。

其二是李鸿章出使德国时出的洋相。李鸿章应俾斯麦之邀前往赴宴，由于不懂西餐礼仪，他把一碗吃水果后洗手用的水端起来喝了。当时俾斯麦为不使李鸿章丢丑，他也将洗手水一饮而尽，见此情形，其他文武百官只得忍笑奉陪。

这是两个比较极端的例子，但也说明了不懂礼仪的危害。餐桌上的礼仪要从一点一滴做起，一丝不苟，既显大方知礼，又不显庸俗。

(一) 中餐礼仪

1. 桌次座次

主桌有两种，一种是长方形横摆桌，主客面向众席而坐；另一种是大圆桌，圆桌中央设花坛或围桌，主客围桌而坐。主桌的座位应摆放坐席卡签名。

一般说来，台下前列的一两桌是为贵宾和第一主人准备的，赴宴者如果不是主宾，最好不要贸然入座。

中式宴会多使用圆桌，如果是多桌中餐，则每桌都有一位主人或招待人负责照应。除非受到邀请，赴宴者也不宜去坐。

如果桌数较多时，则将排列序号放在餐桌上。隆重的中餐还为每位客人准备一份菜单。

在国际交往场合和商务交际场合，中餐习惯于按职务和身份高低排列席位。如果夫人或女士出席，通常将女士排在一起，即主宾坐在男主人右上方，其夫人坐在女主人右上方（图 11—1）。

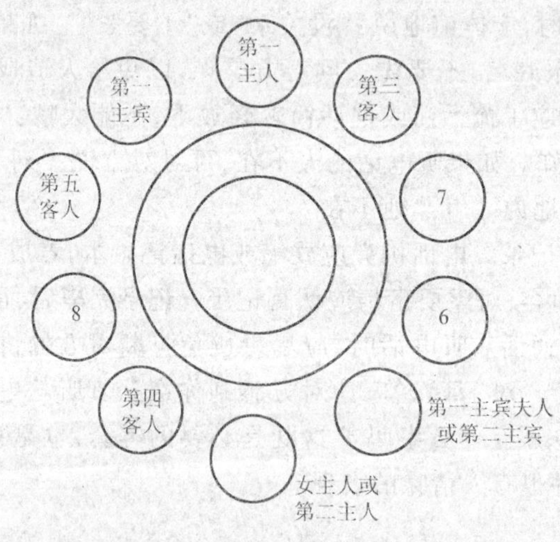

图 11—1

如遇主宾身份高于主人时，为表示对主宾的尊重，可以请主宾坐在主人的位子上，而主人侧坐在主宾的位子上，第二主人坐在主宾的左侧或按常规排列。

主宾偕夫人，而主人的夫人因故不能出席时，可请与主人有联系且身份相当的女士作第二主人;若无适当的女士出席,可把主宾夫妇安排在主人的左右两侧。

2. 中餐的餐具及使用礼仪

中餐的餐具主要有杯、盘、碗、碟、筷、匙等。在正式的宴会上,水杯放在菜盘左上方,酒杯放在右上方。筷子与汤匙可放在专用座子上或放在纸套内。公用的筷子和汤匙最好放在专用的座子上。要备好牙签和烟灰缸。

中餐有别于西餐的餐具主要是筷子。在中国几千年的饮食文化中,用筷子形成了基本的规矩和礼仪,如:忌敲筷子。在等待就餐时,不能坐在桌边一手拿一根筷子随意敲打或用筷子敲打碗盏或茶杯。忌掷筷。在进餐前发放筷子时,要把筷子一双双理顺,然后轻轻地放在每个餐位前,相距较远时,可请人递交过去,不能随手掷在桌子上,更不能掷在桌下。忌叉筷。

(二)西餐礼仪

西方就餐的礼仪以自然、实际为主,不讲客套、谦让,但用餐中的规矩却很多。西餐的位置排列与中餐有相当大的区别,中餐多使用圆桌,而西餐一般都使用长桌。如果男女二人同去餐厅,男士应请女士坐在自己的右边,还得注意不可让她坐在人来人往的过道边。若只有一个靠墙的位置,应请女士就座,男士坐在她的对面。如果是两对夫妻就餐,夫人们应坐在靠墙的位置上,先生则坐在各自夫人的对面。

如果两位男士陪同一位女士进餐,女士应坐在两位男士中间。如果两位同性进餐,那么靠墙的位置应让给其中的年长者。西餐还有个规矩,即是:每个人入座或离座,均应从座椅的左侧进出。举行正式宴会时,坐席排列按国际惯例:桌次的高低依距离主桌位置的远近而右高左低,桌次多时应摆上桌次牌。同一桌上席位的高低也是依距离主人座位的远近而定。西方习俗是男女交叉安排,即使是夫妻也是如此。

西餐的坐席排列,同一桌上席位高低以距离主人座位的远近而定,右高左低,男女交叉安排。如图 11—2 和图 11—3 所示。

图 11—2

图 11—3

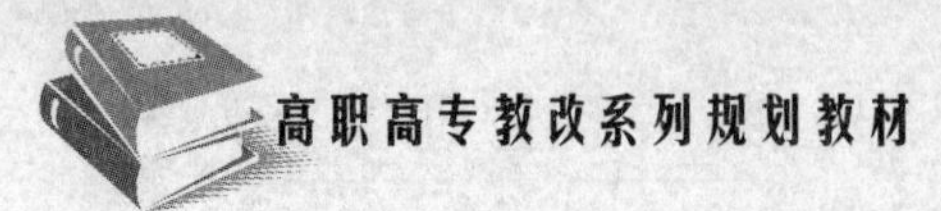

非官方接待时，以女主人的席位为准。主宾坐在女主人右首；主宾夫人坐在男主人右首。举行两桌以上的西式宴会，各桌均应有第一主人，其位置应与主桌主人的位置相同，其宾客也依主桌的座位排列方法就坐。

五、舞会礼仪

舞会是一种很不错的社交场合，它能促进人们之间的交往和增进友谊。表面看来舞会的气氛固然轻松随便，但种种礼仪却不可忽视。无论是参加家庭舞会还是到夜总会跳舞，除了化妆打扮上要特别适合舞会的气氛外，最重要的是应该保持你的兴致，使你周围的人也跟着快乐起来。当你要参加舞会时，下列各点可供你做参考。

确切地了解今晚舞会的性质，然后再决定该穿的衣服与做适当的修饰，过与不及都要避免。不可浓妆艳抹地参加舞会，也不要穿牛仔裤挤在人群里。参加任何性质的舞会时，在服装和首饰上都不能过分张扬，以免让人觉得你俗气。

跳舞时不要晃动你的肩膀，以表示你所正在说及这事物的重要性，那样，会让人觉得轻佻、不庄重。对不熟的舞步，不要贸然地去跳，除非邀舞的人不在乎你踩他的脚，或你自己不怕出洋相。跳舞时，对方问你的姓名时你可以告诉他，如果不想让他知道，只告诉他你的姓便可以了。他问你的地址时，如果不愿意让他知道，你可以说："××知道我住在什么地方"，这不是拒绝得很巧妙吗？作为男士，也应知难而退了。

注意你的坐姿，舞会中的灯光通常比较暗，而且朦胧，男孩只能看见你的形态，所以你要随时注意保持优美的仪态。

舞会正在进行中，不可因音乐、气氛的感染而表现得太过放肆，尤其是在跳舞时，不要闭上眼睛。不要与同性共舞，以免发生误会。除非你们已是一对被公认的情侣，不然不要在跳舞时把面颊靠在他肩上。请小心，不要把口红沾染在男伴的衣襟上或领带上。

交际舞的特点是男女共舞，邀请舞伴通常是男士的任务。男士邀请舞伴时，应姿态端庄、彬彬有礼地走到女士面前，微笑点头，同时伸出右手，掌心向上，手指向舞池并说："我可以请你跳舞吗？"如果被邀女士的丈夫或父母在场，要先向他们致意问候，得到同意时方可邀请女士跳舞。舞曲结束后，要把女士送到座位旁或送回其家人身边并致谢。

如果你想提早离开会场，仅悄悄地向主人招呼一声即可，千万不可在大众面前，言明要早走之意，以免破坏其他人的玩兴，而使主人难以控制场中的气氛。

六、服饰礼仪

服饰是指人的衣着及其所用饰品的统称，是人形体的外延，有遮体御寒、美化人体的作用。公关人员在社交场合中的衣着服饰，反映其精神面貌、文化涵养和审美情趣，在一定程度上影响其公关活动目标的实现。日本著名的推销大王齐腾竹之助在他的自传体著作《高明的推销术》中说："服装虽不能造出完人，但是，初次见面给人印象的30%产生于服装。"

（一）服饰穿戴的基本原则与要求

1. 体现自身个性特点

作为个体的每个人，其自身的生理（体型、年龄、肤色等）及性格、性别等特征各不相同，服饰的选择也应有所区别。选择服饰要注意扬长避短，扬美避丑，要体现出自己的个性特征。比如从性别而言，男士要表现阳刚与潇洒，女性要展示柔美与娴雅。从体型肤色来说，身材娇小,宜于造型简洁、色彩明快、小花型图案服饰,"V"型夹克衫较适于双肩过窄的男性,"H"型套裙适于腰粗腹大的女性。肤色偏黄或黑者,要避免穿着与肤色相近或较深暗色彩的服装(如黄、深灰、蓝紫色等)。

2. 遵循TOP原则

服饰选择与穿戴要考虑时间、目的和地点三方面的综合因素。

(1)时间(Time)。着装时要考虑的时间因素包括三个方面:一是根据一天中早上、日间或晚上等时间的变化选择着装。如早晨,户外运动时,穿着运动装或休闲装;白天上班时,穿着工作装、职业装;晚上参加社交活动时,穿着正式的礼服。二是指根据四季的更替,考虑服饰的厚薄、色彩、式样,如冬装、春秋装、夏装。三是指着装要顺应时代潮流的发展,不可过于猎奇,也不要过分落伍。

(2)目的(Object)。选择服装要考虑具体交往、交际对象的需要。如公关小姐穿着牛仔服去赴商务宴会、参加吊唁活动着装鲜亮就不合要求;上班时间最好穿着打扮职业化些;参加婚礼或宴会、舞会时则应精心打扮,展示出自己的潇洒气质和迷人风采。一般地说,正式场合应西装革履,但有时,简朴的装扮反而会带来更佳的效果。如政党领导人参加选民活动时,身着便装会显得更亲切友好,更容易赢得选民的信任和好感。

(3)地点(Place)。指所处地点、场所、位置和环境等不同,选择着装也有所不同,主要有上班、社交及休闲等三种情形。一般地讲,休闲时的打扮比较随意,以舒适为基准;上班时着装应当整洁、大方、高雅,无需引人注目,过分暴露;社交场所则衣着可适当新潮、个性化一些,但也不可流于轻佻、浪荡。

(二)着装礼仪

1. 男士着装礼仪

(1)色彩。要体现庄重、俊逸,色度上不求华丽、鲜艳,色彩变化上不宜过多,一般不超过三色为好,以免显得轻浮。

(2)帽子与手套。戴帽子与手套一般在室外,但与人握手时应脱去手套以示礼貌,向人致意应取下帽子以显尊重,室内社交场合不要戴帽子和手套。

(3)鞋袜。在正式场合中,以穿黑色或深棕色皮鞋为宜,娱乐场所可穿白色或浅色皮鞋。穿袜子,袜长要高及小腿中上部,颜色以单一色调为好,而穿着礼服时袜子的颜色要与西裤的颜色相近,白色袜忌穿于正式场合。

(4)衣裤。一般场合可以穿着便装,即各式外衣、牛仔裤等日常服装;而正式场合则应着礼服或西装,如典礼、仪式、会见等。在男式服装中,比较普通或典型的服装就是西装。西装穿着看似简单,其实也要遵从一定的规范,而避免"八忌":一忌西裤过短或过长(裤脚盖住皮鞋为基准),二忌衬衫不扎于裤内,三忌不扣衬衫扣子,四忌西服袖子长于衬衫袖子,五忌衣裤袋内鼓鼓囊囊,六忌领带太短(一般以领带盖住皮带扣为宜),七忌西服配便鞋(休闲鞋、球鞋、旅游鞋、凉鞋等),八忌衣裤皱皱巴巴、污渍斑斑。

2. 女士着装礼仪

(1)帽子与手套。只要是正式场合(无室内外之分),女士均可戴帽,但帽檐不能过宽;与人握手时可不必脱去手套。

(2)鞋袜。社交场合,穿鞋要注意鞋子与衣裙色彩和款式的协调,但不可穿凉鞋、拖鞋等,比如布鞋配套裙不恰当。穿袜子与裙装时,应配长筒或连裤丝袜,袜口不得短于裙摆边;

颜色以肉色或黑色为主,袜子大小松紧要合适;不能穿着挑丝、有洞或缝补过的袜子,也不要当众整理自己的袜子。

(3)衣裙。正式场合(如会议、庆典等)应着典雅大方的套装(以上衣、下裙为宜),以民族性或古典性服装为宜。一般的基本要求是:避免过"露",商务活动中过于性感的装扮,如袒胸露背、露脐与露肩等,都是不太适合的;避免过"透",透明外衣需配内衬;避免过"短",裙边要稍长、摆边至少长及膝盖。

七、仪容礼仪

仪容,就是人的外貌,即容貌。它是一种无声的语言,在人际交往的最初阶段,它是影响"第一印象"的最主要因素,直接影响人际交往的效果。因此,在公共关系实际工作中,要求公关人员在社交场合讲求仪容,力求做到仪容得体、举止大方。

但是,公共关系中讲的仪容与日常生活中人们谈论的美丽、漂亮等并不是一回事。美丽、漂亮是人的先天条件,而仪容则是先天条件加上后天努力共同作用的结果。人的先天条件是血缘遗传所致,有的人天生丽质,有的人相貌平平,具有不可选择性;而人的后天努力则具有一定可塑性。俗话说,"三分长相,七分打扮",精心的设计、修饰可以让"丑小鸭变成白天鹅",可以让人变得风度潇洒、气质高雅;不修边幅、衣衫不整的人面容再好,在社交场合也会让人难以忍受。在公共关系实践中,我们认为,这些修饰、打扮的方法是可以学会的。经过学习,了解一些修饰仪容的基本技巧并熟练运用,每个人都可以变得更美丽、更潇洒。

一般说来,仪容包括面部、头发和肢体等部分。下面就简单地介绍一些人们在公关社交场合应注意的基本问题。

(一)面部

它是人体最为动人之处,是人的真正"门面"。面部是人暴露在外时间最长的部位之一,岁月的沧桑会在脸上毫不留情地留下印记。因此,面部的修饰是仪容修饰的最重要的环节之一。美化面部的基本要求是:端庄、自然、清洁和适当修饰。

1. 男士要求

注意每天修面剃须,切忌胡子拉碴地参加各种社交活动。即使蓄须,也需考虑工作允许,并注重常修剪,讲整洁。男士除非登台的演艺活动,一般不宜化妆,否则有失庄重。

2. 女士要求

注意恰当地化妆与修饰,但不可过于标新立异、离奇出众。女子化妆与修饰应注意几点:

(1)化妆的浓淡选择。一般情况下,总体宜以淡雅、自然为主,白天(自然光下)略施粉黛即可,不宜厚粉艳妆;晚间社交活动,则多为浓妆。但在公共场所,不能当众化妆或补妆,如确有必要,可在避人的卧室或洗手间操作。

(2)眉眼修饰。修饰描画时,注意眼影的浓淡,涂抹范围应与时间、场合、服饰等相适应。眉部修饰要避免出现残眉、断眉、竖眉、"八字眉"等形状。有的人喜欢纹眉、纹眼睫,求一劳永逸,但作为公关人员则不宜选择此法。眼部还要注意清理,避免眼角出现分泌物(即"眼屎")。

(3)口腔。讲究卫生,勤刷牙,防止口臭,注意禁食气味较刺鼻的食物,如葱、蒜、韭菜、腐乳等。唇部避免开裂爆皮和嘴角异物,口红或唇膏的涂抹宜以淡雅为主,不宜出现大红大紫之状。

(二)头发

在社交场合,头发的基本要求是发式整洁、发型大方。

1. 发式

整洁的发式可给人以神清气爽的印象。为保持头发整洁,要勤洗头,至少每周三次,最好每天一次,并及时梳理,整饰发式通常每半月一次,以保持适当的发长。另外,要注意不要当众梳理头发,也不可乱扔断发与头屑等物,也不可以手代梳。

2. 发型

发型的选择应考虑工作场所、时间、年龄及个性、体貌特征等因素,基本要求是长短适当、风格庄重。对男士而言,要求是前发不覆额,侧发不掩耳,后发不触领,不可长发披肩或梳起发辫,也不可剃光头;对女士而言,一般以简约、明快为宜,脸长者不宜头发过短,脸短者则不宜头发过长;个高者可留长发,并可梳理蓬松,个矮者宜剪短发,不可梳理成大发式;肤黑或黄者不宜留披肩发。另外,染发不应改变自然本色,也不可过于前卫时髦。

(三)肢体

人的四肢既是劳动的工具,也是在社交场合展示自我风采和魅力的载体。任何优美的体态语言离不开四肢的和谐运用,因此,在公关管理礼仪中也非常重视对四肢的合理运用。这就要求人们合理地修饰自己的手臂和腿脚,以保持一个良好的整体形象。

1. 手臂的保养和妆饰

(1)保洁保养。要勤于洗手,确保无泥垢、无污痕,保持清洁,特别场合要按规定带好手套;要注意保养,避免出现粗糙、破裂、红肿、生疮及伤病创面等。

(2)妆饰。不留长指甲,甲长一般不过指尖;不涂艳妆,除为养护指甲而抹涂无色指甲油外,不可涂抹彩色指甲油或在指甲上绘画造型;手臂上也不可刺字、刻画。因温度或某种交际场所而身着短袖或无袖服装时,最好剃去腋毛;若手臂汗毛过于浓密,也应设法去除。

2. 腿脚的清洁和美化

(1) 清洁。勤于洗脚,特别是赤脚穿鞋时要保持趾甲、趾缝以及脚跟等处清洁。要勤换袜子,最好每天换洗一双,不要穿着那些不易透气、易生异味的袜子。要勤于换鞋,并注意鞋面、鞋跟、鞋底等处的清洁。

(2) 美化。注意腿毛,少数女性腿毛十分浓密,又需穿裙子,则最好设法去除,或选择色深不透明的袜子。勤剪趾甲,并注意剪除趾甲周围可能出现的死皮,使之洁白无瑕。忌化彩妆,除可涂抹养护趾甲的无色油外,不可涂彩造型。

八、仪　态

仪态指人的不同姿态。人的姿态能透露和传递出各种各样的信息。从人的姿态可以看出他的心态、修养、素质、文明水准等,所以,决不可轻视。在公关交往中,应特别注意以良好的姿态出现在公众的面前。"站有站相,坐有坐相",是对一个人行为举止最基本的要求。

(一)站姿——挺直如松

1. 规范的站姿

头正。头要端正,两眼平视前方,嘴微闭,直颈,下颌微向后收;表情自然,稍带微笑。

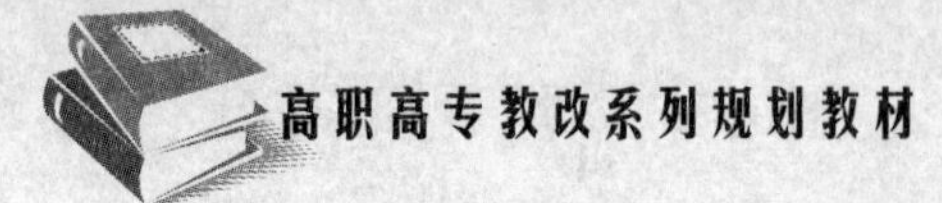

肩平。两肩平正,微微放松,稍向后下沉。

臂垂。两肩平整,两臂自然下垂,手指自然弯曲;中指对准裤缝。

躯挺。胸部挺起、腹部往里收,腰部正直,臀部向内向上收紧。

腿并。两腿立直,两腿要直,贴紧,膝盖放松,大腿稍收紧上提;身体重心在脚掌前部,身体重心应尽量提高。女子站立时,脚应成"V"型,脚跟靠拢,膝和脚后跟应靠紧;两脚尖夹角45～60度。

2. 几种常见的站姿

(1)肃立站姿

两脚并拢,两膝绷直并严,挺胸抬头,收腹立腰,双臂自然下垂,下颌微收,双目平视。

(2)体前交叉式

男士:左脚向左横迈一小步,两脚展开,两脚尖与脚跟的距离相等,两脚之间距离小于肩宽为宜,双手在腹前交叉,右手大拇指与四指分开搭在左手腕部,身体重心放在两脚上,腰背挺直,注意不要挺腹或后仰。

女士:站成右丁字步,即两脚尖稍稍展开,右脚在前,将右脚跟靠于左脚内侧前端,腿绷直并严,腰背立直,两手在腹前交叉,右手握左手的手指部分,使左手四指不外露,左右手大拇指内收在手心处。

(3)体后交叉式(背手)

要领是:两脚跟并拢两脚尖展开60度左右,腿绷直,腰背直立,两手在身后交叉,右手搭左手腕部,两手心向上收。

(4)体后单背式(背垂手)

要领是:站成左丁字步,即左脚跟靠于右脚内侧中间位置,使两脚尖展开成90度,身体重心放在两脚上,左手后背半握拳,右手自然下垂。

另外也可站成右丁字步,即右脚跟靠于左脚内侧中间位置,使两脚尖展开90度,右手后背半握拳,左手自然下垂。

(5)体前单屈臂式

要领是:右脚内侧贴于左脚跟处(呈丁字步),两脚尖展开90度,左手臂自然下垂,右臂肘关节屈,右前臂抬至中腹部,右手心向里,手指自然弯曲。

另外也可以左脚内侧贴于右脚跟处(呈丁字步),两脚尖展开90度,右手臂自然下垂,左臂肘关节屈,左前臂抬至中腹部,左手心向里,手指自然弯曲,重心放在两脚上。

(二)走姿——从容稳直

1. 规范的走姿

头正。双目平视,收颌,表情自然平和。

肩平。要双肩平稳,两臂摆动。摆动时,手腕要进行配合,掌心向内,两手自然弯曲,摆动中离开双腿不超过一拳的距离。

躯挺。上身挺直,收腹立腰,重心稍前倾。精神饱满,面带微笑。

步位直。在行走时,双脚行走的轨迹,应当呈现为一条直线(两脚跟走在一条直线上,两脚尖略开,脚尖偏离中心线10度)。

步幅适当。行走中两脚落地的距离大约为一个脚长,即前脚的脚跟距后脚的脚尖相距一个脚的长度为宜。

步速平稳。行进的速度应当保持均匀、平稳,匀速前进,不要忽快忽慢。行走速度,一般男士每分钟108至110步,女士每分钟118至120步。

走路用腰力,才有韵律感。如果走路时腰部松懈,就会有吃重的感觉,不美观;如果拖着脚走路,更显得没有朝气,十分难看。

2. 禁忌的走姿

(1)方向不定。在行走时,方向不明确,忽左忽右。

(2)瞻前顾后。行走时,左顾右盼,反复回过头注视身后及身体乱晃不止(给人轻浮,缺少教养之感)。

(3)速度多变。行走时,忽快忽慢,或突然快步奔跑,或突然止步不前。

(4)声响过大。在行走时,用力过猛,脚步声太响,会影响别人。

(5)八字步态。在行走时,两脚脚尖向内侧伸是内八字,或两脚脚尖向外侧伸是外八字,步态都不雅。

多人一起行走时,不要排成横队,不要勾肩搭背。遇急事可加快步伐,但不可慌张奔跑。

(三)坐姿——文雅大方

1. 入座的姿势

(1)注意顺序。当你与他人一起入座,要讲究先后顺序,礼让尊长,不能抢先就座。

(2)讲究方位。正式场合通常应从左侧一方走向自己的座位,从左侧一方离开自己的座位。

(3)落座无声。入座时,应不慌不忙,悄无声息;调整坐姿,也不宜出声。这样能体现出你的修养。

(4)入座得法。就座时,应转身背对座位。如距座位较远,可以右脚后移半步,待腿部接触座位边缘后,再轻轻坐下。女士入座时尤要娴雅、文静、柔美,若穿裙子则应将裙子后片向前拢一下,以显得端庄娴雅。

有的场合,座位已事先排好,并放上名卡,可按排定次序就座;有的场合不排座次,应注意选择适合自己身份、地位的座位,不要随便占尊者长者的位子;有的活动场合有坐有站,要注意给老年人和妇女让座。

2. 坐定的姿势

(1) 根据座位的高低,调整坐姿的具体形式。在较为正式的场合,或有位尊者在座时,通常坐下之后不应坐满座位,大体占据2/3的位置即可,不要只坐一个边或深陷椅中。

(2) 挺直上身,头部端正,目视前方,或面对交谈对象。两手自然的放在双膝上或椅子扶手上, 正坐时,双手应掌心向下,叠放在大腿上,也可以一左一右,扶住座位两侧的扶手。侧坐之时,双手叠放或相握,放在身体侧向的那条大腿上。在一般情况下,不要靠座位的背部。只有无人在场,个人休息时,才可以这样做。

3. 几种常用坐姿

(1)坐姿基本方式(正襟危坐式)

适合于最正规的场合,如谈判、会谈、签字仪式等。上身与大腿、大腿与小腿,均为直角,膝盖和脚跟并拢。具体讲,男士就座后双腿可张开一些,但不应宽过肩。女士就座后,特别是身着短裙时,必须并拢大腿。双手轻放于膝盖上,嘴微闭,面带微笑,两眼凝视说话对象。

(2)两腿交叠的坐姿(两腿叠放式)

它适用于女士在正规或非正规场合采用,尤其适合穿短裙子的女士采用(或处于身份地位高时的场合)。造型极为优雅,有一种大方高贵之感。要求:将双腿完全一上一下交叠,交叠后的两腿之间没有任何缝隙,犹如一条直线。两脚可自然斜放或直放(可依椅子的高度决定)。斜放后的腿部与地面呈45度夹角,叠放在上的脚尖垂向地面。

(3)双脚斜放式(双腿斜放式)

坐在较低的椅子上时,双脚垂直放置的话,膝盖可能会高过腰,较不雅观,这个时候最好将两脚斜放,这也是坐在沙发上的基本型。特别适用于穿裙子的女性在较低处就座使用。要求双膝先并拢,然后双脚向左或向右斜放,力求使斜放后的腿部与地面呈45度角。

(4)双脚交叉式(脚踝交叉式)

它适用于各种场合,男女皆可选用。要求双膝并拢,然后双脚在踝部交叉,交叉后的双脚可以内收,也可以斜放,但不宜向前方远远直伸出去。在公车上或自己的办公桌前都可以采取这种坐姿,感觉比较自然,但随时都要注意膝盖不可分开。

(5)前伸后曲式

女性适用的一种优美的坐姿。要求大腿并紧之后,向前伸出一条腿,并将另一条腿屈后,两脚脚掌着地,双脚前后要保持在同一条直线上。适用于非正式场合。

(6)脚踝盘收式

椅子较低时,除了可斜坐之外,还可以将脚踝盘着,往椅子下靠。但像沙发这种下面没有空间的椅子,就不可采取这种姿势,若是柜台或酒吧内的高脚椅子,就可以采取这种坐姿。

(四)蹲姿——得体优美

1. 规范蹲姿

蹲姿的基本要领是:站在所取物品的旁边,蹲下屈膝去拿,而不要低头,也不要弓背,要慢慢地把腰部低下;两腿合力支撑身体,掌握好身体的重心,臀部向下。下蹲时应自然、得体、大方、不遮遮掩掩。

2. 两种优美蹲姿

(1)交叉式蹲姿:下蹲时,右脚在前,左脚在后,右小腿垂直于地面,全脚着地。左腿在后与右腿交叉重叠,左膝由后面伸向右侧,左脚跟提起,左前脚掌着地。两腿前后紧靠,合力支撑身体。臀部向下,上身稍前倾。

(2)高低式蹲姿:下蹲时,左脚在前,右脚稍后,不重叠,两腿紧靠向下蹲。左脚全脚掌着地,小腿垂直于地面,右脚跟提起,右前脚掌着地。右膝低于左膝,两膝内侧紧靠。臀部向下,基本上以右腿支撑身体。身体形成两个重心:一是腰部,二是右大腿。手放膝盖上方、手指与膝并齐。

本章小结

本章阐述了公共关系管理礼仪的涵义、作用、基本特征和遵循的原则。重点阐述了公共关系管理活动中日常见面、日常行为、餐饮、舞会、服饰、仪容、仪态等社交礼仪的基本特点和要求及应注意的问题。对于公关管理人员处理好各种公共关系,提高工作效率,加强相互间的交往与合作,增进彼此间的感情与友谊,都有重要作用。

案例分析

不卑不亢的中国外交部长

20世纪50年代，美国对中国实行禁运、封锁，两国关系紧张，双方唯一保持对话和接触的渠道就是在华沙举行的中美大使级会谈。开始会谈的气氛很紧张，每次双方一见面，便问："今天谁先发言？"于是双方先后依据各自的讲稿阐述一番自己的立场。讲后便问："下次会谈什么时间？"然后各走各路。后来，王炳南大使回国，与陈毅外交部长谈到会谈的气氛和局面，陈毅就说道："不一定老是那么紧张嘛！"我们不乞求谈判，也不排斥谈判。不卑不亢，有理有节，此乃泱泱大国之风也。

1963年12月，陈毅应邀参加肯尼亚的独立大典。在一次肯尼亚举行的国家舞会上，中国代表团和美国代表团的位置刚好排在一起。在中美关系长期僵持时期，这无疑是个极其微妙的场面。陈毅既没主动凑过去套近乎，也没有生气哼哼地掉头而去，而是坐下慢慢喝起咖啡来。

美国代表团有3个人坐在旁边：部长夫妇和美国劳联副主席。那位部长夫人首先向旁边搭话："你们是中国代表团吗？""是的。""我是否可以与你们谈谈天气呢？""可以谈。怎么不能谈？"双方就开始聊了起来。

那位部长一看夫人已开了头，便也过来，要与陈毅部长干杯，但又故作姿态地说："过去米高扬访问美国，到我家做客，与我夫人谈了天气。我为此受到了腊斯克的责备，希望我们这次干杯不要引起麻烦。"

听了此话，陈毅不是破口大骂，猛烈抨击，而是不软不硬地回了句："你怕麻烦，可以不要跟我干杯，我就不会有什么麻烦了。"那位部长又匆匆地说："我提议，为中美两国有一天能够改善关系干杯！"

陈毅此时不是赌气不干杯，而是端起酒杯彬彬有礼地说："我希望，我相信，中美两国的关系总有一天能够前进一步的，但条件是美国国务院要取消对中国的敌视侵略政策，只有这样才可能！"

案例点评

交往活动越个性化，其交往态度越是带有情感化。在"个人——个人"的人际交往中，交往者的交往态度主要取决于他本人对对方的认识与情感。而在"组织——组织"的公关活动中，公关人员的交往态度主要取决于他所代表的组织与对方组织之间的友好关系和利益关系。在公关活动中，公关人员一定要使自己的服装发饰、言行举止符合公关礼仪要求，因为公关人员不仅代表他个人，更重要的是代表他所在的组织。在这场外交活动中，陈毅以"不卑不亢、有理有节"的言行举止，树立了中国外长的良好形象，更重要的是维护了国家形象。

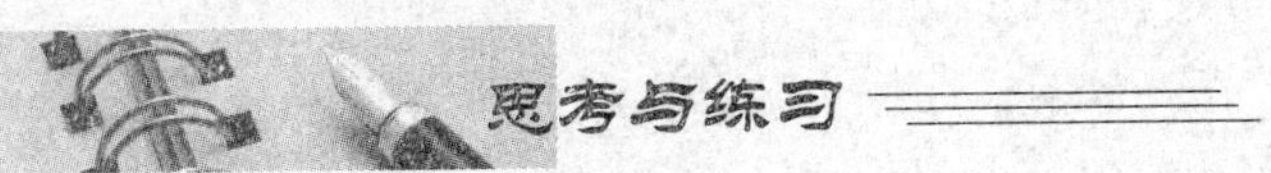

一、填空题

1. 公关管理礼仪，就是在开展公共关系活动中所必须遵循的________或________。

2. 公关管理礼仪的基本特征是:________、________、________、________ 、________。

3. 公关管理礼仪的原则是:________、________、________、________ 、________。

4. 握手时,在次序上,一般遵循先同性后异性、________、________ 、________、先贵宾后一般宾客、先职位高者后职位低者的原则。

5. 服饰礼仪遵循 TOP 原则是指服饰选择与穿戴要考虑________、________和________三方面的综合因素。

6. 在国际交往场合和商务交际场合,中餐习惯于按________和________排列席位;如果夫人或女士出席,通常将女士排在一起,即主宾坐在________,其夫人坐在________ 。

7. 仪容是指________ 。一般来说仪容包括人的________ 、________和________ 等。

二、选择题

1. 打电话要合理控制通话时间,电话礼仪中的三分钟是指(　　)。
   A. 每次通话的时间正好三分钟
   B. 每次通话的时间限定在三分钟内
   C. 每次通话的时间不少于三分钟
   D. 每次通话的时间三分钟以上

2. 为他人做介绍时的礼仪规范是(　　)。
   A. 先把男士介绍给女士
   B. 先把成人介绍给儿童
   C. 先把主人介绍给客人
   D. 先把地位高者介绍给地位低者

3. 在较为正式的场合,或有位尊者在座时,通常的坐姿为(　　)。
   A. 应坐满座位　　B. 大体占据 2/3 的位置即可
   C. 只坐一个边　　D. 深陷椅中

4. 在日常社交中,如果是老朋友或领导亲自驾车到机场来接你,从公关礼仪角度出发,你应该主动坐到轿车哪一位置?(　　)
   A. 司机后面位置　　B. 副驾驶位置
   C. 副驾驶后面位置　　D. 三个位置都可以

三、思考题

1. 公共关系管理礼仪的作用是什么?
2. 交谈的基本原则是什么?
3. 打电话时应注意那些事项?
4. 服饰穿戴的基本要求是什么?
5. 简述舞会的礼仪注意事项。

第十二章　公共关系管理实务礼仪

重点难点

1. 公关管理公务礼仪的基本要求和特点
2. 公关管理文书的写作要求和特点
3. 常见公关管理文书的撰写

关键词

公关管理　公务礼议　文书礼仪

公共关系管理实务是指公关的行为或活动，因其是一种专业的、规范的活动方式，必然涉及活动的程序，以及为实现活动效果而提出的特殊要求，这些概括为公关管理实务礼仪。

公关管理实务礼仪作为一种职业活动，有自己的专门业务领域和工作范围，既包括公共关系管理公务礼仪、社交礼仪，也包括各种常用公关管理文书、公关社交类文书礼仪，以及公关管理专业文书礼仪。

第一节　公共关系管理公务礼仪

现代社会需要一支高素质的公务人员队伍，为此，各级公务人员应知礼、懂礼并行礼，公务礼仪包括内容比较多，前面在十一章已经学习了公共关系管理礼仪的基本知识，本节重点介绍公务人员在日常工作中的接待礼仪、会议礼仪、洽谈礼仪、馈赠礼仪等。通过学习，了解公务礼仪基本规范，学会在公务场合用正确的方法与人交往，掌握待人处事的技巧；改善自身的职业形象，提高职业能力，同时完善组织形象，提高办事效率。

一、接待礼仪

接待，是公共关系活动中的一项重要的日常性工作。由于各种原因，一个组织要面对很多的来访者，如记者、协作单位、股东、上级主管部门、投诉的顾客、社区团体、索取赞助者、参观团体、参会人员、远道而来的外宾等。对于来访接待，公关人员绝不能掉以轻心，而应充分认识到该项工作的重要性。

第一，它是公众了解组织的第一步，也是组织给公众的第一印象，它直接关系到组织的社会声誉和形象。

第二，接待工作是公众与组织直接而具体的接触活动，它不仅涉及公众的利益，同样也涉及公众的尊严、情感等问题。

第三，“见微知著”，平凡而日常性的接待工作，也能反映出一个组织的风格和作风。

第四，接待工作既是公众了解组织的窗口，也是组织了解公众的窗口。因此，公关人员应认真做好来访接待工作。

要做好来访接待工作，应把握好以下几方面技巧。

第一，要做好接待的准备工作。接待的准备工作从两方面进行：其一，公关人员自身的准备工作；其二，接待环境的准备工作。

第二，对所有来访者都应以礼相待，切忌“以貌取人”或“以事取人”。在做外宾的接待工作中，应特别注意有礼有节、不卑不亢。

第三，对所有来访者都应热情周到，处处替客人着想。

第四，对所有来访者都应真诚相待。

二、会议礼仪

会议礼仪，是召开会议前、会议中、会议后及参会人应注意的事项，懂得会议礼仪对会议精神的执行有较大的促进作用。

（一）会议座次排定

大型会议应考虑主席台、主持人和发言人的位次。主席台的位次排列要遵循三点要求：

(1)前排高于后排；

(2)中央高于两侧；

(3)右侧高于左侧(政务会议则为左侧高于右侧)；

主持人之位，可在前排正中，也可居于前排最右侧。发言席一般可设于主席台正前方，或者其右方。主席台必须排座次、放座次牌，以便领导同志对号入座，避免上台之后互相谦让。

（二）会议发言人的礼仪

会议发言有正式发言和自由发言两种，前者一般是领导报告，后者一般是讨论发言。正式发言者，应衣冠整齐，走上主席台应步态自然，刚劲有力，体现一种成竹在胸、自信自强的风度与气质。发言时应口齿清晰，讲究逻辑，简明扼要。如果是书面发言，要时常抬头扫视一下会场，不能低头读稿，旁若无人。发言完毕，应对听众的倾听表示谢意。

自由发言则较随意，应要注意：发言应讲究顺序和秩序，不能争抢发言；发言应简短，观点应明确；与他人有分歧，应以理服人，态度平和，听从主持人的指挥，不能只顾自己。

如果有会议参加者对发言人提问，应礼貌作答，对不能回答的问题，应机智而礼貌地说明理由，对提问人的批评和意见应认真听取，即使提问者的批评是错误的，也不应失态。

（三）会议参加者礼仪

会议参加者应衣着整洁，仪表大方，准时入场，进出有序，依会议安排落座。开会时应认真听讲，不要私下小声说话或交头接耳。发言人发言结束时，应鼓掌致意。中途退场应轻手轻脚，不影响他人。

（四）主持人的礼仪

各种会议的主持人，一般由具有一定职位的人来担任，其礼仪表现对会议能否圆满成功有着重要的影响。

(1)主持人应衣着整洁，大方庄重，精神饱满，切忌不修边幅，邋里邋遢。

(2)走上主席台应步履稳健有力，行走的速度因会议的性质而定，对快、热烈的会议步频应较慢。

(3)入席后，如果是站立主持，应双腿并拢，腰背挺直。持稿时，右手持稿的底中部，左手五指并拢自然下垂。双手持稿时，应与胸齐高。坐姿主持时，应身体挺直，双臂前伸，两手轻按于桌沿。主持过程中，切忌出现搔头、揉眼、拦腿等不雅动作。

(4)主持人言谈应口齿清楚，思维敏捷，简明扼要。

(5)主持人应根据会议性质调节会议气氛，或庄重，或幽默，或沉稳，或活泼。

(6)主持人对会场上的熟人不能打招呼，更不能寒暄闲谈，会议开始前，可点头、微笑致意。

三、洽谈礼仪

洽谈是在社会交往中，存在着某种关系的有关各方，为了保持接触、建立联系、进行合作、达成交易、拟定协议、签署合同、要求索赔，或是为了处理争端、消除分歧，而坐在一起进行面对面的讨论与协商，以求达成某种程度上的妥协。

洽谈的礼仪性准备，是要求洽谈者在安排或准备洽谈会时，应当注重自己的仪表，预备好洽谈的场所、布置好洽谈的座次，并且以此来显示我方对于洽谈的郑重其事以及对于洽谈对象的尊重。

举行双边洽谈时，应使用长桌或椭圆形桌子，宾主应分坐于桌子两侧。若桌子横放，则面对正门的一方为上，应属于客方；背对正门的一方为下，应属于主方。若桌子竖放，则应以进门的方向为准，右侧为上，属于客方；左侧为下，属于主方。

在进行洽谈时，各方的主谈人员应在自己一方居中而坐。其余人员则应遵循右高左低的原则，依照职位的高低自近而远地分别在主谈人员的两侧就坐。举行多边洽谈时，为了避免失礼，按照国际惯例，一般均以圆桌为洽谈桌来举行“圆桌会议”。具体洽谈时应坚持以下方针。

(一)礼敬对手

即所谓“你敬我一尺，我敬你一丈”。保持“绅士风度”或“淑女风范”。

(二)依法办事

提倡法律至尊，假若要在洽谈中搞“人情公关”，即对对方吹吹打打，与对方称兄道弟，向对方施之以小恩小惠，则是非常错误的。任何有经验的谈判人士，都是不会在洽谈会上让情感战胜理智的。

(三)平等协商

有关各方在合理、合法的情况下，可以进行讨价还价。

(四)求同存异

在任何一次正常的洽谈中，都没有绝对的胜利者和绝对的失败者。在洽谈会上，妥协是通过有关各方的相互让步来实现的。

（五）互利互惠

任何成员方在享受其他成员方的优惠待遇时，必须给其他成员方以对等的优惠待遇。只有遵循互惠互利才能在成员间达成协议，维护成员方之间的利益平衡。

（六）人事分开

商界人士在洽谈会上，应当理解洽谈对手的处境，不要对对方提出不切实际的要求，或是一厢情愿地渴望对方向自己施舍或回报感情。

四、馈赠礼仪

社会交往，礼尚往来是人之常情。在纪念之日、喜庆之时、探视病人、亲友远行、酬谢他人、拜访做客的时候送上一份恰当的礼物，不仅可以表达自己的心意，而且也有助于加深双方的感情。

（一）赠礼的原则

1. 因人而异

置办礼物前，要搞清受礼对象是单位还是个人。如果是赠送单位，就应考虑单位的性质、经营项目、设施状况、经营规模等情况。如果是赠送个人，则应了解对方的性格特点、爱好禁忌、身份地位、身体状况等内容。一般说来，出于受礼者意料而又是其向往已久的赠礼是最成功的。

2. 因事而异

赠礼者应对送礼物的性质有清醒的认识。如果送给单位，应先弄清对方是开业典礼还是周年志庆，是庆功颁奖还是产品转向。如果送给个人，应搞清对方是生日庆典还是结婚仪式，是高就荣升还是乔迁新居。这对赠礼目的的达成至关重要。

3. 时间恰当

赠礼贵在及时、准确。对生日、婚嫁、周年庆贺等较大的喜庆活动，等到参加完仪式、宴会之后再补送礼物是失礼的。当然，毫无理由地过早赠送也并不合适。

4. 注意场合

从地点上讲，赠礼要考虑场合。一般来说，在大庭广众之下，宜送高雅、大方、体面的礼物，如书籍、鲜花等。而与衣食住行有关的生活用品则适宜在私下场合赠送。

5. 适当包装

对礼品进行包装，不仅可使一件外表朴素的礼品显得美观，使之避免给人俗气的感觉，更具有艺术性，而且更能表达赠礼者的精心与诚意。包装前，应取下礼品上的价格标签，选择受礼者喜欢的材料和颜色进行包装。包装完毕后，再贴上写有自己祝词和签名的缎带或彩色卡片，使对方清楚是谁赠送的礼品。

（二）礼品的选择

1. 结婚礼物

结婚礼物以美观、实用、具有纪念意义最为适当。赠送前最好能与其他准备送礼的人商量一下，配合选送，以免重复。如果与收礼者是很熟的朋友，也可先征求他的意见。字画、餐具和其他家庭生活用品是人们普遍乐于接受的礼物。如果用金钱替代礼物，可在封套上写明“贺仪”等字样。如果是一般的礼品，则用一张红纸，写明收礼人及送礼人的姓名。

2. 贺岁礼物

为亲朋好友的生日选送礼品，既能使对方欢愉又可作纪念品最为适合。对年老的长者，可送寿联、寿桃、寿糕或营养品。对小孩，可送衣服、鞋帽或玩具。一般性的生日礼物，可送生日蛋糕、烟酒、衣物、鲜花、书籍、影集、工艺品等。

3. 探视病人的礼物

探望生病的亲友，礼物以鲜花和食物为主。食物的选择应根据病人的情况，以能帮助病人战胜疾病、适宜食用为基本原则。

4. 远行礼物

亲友远行，一般以赠送适宜于旅途的食品、水果以及轻松的书刊杂志比较合适，也可以直接送钱。

第二节　公共关系管理文书礼仪

对外联系、对外交往、保障组织机构与社会各类公众之间的沟通，是公共关系人员的日常重要活动和工作。这就要求公关人员不但要有较好的口头表达能力，而且要熟悉一般日常公共关系写作，具备较强的书面语言表述的水准。公共关系部门在对外联络工作中，大部分是通过文件、报告、函件、展览、演说、报道、总结等形式进行的。这些都存在一个文字媒体的问题。书面语言能力的好坏，常常直接影响到组织机构政策、方针的贯彻和组织形象，更反映着该组织机构管理者的文化素质。因此，作为公关人员在公共关系写作上必须下一番气力。

一、公共关系管理文书的内容与特点

作为一名公关人员，应该具备多方面的基本技能，诸如组织领导能力、社会交际能力以及各方面的专业技能，其中包括表达能力（文字表达能力和口头表达能力）。公关人员特别要谙熟各类公关管理文书写作。

（一）公关管理文书的内容

公共关系管理活动的各个环节都要使用公关管理文书，一般来说公关管理文书是指与公共关系管理活动有联系的文书。从公共关系学和文书学的概念来说，公关管理文书就是：组织为了树立良好形象，在采取一定的策略和手段进行管理活动过程中，记录信息、表达意图、互相联络的文字材料。

公关管理文书一般可以分以下几类。

公文类：如命令、决定、通告、公告、通知、简报、报告、请示、批复、意见、议案、会议纪要、函、条例、规章等。

礼仪类：如请柬、祝词、欢迎词、欢送词、题词、邀请书、讣告、悼词、唁电、贺信、贺联、慰问电等。

交际类：如名片、介绍信、便函、证明信等。

契据类：如契约、合同、协议书、条据、招标书、投标书等。

书表类:如申请书、保证书、决心书、挑战书、应战书、倡议书、建议书、聘书等。

策划类:如公关策划书、市场调查报告、市场调查问卷设计等。

广告类:如书刊广告文稿、电视广告文稿、广播广告文稿等。

(二)公关管理文书的特点

1. 实用性

公关文书是在进行公关活动过程中编写的文字材料,具有很强的实用性。是在传递信息、交流信息、反馈信息过程中,具体处理公关活动时所必须用文字来表达的办事工具。

2. 广泛性

有人说公关文书是"无所不在的交通工具",这是有道理的。正因为公关文书是个"跨国公司",所以使用十分广泛。就范围看,有上行文、平行文、下行文;就时间看,每个组织几乎天天都要使用。

3. 规范性

在所有公关涉及的文书中,除广告写作、公关策划书、市场调查报告等少数文本外,公关文书的写作具有典型的规范性。这种规范性不仅表现在对公关文书所用纸张的质地和尺寸有统一的要求,对于书写形式也有统一的要求。

4. 艺术性

公关工作本身是一门富于艺术性的工作。这里讲的艺术性,并非花言巧语、哗众取宠、矫揉造作、华而不实。而是指文章的结构、语言、表达方式等要给人以美感,达到内容和形式上的完美结合。如书函、广告、请柬等常用的公关文书,都应讲究内容美、语言美、形式美、庄重而不严肃,亲切而不妩媚。

二、公　文

(一)公文的概念和特点

1. 概念

公文,是行政机关在行政管理过程中形成的具有法定效力和规范体式的文书,是依法行政和进行公务活动的重要工具。

2. 特点

(1)公文的制发者须是法定作者。公文的作者是法定的,是能以自己的名义行使职权和承担义务的机关、团体、企事业单位。公文起草者,只是组织的代笔人。公文读者具有特定性。有的公文的读者是特指的受文机关,有的公文的读者是社会的全体成员。

(2)公文的制发具有严格的程序性。公文从准备撰写到制作成文,都有严格的程序。公文的体式,必须符合《国家行政机关公文处理办法》规定的体式,即规范体式。公文在撰写和制发过程中要受公文处理程序的严格制约。公文的草拟、审核、签发、复核、缮印、用印、登记、分发等环节之间的先后次序是固定的,不能随意颠倒或错乱。

(3)公文具有法定的权威性和约束力。公文具有代行法定职权的功能,对受文机关在法定的时间和空间范围内,具有强制性。但应注意,公文的权威性和约束力受着一定的时空限制,其法定效力也是现实效用,任何公文都不是永远有效的。

(二)公文的类型

1. 按照公文的功能来划分

2001年实行的《国家行政机关公文处理办法》规定,我国行政机关现行的公文有13种:命令、决定、公告、通告、通知、通报、议案、报告、请示、批复、意见、函和会议纪要。

2. 按照行文方向来划分

可分为下行文(如命令、通知、批复等)、上行文(如报告、请示等)和平行文(如函)。下行文指具有隶属关系的上级发给下级机关的公文;上行文指具有隶属关系的下级机关呈报给上级机关的公文;平行文指不相隶属机关之间来往的公文。所谓隶属关系是指上下级机关具有直接管理和被管理的关系。

3. 按照缓急程度来划分

可分为特急、急件、一般文件三类。对特急文件要求在接件后1天内办理完毕,急件应在接件后3天内办理完毕。有的紧急公文不仅标明紧急程度,还可在标题的文种前加以限定,如《辉煌前程总公司关于加强安全检查工作的紧急通知》。

4. 按照保密级别来划分

可分为绝密、机密和秘密三个等级。绝密文件是指涉及党和国家核心机密的文书;机密文件是指涉及党和国家重要机密的文书;秘密文件是指涉及党和国家一般秘密的文书。具有密级的文件一旦泄漏,会使党和国家的安全和利益遭受不同程度的损害。

三、通　知

(一)通知的概念和种类

1. 通知的概念

通知是"适用于批转下级机关的公文,转发上级机关和不相隶属机关的公文,传达要求下级机关办理和需要有关单位周知或者执行的事项,任免人员"的公文。通知是使用相当广泛的公文文体,一般是下行文或平行文。

2. 通知的种类

通知根据其适用范围,可分为如下类别

(1)指示性通知。用于布置下级机关工作事项、指示方法、步骤。例如《国务院办公厅关于禁止发放使用各种代币购物券的通知》。

(2)任免人员的通知。用于任免和聘用干部。例如《国务院办公厅关于调整国务院三峡工程移民试点工作领导小组组成人员的通知》。

(3)批转、转发性通知。即颁布(颁发)与转发公文时使用的通知。

(4)会议通知。是组织会议的单位制发的公文。例如《宁波市外贸局关于召开外贸会议的通知》

(二)通知的文体结构和内容结构

不同类型的通知其基本格式是一致的,一般包括标题、主送机关、正文、发文机关、签署、附件等部分。这里着重介绍正文部分的写作。

1. 标题

作为公文通知的标题,一般应写明发文机关、事由和文种,如《国务院关于进一步加快旅游业发展的通知》。情况特殊的通知,比如"紧急通知"、"补充通知"等都应在标题中写明,如国家经贸委《关于立即停止一次性发泡塑料餐具的紧急通知》。

2. 主送机关

即被通知的单位或个人,在正文前顶格书写,后跟冒号,以示引领下文。无固定通知对象者或知照范围广泛的通知则可不写。

3. 正文

颁布或转发性通知结构简单,其余通知一般由三部分组成。

(1)事由。这是通知的开头,应写明制发通知的缘由、目的、依据或情况。内容单纯的通知,可省去发文缘由,直接写目的。

(2)事项。写出通知的内容,即要求受文机关承办、执行和应予以知晓的事项。这些内容如较复杂,可分条列项写出。

(3)结尾。这部分常用"特此通知"、"专此通知"之类的习惯用语作结。

4. 签署

在正文右下方写明发文机关的名称和日期,若发文机关在标题中已出现,签署则可省略。

5. 附件

告知性通知及批示性通知常带有附件。

[例文]

国务院关于发布《国家行政机关公文处理办法》的通知

×字〔2000〕62号

各省、自治区、直辖市人民政府,国务院各部委、各直属机构:

现发布《国家行政机关公文处理办法》,自2001年1月1日起施行。1993年11月21日国务院办公厅发布,1994年1月1日起施行的《国家行政机关公文处理办法》同时废止。

中华人民共和国国务院办公厅

二〇〇〇年八月二十四日

四、信　函

(一)信函的概念

信函作为公关文书中的一种文本,是党政机关、社会团体、企事业单位之间公务活动中处理大小公务的专用信件的总称。它的适用范围最为广泛,既可以用于上下级之间,也可用于平行的不相隶属的部门单位之间。

(二)信函的种类

1. 告知函

告知函的功能是主动将有关信息(如问题、意见、情况)告知对方。

2. 商洽函

商洽函是不相隶属机关之间商洽工作的函。如洽谈人员培训、人事调转、产权交易、商品买卖等均可使用商洽函。

3. 问复函

问复函是向有关机关询问、答复有关问题情况的函。有隶属关系的上下级之间,上级可用函询问,但下级不能用函答复,而应以报告的形式予以答复。

4. 请准(审批)函

请准函是请求批准函和审批函的合称,是向不相隶属的主管机关请求批准或用来答复审批事项的函。

[例文]

××集团公司关于商洽委托代培涉外秘书人员的函

×字〔2008〕30号

××大学文学院:

本集团公司新近上岗的秘书人员缺乏专门的涉外秘书知识,业务素质亟待提高。据报载,贵院将于今年9月开办涉外秘书培训班,系统讲授涉外秘书业务、公关礼仪、实用文书写作等课程。这个培训项目为我集团公司新上岗的涉外秘书人员提供了一个难得的在职进修机会。

为能尽快提高本集团公司涉外秘书人员的从业素质,我们拟选派8名在岗秘书人员随该班进修学习,委托贵院代培。有关代培费用及其他相关经费,将按时如数拨付。

如蒙慨允,恳请函复为盼。

××集团公司(印章)

二〇〇八年七月二十日

五、书 信

书信是人们在不能、不便或不需要见面的情况下,为了交流信息、沟通感情、联系事务而采用的一种文书形式,也是公关活动的重要媒介。

书信可以分为一般书信、专用书信等。对于各种书信文体及其礼仪要求,公关人员都应有所掌握,以便在自己书写、代表组织书写、帮助他人书写时正确使用。一封合礼的书信,就是一次成功的公关活动。信写得不好、没有礼貌、不得体,就会给收信人一个不良的印象,甚至成为笑柄。

(一)一般书信,应合常规

一般书信是指父母子女之间、兄弟姐妹之间、亲朋好友之间为了表达互相鼓励、祝贺、问候、寒暄、关照等思想或情感而写的书信。旧时这类书信的礼仪要求很高、很复杂,新式书信已简略很多,但也还是要注意基本的格式。

1. 称呼

在通常情况下,称呼应写在信笺的第一行顶格处。如"经理"、"董事长"、"小李"、"刘芳"等等,称呼之后加冒号。

2. 问候语

问候语一般写在正文的开始和结尾之前,写在开始的问候语可以用"您好"、"你好"等等；写在正文结尾的问候语，是指让收信人转告他人的问候语，如“请代问你父母好”，“请代问李经理及全体同仁好”等等。在写信人与收信人关系很密切或经常通信的情况下，问候语也可以不写。

3. 结尾

正文写完之后，提行顶格或空两格写一些表示祝福的、敬意的、鼓励的话。如“敬祝健康长寿”，“恭祝康乐永驻”，“此致敬礼”，“祝圣诞快乐”等等。具体说什么，应根据与对方的关系、对方的职业、写信的季节和时日等去考虑。

4. 署名和日期

祝词之后应署名。署名应写在信的正文的右下方。必要时前面可以写上与对方的关系用语，后面写上必要的谦词。如“部下刘华”，“外孙李再东拜上”。署名之后在名字下方写日期。可以写上年、月、日，也可以写月、日，或只写日，有的还在日期之后写上一天中写信的具体时辰。也有的在日期之后再写写信的地点，这在写于旅途中的信上比较常见。如“6月6日于广州白云宾馆”等。

（二）专用书信，准确明晰

专用书信是个人与社会组织之间，社会组织彼此间为了某项具体的需要而使用的书信。

1. 介绍信

介绍信是社会组织为了介绍到有关单位了解情况、联系工作、参观访问的人的身份的一种专用书信。内容包括被介绍人的姓名、身份；随访的人数、活动的目的、对受访单位的请求等。

[例文]

介　绍　信

鸿达电脑公司：

兹介绍我公司刘跃、邱晨两位同志前往贵公司学习商务软件制作技术，请予以接洽为盼。

此致

敬礼

山川实业股份有限公司（盖章）

××年×月×日

2. 证明信

证明信是社会组织为证明个人的身份、履历、学历及其他事项的真实情况而使用的专用书信。书写证明信时要慎重，除了对所证明的事实一定要准确无误外，还应注意用语明确、肯定，不得涂改，为便于查考，证明信应留底稿并进行登记。

[例文]

证　明

××县物资局：

你局×××同志，原属我局职工，已于××年×月评为助理经济师，情况属实，特此证明。

××市机电公司（公章）

××年×月×日

专用书信的礼仪主要不是表现在它们的格式、用语上，而是表现在所写的情况的真实、准确、实事求是上。所介绍、证明、反映的情况越真实，就越是一种礼仪风范的表现。相反，如果所提供的情况是虚假的，或含糊不清，就是对对方的失礼和无礼。

六、商业书信(英文)的格式

商业书信一般可分为六个部分：开端、信内地址、称呼、正文、结语、署名。有时信内还附有"再启"，相当于中文书信中的"又及"。

(一)开　端

在信纸的右上角，详尽地写下发信人的企业(商号)名称、地址、日期和电话号码。如果是印有公司名称和地址的专用信笺则不必再写，但日期一定要写上。

(二)信内地址

写在信里面的地址除了信纸右上角的发信人地址外还在信纸左上角(位置略低于发信人地址)写明收信人的人名，企业名称和详细地址，应与信封上写的一样，不可随意改动。

(三)称　呼

无论是写给个人的或企业的信件，在开始时必须有称呼。对外称呼一般为先生、女士、小姐等。如果收信人的身份特殊，在社会上有很高的地位，如教授、博士等，应照用他们的头衔，如果写信给政府部门的领导，可称阁下。

(四)正　文

写作要求与中文略同，但不可信纸两面都写，如需要再接第二页，可用一张空白信纸，不必再写开端，只是要注明页数。如左上角写上收信人名字，在右上角可写上发信日期即可。

(五)结　语

英文书信的结语相当于中文书信结尾的"此致敬礼"，一般是"致以最崇高的敬意"、"致以最美好的祝愿"等语。结语的第一个字母要大写。

(六)署　名

无论打字或手写都应用笔签署，应该在笔签名的下面，再用打字机打出正确的名字或用正楷将全名写下。

除此之外，一般英文商业书信与中文公函一样，为了方便收发和存档备用，可在称呼之下正中位置列上事由提纲，相当于中文公函中的标题。

第三节　社交类公共关系管理文书

社交类公关管理文书是一个组织为了协调与公众之间的关系，出于礼貌、礼节的需要对公众表示感谢、庆贺、慰问、邀约等思想感情或意愿而使用的实用文书。

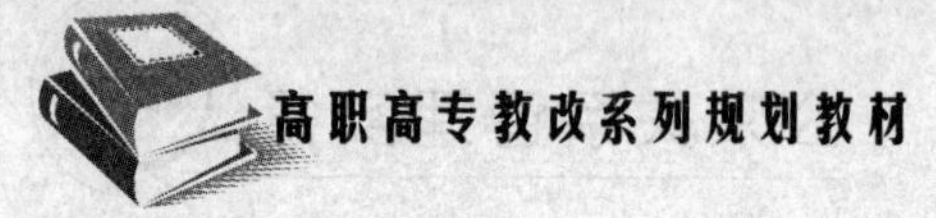

一、社交类公关管理文书的内容与特点

(一)社交类公关管理文书的内容

社交类公关管理文书包括的内容比较多,一般可以划分为以下几类。

(1)迎来送往类:即指组织之间的欢迎、欢送、答谢仪式上所适用的表示礼节的致词,是使用频率很高的礼仪文书之一,常用的有欢迎词、欢送词、告别词、祝酒词和答谢词等。写作格式大体相同。

(2)喜庆祝贺类:是在重大节日、纪念日或开业、工程落成、重要会议召开、重要人物寿诞、取得重大成就之际,向对方表示庆贺、祝贺之意而使用的礼节性文书。常用的有祝词、贺词、贺信、贺电、贺卡和贺联等。

(3)聘请邀请类:是聘请或邀请有关人物担任某项工作或参加某项活动的短信,是用于人际联系和礼仪应酬的实用文书。一般有特定的样式,装帧讲究、书写美观。常用的有请柬、邀请函和聘书等。

(4)哀悼吊唁类:是对死者表示哀悼和怀念,以及对死者亲属表示慰问所使用的文书,常用的有讣告、悼词、唁电、祭文、挽联等。

(二)社交类公关管理文书的特点

1. 礼节性

礼节性是它最本质的也是第一个特点。礼节性可以表现出两层含义,一是以礼相待,充分地表达了对对方的尊重和礼貌之意;二是选择适当的时机,如喜庆节日、重大活动或婚丧寿诞之时,要适逢其时,否则时过境迁便失去了意义。

2. 规范性

社交文书都有固定的体式,如请柬、聘书,不但在内容上称谓、正文敬语等惯用写法与格式,就连纸张质量、大小尺寸、装帧都有一定的要求和样式。这些体式是在长期的礼仪活动中约定俗成的,带有一定的规范性。不合体式的礼仪文书将被视为轻率的不礼貌的行为,会影响公关效果。

3. 情感性

社交是一种情感交流活动,联络感情、增进友谊是它的内容和目的。作为情感交流的工具,社交文书应该充满感情,或热烈、或惜别、或感谢、或哀悼、或祝贺,都应该是情真意切,溢于言表,当然也要把握好一定的度,以免过分地矫情。

4. 简明性

社交文书不是为了阐明实质性的问题,而是出于礼仪上的需要,只要能表达某种情感即可,无需长篇大论。因此,社交文书内容上大多简短精炼,有的甚至只有一两句话。

在公关活动中,对不同的公关工作、不同的公关场合,不同的公关对象,要选用适宜的公关文书,否则就可能会影响公关活动的顺利进行,因此必须符合礼节性和规范性的要求。

二、请　柬

（一）请柬的概念

请柬，通常也叫请帖、简帖，是为邀请客人参加各种纪念活动、婚宴、晚会、诞辰和重要会议等而发出的一种书面形式的通知。在决定一些比较重大的事项或庄重的场合，如规格较高的会议、宴请、展览等，需要宾客参加时通常都发出请柬，一般用套红制成帖子形式，所以，又叫柬帖。

（二）请柬的特点

1. 注重礼貌，措辞典雅

发出请柬既出于礼貌所需，也能对客人起到提醒备忘作用。它是一种庄重与谦虚、严肃与简便相结合的礼仪文书，用语要简短、热情、文雅。

2. 对象明确、制作精美

请柬所邀请的内容、时间、地点、被邀请者的姓名、头衔具体明确，装帧美观、大方，以示对被邀请者的尊重。

[例文]

请　柬

尊敬的××先生：

我公司定于2008年6月30日至7月5日8:00—17:00在宁波国际会展中心3号楼展览大厅，举办现代家具贸易洽谈会。恭候光临。

新兴远家具公司

二〇〇八年五月二十五日

三、贺年卡

贺年卡的来历是有渊源的。早年，我国官场中人或社会仕绅，在新年伊始，职位或辈分低的，会向年长或位高的登门拜年。如果主人不在，或家有贵宾不便会客，拜年的人，便留下红色名片（或印红字者），上有「登府拜年恭贺新禧」的字样，以表亲自上门拜年之意。

贺年卡目前已成为公关活动中简便表达祝贺情感的一种方式，在印有贺词的贺年卡上最好写上亲笔签字。

[例文]

××公司新年贺卡

感谢你过去一年中对我公司的关心和支持，并祝你在新的一年中事业发达，再展宏图。

Many thanks for the concerns and favors you showed to ×× Company in the last year, and best wishes for your greater success in the coming new year.

公共关系部经理:(亲笔签名)
Manager of Public Relation:
2008. 12. 25

四、聘　书

(一)聘书的概念

聘书是某单位延请专业人才担任某项职务或承担某项工作所用的一种专用文书。

(二)聘书的文体结构和内容结构

(1)标题。首页或内页正中写"聘书"或"聘请书"字样。
(2)称谓。写被聘者的姓名,格式与一般书信相同。
(3)正文。聘书的正文一般要求包括以下一些内容:
首先,交待聘请的原因和请去所干的工作,或所要去担任的职务;其次,写明聘任期限如"聘期两年"、"聘期自2000年2月20日至2005年2月20日";再次,聘任待遇。聘任待遇可直接写在聘书之上,也可另附详尽的聘约或公函写明具体的待遇,这要视情况而定;另外,正文还要写上对被聘者的希望。这一点一般可以写在聘书上,但也可以不写,而通过其他的途径使受聘人切实明白自己的职责。
(4)结尾。表示敬意或祝颂。
(5)署名和日期。单位署名一般要加盖公章。

[例文]

聘　书

赵××同志:

兹聘请你为××家电集团维修部总工程师、主任,聘期自××××年×月×日至××××年×月 ×日,聘任期间享受集团高级工程师全额工资待遇。

××家电集团(章)
××××年×月×日

五、欢迎词、欢送词、答谢词

(一)欢迎词

1. 欢迎词的概念

欢迎词是行政机关、企事业单位、社会团体或个人在举行隆重庆典、大型集会、欢迎仪式或洗尘宴会上,主人对友好团体或个人的来访表示欢迎的讲话稿。简言之,即企事业单位对来宾表示欢迎的讲话稿。

2. 欢迎词的特点

(1)注意礼貌,感情真挚。一般的欢迎词都是一种礼节性的外交或公关辞令,遣词造句十分讲究礼貌,称呼使用尊称,表达致辞者的热情、友好的情感,感情真挚。

(2)注重口语性,体现欢愉性。欢迎词是社交礼仪演讲词的一种,语言生动简洁,具有较强的口语性。欢迎词又是对来宾表示欢迎和尊重,表达友好交往的讲话稿,具有欢愉性的特点,语言多亲切、赞美之辞。

(3)篇幅短小,简洁精练。欢迎词一般都比较简短,言简意赅,短小精悍,旨在进一步增强双方的交流与合作,营造和强化友好和谐的社交气氛。

[例文]

欢 迎 词

女士们,先生们:

值此×××厂30周年厂庆之际,请允许我代表×××厂,并以我个人的名义,向远道而来的贵宾们表示热烈的欢迎。

朋友们不顾路途遥远专程前来贺喜并洽谈贸易合作事宜,为我厂30周年厂庆增添了一份热烈和祥和,我由衷地感到高兴,并对朋友们为增进双方友好关系作出努力的行动,表示诚挚的谢意!

今天在座的各位来宾中,有许多是我们的老朋友,我们之间有着良好的合作关系。我厂建厂30年能取得今天的成绩,离不开老朋友的真诚合作和大力支持。对此,我们表示由衷的钦佩和感谢。同时,我们也为有幸结识来自全国各地的新朋友感到十分高兴。在此,我谨再次向新朋友们表示热烈的欢迎,并希望能与新朋友们密切合作,发展相互间的友好合作关系。

"有朋自远方来,不亦乐乎"。在此新朋老友相会之际,我提议:

为今后我们之间的进一步合作,

为我们之间日益增进的友谊,

为朋友们的健康幸福,

干杯!

×××厂

二〇〇九年五月

(二)欢送词

1. 欢送词的概念

欢送词是行政机关、企事业单位、社会团体或个人国家机关或单位,在公共场合欢送友好团体或亲友出行时致辞的讲话稿。从表达方式上可分为现场讲演欢送词和报刊发表欢送词两种。

2. 欢送词的特点

(1)口语性。欢送词的特点与欢迎词的特点基本相同,口语性也是欢送词的一个显著特点之一。因此,遣词造句也应注意使用生活化的语言,使送别既富有情趣又自然得体。

(2)惜别性。欢送词还具有惜别性,表达出亲朋好友远行时的感受,表达出真切的送别之情与祝愿,格调不必过于低沉、悲伤,应把握好分别时所用言辞的分寸。

[例文]

欢送词

尊敬的约翰·布朗先生：

再过半小时，您就要起程回国了。我代表宇辉集团公司，并受王副部长之托，向您及您率领的代表团全体成员表示最热烈的欢送！

我十分高兴地看到，近一个星期以来，我们双方本着互惠互让的原则，经过多次会谈，达成了四个实质性协议，取得了令人满意的成果。在此，我们对您在洽谈中表现出的诚意和合作态度，深表感谢！我衷心地希望您和您的同事们今后一如既往，为进一步发展我们双方的经济贸易往来而不懈努力！

我们期待着您和您的同事们明年再来这里访问。

谨致最良好的祝愿！

宇辉集团公司总经理　程维

二〇〇九年二月九日

（三）答谢词

1. 答谢词的概念

与欢迎词或欢送词相对应，答谢词是在专门仪式、宴会、招待会上，由宾客出面发表的对主人的热情接待表示感谢的讲话稿。答谢词也指客人在举行必要的答谢活动中所发表的感谢主人的盛情款待的讲话。

2. 答谢词的特点

(1)讲究客套、充满真情。

在特定的礼仪场合，答谢词十分讲究必要的客套话的使用，对主人的热情款待和众多关照表示答礼、谢意和感激之情的语言热情洋溢、充满真情。

(2)注重照应、尊重习惯。

答谢词是主人致欢迎、欢送词之后，其内容注重与欢迎词内容的照应。即使预先准备了答谢词，也要根据现场的特定环境做修改补充，因情因境临场应变发挥。在异地做客，要了解当地的民情、风俗、尊重对方习惯。这体现了对主人的尊重。

(3)篇幅简短、气氛热烈。欢迎词主要诚挚地表达对主人的谢意，营造和谐友好的现场气氛，篇幅短小精悍。

[例文]

答谢词

女士们、先生们：

首先请允许我感谢你们的盛情邀请及款待，今天能够出席你们的招待会，我感到十分荣幸，能够有机会与在场的中国朋友畅谈，感到非常高兴。

随着中国改革开放的进程不断深入,我们两国之间的交往越来越频繁,许多政府官员、科学家、艺术家、体育代表团和商人的互访,更加深了我们的友谊。多年来,我一直盼望着能有机会来中国,现在终于圆了我中国之行的梦。

这次在华一年时间的访问学习是卓有成效的,我能够有机会见到许多知名人士,聆听许多专家、学者的教诲,我们之间互相探讨、学习,并向中国专家、学者请教,收获很大。

我的到访,得到了热情好客的中国朋友的热情接待,我深深感受到了勤劳、善良的中国人民的热情、友好,我们彼此之间的深情厚谊,令我终身难忘!

借此机会请允许我再一次向大家表示衷心的感谢!

祝愿我们两国人民世代友好下去!

×××

二〇〇八年十月十二日

六、祝贺词

(一)贺词的概念

贺词也称祝贺辞,是表示祝贺、祝愿的言辞和文章,是人们在交际活动中使用频率较高的一种日常文书。

现在,贺词常常用于社会组织或者个人对取得巨大成绩、做出卓越贡献的集体或者个人表示赞扬、祝贺,或者对国际、国内发生的重大喜事表示慰问和赞扬,对一些重要会议、节日、庆典、开业、晋升、婚礼、寿辰等表示庆贺、祝愿的场合。它是个人与个人、个人与团体、团体与团体、国家与国家之间,在相互理解与支持的基础上,表达良好祝愿、加深相互情谊的一种重要的交际方式。重要的贺信往往对广大群众有很大的激励和教育作用。

(二)贺词的特点

1. 及时性

贺词一定要及时,注意篇幅的简短,文字的明快,做到及时快速。

2. 针对性

贺词无论是用于祝愿还是祝贺,都有明确的祝贺对象,称呼礼貌具体,态度诚恳地表达自己的良好祝愿。

3. 喜庆性

贺词是在喜庆的场合对祝贺对象表达一种真诚的祈颂祝福和良好心愿,因此喜庆性是贺词的基本特点。贺词的语言热情洋溢,充满喜庆。

(三)贺词的类型

(1)工作方面的祝贺。如工作取得突出成绩,圆满完成了某项重大任务;重要工程的开工、竣工;科研项目的完成以及商场的开业等。

(2)会议方面的祝贺。如重要会议的召开或胜利闭幕等。

(3)节日的祝贺。侧重叙述节日的意义和如何以实际行动来祝贺这一节日。

(4)日常生活中的祝贺。如贺事业、贺婚、贺寿等。

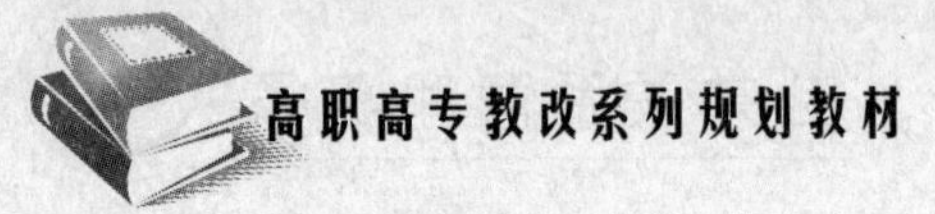

[例文]

胡锦涛致本报创刊五十周年的贺信

中国青年报社全体同志:

值此中国青年报创刊50周年之际,谨向你们表示热烈的祝贺和亲切的问候!

50年来,中国青年报始终遵循党的新闻工作方针,根据不同历史时期党的中心任务和青年进步的需要,积极宣传科学理论,广泛传播先进文化,大力倡导时代精神,热情讴歌青年英模,激励一代又一代青年投身社会主义革命、建设和改革的伟大实践,为促进青年的健康成长、推动青年事业的蓬勃发展做出了重要贡献。

从新世纪开始,我国进入了全面建设小康社会,加快推进社会主义现代化的新的发展阶段。实现"十五"计划和现代化建设第三步战略目标,需要包括广大青年在内的全国亿万人民的不懈奋斗。中国青年报作为在青年中具有广泛影响的报纸,肩负着启迪青年、引导青年、鼓舞青年的重要职责。希望你们坚持以马列主义、毛泽东思想和邓小平理论为指导,按照江泽民同志提出的"三个代表"的要求,牢牢把握正确的政治方向和舆论导向,紧跟时代步伐,贴近青年实际,勇于开拓创新,准确、鲜明、生动地宣传党的路线方针政策,及时、真实、充分地反映青年的创业实践和精神风貌,进一步办出自己的特色和风格,使中国青年报更好地成为青年获取有益知识和信息的重要渠道,成为党团结、教育和引导青年的坚强阵地。

祝中国青年报越办越好!

胡锦涛

二〇〇一年四月

七、邀请信

(一)邀请信的概念

邀请信,是邀请亲朋好友或知名人士、专家等参加某项重要活动时所常用的请约性书信。在国际交往以及日常的各种社交活动中,这类书信使用广泛。邀请信与请柬有相似之处,它实际上就是一种比较复杂的请柬,但它使用范围比请柬更广泛,信息容量更大,除了起请柬的作用外,还有向被邀请者交代有关需要做的事情的作用。而请柬比邀请信庄重、典雅,表达的礼仪、情感色彩更浓一些。

(二)邀请信的特点

(1)礼仪性。邀请信在实际应用中要体现对被邀请者的礼貌,表达尊重之意,以达到传递信息、沟通感情的效果,具有较强的礼仪性。

(2)确指性。一般邀请信的发送对象是针对特定的单位或个人,具有确指性的特点。

(三)邀请信的类型

邀请信按用途分类,有会议类邀请信,专为庆祝会、纪念会、座谈会等发出;活动类邀请信,专为仪式、宴请、执行等发出;工作类邀请信,专为成果的评审、鉴定、决策的论证而发出。

[例文]

关于邀请出席专业建设指导委员会
财务会计专业岗位能力与课程体系改革研讨会的函

尊敬的××公司财务总监张××女士：

经我系推荐，学院批准，拟聘请您担任经济管理系专业建设指导委员会专家委员，并请您拨冗出席“财务会计”专业岗位能力与课程体系改革研讨会。

一、会议目的

“以就业为导向，培养社会急需的应用型人才”，是高职高专院校的主要任务。为使我系的专业定位更加准确，课程设置、教学计划更加符合职业岗位的要求，突出高职特色，提高教学质量，特举办本次研讨会。现随函附上我系“财务会计”专业的教学设计文件，烦请您对我系“财务会计”专业的培养目标、专业定位、岗位能力的分解及课程设置提前准备好指导意见。

二、会议主要内容

(一)成立财务会计专业建设指导委员会，并由学院领导为专家委员颁发聘书。

(二)专业岗位能力与课程体系改革研讨。研讨的主要内容如下：

(1)依据社会需要，高职“财务会计”专业的培养目标、专业定位，岗位能力和课程建构应做哪些调整？

(2)请专家对“财务会计”专业的教学计划提出指导意见；

(3)请专家对“财务会计”专业实习基地建设及学生实习指导等问题提出指导意见。

三、会议时间、地点

时间：2008年6月30日(周四)上午8:30—11:30。

地点：××××××职业技术学院经管系206会议室。

四、联系人：×××，电话：123456789

敬请莅临！

××职业技术学院　经济管理系

二〇〇八年六月二十六日

八、贺　电

贺电是表示祝贺、致敬、赞颂的电报。一般是以上级机关、有影响的领导人或代表人物的名义，向有关单位或个人发电。贺电可以直接发给对方，有的也可以通过新闻媒介公开宣传。

写作贺电电文时，首先要写清楚祝贺对象的名称或姓名，个人的姓名后还应加上职务或相应的称呼以示尊重。正文用字要精练，做到短小、准确、有情。内容包括祝贺何事或何人；赞扬所取得的成就、贡献或良好品德；再次表示祝贺或致敬，提出希望或祝愿。末尾写明发贺电的单位名称或个人姓名、发贺电的日期。

[例文]

贺　电

中国体育代表团：

我国体育健儿在举世瞩目的第28届奥运会上不畏强手，奋力拼搏，取得了前所未有的优异成绩，实现了我国竞技体育在奥运会上新的历史性突破，为祖国和人民赢得了荣誉。党中央、国务院向你们表示热烈的祝贺和亲切的慰问！

我国体育健儿在本届奥运会上表现出的精湛运动技术和良好体育道德，进一步弘扬了奥林匹克精神，极大地增强了我国成功举办2008年奥运会的信心。我国体育健儿的出色表现，再一次向全世界展示了中华民族自强不息、奋发有为的精神风貌，展示了新世纪中华儿女积极进取、蓬勃向上的朝气和活力，给正在为全面建设小康社会团结奋斗的全国各族人民带来巨大的鼓舞。祖国为你们骄傲，人民为你们自豪！

希望你们继续发扬胜不骄、败不馁的精神，增强斗志，再接再厉，不断提高自身素质和竞技水平，为促进奥林匹克事业的发展，为实现中华民族的伟大复兴做出新的更大贡献！

祖国和人民感谢你们，期待着你们胜利归来！

中共中央国务院

二〇〇四年八月二十九日

九、开幕词

(一)开幕词的概念

开幕词是党政机关、社会团体、企事业单位的领导人，在会议开幕时所做的讲话，旨在阐明会议的指导思想、宗旨、重要意义，向与会者提出开好会议的中心任务和要求。

(二)开幕词的特点和种类

1. 开幕词的特点

一是简明性，开幕词要简洁明了、短小精悍，最忌长篇累牍，言不及义，多使用祈使句，表示祝贺和希望；二是口语化。它的语言应该通俗、明快、上口。

2. 开幕词的种类

按内容可以分为侧重性开幕词和一般性开幕词两种。侧重性开幕词往往对会议召开的历史背景、重大意义或会议的中心议题等，作重点阐述，其他问题一带而过。一般性开幕词则只对会议的目的、议程、基本精神、来宾等做简要概述。

[例文]

在“中国国际××展览会”开幕式上的讲话

女士们、先生们：

早上好！由新加坡××有限公司主办。中国××协会与我分会所属的上海市国际贸易信息和展览公司承办的“中国国际××展览会”今天在这里开幕了。我谨代表中国国际贸易促进委员会上海市分会、中国国际商会上海分会表示热烈祝贺！向前来上海参展西班牙、比利时、中国台湾省、香港地区以及我国各省的中外厂商表示热烈的欢迎！

本届展览会将集中展示具有国际水准的各类××产品及生产设备，为来自全国各的科技人员提供一次不出国的技术考察机会；同时，也为海内外同行共同切磋技艺创造了条件。

朋友们，同志们：上海是中国最重要的工业基地之一，也是经济、金融、贸易、科技和信息中心。上海作为长江流域乃至全国对外开放的重要窗口，将实行全方位的开放。我国政府已将浦东的开发开放列为中国今后十年发展的重点,上海南浦大桥的正式通车,将标志着浦东新区的开发已经进入实质性的启动阶段。上海将进一步改善投资环境,扩大与各国各地区的合作领域。我真诚地欢迎各位展商到上海的开发区和浦东新区参观,寻求贸易和投资机会,寻找合作伙伴。作为上海市的对外商会——中国国际贸易促进会上海市分会将为各位朋友提供卓有成效的服务。

最后,预祝"中国国际××展览会"圆满成功!感谢大家!

十、慰问信

慰问信是以组织或个人名义向在某方面做出特殊贡献或遇到意外损失,遇到巨大灾难的集体或个人关切致意,表示问候同情的一种书信。

(一)慰问信的特点

(1)发文的公开性。慰问信可以直接寄给本人,但大多是以张贴、登报,在电台、电视上播放的形式出现的。公开性是慰问信的一个特点。

(2)情感的沟通性。无论是对有突出贡献者的慰问还是对遭遇困难者的慰问,情感的沟通是支撑慰问信的一个深层基础。慰问正是通过这种或赞扬表达崇敬之情,或同情表达关切之意的方式来达成双方的情感交流和相互理解的。节日的慰问,尤其是为某一群体而设的节日的慰问,更是起着相互沟通情感的作用。如"三八妇女节"、"教师节"等的节日慰问。

(二)慰问信的类型

(1)对遭受困难或蒙受损失的单位或个人写的慰问信。如某地区、某单位、某个人因天灾人祸而遭到挫折、损失等,对他们表示同情和安慰,鼓励他们克服暂时的困难而加倍工作,以期尽早地改变现状。

(2)给集体或个人写的慰问信。如"慰问抗洪抢险的解放军战士"、"慰问保家卫国的边防军人"等等。鼓励他们戒骄戒躁,继续前进。

(3)节日慰问。如对节日期间坚持在岗位工作的职工、离休干部、荣誉军人等写慰问信。

[例文]

慰 问 信

战斗在抗洪抢险第一线的部队指战员、武警官兵、民兵预备役人员、公安干警、广大干部群众:

连日来,西、北江上游强降暴雨,西、北江干流流量猛增,水位骤涨,形成了"05.6.24"特大洪水。洪水来势猛、涨势急、流量大,西江出现超100年一遇洪峰流量,北江出现超50年一遇流量,下游各水文站基本超100年一遇水位,容奇水文站超历史最高水位。汛情就是战斗令。在市委、市政府的统一指挥下,全市党政军民7万多人奔赴抗洪抢险第一线。在抗洪抢险战斗中,各级党委、政府坚强领导,高度负责,科学指挥,保障有力;各区、各堤段的防汛责任人和技术责任人,履行职责,靠前指挥,哪里有险情就出现在哪里,发挥了中流砥柱的作用;驻佛山部队、武警官兵、民兵预备役部队、公安干警发挥了主力军和突击队的作用;全市人民群众关注汛情,全力支持和参与抗洪抢险。在全市军、警、民团结一致、顽强拼搏下,我市取得了抗击"05.6.24"特大洪水的初步胜利,实现了市委、市政府提出"全市动员、严防死守、科学组织、确保两江大堤安全"的目标。在此,中共佛山市委、佛山市人民政府、佛山市防汛防旱防风指挥部向你们表示衷心的感谢,并致以崇高的敬意和最亲切的慰问!

你们在抗洪抢险中始终承担着最艰巨的任务,战斗在最艰险的地方,出现在最危急的关头,充分展示出人民利益重于一切的高度政治觉悟,指挥果断、反应迅速、战无不胜的过硬素质,英勇顽强、连续作战、不怕牺牲的优良作风。在惊涛骇浪面前,你们经受住了严峻考验,谱写了一曲可歌可泣的英雄诗篇,党和人民感谢你们!

眼下,洪水水位已降至警戒水位以下,但主汛期仍未结束,对汛情千万不可低估。希望你们再接再厉,保持高度警惕,继续发扬艰苦奋斗、无私奉献的精神,夺取抗洪抢险全面胜利。

市委、市政府号召全市人民向你们学习,继续发扬伟大的抗洪精神,万众一心,全力以赴做好各项防灾减灾工作,维护社会稳定,共同建设和谐佛山。

中共佛山市委

佛山市人民政府

佛山市防汛防旱防风指挥部

二〇〇五年六月二十七日

十一、唁电与报丧讣告

(一)唁　电

唁电是哀悼死者,慰问死者家属的工具。在获得亲朋好友的死讯后,人们马上做的第一件事情是发封唁电(报)即便是可以通电话,也还是以唁电这种方式表达哀思。主要内容是表达一种悲痛的情感,劝慰死者亲友节哀顺变,保重身体之类的话。常用词句范例有:

惊闻×××噩耗,不胜伤悼,望节哀释念。

尊翁仙逝,悼英名,谨此遥叩灵峙 ,以寄哀思。

良友英年早逝,不胜骇悼,死者已矣。望节哀顺变,多多珍重。

忽闻大讣,甚出意外,深致哀悼,尚冀达观,自珍为祷。

(二)报丧讣告

讣告,又称"讣文"、"讣闻",是告丧的意思,通常是治丧委员会或死者亲属为了将死讯告知死者亲友和社会各界而制发。讣告有一般式和公告式两种。

最常见的讣告是一般式"讣告",写作时要注意以下几点:

一是在开头一行的中央写"讣告"或死者姓名加"讣告"二字。

二是正文应首先写明死者的姓名、身份,逝世的日期、地点、原因、终年岁数等。

三是可简要介绍死者生前重大的、具有代表性的、影响深远的业绩。

四是要写明追悼会的时间、地点及乘车安排等。

五是正文右下方署上制发讣告的单位或个人名称、制发时间。

[例文]

讣　告

××省数学学会常务理事、××市数学学会理事长、原××大学×××教授,因病医治无效,于×月×日×时×分在××医院去世,享年×岁。现定于本月×日上午×时,在××殡仪馆举行遗体告别仪式和追悼会。敬请×××先生的生前好友、学生届时莅临,学校于×日上午×时在学校门口有专车接送。

×××先生治丧委员会
××××年×月×日

公告式讣告是地位较高、社会影响较大的人物逝世后,由党和国家或较高级别的机关、团体发布的。在结构上,通常由机关团体的报丧公告、治丧委员会公告、治丧委员会名单三部分组成。此种讣告不常用于一般公关人员的工作,故略去详细叙述。

第四节　公共关系管理专业文书礼仪

一、新闻稿

在公共关系工作中,新闻稿的撰写是一项经常性的,大量的基本工作。新闻稿在公关实务中的作用是,借助新闻媒体可以扩大宣传范围,提高公共主体的知名度,加速组织与公众主体之间的信息沟通,争取公众的理解、信任和支持,在公众心目中树立起良好的形象。

一般意义上所说的新闻,即新闻报道,也就是写作学中说的"消息"。陆定一同志曾经下过一个定义,新闻"就是新近发生事实的报道"。这个定义说明:新闻是新近的,而不是过时的;新闻是真实的,而不是虚构的,浮夸的。事实是第一性的,报道是第二性的。广义的新闻包括消息、通讯、特写、调查报告、评论等多种报刊载体。狭义的新闻就是指消息。

消息是对新近发生的具有社会意义的事实简短报道。它广泛地运用于报刊、广播和电视。在科学技术发达、信息交流繁多的现代社会里,写作消息,通过报刊、广播、电视等现代视听媒体迅速传递消息,已成为报道各种消息,促进商品经济发展和科技交流的必备的、重要的手段。

消息有不同的分类。根据消息的内容所涉及的范围,可分为工业消息、农业消息、国内消息,国际消息等。根据报道的意图与写作形式,通常把消息分成四类。

动态消息是迅速而简要地报道新近发生的重大事件或工作中的新成就、新问题的一种消息。其特点是文字简要、表达直接、反映迅捷,在各类新闻中,其数量最大,是消息的重点。其中有一种篇幅极短的又叫"简讯"或"简明新闻"。

经验消息是对一具体部门、单位的典型经验和成功做法进行的集中报道。它从具体事实中总结出经验,需要交代情况,介绍做法。反映发展变化。这类消息重在突出新闻事实的典型意义,故又有人称作"典型报送"。这种消息的宣传目的极为明显。

综合消息是把发生在不同地点、不同单位、各具特色、性质相同的事实综合在一起,并体现一个主题的报道。在综合、概括事实的基础上,进行分析,提出见解,揭示规律。

述评消息用以分析说明报道事实的本质和意义。在写法上常常采取边述边评,述评消息具有很强的引导作用,因此写作时应注意用词。

消息的写作在西方被视为热门学问。在我国,由于信息越来越被人们所重视,因此,作为传播信息的消息在写作内容和技巧上也有很大的发展。一般消息通常包括导语、主体、结尾三个部分。它的内容一般要具有五个要素,即时间(When)、地点(Where)、什么人(Who)、什么事(What)、为什么(Why),有时还加上如何进行(How)、西方新闻学简称五个要素"五个W"或"五个W"加"H"。

导语是消息的开头,它起两个作用:一是用简洁的语言把新鲜的、最重要的事实放在前面,说明主题,给人以概括的印象;二是引起读者极大兴趣,非看下去不可、

主体是消息的主要内容部分。它用充实、典型的具体材料印证导语中的揭示,回答导语中的问题。主体部分动用的材料必须是经过选择的、有说服力的,但又必须是客观的、实事求是的。

结尾是消息的结束语。它的作用是阐明新闻事实的意义,指出事件发展趋向,加深听众和读者的理解和印象。好的结尾可以起到画龙点睛的作用。

二、公关简报

(一)简报的概念和特点

1. 简报的概念

简报是党政机关、人民团体、企事业单位编发的一种单页或多页的内部文件,是一种以反映情况、交流经验、传递信息为主要内容的简要报道。各单位内部编发的"××简报"、"××动态"、"内部参考"、"情况交流"、"信息通报"等,基本上都属于简报范畴。

2. 简报的特点

简报的特点可以用四个字概括:快、新、实、简。

(1)快。指反应迅速及时。简报具有新闻性,追求时效性,要求发现、汇集情况快,撰写成文快,编印制发快。

(2)新。指内容新鲜,有新意。简报要提出新情况、新问题和新经验。善于捕捉工作、社会生活中的"新",使简报具有更强的指导性和交流性。

(3)实。反映情况要客观。即简报所反映的情况和问题要真实、准确,不能随意夸大或缩小。

(4)简。指简短。文字少,内容精,开门见山,直接叙事,一语中的,尽可能为一事一议,少做综合报道。简报字数一般为几百字,至多不过千字。

(二)简报的类型

简报按其性质可分为三种:

工作简报。也称情况简报,即反映本部门、本系统各方面工作情况的简报。

动态简报。反映各部门、各领域的新情况、新动态的简报。如《市场动态》、《学术动态》、《文化信息》等。

会议简报。即举行会议期间编发的简报,是报道会议进程和讨论内容的简报。主要用于一些大、中型会议,利于组织和引导会议。

（三）简报的格式

简报有自己比较固定的、独特的外在撰写形式，分为报头、报体、报尾三部分。

1. 报头部分

报头部分约占首页的三分之一，下面常用一条横线与行文部分隔开，它包括简报名称、简报期号、编发单位、印发日期、保密要求、编号。①简报名称。简报名称一般用红色大号字，如“工作简报”、“情况反映”等。②简报期号。即年度期数 + 总期数组成，如“第一期（总第18期）”，但也有一些简报不写总期数。如是“增刊”和“专刊”，还应在期数上注明，如“财物大检查第2期”。③编发单位。编发单位位置在期号下面左侧，一般写全称或规范的简称。④印发日期。位置在期号下右侧，年、月、日都要写全。⑤保密要求。位置在简报名称的左上端，分别标明是“机密”、“秘密”或“内部刊物，注意保存”等。⑥编号。位于简报名称的右上端。保密性简报才有编号，一般简报没有编号。

2. 报体部分

①标题。位置在报头横线之下居中排列。②正文。有些简报在正文之前还要加上按语，即简报编者的说明或评价。③署名。位置在正文右下侧，若作者是单位则不必署名。

3. 报尾

①发送范围。给上级机关的称“报”，给下级机关的称“发”，给不相隶属的机关称“送”。②印制份数。

三、公关广告文案

（一）公关广告的概念和特点

所谓公共关系广告，就是设法增进公众对组织的整体了解，提高组织的知名度和美誉度，从而使组织活动得到公众的理解、信任、支持和合作的一种广告。公共关系广告除具有一般商品广告有偿性、自主性、真实性和艺术性特征外，还具有区别于一般商品广告的特点：“商品广告是要人们买我，公关广告是要人们爱我”；“一般广告是推销商品，公关广告是推销形象”。具体而言，公关广告的特点表现如下。

1. 广泛性

公关广告的内容十分广泛，各种组织都可以运用公关广告做宣传，以引起社会公众对组织的注意，激发起社会公众的兴趣，达到“推销”组织机构的形象、显示出企业自身的能力和实力、扩大组织知名度和美誉度的目的。

2. 长期性

一个组织，无论生产何种产品或提供何种服务，其自身都需要长期稳定地发展下去，这就决定了公关广告的目标要着重于长期的、长远的利益。

3. 间接性

公关广告并非直接劝告人们去购买商品或享受服务，而是通过间接的手段让公众了解组织并产生好感。

（二）公关广告的要求

1. 政策性

公关广告宣传要遵循政策性原则要求，表现在两方面：一是广告承办单位要遵循国家颁布的广告法规来组织广告业务活动,抵制和拒绝刊登违法广告;二是组织或企业做广告宣传时,必须严格遵守国家法令要求,不能搞违法经营和违法宣传。

2. 真实性

公关广告的真实性要求是其生命所在,必须以事实为依据。要展现企业的真实面貌,不能浮夸,更不能假造。

3. 针对性

即明确向谁做广告。在某种意义上讲,公关广告的针对性要求比商品广告的要求更为迫切。

4. 整体性

社会上任何一类组织的生存和发展都是团结协作作用的体现、整体努力的结果。在公关广告中,对组织所获得的成功要作为整个社会、内外公众,特别是广大员工齐心协力、共同奋斗的结果来加以体现。

5. 独特性

一个企业在制作公关广告时,应明确其信念、行动宗旨、经营方式、服务措施及企业标志等,并运用文字推敲、象征比喻、情感调动等表现方式来达到形成组织独特风格的目的,以引起社会公众对企业的注意,加深公众对企业的印象。

(三)公关广告的制作技巧

广告的艺术创作技巧在广告活动中占有重要位置。公共关系广告和商业广告一样,都需要极高的创作技巧。在这一方面,美国奥美广告公司的创办人大卫·奥格威有独到的见解。他认为,广告的内容比表现内容的方法更重要;若是你的广告的基础不是上乘的创意,它必遭失败;讲事实……消费者不是低能儿,他们需要你给他们提供全部信息;使你的广告宣传具有现代意识;若是你运气好,创作了一则很好的广告,就不妨重复地使用它直到它的号召力减退;千万不要写那种连你也不想让你的家人看的广告;形象和品牌,每一则广告都应被看成是对品牌形象这种复杂现象在做贡献;不要当文抄公……模仿可能是"最真诚不过的抄袭方式",但它也是一个品德低劣的人的标志。关于广告的标题,他认为,标题是大多数平面广告最重要的部分,它是决定读者是不是准备继续读正文的关键所在;读标题的人平均为读正文的人的5倍。换句话说,标题代表着一则广告所花费用的80%。写标题应遵循一定的原则:标题好比商品价码标签,用它来向你的潜在买主打招呼;每个标题都应带出产品给潜在买主自身利益的承诺;始终注意在标题中加入新的信息,因为消费者总是在寻找新产品或者老产品的新用法,或者老产品的新改进;标题里加进一些充满感情的字就可以起到加强的作用;标题应引起读者的好奇心;调查表明,在标题中写否定词是很危险的。关于广告正文,他认为,不要旁敲侧击——要直截了当;不要用最高级形容词,也不要用一般化字眼和陈词滥调;多用用户的经验来表达内容;多向读者提供有用的咨询或服务;避免唱高调;使用顾客在日常生活交谈中用的通俗语言写文案。

本章小结

本章在前面阐述了公共关系管理实务礼仪中的公务礼仪的基本知识,重点阐述了接待礼仪、会议礼仪、洽谈礼仪、馈赠礼仪的行为规范,要求同学们学会在公务场合用正确的方法与人交往,掌握待人处事的技巧,改善自身的职业形象,提高职业能力;本章在后面分三节内容重点阐述了公共关系管理各类文书礼仪基本知识，包括公共关系管理文书中的公文、通知、信函、书信等的礼仪知识；社交类公关文书中的请柬、贺年卡、聘书、欢迎词、欢送词、答谢词、祝贺词、邀请信、贺电、开幕词、慰问信、唁电与报丧讣告等有关知识；最后介绍了公共关系管理专业文书中的新闻稿、公关简报、公关广告文案的有关知识。要求同学们通过例文和文体知识的学习，了解常见各类公关管理文书的特点，掌握公关管理文书的文体结构和写作规范及应注意的事项，对于公共关系管理过程中相互间的交往与合作，维护自身形象，增进彼此间的感情与友谊，都有重要作用。

案例分析

修改了六次的回执

大学生小王从外国语学院毕业分配到某国使馆当翻译，上班的第一天，大使就让她来了一个下马威。

小王刚到办公桌前坐下，就接到另一国举办国庆招待会的请柬，让某国大使出席。大使让她回话：同意出席。小王按请柬回执上的电话号码，打电话告诉了对方。过了一会儿，大使不放心，把她叫了过去，询问刚才的事是怎样处理的？小王老实回答说已给对方打过电话了。大使不高兴，认为这样不够礼貌，因为她现在处理的每一件公务都关系到他们自己国家的声誉，要求她必须小心谨慎，严守规矩。于是小王郑重其事地写了一份回执，送给大使过目。大使仍不满意，说："光说明出席还不行，还要回一句表示祝贺的话"。她又做了第三次修改，挖空心思地写出了一句热烈的祝词，满怀信心地呈给大使看。大使仍然不满意，说："你怎么没有写清楚什么时候去呢？"她马上又加了一句"按原定时间到会"。大使一看连声说：不行。因为在外交文件上，不能用"原定时间"的说法，必须复述对方规定的时间、地点，以示正视和对该事务的重视。当她做了第五次修改后，她长长出了一口气。心想，这回可真是天衣无缝、尽善尽美了。谁知，过了十分钟，大使又一次传她：鉴于前任大使与另一国大使甚好，我准备提前五分钟到达，请按照这个意思再发一张回执。她心里暗暗叫苦。一张回执，小王整整折腾了六次。

案例点评

这尽管是一份小小的回执，但是却让这位大学生学到了很多知识与处理问题的方法。大使的每一项要求都是合理的、科学的和规范的，是符合了礼仪的原则和要求的。因此，光是学习了基本的礼仪知识并不够，关键是要会自如地熟练地运用，而且尽管是同一份回执，还得考虑对方的习俗及与自己的亲密程度，这样才能显示出针对性。由此可见，一份小小的文书所传达的也是一种综合的信息，必须谨慎、认真、细致、严密和周到。

一、填空题

1. 接待工作中要对所有来访者都应以礼相待，切忌________或________。在做外宾的接待工作中,应特别注意________、________。

2. 大型会议应考虑主席台的位次。主席台的位次排列要遵循三点要求:________;________;________。

3. 举行双边洽谈时,应使用长桌或椭圆形桌子,宾主应分坐于桌子两侧。若桌子横放,则________为上,应属于客方;________为下,应属于主方。若桌子竖放,则应以进门的方向为准,________为上,属于客方;________为下,属于主方。

4. 社会交往,礼尚往来是人之常情,赠礼的原则为________、________、________、________、________。

5. 社交类公关文书的特点________、________、________、________。

6. 信函作为公关文书中的一种文本,是________、________、________之间公务活动中处理大小公务的专用信件的总称。它的适用范围最为广泛,既可以用于________间,也可用于________部门单位之间。

7. 请柬一般包括________、________、________、________和________五大部分。

8. 贺词的特点________、________、________。

9. 消息的内容一般要具有五个要素,即________、________、________、________、________,有时还加上如何进行(How)、西方新闻学简称五个要素"五个 W"或"五个 W"加"H"。

10. 公关广告的要求是________、________、________、________、________。

二、选择题

1. 书信书写不能用(　　)。

A. 铅笔　　B. 蓝墨水　　C. 红墨水　　D. 墨汁

2. 店铺开张用的剪贴属于(　　)。

A. 喜庆帖　　B. 祝帖　　C. 谢帖　　D. 应酬谏贴

3. 赠送礼品时要注意(　　)所表达的情意。

A. 送礼者　　B. 礼品　　C. 受礼者　　D. 时机

4. 会场座位布置主要方式有(　　)。

A. 剧场式　　B. 教室式　　C. 讨论式　　D. 自由式

5. 写邀请信要特别注意(　　)。

A. 礼仪性　　B. 确指性　　C. 公开性　　D. 口语化

6. 公关简报的特点主要有(　　)。

A. 反应迅速及时　　B. 内容新鲜,有新意

C. 反映情况和问题真实、准确　　D. 内容精简

三、思考题

1. 简述接待客人礼仪的具体内容。

2. 洽谈时应坚持的方针有哪些？

3. 简述公文的特点和类型。

4. 书信有哪些组成部分？写一篇曾给过你帮助的组织或个人的感谢信。

5. 为一个产品拟写一句话的广告（注意简洁、新颖、生动）。

6. 请为外出实习学生开一封介绍信。

参考文献

[1]姚凤云．公共关系学．[M]．黑龙江：黑龙江人民出版社，1995
[2]齐 冰，吴爱明，赵光辉．公共关系通论．[M]．北京：中国林业出版社，1995
[3]培才．公共关系．[M]．北京：中国科学技术出版社，2003
[4]陈耀春．中国政府公共关系．[M]．北京：中国经济出版社，1999
[5][英]乔恩·怀特．当代国际公共关系．[M]．上海：复旦大学出版社，1995
[6][英]萨姆·布莱克．当代国际公共关系．．[M]．北京：上海：复旦大学出版社，1992
[7][美]斯各特·卡特里普、艾伦·森特、格伦·布鲁姆．公共关系教程．[M]．北京：北京：华夏出版社，2001
[8]张百章，何伟祥．公共关系原理与实务．[M]．大连：东北财经大学出版社，2002
[9]陈福明．公共关系原理与实务．[M]．北京：科学出版社，2007
[10]何春晖．中外公关案例宝典．[M]．杭州：浙江大学出版社，2004
[11]李兴国．公共关系实用教程．[M]．北京：高等教育出版社，2004
[12]王银平，王爱君．现代公共关系．[M]．北京：高等教育出版社，2008
[13]赵驹，王小玲．公关策划．[M]．北京：北京大学出版社，
[14]袁晓勐．现代公关文案写作．[M]．重庆：西南师范大学出版社，1999
[15]赵敏，韩英，司孟月，李留法 公共关系学．[M]．北京：航空工业出版社 2005
[16]廖启军．公共关系实务．[M]．上海：立信会计出版社，2008
[17]张迺英．公共关系学．[M]．上海：同济大学出版社，2001
[18]黎 群．企业文化建设．[M]．北京：经济科学出版社，2006
[19]李品媛．现代商务谈判．[M]．东北财经大学出版社，2003
[20] 李家龙．人际沟通与谈判．[M]．上海：立信会计出版社，2005
[21]杜明汉．营销礼仪．[M]北京：电子工业出版社，2007
[22]傅琼等．实用公关与礼仪．北京：中国人民大学出版社，2004
[23] 潘肖珏．商务谈判与沟通技巧．[M]．上海：复旦大学出版社，2004
[24] [美]费雪 尤瑞著．黄宏义译．哈佛谈判技巧．[M] 兰州：甘肃人民出版社，1987
[25]张玲莉．公共关系原理与实务．[M]北京：高等教育出版社，2006
[26]方尤瑜，任曼．现代秘书交际礼仪．[M]广州：暨南大学出版社，2007
[27]熊卫平．现代公关礼仪．[M]北京：高等教育出版社，2008
[28]曾琳智．新编公共关系学．[M]上海：上海财经大学出版社，2005
[29]金正昆．商务礼仪．[M]北京：北京大学出版社，2006
[30]冯兰、李荣建．现代公关礼仪．[M]武汉：武汉大学出版社，2007
[31]吕维霞．案说公共关系．[M]北京：对外经济贸易大学出版社，2002
[32]张美清．现代公共关系原理与实务．[M]北京：北京大学出版社，2007
[33]姚伟、孔玉芝．现代礼仪．[M]北京：北京航空航天大学出版社，2008